全国高等院校古籍整理研究工作委员会直接资助项目（编号1878）

吉林大学"人文学科基础研究项目"资助（编号2018ZZ001）

"十三五"国家重点图书出版规划项目

"中国简帛书法艺术研究"丛书
陈松长　主编

清华简字迹研究

李松儒　著

山东画报出版社
济南

图书在版编目（CIP）数据

清华简字迹研究 / 李松儒著 .—— 济南: 山东画报出版社, 2023.6
（"中国简帛书法艺术研究"丛书 / 陈松长主编）
ISBN 978-7-5474-3745-2

Ⅰ.①清… Ⅱ.①李… Ⅲ.①简(考古)-字迹-研究-中国-战国时代 Ⅳ.①K877.54

中国版本图书馆CIP数据核字(2020)第263395号

QINGHUA JIAN ZIJI YANJIU
清华简字迹研究
李松儒 著

项目策划	郭珊珊　郑丽慧
责任编辑	郭珊珊
装帧设计	王　芳
主管单位	山东出版传媒股份有限公司
出版发行	山东画报出版社
社　　址	济南市市中区舜耕路517号　邮编 250003
电　　话	总编室（0531）82098472
	市场部（0531）82098479
网　　址	http://www.hbcbs.com.cn
电子信箱	hbcb@sdpress.com.cn
印　　刷	山东临沂新华印刷物流集团有限责任公司
规　　格	160毫米×230毫米　32开
	16印张　251幅图　200千字
版　　次	2023年6月第1版
印　　次	2023年6月第1次印刷
书　　号	ISBN 978-7-5474-3745-2
定　　价	178.00元

如有印装质量问题，请与出版社总编室联系更换。

总　序

著名学者王国维早在20世纪20年代就指出："古来新学问起，大都由于新发见。"可以说，这句话至今仍是至理名言，不仅新学问如此，中国书法史的研究也是如此。

清代的碑学兴盛，既得力于梁巘的卓识、邓石如的创新、包世臣和康有为的理论阐释，更受惠于南北朝碑版的大量发现与整理，从而使碑学从觉醒走向成熟，与帖学分庭抗礼，成为别开生面的书法流派。

自20世纪初在西北发现汉简以来，全国各地层出不穷地出土了数以万计的简帛文献，这些简帛书迹，生动形象地展示了战国至魏晋时期的各种笔墨精彩。特别是20世纪70年代以来，随着简帛学的兴盛，大量简帛材料迅速整理出版，简帛书法的研创已成为当今书法界的热门，简帛书风也已俨然成为一种新的流派。可以断言，简帛学必将作为一门堪与帖学和碑学抗行的学问而传之于世。

当然，简帛学不只是关于书法的专门学问，还是包括简帛书法研创在内的一门外延甚宽，与考古学、文献学、历史学、语言学、书学等多学科都有密切关系的学问，简帛书法的研创仅仅是简帛学的一个很小的分支而已，但从中国书法史的角度来看，简帛书法又是现在所知时代最早、也最具有生命活力的一种墨迹书体，那数以万计、形制各异的战国古文、秦汉古隶、汉代草书、魏晋行楷等竹木简牍，给中国书法史增添了丰富而珍贵的千年遗墨，同时也给战国至魏晋的书法史研究提供了新的视野，为简帛书法的现代创作提供了鲜活生动的范本。

为了推进简帛书法的研创，湖南大学早在2015年就专门成立了"湖南大学中国简帛书法艺术研究中心"，举办过三次中国简帛书法研究的学术研讨会，我们曾提出过"简帛书道"的概念。我们认为，要诠释和推广"简帛书道"，至少应大力推动两个方面的工作，一是从战国到魏晋时期各种简帛书体的学术研究，二是要举办中国简帛书法艺术研创的高级培训班，在全国范围内培养简帛书法的研创人才，推动简帛书法的艺术创作。

可以说，本丛书的编撰就是我们对"简帛书道"进行诠释的一次尝试，我们希望通过对简帛书体的分别研究来解读简帛书法的要义，同时也为普及简帛书法作点贡献。为此，我们早在2016年在湖南大学岳麓书院举办的第一届中国简帛书法艺术研讨会上就有了这方面的构想，后因机缘巧合，与当时在山东画报出版社做编辑的韩猛先生一拍即合，拟定邀约几位对简帛书迹、简帛书体艺术研究各有成绩的中青年学者，分别就战国楚简古文、秦汉简帛书体展开研究探讨，一起来编撰一套中国简帛书法艺术研究的丛书，以推动简帛书法艺术的研究和创作。经过近半年的邀约和磨合，大家都欣然同意参加本丛书的撰写，并分别提交了各自拟定的书目，即我们现在所看到的五本专著，它们分别是：

1.《中国简帛书体研究》（陈松长）

2.《清华简字迹研究》（李松儒）

3.《战国楚简书风研究》（朱友舟）

4.《里耶秦简书法研究》（向彬）

5.《两汉简牍墨迹研究》(王晓光)

很幸运的是,我们所提交的这个选题和构想,得到了学界的高度认可,相继入选了"十三五"国家重点图书出版规划和2020年国家出版基金资助项目,从而有效地推动了本丛书的撰著进程。

现在呈现给读者的这套丛书,它所包括的应该说是各位作者根据自己的研究专长所撰写的一些研究专题。由于各位的研究取向和研究方式不同,丛书并没要求采用完全一样的撰写体例,而这也许是本丛书的特色之一吧。当然,无论是什么研究所提供的成果,都是阶段性的,每个人的研究视野和研究成果都会有一定的局限性。我们只希望本丛书的出版能引起书法艺术界对简帛书法艺术研究的关注,能推动中国简帛书法艺术的研究与创作。如果能有此作用的话,那我们的初衷也就基本实现了。

本丛书的出版要感谢山东画报出版社领导的大力支持和强力推动,感谢编辑们的辛勤而专业的编校。可以说,没有各位的辛勤付出,本丛书的出版也许还在计划之中。

是为序。

湖南大学中国简帛书法艺术研究中心主任、教授　陈松长
2021年10月30日

目 录

绪论 1

第一章　清华简字迹特征分类 7
第一节　竹简形制 7
第二节　概貌及运笔特征 21
第三节　搭配比例特征 28
第四节　文字写法及用法 31
第五节　数字写法 44
第六节　残文 53
第七节　篇题 56
第八节　标志符号 59
第九节　竹书的校补 68
第十节　编联与收卷 72

第二章　《尹至》等篇字迹研究 89
第一节　竹简形制 90
第二节　概貌及运笔特征 94
第三节　文字写法 94

第四节　数字写法　96

第五节　残文　98

第六节　篇题　99

第七节　标志符号　107

第八节　简文的校补　115

第九节　编联与收卷　115

第三章　《祭公》与《厚父》等篇字迹研究　131

第一节　竹简形制　133

第二节　概貌及运笔特征　134

第三节　搭配比例特征　137

第四节　文字写法及用法　139

第五节　数字写法　146

第六节　残文　149

第七节　篇题　151

第八节　标志符号　154

第九节　简文的校补　158

第十节　编联　159

第十一节　《祭公》《厚父》与《尹至》等篇的字迹差异　161

第四章　《皇门》等篇字迹研究　165

第一节　竹简形制　166

第二节　概貌及运笔特征　168

第三节　搭配比例特征　172

第四节　文字写法及用法　174

第五节　数字写法　181

第六节　简文的校补　183

第七节　标志符号　187

第八节　编联与收卷　192

第九节　《郑文公问太伯》(甲、乙)的抄本与底本关系　200

第五章　《子犯子余》与《赵简子》等篇字迹研究　203

第一节　竹简形制　204

第二节　概貌及运笔特征　206

第三节　搭配比例特征　210

第四节　文字写法　211

第五节　数字写法　218

第六节　残文　221

第七节　篇题　223

第八节　标志符号　225

第九节　简文的校补　230

第十节　编联　231

第十一节　《子犯子余》《晋文公入于晋》
　　　　　与《皇门》等篇字迹差异　235

附：《越公其事》中的一词多形现象　238

第六章　《良臣》《祝辞》字迹研究　265

第一节　竹简形制　265

第二节　概貌及运笔特征　266

第三节　文字写法　268

第四节　标志符号　274

第五节　编联　277

第七章　《筮法》《子产》字迹研究　283

第一节　竹简形制　283

第二节　概貌及运笔特征　284

第三节　搭配比例特征　287

第四节　文字写法及用法　292

第五节　文字的地域特征　299

第六节　数字写法　311

第七节　标志符号　314

第八节　简文的校改　334

第九节　编联与收卷　335

第八章　《汤处于汤丘》《汤在啻门》《管仲》字迹研究　343

第一节　竹简形制　343

第二节　概貌及运笔特征　344

第三节　搭配比例特征　347

第四节　文字写法及用法　349

第五节　数字写法　355

第六节　标志符号　357

第七节　简文的校补　360

第八节　编联　363

第九章　《程寤》字迹研究　369

　　第一节　竹简形制　369

　　第二节　概貌及运笔特征　370

　　第三节　文字写法　370

　　第四节　标志符号　371

　　第五节　编联　373

第十章　《保训》字迹研究　375

　　第一节　竹简形制　375

　　第二节　概貌及运笔特征　376

　　第三节　文字写法　378

　　第四节　标志符号　380

　　第五节　简文的校补　381

　　第六节　编联　382

第十一章　《楚居》字迹研究　383

　　第一节　竹简形制　383

　　第二节　概貌及运笔特征　384

　　第三节　文字写法　384

　　第四节　标志符号　386

　　第五节　编联　387

第十二章　《系年》字迹研究　389

　　第一节　竹简形制　390

　　第二节　概貌及运笔特征　390

第三节 文字写法 391

第四节 数字写法 394

第五节 标志符号 395

第六节 简文的校补 399

第七节 编联 402

附：《系年》中的一词多形现象 408

第十三章 《别卦》字迹研究 439

第一节 竹简形制 439

第二节 概貌及运笔特征 440

第三节 文字写法 440

第四节 标志符号 441

第五节 编联 442

第十四章 《算表》字迹研究 445

第一节 竹简形制 445

第二节 概貌及运笔特征 446

第三节 文字写法 448

第四节 标志符号 450

第五节 脱文 452

第六节 编联与收卷 453

第十五章 《封许之命》字迹研究 461

第一节 竹简形制 461

第二节 概貌及运笔特征 462

第三节　文字写法　463

　　第四节　数字写法　464

　　第五节　残文　465

　　第六节　篇题　467

　　第七节　标志符号　468

　　第八节　编联　469

第十六章　《命训》字迹研究　471

　　第一节　竹简形制　471

　　第二节　概貌及运笔特征　473

　　第三节　文字写法　473

　　第四节　数字写法　475

　　第五节　标志符号　477

　　第六节　简文的校补　479

　　第七节　编联　479

本书所引清华简一至七册字形出处简称表　481

参考文献　483

后记　489

绪　论

　　清华大学于2008年收购了一批战国竹简，2010年起陆续公布，至2018年10月已公布七册三十七篇文献，各册所含具体篇目是：清华一①收录《尹至》《尹诰》《程寤》《保训》《耆夜》《金縢》《皇门》《祭公》《楚居》共九篇，清华二收录《系年》一篇，清华三收录《说命》（上、中、下）、《周公之琴舞》、《芮良夫毖》、《良臣》、《祝辞》、《赤鹄之集汤之屋》共八篇，清华四收录《筮法》《别卦》《算表》共三篇，清华五收录《厚父》《封许之命》《命训》《汤处于汤丘》《汤在啻门》《殷高宗问于三寿》共六篇，清华六收录《郑武夫人规孺子》、《管仲》、《郑文公问太伯》（甲、乙）、《子仪》、《子产》共六篇，清华七收录《子犯子余》《晋文公入于晋》《赵简子》《越公其事》共四篇。

　　我们曾利用现代笔迹学原理对战国古书简中的郭店简、上博简做过详细的字迹分析②，本书是对已公布的清华简一至七册各篇字迹进行的研究。

---

　　① 《清华大学藏战国竹简（壹）》文中简称"清华一"，清华简其他册简称同此。
　　② 李松儒：《郭店楚墓竹简字迹研究》，硕士学位论文，吉林大学，2006；李松儒：《郭店楚墓竹简字迹研究》，载马宝杰主编《辽宁省博物馆馆刊》（第1辑），辽海出版社，2006，第149—167页；李松儒：《郭店简中所见"鸟虫书"与"蝌蚪文"字迹研究》，载马宝杰主编《辽宁省博物馆馆刊》（第2辑），辽海出版社，2007，第162—177页；李松儒：《战国简帛字迹研究——以上博简为中心》，上海古籍出版社，2015。

一些学者对清华简部分竹简的字迹或书写风格进行过分类研究,如贾连翔在《清华简九篇书法现象研究》一文中将清华一的九篇竹简字迹分为七种,即《尹至》《尹诰》为一种,《耆夜》《金縢》为一种,其他五篇各为一种。① 后,他在《战国竹书形制及相关问题研究——以清华大学藏战国竹简为中心》一书中对清华简一至五册各篇竹简进行了字迹分类,共分十三种:第一种是《尹至》《尹诰》《耆夜》《金縢》《说命》(上、中、下)《周公之琴舞》《芮良夫毖》《赤鹄之集汤之屋》《殷高宗问于三寿》,第二种是《保训》,第三种是《程寤》,第四种是《皇门》,第五种是《祭公》《厚父》,第六种是《楚居》,第七种是《系年》,第八种是《良臣》《祝辞》,第九种是《筮法》,第十种是《别卦》,第十一种是《算表》《汤处于汤丘》《汤在啻门》,第十二种是《封许之命》,第十三种是《命训》。②

李守奎在《清华简的形制与内容》一文中对清华一、二册书中竹简形制与字迹进行了介绍,将这十篇竹简的字迹分为七类,即《尹至》《尹诰》《耆夜》《金縢》为一类,《祭公》《程寤》《保训》《皇门》《楚居》《系年》六篇各为一类。③

笔者在博士学位论文《战国简帛字迹研究——以上博简为中心》中对清华简第一、二册十篇竹简按照书手进了字迹分类,即《尹至》《尹诰》《耆夜》《金縢》《祭公》五篇为同一书手所写,《程寤》《保训》《皇门》《楚居》《系年》分别为五个书手所写。④ 之后在《清华简书法风格浅析》一文中将

---

① 贾连翔:《清华简九篇书法现象研究》,《书法丛刊》2011年第4期。
② 贾连翔:《战国竹书形制及相关问题研究——以清华大学藏战国竹简为中心》,中西书局,2015,第166—173页;又,贾连翔:《谈清华简所见书手字迹和文字修改现象》,载杨振红、邬文玲主编《简帛研究·二〇一五》(秋冬卷),广西师范大学出版社,2015,第38—52页。
③ 李守奎:《清华简的形制与内容》,"欧洲中国出土写本研究讨论会"会议论文,巴黎,2012;李守奎:《清华简的形制与内容》,载《古文字与古史考——清华简整理研究》,中西书局,2015,第4—25页。
④ 李松儒:《战国简帛字迹研究——以上博简为中心》,博士学位论文,吉林大学,2012。

清华简一至四册的各篇竹简按照不同书手进行了字迹分类,第一类有《尹至》、《尹诰》、《耆夜》、《金縢》、《祭公》、《说命》(上、中、下)、《周公之琴舞》、《芮良夫毖》、《赤鹄之集汤之屋》十一篇,第二类仅《系年》一篇,第三类仅《程寤》一篇,第四类仅《保训》一篇,第五类仅《皇门》一篇,第六类仅《楚居》一篇,第七类有《良臣》《祝辞》两篇,第八类仅《筮法》一篇,第九类仅《别卦》一篇,第十类仅《算表》一篇。① 笔者所著《战国简帛字迹研究——以上博简为中心》一书,在博士学位论文的基础上增加了清华三的字迹分类,主要内容与《清华简书法风格浅析》相同。② 笔者在《清华五字迹研究》一文中,对清华简第五册收入的六篇竹简进行了字迹研究及归类,分类结果与整理者大体一致,即《汤处于汤丘》《汤在啻门》两篇为同一书手所写,《殷高宗问于三寿》与清华一《尹至》等篇为同一书手所写,《厚父》《封许之命》《命训》三篇分别为三个不同的书手所写。③ 整理者未将《祭公》字迹归入《尹至》等篇,我们在《再论〈祭公〉与〈尹至〉等篇的字迹》一文中对《祭公》应与《尹至》等篇为同一书手进行了论证。④ 在《清华六〈郑武夫人规孺子〉等四篇字迹研究》一文中,指出《郑武夫人规孺子》、《郑文公问太伯》(甲、乙)、《子仪》四篇与清华一《皇门》为同一书手所写。⑤ 在《〈清华大学藏战国竹简〉(陆)之〈管仲〉字迹研究》一文中,认为《管仲》与清华五《汤处于汤丘》《汤在啻门》为同一书手所

---

① 李松儒:《清华简书法风格浅析》,载中国文化遗产研究院编《出土文献研究》(第十三辑),中西书局,2014。
② 李松儒:《战国简帛字迹研究——以上博简为中心》,博士学位论文,吉林大学,2012。
③ 李松儒:《清华五字迹研究》,载武汉大学简帛研究中心主办《简帛》(第十三辑),上海古籍出版社,2016。
④ 李松儒:《再论〈祭公〉与〈尹至〉等篇的字迹》,载复旦大学出土文献与古文字研究中心编《战国文字研究的回顾与展望》,中西书局,2017,第252—260页。
⑤ 李松儒:《清华六〈郑武夫人规孺子〉等四篇字迹研究》,"纪念于省吾先生诞辰一二〇周年、姚孝遂先生诞辰九十年学术研讨会"会议论文,长春,2016。

写。①在《清华七〈子犯子余〉与〈赵简子〉等篇字迹研究》一文中，认为清华七《子犯子余》《晋文公入于晋》《赵简子》《越公其事》四篇与《皇门》《郑武夫人规孺子》等篇为同一书手所写。②

罗运环在《清华简（壹—叁）字体分类研究》一文中，将清华简一至三册各篇竹简从书法艺术角度分成八种"书法体式"，即"尹至体"有《尹至》、《尹诰》、《耆夜》、《金縢》、《说命》（上、中、下）、《周公之琴舞》、《芮良夫毖》、《赤鹄之集汤之屋》十篇，"楚居体"有《楚居》一篇，"程寤体"有《程寤》一篇，"祭公体"有《祭公》一篇，"皇门体"有《皇门》一篇，"保训体"有《保训》一篇，"良臣体"有《良臣》《祝辞》两篇，"系年体"有《系年》一篇。③

陈松长在《〈清华大学藏战国竹简（壹）〉书体特征探析》一文中对清华简第一册的九篇竹简按照"书体特征"对书手进行分类。陈先生认为，《程寤》《皇门》《保训》《楚居》由四位书手抄写，《尹至》《尹诰》《耆夜》《金縢》和《祭公》五篇为同一书手抄写。④

史桢英在《也说〈清华大学藏战国竹简（七）〉写手问题》一文中通过对相同字或字部比较，做"定量研究"，认为《子犯子余》《晋文公入于晋》与《赵简子》《越公其事》分别为两个不同书手所写。⑤

---

① 李松儒：《〈清华大学藏战国竹简〉（陆）之〈管仲〉字迹研究》，《书法研究》2016年第4期。
② 李松儒：《清华七〈子犯子余〉与〈赵简子〉等篇字迹研究》，载李学勤主编《出土文献》（第十五辑），中西书局，2019。
③ 罗运环：《清华简（壹—叁）字体分类研究》，载中国文化遗产研究院编《出土文献研究》（第十三辑），中西书局，2014。
④ 陈松长：《〈清华大学藏战国竹简（壹）〉书体特征探析》，载教育部人文社会科学重点研究基地等编《出土文献与中国古代文明——李学勤先生八十寿诞纪念论文集》，中西书局，2016，第156—163页。
⑤ 史桢英：《也说〈清华大学藏战国竹简（七）〉写手问题》，简帛网，访问日期：2018年6月15日。

福田哲之在《清华大学藏战国竹简（一—七）的字迹与形制——随葬书籍的类别以及对其体系性的理解》一文中，将清华简一至七册竹书结合竹简形制及内容分成A、B、C三种字迹，其分类的基础是"书法样式"与"判别字"，且主要是对清华简一至七册内容上的分类。①

还有一些学者对清华简的书手进行过单篇讨论，其具体情况参见本书各章涉及的篇目。

本书根据清华简一至七册各篇的抄写者的字迹进行分类，每章则对该类字迹的各个特征进行研究。有关战国简帛字迹的特征分类及研究方法，笔者曾在《战国简帛字迹研究——以上博简为中心》一书中进行过分析，清华简的公布，又丰富了我们对战国简尤其是古书简的认识。本书即是利用现代笔迹学原理来研究清华简字迹，描述清华简字迹特征。书写载体也是构成字迹实现的必要条件，因而本书将对清华简的字迹特征从竹简形制、概貌及运笔特征、搭配比例特征、文字写法及用法、标志符号、简文的校补、竹简编联等几个方面进行分析。

清华简一至七册三十七篇竹简中，有一人抄写多篇的情况，其中有的书手一人抄写了十余篇，有的抄写了两篇或三篇，具体情况如下：

1. 清华一《尹至》《尹诰》《耆夜》《金縢》《祭公》，清华三《说命》（上、中、下）、《周公之琴舞》、《芮良夫毖》、《赤鹄之集汤之屋》，及清华五《厚父》《殷高宗问于三寿》为同一书手所抄，共计十三篇，我们称之为"尹至类字迹"。

2. 清华一《皇门》，清华六《郑武夫人规孺子》、《郑文公问太伯》（甲、乙）、《子仪》，以及清华七《子犯子余》《晋文公入于晋》《赵简子》

---

① ［日］福田哲之：《清华大学藏战国竹简（一—七）的字迹与形制——随葬书籍的类别以及对其体系性的理解》，*East Asian Sinology*, March 2019 Volume 01.

《越公其事》为同一书手所抄,共计九篇,我们称之为"皇门类字迹"。

3. 清华三《良臣》《祝辞》为同一书手所抄,共计两篇。

4. 清华四《筮法》与清华六《子产》为同一书手所抄,共计两篇。

5. 清华五《汤处于汤丘》《汤在啻门》与清华六《管仲》为同一书手所抄,共计三篇。

清华简一至七册竹简中也有一人抄写一篇的情况,如清华一《程寤》《保训》《楚居》,清华二《系年》,清华四《别卦》《算表》,清华五《封许之命》《命训》,这八篇竹书分别为不同书手所抄。

战国古书简中多人抄写一篇的情况常见,如郭店简与上博简中均有此情况。① 清华简一至七册中未出现多人抄写一篇的情况。当然,由于清华简尚未公布完整,上述这些分类及篇目随着日后其他竹简的陆续公布也会有相应的调整。本书各章一般是对各书手进行的分类研究,同一书手书写较多篇竹简时会分两章进行讨论。

利用字迹对清华简进行研究,其主要意义为:通过对竹简形制及编联的研究,可以考察当时古书简制作流程及书写制度;利用书手的个人书写特征对简文进行释读,对残文进行复原,会提高文字释读的准确率;通过文字写法、用字情况分析文本,可以推测简文抄本与底本的关系;利用文字写法的地域特征,可以考察战国时期各国文字的相互渗透现象;通过对书手数量的分析,可以考察当时社会掌握文字的书手之间的关系,以及专职书手群的存在与否等。

---

① 有关郭店简、上博简中的抄手书写情况详见李松儒《郭店楚墓竹简字迹研究》,硕士学位论文,吉林大学,2006;李松儒《郭店楚墓竹简字迹研究》,载马宝杰主编《辽宁省博物馆馆刊》(第1辑),辽海出版社,2006,第149—167页;李松儒《郭店简中所见"鸟虫书"与"蝌蚪文"字迹研究》,载马宝杰主编《辽宁省博物馆馆刊》(第2辑),辽海出版社,2007,第162—177页;李松儒《战国简帛字迹研究——以上博简为中心》,上海古籍出版社,2015。

第一章　清华简字迹特征分类

字迹特征是我们对简帛字迹研究的主要依据。笔者曾对战国简帛字迹的特征进行过概述，①清华简的公布展现了更为丰富的战国简字迹特征形态，本章即是对清华简中的字迹特征进行总结。有关清华简字迹特征的分析将从竹简形制、概貌及运笔特征、搭配比例特征、文字写法及用法、篇题、标志符号、竹书的校补、编联等方面进行。其中，虽然竹简的形制与编联关系密切，但是因为简长及容字影响文字整体布局，更会影响文字的形体。同时，竹简形制也是整理工作中最先进行的一步，所以本文将竹简形制作为最先总结的特征。

第一节　竹简形制

一、清华简的形制特征

竹简的形制特征主要是指竹简两端形状，竹简的长度、宽度、厚度，

---

① 李松儒：《战国简帛字迹研究——以上博简为中心》，上海古籍出版社，2015，第119—174页。

编绳数量，各编痕间距离及编痕与简首尾间距离等方面。

以往有关竹简形制的分析，我们多是根据整理者给出的数据进行研究。清华简整理者在各册《竹简信息表》中有各篇竹简的"篇序""整理序号""入藏编号""长度（厘米）""简背原有编号""编痕状况""备注"几项信息，在每篇《说明》中也给出各篇竹简完简长度，但是一至三册的各篇与第五册《命训》并未标记这些竹简的宽度。整理者李均明在《清华简首集简册文本解析》一文中介绍了清华简第一册各篇竹简的长度与宽度。[1]整理者贾连翔后来列出了清华简一至五册各篇简的长宽数据，贾连翔所出数据与《说明》中数据基本一致，[2]但是贾连翔与《说明》都未有各编痕间距离及编痕与简首尾间距离的数据介绍。所以，在具体分析清华简的形制时，还需要自己动手核对图版，除各编痕间距离及编痕与简首尾间距离的数据需根据图版测量，各篇简长与简宽也需要核对整理者给出的数据。例如：《程寤》整理者给出其完简长度的数据是45厘米，我们据图版测量所得数据是约44.5厘米，见表1-1；[3]《皇门》整理者介绍其完简长44.4厘米，我们据图版测量所得数据是45～45.5厘米，见表1-2；《命训》全篇无完简，整理者估计其完简长49厘米，[4]我们对图版中各简进行测量，综合各契口间距离，得出《命训》完简长度约49.5厘米。[5]

再如《封许之命》整理者给出了其竹简宽约0.65厘米的数据，贾连翔

---

[1] 李均明：《清华简首集简册文本解析》，载清华大学出土文献研究与保护中心编《清华简研究》（第一辑），中西书局，2012，第373—374页。

[2] 贾连翔：《战国竹书形制及相关问题研究——以清华大学藏战国竹简为中心》，中西书局，2015，第110—111页。以下有关贾连翔给出的数据皆出自该书。

[3] 由于各简长短略有不同，我们测量所得数据为均值，为避免繁复以下数据均免去"约"字。

[4] 李学勤主编《清华大学藏战国竹简（伍）》，中西书局，2015，第124页"《命训》说明"。

[5] 有关《命训》各简形制的数据，详看"第十六章《〈命训〉字迹研究》"。

则介绍为0.6厘米；《殷高宗问于三寿》整理者给出了其竹简宽约0.6~0.7厘米的数据，贾连翔则介绍为0.6厘米。这些都是贾连翔所出数据与《说明》中数据不同之处。李均明介绍《程寤》竹简宽0.6~0.7厘米，贾连翔介绍其竹简宽0.6厘米，我们据图版测量所得数据是0.6~0.7厘米不等，见表1-1；《别卦》整理者介绍其简宽1.1厘米，贾连翔则介绍为0.5厘米，我们据图版测量所得数据是0.6厘米。①

表1-1 《程寤》各简长度宽度表（单位：厘米）

简号	1	2	3	4	5	6	7	8	9
长度	44.3	43.31②	43.8	44.4	44.1	44.5	44.5	44.3	44.3
宽度	0.7	0.6	0.7	0.7	0.7	0.7	0.7	0.7	0.6

表1-2 《皇门》各简长度表（单位：厘米）

简号	1	2	3	4	5	6	7
长度	44.2	44.4	44.2	45.5	45.4	45.1	45.1
简号	8	9	10	11	12	13	
长度	45.1	45.3	41	43.9	45	45.1	

战国古书简一般是由三道编绳编联的，清华简中有三道编绳的篇目是《尹至》、《尹诰》、《程寤》、《耆夜》、《金縢》、《皇门》、《祭公》、《楚居》、《系年》、《说命》（上、中、下）、《周公之琴舞》、《芮良夫毖》、《赤鹄之集汤之屋》、《筮法》、《算表》、《厚父》、《封许之命》、《命训》、《汤

---

① 从整理者给出的16厘米长度看，图版比例应无问题，我们据图版测量简宽约0.6厘米。见李学勤主编《清华大学藏战国竹简（肆）》，中西书局，2013，第128页"《别卦》说明"。
② 表中数据加"□"的竹简为残简，"□"中数字表示残存长度，下同。

处于汤丘》、《汤在啻门》、《殷高宗问于三寿》、《郑武夫人规孺子》、《管仲》、《郑文公问太伯》(甲、乙)、《子仪》、《子产》、《子犯子余》、《晋文公入于晋》、《赵简子》、《越公其事》等篇。

这些竹简长度大多在45厘米左右。其中，最短的《筮法》简长35厘米；《赵简子》与《越公其事》简长41.6厘米；最长的《命训》简长49.5厘米[①]；《楚居》简长47.5厘米，也是较长的竹简；《厚父》与《封许之命》简长44厘米。

清华简中有两道编绳的篇目是《保训》《良臣》《祝辞》《别卦》四篇。《别卦》简长最短，仅16厘米；《保训》简长28.5厘米；《良臣》《祝辞》简长32.4厘米，是《别卦》简长的两倍。可见两道编绳的竹简长度都较短。这四篇竹简的宽度除《保训》简宽0.5厘米外，其余篇简宽皆0.6厘米。

清华简各篇竹简宽度大多在0.5~0.6厘米之间，《算表》简宽1.2厘米，是目前已公布古书简中最宽的一篇竹简。《筮法》简宽0.7厘米，是清华简中较宽的竹简之一。

从现已发现的竹简形制看，古书简的书写往往是在竹简修治不久后进行的。我们对同一书手所写的不同竹简进行形制比较，有些篇的竹简形制大致相等，有些篇往往差别很大，如"尹至类字迹"的竹简除《厚父》简长44厘米外，其余竹简长度均在45厘米左右，各契口间距离及其与简首尾间距离大致相等，若略有差别，也在0.1~0.2厘米。"皇门类字迹"的竹简长度也是多在45厘米左右，但是《子仪》《赵简子》《越公其事》三篇简长在41.7~41.8厘米，并且这三篇竹简各契口间距离及其与简首尾间距离皆相近，应该是这三篇竹简书写时间相近且又与其他篇书写时间不同造成的。

竹简长度与宽度有时也受文本内容的影响，如《筮法》《子产》两篇为同一书手所写，但是《筮法》是一篇记述占筮原理和方法的竹书，包含大量

---

① 此处按照我们测量的数据计算。

以数字卦表现的占例，文字分栏书写，有插画与表格，其竹简长度是已公布的清华简三道编绳的竹简中最短的，仅长35厘米，而《子产》则与大部分竹简长度相似，长约45厘米。《算表》简长43.3厘米，宽1.2厘米，由红黑栏线及三道编绳构成表格，每个单元格内书写运算数据，并时常有两列，因此该篇竹简宽度是其他篇的两倍。再如《别卦》的内容是卦象与卦名，简长16厘米，是清华简中最短的一篇。

我们将清华简一至七册各篇竹简的形制列表于下。

表1-3　清华简一至七竹简形制表（三道编痕）①（单位：厘米）

篇名②	简数	介绍简长	测量简长	简宽	简首至一契	一契至二契	二契至三契	三契至简尾	划痕
尹至	5	45	45	0.6	1	21.8	21.3	0.9	有
尹诰	4	45	45.1	0.6	0.9	21.8	21.4	1	有
程寤	9	45	44.5	0.6~0.7	1.1	20.7	21.6	1.1	有
耆夜	14	45	45.2	0.6	1.1	21.4	22	0.9	有
金縢	14	45	45.1	0.6	1	20.1	23.1	0.9	有
皇门	13	44.4	45.1③	0.5	1.1	21.4	21.5	1	有
祭公	21	45	45.1	0.6	1.1	21.6	21.4	1	有

---

① "简数"一栏中，"/"前为存简数量，"/"后为全篇可能有竹简的数量，如9/10即全篇10支简，存简9支。简数与全简数是用来说明各篇是否完整，其存简一种是略残，一种是存半支，一种是完全缺失。我们根据图版对每篇竹简的长宽及各契口间距做了测量，表格中"简首至一契""一契至二契""二契至三契""三契至简尾"是指各篇竹简的简首与第一编绳间距离、各编绳间距离、简尾与第三编绳间距离，这些数据是按照图版测量取平均值所得，可能与实际距离有略微误差，但这并不影响整篇简形制的讨论。

② 本书涉及清华简篇名的称称参见文末《本书所引清华简一至七册字形出处简称表》。

③《皇门》中第4、5支简长45.4厘米，比其他简长，主要是第三契口至简尾一段较长。

续表

篇名	简数	介绍简长	测量简长	简宽	简首至一契	一契至二契	二契至三契	三契至简尾	划痕
楚居	16	47.5	47.5	0.6	1.2	22.5	22.7	1.1	有
系年	138	45	45	0.5	0.9	22	21.1	1	有
说命上	7	45	45	0.6	0.9	20.1	23	1	有
说命中	7	45	45	0.6	1	21.3	21.5	1.2	有
说命下	9/10	45	45	0.6	0.9	21.3	21.8	1	无
琴舞	17	45	45	0.6	1	21.7	21.3	1	无
芮良夫	28	44.7	45	0.6	1	21.8	21.2	1	无
赤鹄	15	45	45	0.6	1	21.7	21.3	1	有
筮法	63	35	35	0.7	0.8	16.6	16.6	1	有
算表	21	43.5~43.7	43.3	1.2	2	19.8	19.5	2	有
厚父	13	44	44	0.6	1.2	20.5	21	1.3	有
封许	7/9	44	43.8	0.6	1.3	20.5	20.7	1.3	有
命训	15	49	49.5	0.6	1.4	23.6	23.2	1.3	无
汤丘	19	44.4	44.4	0.6	1.4	20.9	20.6	1.5	无
汤门	21	44.4	44.4	0.6	1.4	20.7	20.8	1.5	无
三寿	27/28	45	45	0.6	1	21.5	21.3	1.2	有
孺子	18	45	45.1	0.6	1	21.4	21.7	1	有
管仲	30	44.5	44.5	0.6	1.3	21.6	20.4	1.2	无
太伯甲	14/15	45	45	0.6	1.2	21.5	21.3	1	有
太伯乙	11/12	45	45.1	0.6	1.1	21.6	21.3	1.1	有
子仪	20	41.5	41.7	0.6	1.1	19.6	19.9	1.1	有

续表

篇名	简数	介绍简长	测量简长	简宽	简首至一契	一契至二契	二契至三契	三契至简尾	划痕
子产	29	45	45	0.6	1	21.4	21.5	1.1	有
子犯	15	45	45.3	0.5	1.1	21.6	21.4	1.2	有
晋文公	8	45	45.4	0.5	1.1	21.5	21.6	1.2	有
赵简子	11	41.6	41.8	0.6	1.1	19.5	20.1	1.1	无
越公	75	41.6	41.8	0.6[①]	1.3	19.5	19.7	1.3	有

表1-4 清华简一至七竹简形制表（两道编痕）（单位：厘米）

篇名	简数	介绍简长	测量简长	简宽	简首至一契	一契至二契	二契至简尾	划痕
保训	11	28.5	28.5	0.5	6.9	15.4	6.2	有
良臣	11	32.8	32.4	0.6	13	13	6.4	有
祝辞	5	32.8	32.4	0.6	13	13	6.4	有
别卦	7/8	16	16	0.5[②]	4.2	7.3	4.5	有

二、竹简的制作

对竹简形制的研究有利于我们对古书制作的了解。通过对竹简形制的观察，结合出土竹简书写及制作工具，可以分析古书的制作过程。笔者曾对先秦秦汉古书的书写工具进行过介绍[③]，出土的战国时期书写工具主要是

---

① 《越公其事》整理者介绍其简长约41.6厘米，宽约0.5厘米。见李学勤主编《清华大学藏战国竹简（柒）》，中西书局，2017，第112页"《越公其事》说明"。

② 李学勤主编《清华大学藏战国竹简（肆）》，中西书局，2013，第128页"《别卦》说明"。

③ 李松儒：《战国简帛字迹研究——以上博简为中心》，上海古籍出版社，2015，第43—72页。

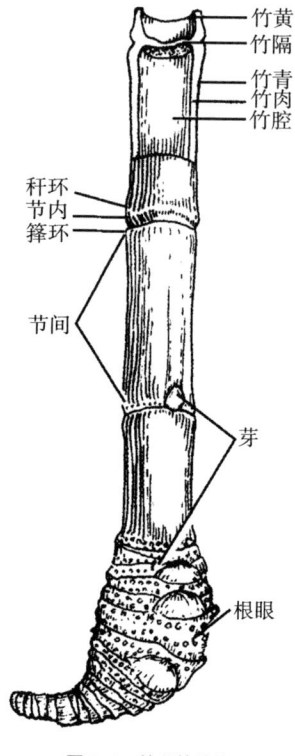

图1-1 竹秆的结构

"笔""墨""砚""削刀"。清华简中的文字及标志符号等都是用墨书写,《筮法》《算表》中出现了黑色栏线;《算表》中还有一些朱色栏线,是用朱砂画出来的,这也是清华简中首次公布朱砂的使用。①

制作竹简选用的竹种,有毛竹、刚竹、苦穗竹、箭竹、慈竹等,以往出土的竹简多数是用毛竹制作,②清华简是选用刚竹制作的。经中国林业科学研究院木材工业研究所鉴定,清华简的竹材是"战国中晚期的刚竹"。③竹秆的结构见图1-1。④

古书制作需要一些工具将竹木加工成简,结合已出土的战国简牍工具,我们可以窥见简牍的加工制作过程。信阳长台关楚墓与湖北江陵望山M1楚墓分别于1957年和1965年出土了一套工具箱,其中长台关楚墓出土的工具箱中物品最为丰富,里面除装有毛笔和笔套外,还有青铜削刀、铜锯、锛、刻刀、锥等工具(见图1-2)。⑤冯师胜君曾推断这些工具的用途为:

---

① 赵桂芳:《战国饱水竹简的抢救性保护》,载清华大学出土文献研究与保护中心编《出土文献》(第一辑),中西书局,2010,第238页。
② 赵桂芳:《战国饱水竹简的抢救性保护》,载清华大学出土文献研究与保护中心编《出土文献》(第一辑),中西书局,2010,第235—236页。
③ 李均明:《清华简首集简册文本解析》,《清华简研究》2012年第一辑。
④ 图片源自孙茂盛等主编《竹类植物资源与利用》,科学出版社,2015,第78页。
⑤ 湖北省文物考古研究所:《江陵望山沙冢楚墓》,文物出版社,1996,第106—108页;中国社会科学院考古研究所编《信阳楚墓》,文物出版社,1986,第64—67页。

竹简修治程序的第一步当是用铜锯将竹材截为合适的长短，也就是《论衡·量知篇》所说的"截竹为筒"。铜锛或许是用来将截好的竹材破开的，也就是《量知篇》所谓的"破以为牒"，而刻刀当是用来削平竹节、修治简端和契口的。①

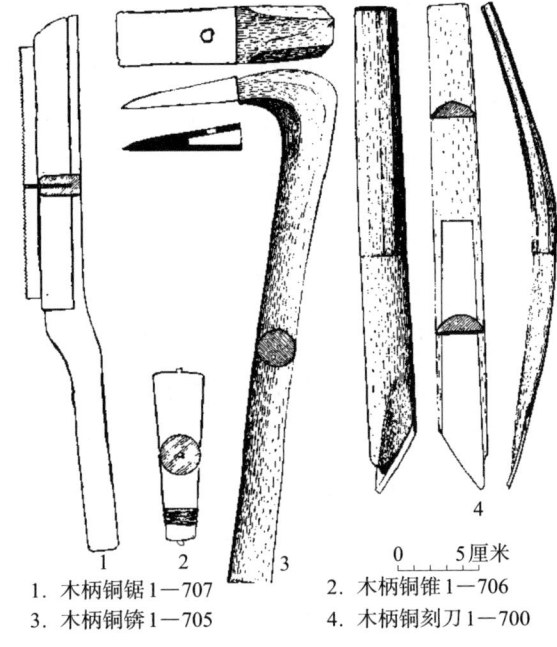

1. 木柄铜锯 1—707
2. 木柄铜锥 1—706
3. 木柄铜锛 1—705
4. 木柄铜刻刀 1—700

图1-2 长台关工具箱部分工具（一）

根据现今的发现与研究，我们再把这些竹简修治工具重新描述一下：

1. 锯

其中铜锯是用来将竹子裁截成竹筒的（见图1-2：1），其余竹简的长度可以对照第一节竹筒继续裁截，锯下的竹筒长度决定简长。关于古书简的长度，以郭店简与上博简为例，这两类古书简的简长并没有什么规律。郭店简中竹简最长的篇目是《缁衣》与《五行》，简长32.5厘米，这两篇竹书的主要书手是同一人；竹简最短的篇目是《语丛二》与《语丛四》，简长15.2厘米。已公布的上博简中竹简最长的篇目是《孔子诗论》《子羔》《鲁邦大旱》三篇，简长55.5厘米，为同一书手所写；竹简最短的篇目是《柬大王泊旱》，简长24厘米。

---

① 冯胜君：《郭店简与上博简对比研究》，线装书局，2007，第43页。

第一章 清华简字迹特征分类　　15

一般来说，同一书手所写篇目的竹简长度大多一致，除上述几篇外，还有很多这种情况，如郭店简中《太一生水》与《老子丙》，《鲁穆公问子思》与《穷达以时》，《唐虞之道》与《忠信之道》，《成之闻之》《尊德义》《性自命出》《六德》四篇，《语丛一》与《语丛三》；上博简中《昔者君老》与《内礼》，《命》《王居》《志书乃言》三篇，《郑子家丧》甲本、《灵王遂申》、《邦人不称》三篇，等等。

也有不同书手所写篇目简长一致的，如郭店简中《语丛二》与《语丛四》，上博简中《昔者君老》《内礼》与《昭王毁室·昭王与龚之脾》《姑成家父》《子道饿》《陈公治兵》，《君子为礼》与《弟子问》等篇。

还有同一书手所写篇目简长不一致的，如上博简《紂衣》《彭祖》两篇简长相同，与《竞公疟》《吴命》不同；《民之父母》《武王践阼》《颜渊问于孔子》三篇简长各不同；《鬼神之明·融师有成氏》与《李颂》《兰赋》两篇简长不同；《孔子见季趄子》与《史蒥问于夫子》简长不同；《庄王既成·申公臣灵王》与《平王问郑寿》《平王与王子木》两篇简长不同①等。

郭店简与上博简的简长并无规律可循，清华简各篇竹简长度大多是45厘米，尤其同一书手所写竹简长度基本一致，但是也有例外。如"皇门类"字迹中简长多是45厘米，《子仪》《赵简子》《越公其事》即属该类字迹，为同一书手所写，其简长则为41.7~41.8厘米。《封许之命》与《厚父》两篇非同一书手所写，但是简长一致，均为44厘米。

2. 锛

锛是用来破竹的（见图1-2:3），竹子的纵向纹理有利于将破筒修治成竹简，成语中所谓的"势如破竹"也正是由此而来。从清华简的竹简宽度看，这

---

① 《平王与王子木》中有一些简是另一书手所写，见李松儒《战国简帛字迹研究——以上博简为中心》，上海古籍出版社，2015，第379—390页。

些竹简常见的宽度为0.5或0.6厘米,也有简宽0.7厘米和1.2厘米的情况,除同一篇内竹简宽度一致外,多篇不同书手所写的竹简也有大致相同的简宽。

锛还有一个可能的用途就是修整竹子的节疤。因为原竹的节疤很突出,制作竹简需要对其进行修整,一般来说,修整竹子的节疤应该是在竹子被锯成竹筒之后即进行,若是竹筒被破成竹条之后再修治节疤则不好用力,还浪费时间。锛的横截面较宽,较能吃力,比较适合修整竹子的节疤。竹简是否由同一竹筒制作而成,主要参照竹节位置。清华简中两道编绳的《保训》《良臣》《祝辞》《别卦》所用竹简无竹节,通过测量清华简中有两个竹节的竹简,《楚居》简1~14的两竹节间距离约33厘米,是两竹节间距最长的一篇,《系年》简49~69虽然仅一个竹节,但简首至竹节处为34厘米,证明该组竹简的竹节间距更大。所以,《良臣》与《祝辞》两篇简长32.4厘米且无竹节也在这样的范围内,《殷高宗问于三寿》简1~7两个竹节间距离约19.5厘米,是两竹节间距最短的一篇。

3. 削刀

削刀的第一个用途是削去写错的文字(见图1-3)。但除此之外,还有一些用途很少被学者提及。

清华简在公布了简背图版后,让我们看到了更多竹青面的原貌。竹青表面光滑,所以不容易附着墨迹,书手基本不会在竹青那面书写。即使要于竹青书写的话,也多是将竹青刮去,再在上面书写,其书写内容为篇题,或是表示竹简次序的数字。不过,表示竹简次序的数字多写在竹节

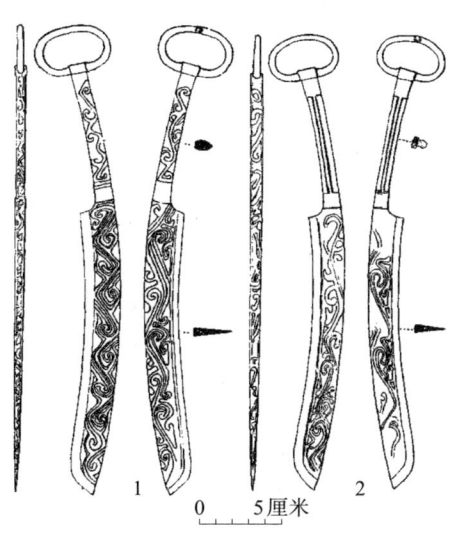

1、2.鎏金铜削1-698、1-699

图1-3 长台关工具箱部分工具(二)

第一章 清华简字迹特征分类 17

处。竹节处因之前修治节疤时也被打磨过,所以其表面也不会很光滑。郭店简的简背还写有补文。上博简《兰赋》与《李颂》为合抄一卷的两篇文献,分正反两面书写。①

绝大多数情况下,书手一定是在竹青的背面书写,而竹青的背面依次为竹肉、竹黄,越靠近竹青,其纤维组织密度越大,韧性更好,不易断裂,而越背离竹青,其质地越疏松,②容易渗墨。并且若竹简上的竹肉、竹黄全保留的话,也会大大增加竹书的重量。

我们所见到的出土的竹简都很薄,而竹筒的壁厚远远超出竹简厚度的几倍,那是因为在原竹筒分出数十支竹条后,还需要对竹条的厚度加以修整,这时要留有紧邻竹青的竹肉及竹青一面,削去多余的竹黄及竹肉,即所谓的"去黄"。"去黄"这一步骤在介绍竹简制作的论文中少有提及,其实是必不可少的步骤。③中国林业科学研究院木材工业研究所对清华简载体做了鉴定,出具的《竹材鉴定报告单》上介绍,"竹简残片样品仅具竹青部分,竹肉、竹黄两部分已被削掉"。④

由于竹条较长,"去黄"的过程所需应该是长柄长刃的工具才方便由上至下去除多余竹黄、竹肉,保留紧邻竹青的竹肉及竹青面,而削刀就是这种长柄长刃的工具。从其形制上看,它用在"去黄"这一步骤中非常合适,用这样的工具有利于削掉竹简多余的竹黄及竹肉部分。不过,用其打磨竹简

---

① 李松儒:《战国简帛字迹研究——以上博简为中心》,上海古籍出版社,2015,第358—364页。
② 方伟等编著《中国经济竹类》,科学出版社,2015,第284—286页。
③ 贾连翔也提到:"实际上有个较为重要的情况容易被我们忽略,竹材都是有一定厚度的,按前文的介绍,毛竹、刚竹一类竹材竿部壁厚在5~10毫米,而我们见到的竹简厚度通常仅有1~1.5毫米,甚至更薄,大部分竹黄都平削掉了。"见贾连翔《战国竹书形制及相关问题研究——以清华大学藏战国竹简为中心》,中西书局,2015,第74页。
④ 北京市海淀林业老科技工作者协会:《竹材鉴定报告单》(鉴定人:腰希申),2008年12月2日。转引自贾连翔《战国竹书形制及相关问题研究——以清华大学藏战国竹简为中心》,中西书局,2015,第55—56页。

两侧毛茬，也是非常合适的。清华简中整理者仅给出《算表》的竹简厚度是0.13厘米，其余篇目的简厚度不详。但是《算表》简宽1.2厘米，是清华简中最宽的一篇，竹简厚度也应该是最厚的了，所以其他篇简的厚度应该小于0.13厘米。

另外，贾连翔曾说："如果将竹筒直接切成1厘米左右的竹简最终宽度，那么这一步形成的将是宽厚几乎相同的方竹条，再将每个竹条去黄，这样加工难度大且很不讲究效率。因此，我们推测另外一种情况，即分破竹筒时分两步进行：第一步将竹筒分成竹简数倍宽的宽条，然后去除横隔和大部分竹黄，第二步将宽条分破成竹简最终的宽度，再进一步修整打磨。这样的好处在于降低了削除横隔和竹黄的难度。"①然而竹筒是有弧度的，竹条只要略宽就带有弧度，那样更难去黄，从现代工艺看，还是先把竹筒破成与竹简宽度相等的竹条，再逐条去黄。因为竹肉质地松散，只要用削刀从竹条顶端划开一个小口，顺势划到底端，就可以很轻松把竹黄与大部分竹肉去掉，根本不会有任何费力的感觉。②

4. 刻刀

竹简制成后，为了编联牢固，会在竹简侧面刻下小缺口，我们称之为契口。契口的位置一般在竹简的右侧，有三个契口的竹简中，简首至第一契口、简尾至第三契口的距离大多是1厘米，中间段再取中割划契口。但是一册竹书中每支简都要如此刻出契口，位置又都一致，我们猜测竹简的制作过程中还应有尺类的工具参照，不过尺这一类的工具现在还未发现。当然，也有一种可能是用已割好契口的竹简作为参照物，来割划其他新简。这里刻契

---

① 贾连翔：《战国竹书形制及相关问题研究——以清华大学藏战国竹简为中心》，中西书局，2015，第74页。
② "莱莱"（网名）：《东阳竹编之——劈篾流程》，"莱莱做竹编"微信公众号，访问日期：2014年3月10日。

口的工具很可能是刻刀（见图1-2:4）。刻刀是斜刃，方便持之在竹简侧面留一小缺口。并且刻刀用于修治竹简上下两端也较为合适，如清华简的两端均平齐，《系年》简背图版可见简端呈斜面，整理者认为"这种斜切面是在竹简形态中通过斜切或打磨竹简边缘而形成的"①。此外，刻刀在竹简上划出痕迹也是较为方便的。

5. 墨绳

清华简《筮法》与《算表》均有黑色栏线。《筮法》中的黑色栏线是由书手画出，所以仔细观察会发现这些栏线的粗细是有略微变化的。② 与《筮法》不同的是，《算表》中的黑色栏线线条均匀，无粗细变化，在各简的相同位置上是平直的，应该是用墨绳打上的。有关墨绳的记载，《孟子·尽心上》中有"大匠不为拙工改废绳墨"，《潜夫论·赞学》中有"使巧倕加绳墨而制之以斤斧"，这证明先秦时期已经出现"绳墨"这一画线工具。

《算表》中的朱色界格并不水平笔直，应该没用类似尺的工具，但是从朱色栏线覆盖墨色栏线这点看，朱色栏线应该是以这条墨色栏线为参考画出的。③不过由于墨绳易朽，至今尚未发现先秦墨绳原物。

6. 锥

信阳长台关楚墓工具箱中锥的用途过去未曾有学者研究，清华简《算表》每支简上都有圆孔及丝带残留物，这些孔是用来穿丝带的。贾连翔指出，锥这一工具即是用来给一些有特殊用途的竹简打孔的（见图1-2:2）。④

---

① 贾连翔：《战国竹书形制及相关问题研究——以清华大学藏战国竹简为中心》，中西书局，2015，第76页。
② 有关《筮法》的界格及格式的分析详见"第七章《〈筮法〉〈子产〉字迹研究》"。
③ 李松儒：《清华简〈算表〉字迹研究》，载中国文化遗产研究院编《出土文献研究》（第十八辑），中西书局，2019。
④ 贾连翔：《战国竹书形制及相关问题研究——以清华大学藏战国竹简为中心》，中西书局，2015，第70页。

除此之外，还有一种被长台关及望山发掘者命名为"夹刻刀"的工具，贾连翔推测是对竹筒进行旋转刻划（即产生简背划痕）的工具，但其用途是否如此，实在难以确定，还值得进一步研究，此处不再赘述。

另外，竹简的制作与书写是否为同一人，需要对同一书手的竹简形制进行研究。目前通过清华简的研究看，还是相对统一的，即书写者与制作者为同一人。

简牍的整理工作很烦琐，往往经过大量的测量观察，也未必有规律可循。如简背划痕是在截成竹筒后形成的，常被认为是竹简编联的依据，但是许多篇竹书简背划痕并不连贯，是抛弃部分竹条及修治竹简毛茬的原故；有些篇中仅几支竹简背面有划痕，更有可能是在书写时利用了其他一小部分刻有划痕的竹条；有些篇完全没有简背划痕。还有竹简书写与编联先后顺序的问题，我们都将在下文"编联"部分介绍。

肖芸晓在《清华简简册制度考察》一文中，对清华简一至五册的竹简形制信息进行了描述，对部分简册做了"编卷复原"，推测了"竹书收卷"形式，并以《系年》为例考察竹书的制作过程。有关清华简形制的介绍可参看其文。①

第二节　概貌及运笔特征

一、概貌特征

竹书的概貌特征主要是从其字迹的书写风格、文字布局等方面进行概括。

---

① 肖芸晓：《清华简简册制度考察》，硕士学位论文，武汉大学，2015。

1. 书写风格

书写风格特征是第一眼即可分辨的特征，其往往由多方面特征结合而成，尤其是运笔特征的不同会造成书写风格的不同。清华简中同为楚文字书写的竹书风格相近，但是具有较多非楚因素特征的竹书则风格迥异，如《保训》《良臣》《祝辞》等篇，因国别不同造成的风格差异的问题，我们将在本章第四节"文字写法及用法"的"地域特征"小节中讨论。

一些学者曾利用书写风格对清华简的字迹或书手进行讨论，如贾连翔《清华简九篇书法现象研究》一文，将清华简第一册各篇竹简按照"书写风格"分成七种字迹；[1] 笔者曾对清华简一至四册各篇竹简根据书手的字迹特征进行分类[2]；罗运环在《清华简（壹—叁）字体分类研究》一文中，将清华简一至三册的各篇竹简按照"书法体式"分成了八种[3]；陈松长《〈清华大学藏战国竹简（壹）〉书体特征探析》一文，"根据书手的不同"，对清华简第一册九篇竹简按照"书体特征"进行了分类[4]。

2. 文字布局

文字布局特征也是第一眼即可分辨的特征，如《筮法》这种分栏书写且有图画的简书形式，以及《算表》这种每简分栏且栏内又按列书写的特殊格式，在以往战国古书简中都未出现。

但对一般文本的竹书而言，文字布局主要是指字间距疏密，即每简容

---

[1] 贾连翔：《清华简九篇书法现象研究》，《书法丛刊》2011年第4期。
[2] 李松儒：《清华简书法风格浅析》，载中国文化遗产研究院编《出土文献研究》（第十三辑），中西书局，2014，第27—33页。
[3] 罗运环：《清华简（壹—叁）字体分类研究》，载中国文化遗产研究院编《出土文献研究》（第十三辑），中西书局，2014，第62—76页。
[4] 陈松长：《〈清华大学藏战国竹简（壹）〉书体特征探析》，载教育部人文社会科学重点研究基地等编《出土文献与中国古代文明——李学勤先生八十寿诞纪念论文集》，中西书局，2016，第156—163页。

字，这要结合竹简的长度来考察。根据对每简容字的考察可推知同篇残简残缺部分的字数，如《郑文公问太伯》甲本存简十四支，简3有残缺，其余较为完整，甲本满简书写的字数是29～32字，据此参照相邻竹简文字布局可知简3上段残缺12字左右。乙本应为12支竹简，现存简11支，其中简2与《出土文献》第九辑发布的一枚残简拼合后上端残5个字，①简3缺失。乙本满简书写34～37字，参照甲本可以补足部分文字，即乙本简3所缺文字也在35字左右。

一般来说，一篇竹书即便文字布局均匀，也很难做到整篇文字横向字行形态保持水平，即每简文字对应位置相同，所以每简容字也不会完全相同。②但是《良臣》与《祝辞》整篇文字横向字行形态能够保持水平，如有界格参照一般。《良臣》简1～5每简书写26个字，简6上有25个字，其中一处有墨节占据；《祝辞》简1上有26个字，文末有粗墨横线，简2上有25个字，文末有粗墨横，③相同辞例在竹简中对应相同位置。这是较为少见的能够保持每简容字大致相同的两篇竹简。

肖芸晓对清华简前五册的每简容字做过总结，她认为每简容字与书手书写习惯有关，我们赞同这一观点。④但是也有例外，如《筮法》与《子产》为同一书手所写，由于《筮法》是分栏书写的，其内容性质决定了其文字布局与常见的竹书形式不同。再如，《越公其事》文字布局疏朗，字

---

① 从彩版可见该残简下端正是契口处，整理者已经指出，该残简可与简2拼合，见《关于〈清华大学藏战国竹简（陆）的一则说明〉》，载李学勤主编《出土文献》（第九辑），中西书局，2016，第286页。

② 字行形态是文字布局的特征之一，有关"字行形态"的相关论述见李松儒：《战国简帛字迹研究——以上博简为中心》，上海古籍出版社，2015，第130—132页。

③ 李学勤主编《清华大学藏战国竹简（叁）》，中西书局，2012，第163页"《祝辞》说明"。

④ 李松儒：《战国简帛字迹研究——以上博简为中心》，上海古籍出版社，2015，第132—134页。

间距较为均等，但简49第二契口上9厘米这一段内容的字间距紧密，较该篇其他简相同空间多出至少一个半字，简49也没有补文，其他简均未出现这种情况。这种同一书手所写同一篇内部出现字间距疏密偶然变化也是少见的。所以文字布局也要根据实际情况来看。

另外，文字布局也可以指每简首字与尾字书写的位置。一般来说，三道编绳的竹简，文字都分布在首尾两个契口之间，但是也有例外。如《筮法》首字在第一契口下书写，每简末字在第三契口上书写，第三契口下书写简序数字。再如，《算表》首字顶头书写，每简末字与简尾距离很近。二道编绳的竹简均顶头书写，每简末字下留有一点空白，如《保训》《良臣》《祝辞》《别卦》这几篇。

二、运笔特征

运笔特征是指书写文字笔画时，起笔、行笔、收笔过程中的动作特征。文字是由基本笔画构成的，运笔是构成笔迹的重要因素，它是书写习惯的主体特征，是书写动作的习惯反映，具有较强的稳定性，[①]具有区别于其他书写者字迹的作用。所以，运笔特征是我们判定字迹是否为同一书手的最重要的依据。

我们对竹简中所有字迹的笔画都会进行运笔特征的观察，并对有特征的一些笔画，如横画、竖画、折笔等进行举例描述。对这些笔画的运笔特征描述有时可能一致，但是同一描述下笔画的形态可能不同。运笔特征是起笔、行笔、收笔过程中的动作特征，如起笔就有直锋起笔与顿压起笔两种：直锋起笔所写笔画的形象多呈尖首或圆形（或类圆状）两种形态，顿压起笔

---

① 李文：《笔迹鉴定学》，中国人民公安大学出版社，2008，第211页。

一般分又为"藏锋"和"露锋"两种形式。①

清华简中直锋起笔的篇目较少，《楚居》《子产》两篇的横画多为直锋入笔，起笔处呈圆首，如字例1-1至1-3；或呈尖首，如字例1-4、1-5；也有同一个字同时具备两种起笔形态的，如字例1-6。

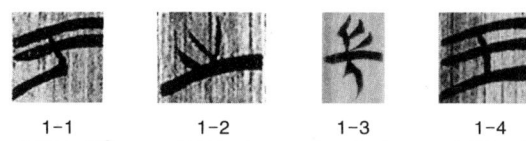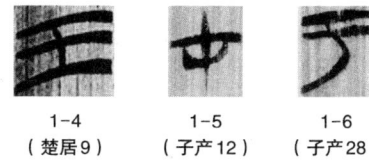

1-1　　1-2　　1-3　　1-4　　1-5　　1-6
（楚居3）②（楚居3）（子产8）（楚居9）（子产12）（子产28）

不过，战国简中未见全篇用直锋入笔的字，因为要保持所有笔画都直锋入笔只有刻意而为才能做到，先秦墨书字迹还未达到这种有意识的书写方式。即便很熟练的书手写出的可以称得上书法作品的字，在运笔特征上也还没形成有意识的统一或差异变化。所以，战国简中大部分字迹都是直锋与顿压或侧锋起笔并用，并且侧锋起笔及顿压起笔的方式常见。不过，虽然都是顿压起笔，不同书手所写起笔处形态也不同，有的起笔处顿压后逐渐提笔，顿压痕迹不明显，如字例1-7至1-10；有的起笔处顿压后迅速提笔，顿压痕迹就十分明显，如字例1-11至1-14，这与顿压的力度及方向都有关系，如各篇书手所写横画起笔处均有不同。

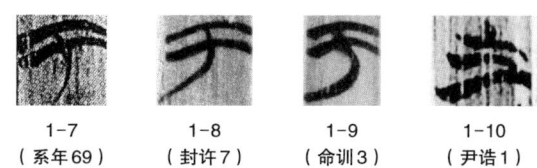

1-7　　1-8　　1-9　　1-10
（系年69）（封许7）（命训3）（尹诰1）

---

① 李松儒：《战国简帛字迹研究——以上博简为中心》，上海古籍出版社，2015，第163—165页。吴晓懿在《战国书法研究》一书"战国书法笔法研究"一章里也涉及清华简《尹至》《金縢》的一些运笔特征。见吴晓懿《战国书法研究》，山东教育出版社，2018，第88、98页。

② "1-1（楚居3）"为第一章第1个编号的字例，该字位于《楚居》简3。

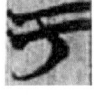 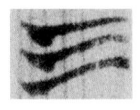 

1-11　　　1-12　　　1-13　　　1-14
（程寤1）（皇门2）（厚父4）（啻门18）

贾连翔将《算表》与《汤处于汤丘》《汤在啻门》划为同一种字迹。他认为《算表》"从书写运笔上看，该书手起笔时顿笔较重，呈钉形，运笔迅速，提笔轻盈，这些特征在《汤处于汤丘》《汤在啻门》两篇中都有明显的体现"。并列举部分文字写法进行比较，认为这些"字形特征也十分一致"①。《算表》中的文字较少，主要以数字居多，数字写法相对较为单一，比较起来主要还是考察文字的运笔特征，《算表》与《汤处于汤丘》《汤在啻门》等篇字迹主要是起笔特征较为相近，但在行笔过程及收笔形态上还是有所差别的。如《算表》中收笔动作较快且稳健，起收笔处呈尖头，作 形，所以收笔处较为利落；而《汤处于汤丘》《汤在啻门》《管仲》三篇字迹的横画行至收尾处略向下行，直锋收笔，即收笔处常出现下顿的形态，作 形。我们曾对《管仲》等三篇的字迹特征做过分析，得出这三篇字迹书写水平较低的结论，所以《管仲》等三篇较长笔画的运笔都不太稳定，② 而《算表》简宽1.2厘米，是《管仲》等三篇竹简宽度的两倍，其长横书写稳定，力度稳健，如"弌""弍""弎"等字笔画的形态。这些都是《管仲》等三篇字迹所不具备的特征。

---

① 贾连翔：《战国竹书形制及相关问题研究——以清华大学藏战国竹简为中心》，中西书局，2015，第171—172页；又，贾连翔：《谈清华简所见书手字迹和文字修改现象》，载杨振红、邬文玲主编《简帛研究·二〇一五》（秋冬卷），广西师范大学出版社，2015，第38—52页。
② 李松儒：《〈清华大学藏战国竹简〉（陆）之〈管仲〉字迹研究》，《书法研究》2016年第4期。

表1-5 《算表》与《管仲》等三篇运笔特征对比

算表	![]1	![]1	![]1	![]9	![]8
管仲等三篇	啻4	管13	啻17	丘7	丘8

所以，运笔特征也要结合书写水平来考察，同样的起收笔容易做到，但是由于书写水平的不同，运笔的稳定性会受到影响。我们过去曾对上博简的字迹做过研究，其中《中弓》与《孔子诗论》《子羔》《鲁邦大旱》三篇运笔特征相近，但是《中弓》的书写水平较《子羔》三篇差很多，其笔画形态也较为孱弱。① 《算表》与《管仲》等三篇的字迹差异，也是用书写水平来判断是否为同一书手的一个很好的例子。所以，我们认为应将《算表》的书手与《管仲》等三篇的书手区分开来。

有关清华简各书手的运笔特征，我们将在下面各章针对各篇的字迹研究中详细举例。由于运笔特征对笔画形态的细微差别都要注意，所以本文在对运笔特征举例时选择的字例都是原图截取的，而不是《字形表》里经过提取处理的字例。

---

① 李松儒：《战国简帛字迹研究——以上博简为中心》，上海古籍出版社，2015，第276—281页。

第三节　搭配比例特征

笔者曾在《战国简帛字迹研究——以上博简为中心》一书中将搭配比例特征分为"笔画的交接部位""笔画搭配距离""笔画长短比例关系""字部之间的配置关系""字部与字部之间的大小""宽窄比例关系"等几种。①搭配比例特征在考察书手的书写水平、分析书手的书写习惯、判断书手的同一性方面起着至关重要的作用。

一、笔画间搭配比例

笔画的运行方向与长短等往往影响着笔画间的搭配比例，如笔画的不同运行方向会使笔画的交接位置发生变化，各个笔画形成的角度也不同；笔画的长短影响着该字的相应比例。如"之""人"等字笔画虽少，但是不同书手书写这些字的笔画搭配比例也不同。

1. 之

对比战国简帛文字可知，"之"字是考察不同书手书写习惯的典型文字。"之"字由四笔构成，我们称为α、β、γ、δ笔，如：。各笔画相交点也做以标记：γ与α相交点记作A，β与δ相交点记作B，α与δ相交点作记C，如。清华简一至七册各篇竹简中"之"字的写法如下：

———————
① 李松儒：《战国简帛字迹研究——以上博简为中心》，上海古籍出版社，2015，第161—163页。

由此可见，清华简各不同书手所写"之"字α、β、γ、δ各笔画形态不同，运行方向不同，交接点A、B、C的位置也不同。

2. 人

"人"字的写法仅两笔，不同书手书写左边笔画作竖点、短撇、长撇等，右边笔画写作横折弧线、长撇、竖画等不同形态。这两个笔画的相接位置也不同。如下：

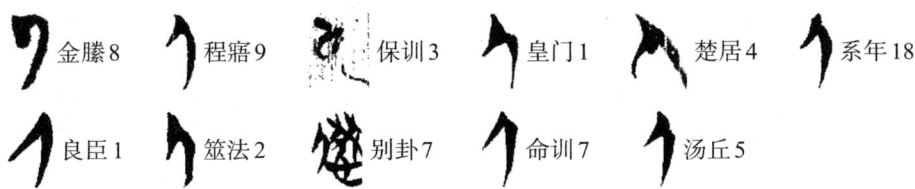

再如，"贝"旁最下面的两个笔画起笔处是否相接作 ![] 或 ![] ，"止"部下面两个笔画是否相交作 ![] 或 ![] ，等等，这些都反映着书手的书写特征。

二、字部间搭配比例

"字部"即组成文字的部件，它既可以是笔画，也可以是部首，甚至是独体字。①战国文字常常结构不固定，合体字字部间上下互换、左右互换的情况在书写中常见，一般不影响文字的辨识，但是有时能反映出书手的书写习惯或所抄底本的书写特点。如清华六《郑文公问太伯》甲本与乙本的内容相同，马楠指出，相同的地名用字甲本"邑"旁皆在左侧，乙本"邑"旁多在右侧，夏含夷也有类似观点。②

---

① 李松儒：《战国简帛字迹研究——以上博简为中心》，上海古籍出版社，2015，第128页。
② 马楠：《清华简〈郑文公问太伯〉与郑国早期史事》，《文物》2016年第3期；[美]夏含夷：《〈郑文公问太伯〉与中国古代文献抄写的问题》，载贾晋华等编《新语文学与早期中国研究》，上海人民出版社，2018，第135—140页。

表1-6 《郑文公问太伯》甲、乙本含"邑"旁字写法对比

甲本	邦6	鄘6	垠6	郏7	鄫7	鄢7
乙本	邦5	鄘5	垠6	郏6	鄫6	鄢6
甲本	鄾7	郡7	鄯8	郘8	鄒8	鄰8
乙本	鄾6	郡6	鄯7	郘7	鄒7	鄰7

由上表可见，《郑文公问太伯》乙本中仅简6表示{蔡}的"鄒"字"邑"旁在左侧，其余"邑"旁均写在右侧。这种较为稳定的字部位置配置也反映出甲、乙两个抄本来自不同底本的特征。

字部与字部之间的大小、宽窄比例关系也反映书手的书写习惯，字部间的搭配比例特征一旦定型，由此来判定书手的同一性是十分重要的。如"取""名"等字。

1. 取

"取"字由"耳"与"又"两个字部构成，清华简一至七册各书手所写"取"字作：

《筮法》与《子产》中"取"字"又"部" "画均写在"耳"部的" "画半包围内,作" "形,这是该书手的书写特征之一。

2. 名

"名"字由"夕"与"口"两个字部构成,清华简一至七册各书手所写"名"字作:

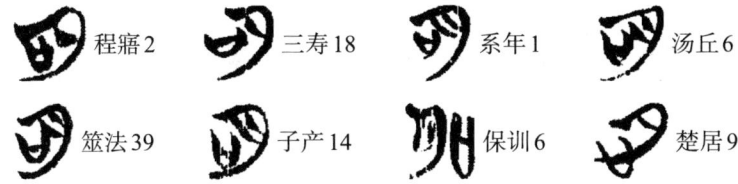

由上可见,不同书手所写"名"字除"夕"部写法不同外,"夕"与"口"两个字部的位置也不同。

同一书手所写字迹,在一定时间段内文字结构、笔画搭配比例等情况相对稳定,考察书手在一定时间段内所写文字的搭配比例特征,是字迹特征分析中重要的一项,以此判断书手的书写习惯往往也十分有效。

第四节 文字写法及用法

文字写法特征是指不同书手在书写同一个字时所用的基本笔画和所写的笔画形态。

一、特征字

我们将清华简里出现频率较高的字列出并进行比较,见表1-7。

表1-7 清华简各类字迹特征字对比

	之	于	於	天	女	毋	民
尹至类	诰4	琴10	金8	祭1	厚12	耆8	至3
皇门类	皇2	仪8	犯3	越2	赵1	皇5	孺3
程寤	—	3①	4	5	6	1	8
保训	3	8	9	—	10	8	
楚居	8	1	1	3	1	3	
系年	5	4	23	97	67	2	2
良臣、祝辞	良1	—	—	—	良1		

① 《程寤》中"于"字还有一种写作 （简3）形。

续表

	之	于	於	天	女	毕	民
筮法、子产	筮9	产28	筮14	筮49	筮15	—	产9
封许	2	7	7	2	3	2	—
命训	2	3	10	5	3	10	4
汤丘、晋门、管仲	管8	—	晋1	晋4	丘17		丘18

	人	若	弗	余	"虍"旁	为
尹至类	命上1	命中4	命下4	芮9	寿2	赤12
皇门类	越4	太甲1	孺10	仪2	晋4	晋6
程寤	寤9	—	2	—	6	—
保训	3	—	9	—	9	—

续表

	人	若	弗	余	"虍"旁	为
楚居	入 4	※ 4	——	辞 16①	夢 12	——
系年	ﾉ 21	※ 39	※ 4	余 76	※ 15	※ 26
良臣、祝辞	ﾉ 良1	——	——	余 良5	※ 良6	※ 良11②
筮法、子产	ﾉ 筮2	——	※ 产19	※ 筮11	※ 筮34	※ 筮46
封许	——	※ 8	——	※ 5	※ 7	——
命训	ﾉ 2	——	※ 8	——	※ 3	——
汤丘、耆门、管仲	ﾉ 丘13	※ 管13	※ 丘8	※ 丘11	※ 管3	※ 耆9

一些字的写法是能够反映该抄手特征的，如"人""之"等字，"虍""皿"等偏旁，这些就可以称为"特征字"（特征字含字部）。如"人"字仅有两个笔画，在清华简中这个字在不同篇的写法差别较大，"尹至类"字迹中"人"字作✦形，一竖点入笔，又一横折弧线，这种写法的"人"字目前仅见于《尹至》等篇，整理者也是据此将这几篇与其他类字迹的书手

---

① 《楚居》中无"余"字独体字，这里选用含"余"部的字。
② 《祝辞》中"为"字写作✦（简4）形。

进行了区分。①

表1-8 "尹至类"字迹与其他字迹"人"字写法对比

"尹至类"字迹	耆夜5	金縢8	祭公20	说命上1	说命下3
	琴舞4	芮良3	赤鹄8	厚父12	三寿2
其他字迹	程寤9	保训3	皇门1	楚居4	系年18
	良臣1	筮法2	别卦7	命训7	汤丘5

再如"皿"旁的写法，"皇门类"字迹中"皿"旁有两种写法，分别作 与 ，其他类字迹"皿"旁作 形，如下：

表1-9 "皇门类"字迹与其他字迹"皿"旁写法对比

"皇门类"字迹	皇门6	皇门4	孺子3	子仪13	子仪1
	子犯10	晋文公2	赵简子6	越公11	越公25
其他字迹	楚居12	系年14	金縢4	筮法54	封许7

---

① 关于"人"字的特征，马楠女士也曾面告。

表 1-7 至 1-9 只是常见字及偏旁，还有一些字，如《祭公》中"且"字作 ■（简1），或 ■（简1），或 ■（简4）形，这种右上角有点画写法的"且"字较为少见，这是"尹至类"字迹的特征，如 ■（三寿24）。再如《程寤》中"晢"字写作 ■（简2）形，"恶"字写作 ■（简8）形，"文"写作"氵"，作 ■（简8）形等。《楚居》中"祸"字作 ■（简13）形，"逆"字作 ■（简1）形，"羼"字写作"羼"，作 ■（简4）形等。《系年》中"元"字作 ■（简56）形，"我"字作 ■（简52）形等。《别卦》中"帀"字作 ■（简5）形等。《良臣》《祝辞》中"穆"字作 ■（良7）形，"贱"字作 ■（良7）形，"苟"字作 ■（良10）形，"彭"字写作 ■（祝1）形，"既"字写作"飤"作 ■（祝2）形，"禽"字作 ■（祝4）形等。《厚父》中"於"字作 ■（简9）形，"我"字作 ■（简1）形，用作句末语气词"乎"的字写作"虖"作 ■（简9）形，"彝"字作 ■（简6）形，"敬"字作 ■（简9）形等。《封许之命》中"元"字作 ■（简6）形，"尹"字作 ■（简2）形，"敬"字作 ■（简3）形，"彝"字作 ■（简6）形等。这些都是比较特殊的文字写法，也是可以区别其他篇写法的特征字。不过，《厚父》属于"尹至类"字迹，该篇呈现出的特殊写法应与所抄底本文字写法有关。

不同批竹简的特征字不同，如郭店简与上博简中"为""之""而""者"等字的写法差别较大，可以作为特征字来区别书手，但是清华简中这些字却不能用来区分字迹。再结合郭店简与上博简的形制来看，清华简的长度较为统一，这一批竹简的制作也应该是有常规规格的。从清华简的书写风格来看，这几篇竹简字迹大多风格相近。我们推测这应该是有书手群的存在，他们相互影响，文字风格、使用竹简的长度等方面相近，也都可以解释的了。

文字写法特征是区分书手的重要特征之一，通过对比相同写法的字迹，可以快速将其所属书手进行归类。不过，现在学者对书手的分析多停留在

"文字写法"对比上,这也容易忽略笔迹的总体特殊性即字迹共同性与特殊性。例如,史桢英曾利用相同字或字部比较对清华七《子犯子余》《晋文公》与《赵简子》《越公其事》四篇的字迹做了"定量研究",认同整理者对这四篇书手的划分,即前两篇与后两篇分别为两个不同的书手所写。但是她将这四篇字迹出现写法一致较多、书写风格相似的情况总结为:两位书手为"师出同门或互为师徒的关系"①。

这种对文字写法的比较过于依赖数据的统计,但是机械地比较字迹无法区分字迹量变与质变的差异。例如,正文与篇题为同一书手所写时,篇题的书写会更为随意些;或补文与正文为同一书手所写时,补文受到书写空间限制,文字形体会略有变化;或书写速度缓慢造成笔画迟钝;或书写极速造成笔画纤细弯曲等,这些都是字迹的量变。我们对字迹同一性的判断并不是完全基于这些数据的统计,而是辩证地看待量变。最简单的例证即大家所公认的同一书手所写的同一篇或几篇竹简内字迹的对比,并不能得到100%的相同数据,这也是墨书字迹的特征之一。

利用相同文字或字部所做的"定量研究",其实是更好地说明了字迹的变量。虽然字符或构件能够反映书手的书写习惯,但是书写定势不是笔笔都有、字字存在的。当然,数据是容易被大家看懂的,字迹变量的判断并不是每一个人都可以理解,这就需要对毛笔所写文字特征有所了解,才能更好地理解字迹的变量。

二、文字的用法

战国简中文字的异写与一词多形现象频见。文字的异写如点画写作短

---

① 史桢英:《也说〈清华大学藏战国竹简(七)〉写手问题》,简帛网,访问日期:2018年6月15日。

横、横画、竖画等，这些都不影响该字的隶定；还有增减、更改字部，或改变字部位置等情况，这些或可称为异体字。还有一些异写是用字的不同，我们将这些统称为"一词多形"。同一书手所写的较长篇竹书中一词多形常见，如上博四《曹沫之阵》中｛曹沫｝就有"敓穢""敓薨""敓敚""敓薮""敾穢""敓篾"等不同写法，在上博二《容成氏》中也存在很多一词多形的现象，这种现象应是书手有意变化文字写法或避免重复所致。

对于这类一词多形现象的研究，其实也是对书手所写字迹变量的研究，对同一书手所写同一篇内出现的文字写法变换的研究，与对同一书手不同篇内所写同一字不同写法的变换要结合起来。如《厚父》中"政"字分别作 与 两形，不仅偏旁写法不同，文字笔画搭配比例也不同。《厚父》中表示"保护""庇佑"等意的｛保｝写作"保"或"娛"，分别作 与 两形，这两个写法不仅偏旁不同，相同字部"子"画中长撇运笔方向也不同："![]"的长撇折角明显，"![]"的长撇只是按压较为用力，并未形成折角。这些都说明仅仅用数据量化的方法来考察文字写法是过于机械的，除毛笔这一书写工具自身的特性即其笔毫具有弹性，运笔力度的变化也影响笔画形态外，还有就是书手个体书写具有灵动性，这些结论我们都可以通过清华简各册后面的《字形表》对同一书手所写的同一个字进行对比得出。

一词多形现象还有一种就是不同的用字是假借关系。李美辰在我们对清华简书手的分类基础上，从文字的假借和异体两方面出发，对书手用字进行了一些探讨，并以｛用｝｛然｝｛政｝｛正｝｛恭｝｛时｝等词为例，考察不同书手的用字习惯。[①] 如表示"恭敬""事奉"等义的｛恭｝，"尹至类"书手习惯用"龏"

---

① 李美辰：《清华简书手抄写用字习惯探研》，载王云路主编《汉语史学报》（第二十三辑），上海教育出版社，2020。

字,"皇门类"书手习惯用"共"字;表示"时间""时机"等义的{时},"尹至类"书手习惯用"寺"字,"管仲类"书手习惯用"时"字;表示"政事""政策"等义的{政}与表示"公正""美好""端正"等义的{正},"尹至类"书手习惯用"政","皇门类"书手习惯用"正"字。在文字异体方面,表示"至""到达"连词等义的{及},"尹至类"书手习惯写作"返","皇门类"书手习惯写作"及",《程寤》《楚居》《系年》也是写作"及";表示"内""中央""中等"义的{中},"尹至类"书手习惯写作"审","皇门类"书手习惯写作"中"。考察同一书手在书写同一个字(词)时习惯使用某些字是否存在规律,也可以推测书手在传抄过程中是否对文本进行了修改。

用字习惯可以反映战国时期文字的使用现象,以及先秦古书抄本与底本的关系乃至传抄的过程。由于抄本常受底本影响,一词多形现象往往能显露出其底本所经历的时间和空间的痕迹。

如《系年》中作"命""让"等义的{使},分别用"㕜""思""囟""吏""李"来表示,如下:

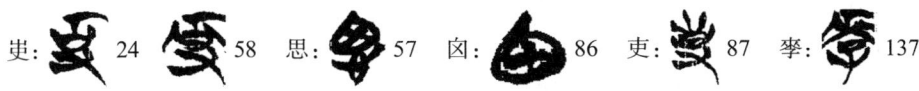

《越公其事》中读为{使}的字,分别用"史""徎""事""兹"来表示:

史: 1 徎: 15 事: 15 兹: 57

《系年》与《越公其事》是清华简中最长篇幅的两个文本,所记录的事件时间跨度都很长,两篇文本出现的一词多形现象较为丰富。不过在比对这两篇一词多形现象及其所在章节位置后,我们认为,《系年》因所据文献来源复杂而造成其存在较多的一词多形现象,其上有时间与空间积累的痕迹，①而《越公其事》中一词多形是抄手有意变化文字写法或避免重复所致。②

再如《郑文公问太伯》甲、乙本为同一书手所写、内容相同的两个文本，常有甲、乙本相同位置的文字写法不同的现象，整理者马楠已经指出，这是两个抄本的底本不同造成的。③

三、地域特征

一些文字的写法能反映出地域特征，也有学者称为国别特征。由于已经公布的战国简都是楚地出土的，古书简的公布才使学者们对战国简的地域特征有了关注，如郭店简、上博简中都有非楚因素的文字现象。以往会将战国简中这些非楚因素的字归为某系文字，如齐系文字、晋系文字等，不过这种划分还是较为粗糙的。因为一些地区的国别归属相同，但是文字风格还是有差异的，如曾国并入楚国，一般认为属楚系文字，但是曾国的文字风格与楚文字还是有差别的。再如，鲁、郑等国在地理位置上属齐系或晋系，可是鲁、郑两国也有代表各自特征的文字写法。

清华简的公布，更加丰富了我们对墨书文字反映出的地域特征的认识，简文中大部分文本是由楚文字书写，但是《保训》《良臣》《祝辞》三篇不仅整篇书写风格与常见楚文字字迹不同，其文字写法的非楚特征也十分明显。这三篇从书写风格上就与清华简其他篇甚至其他楚简明显不同，楚文字除横竖画外，其他笔画主要以弧笔居多，而《保训》的文字形体以曲笔弯折居多，如"弁"字作 ▨（简6）形，"隹"字作 ▨（简6）形、"旧"字

---

① 李松儒：《试析〈系年〉中的一词多形现象》，载李守奎主编《清华简〈系年〉与古史新探》，中西书局，2016，第455—486页。

② 李松儒：《清华七〈越公其事〉中的一词多形现象》，载中国文化遗产研究院编《出土文献研究》（第十七辑），中西书局，2018，第73—96页。

③ 马楠：《清华简〈郑文公问太伯〉与郑国早期史事》，《文物》2016年第3期。

作 形,这就造成其书写风格与常见楚简文字的不同。许多学者都对《保训》的书写风格及国别问题进行了讨论,①单育辰则将《保训》"假设为具有鲁国文字抄写特征的抄本"②。《良臣》《祝辞》则是重落轻出,笔画短促,大多数笔画的运笔过程是直笔甩出。刘刚认为,《良臣》的书写风格与《侯马盟书》相近,具有晋系文字风格,"可能是楚人用晋系底本抄写的,其中保存了大量晋系文字的字形特点和用字习惯,是具有晋系文字风格的抄本"③。单育辰根据书写风格认为《良臣》《祝辞》为晋系书手所写④,我们赞同这一观点,因为书写风格蕴含的运笔特征是最难改变的,同时作为楚系书手也无必要摹仿其他地域的书写风格。并且,为了摹仿而要改变运笔特征也是很容易分辨出来的。《保训》《良臣》《祝辞》的书写风格及文字写法,让我们可以窥见战国文字除楚文字以外的墨书字迹的书写风格,"书写风格"也越发显现出其作为判断文字国别的作用。还有一些篇目中存在个别字的写法呈现出非楚特征,如《筮法》《子产》等篇,这对我们研究战国时期各国文字相互渗透、相互影响是十分有意义的。

---

① 李学勤:《论清华简〈保训〉的几个问题》,《文物》2009年第6期。李守奎:《〈保训〉二题》,载清华大学出土文献研究与保护中心编《出土文献》(第一辑),中西书局,2010,第84页;又,李守奎:《〈保训〉二题》,载《古文字与古史考——清华简整理研究》,中西书局,2015,第26—39页。冯胜君:《试论清华简〈保训〉篇书法风格与三体石经的关系》,载清华大学出土文献研究与保护中心编《清华简研究》(第一辑),中西书局,2012,第92—97页。[日]福田哲之:《清华简〈保训〉与三体石经古文》,载中国文化遗产研究院编《出土文献研究》(第十三辑),中西书局,2014,第47—61页。

② 单育辰:《"蝌蚪文"谭》,载中国文化遗产研究院编《出土文献研究》(第十三辑),中西书局,2014,第90—96页。

③ 刘刚:《清华叁〈良臣〉为具有晋系文字风格的抄本补证》,复旦大学出土文献与古文字研究中心网,访问日期:2013年1月17日;又,刘刚:《清华叁〈良臣〉为具有晋系文字风格的抄本补证》,载中国文字学会《中国文字学报》编辑部编《中国文字学报》(第五辑),商务印书馆,2014,第99—107页。

④ 单育辰:《"蝌蚪文"谭》,载中国文化遗产研究院编《出土文献研究》(第十三辑),中西书局,2014,第96页。

有关清华简中文字写法所体现出的国别特征，宋亚雯在其硕士学位论文《清华简中的非典型楚文字因素问题研究》中对清华简一至六册的文字国别现象做了归纳与总结①，王永昌在其博士学位论文《清华简文字与晋系文字对比研究》中对清华简一至七册具有晋系文字特征的文字做了归纳与总结②，可参看，这里不再重复举例。

四、讹字

以往对讹字的研究会归结于书手的文化水平或者底本的文字情况，其实这也需要具体问题具体分析。关于讹字问题，我们可以透过这些写错了的字的写法来推测造成错误的原因。书手在书写或抄写过程中出现笔误是正常现象，一种是文字结构搭配出错，如果所写文字结构没有布局好，再书写就会出现笔画叠加或者空间缩小等情况，这种情况即便在书写水平较高的文本中也会出现，只是书写水平高的书手出现这类错误概率较小；另一种如果是抄本的话，书手在书写单字时可能下意识把这个字按照自己意愿组词书写下一个字，这个字与下一个字一般是常见搭配关系，但是底本并非其主观所想的常见词，当书手发现错误后，或许在原字基础上修改，若是修改不成功，仍是一个错字，但是在书手自己能够认识又不影响阅读的前提下他是可以不再理会的。如果错的字多，则可以刮削后重新书写。

对讹字的分析可以判断书写水平或者间接考虑底本水平的标准，但是并不绝对。我们应该结合书写水平来考察抄写情况，如果文字工整，追求形式，那么对文字书写错误还是会较为注意的，尤其要关注那些已经出现校改的竹简，结合这些看错字情况。如果是奋笔疾书，那么可能是书写环境影

---

① 宋亚雯：《清华简中的非典型楚文字因素问题研究》，硕士学位论文，复旦大学，2016。
② 王永昌：《清华简文字与晋系文字对比研究》，博士学位论文，吉林大学，2018。

响，书写者不能及时检查，写错也正常。再如较长篇幅的竹简，出现错误亦在情理之中。至于底本的情况，我们要考虑到，如果底本错了，抄手可能会在抄写时纠正，也可能未纠正原样抄写，如同我们今天抄写古文字，不认识的字也不敢轻易认为是错字，那就照样子写下来。

总之，有关讹字的判定，我们需要结合的因素较多，给出的结论也不能太唯一。不能因为一个字的写法出现的次数少，甚至之前未出现这种写法，我们就认为是讹字，要认识到文字写法的丰富多样性，对讹字的认定要更加谨慎。① 随着新材料的公布，可能这些少见的文字写法会再次出现，抑或是我们认为书手所写的讹字，在当时是约定俗成的。

从清华简中文字讹误的情况看，讹写的均与本应写的文字写法形态相近，本文中我们用符号"< >"表示讹误的字。如《程寤》中有一处讹字，位于简7，该句是"明明在<向>（尚—上），虽容纳棘"，其中"向"当为"尚"，读"上"②；《系年》简51"襄<天>人闻之"一句，其中"天"为"夫"字③；《周公之琴舞》简3+4："<重>启曰：'假哉古之人'"，其中"重"为"再"字误写④；《命训》简10"天故昭命以命<力>曰"，其中"力"为"之"字之误写⑤等。而且这些字也都是常见字，所以我们认为清华简中出现的这些误字与其文化水平无关，下文各章中也不再重复举出。

---

① 一些学者认为清华简中出现的某些少见写法的字是书写错误，如苏建洲《谈谈〈封许之命〉的几个错别字》，载中国古文字研究会等编《古文字研究》（第三十一辑），中华书局，2016，第374—377页。

② 李学勤主编《清华大学藏战国竹简（壹）》，中西书局，2010，第138页"《程寤》释文"。

③ 华东师范大学中文系战国简读书小组：《读〈清华大学藏战国竹简（贰）·系年〉书后（三）》，简帛网，访问日期：2012年1月1日。

④ 李学勤主编《清华大学藏战国竹简（叁）》，中西书局，2012，第136页"《周公之琴舞》释文"。

⑤ 李学勤主编《清华大学藏战国竹简（伍）》，中西书局，2015，第130页"《命训》释文"。

有关清华简中出现的讹字现象有学者做了总结，如肖攀对《系年》中的讹字现象做了总结，石小力对清华简第五、六册各篇简文中的讹字现象做了总结，可参看，这里不再重复举例。①

第五节　数字写法

我们将清华简中出现的数字分为正文数字与简序数字两种，正文出现的数字一般是行文所需的数词，简序数字是用来标记竹简顺序的。②由于记录数字的功能不同，有时同一书手所写的简序数字与正文数字写法也会不一样。③

清华简一至七册中，仅《别卦》中无表示数字的文字出现，其余各篇至少出现了一个表示数字的字，例如《厚父》正文中仅有"三"这个表示数字的字。

一、正文数字

清华简正文中表示数字的｛一｝至｛十｝中，表示｛一｝的写法最为丰富，常常有"一""弌""瞿""鼠""壹"等写法，｛二｝｛三｝｛四｝也有两种或两种以上写法，而｛五｝至｛十｝写法则较为统一。

---

① 肖攀：《清华简〈系年〉中的讹书问题》，载李学勤主编《出土文献》（第六辑），中西书局，2015，第163—168页。石小力：《谈谈清华简第五辑中的讹字》，载李学勤主编《出土文献》（第八辑），中西书局，2016，第126—130页；石小力：《清华简第六辑中的讹字研究》，载李学勤主编《出土文献》（第九辑），中西书局，2016，第190—197页。

② 也有个别篇目由于书手拿错简造成了简序数字与实际简序不一致的情况，如《系年》《厚父》《殷高宗问于三寿》三篇均出现简序数字与简号不对应的情况。

③ 肖攀曾对清华简《系年》与《筮法》两篇的数字写法做了简单描述，见肖攀《楚文字中的数字及其特点管窥》，载中国古文字研究会等编《古文字研究》（第三十一辑），中华书局，2016。

1. {一}——一、弌、鼠、鼮、壹

清华简中用"一"表示{一}较为常见,见于《尹至》、《尹诰》、《耆夜》、《金縢》、《皇门》、《祭公》、《系年》、《说命》(上、下)、《周公之琴舞》、《赤鹄之集汤之屋》、《筮法》、《封许之命》、《命训》、《子仪》、《子产》、《子犯子余》等篇中。

用"弌"表示{一}在《筮法》与《算表》等篇中均有该写法,如下表所示:

表1-10 清华简"弌"字写法与所在位置

字形	位置
弌 筮法19	筮法4、19、20、28,算表1
弌 筮法47	筮法47、47

用"鼠"表示{一}见于《汤处于汤丘》与《命训》中,如下表所示:

表1-11 清华简"鼠"字写法与所在位置

字形	位置
鼠 命训13	命训8、13,汤丘6

第一章 清华简字迹特征分类 45

用"罷"表示{一}有两例,均见于《汤处于汤门》简6,写作:

用"壹"表示{一}仅一例,见于《越公其事》简19,写作:

2. {二}——二、弍

清华简中{二}用"二"或"弍"表示,其中"二"较为常见,见于《尹至》《耆夜》《金縢》《皇门》《系年》《说命上》《芮良夫毖》《赤鹄之集汤之屋》《筮法》《汤在啻门》《殷高宗问于三寿》《郑武夫人规孺子》《管仲》《子仪》《子犯子余》《赵简子》《越公其事》等篇中,其形写作:

 系年39

用"弍"表示{二}出现在《程寤》《筮法》《算表》《子犯子余》《晋文公入于晋》《越公其事》等篇中,如下:

表1-12 清华简"弍"字写法与所在位置

字形	位置
弍 越公16	程寤6,筮法20,算表1,子犯4,晋文公2(两处),越公16、19

46

3. {三}——三、参、弌、疋

清华简中{三}用"三""参""弌""疋"等形表示,其中"三"与"参"的写法较为常见。"三"见于《保训》《金縢》《祭公》《系年》《筮法》《厚父》《命训》《汤处于汤丘》《汤在啻门》《殷高宗问于三寿》《郑武夫人规孺子》《管仲》《子仪》《子犯子余》《晋文公入于晋》《赵简子》等篇中,其形写作:

金縢2

{三}写作"参"也较为常见,"参"的写法也很多,又写作"厽",如下表所示:

表1-13 清华简"参"字写法与所在位置

字形	位置
系年121	系年121,管仲8(两处),子犯4
管仲11	管仲11,晋文公2、3,越公19、28、29、30、47(两处)
琴舞5	祭公20,说命下9,琴舞5,三寿1
子产24	子产24
筮法1	筮法1、3(两处)、5(两处)、7(两处)、9(两处)、12、14、16、18、28
子产26	子产25、26(三处)

第一章 清华简字迹特征分类

用"弎"表示｛三｝目前仅出现在《算表》简1中,写作:

清华简中有两例用"疋"表示｛三｝的,均在《越公其事》简68上,①写作:

4.｛四｝——四、亖

清华简中｛四｝有"四"与"亖"两种写法,"四"是最为普遍的写法,有三种形体,分别写作:

前两种写法的"四"较为普遍,如下:

表1-14 清华简"四"字所在位置

字形	位置
![]系年96	皇门6,系年92、96、112、126,算表20,汤丘8,帝门4、7、10、11(两处),管仲10、15(两处)、22,子犯11,晋文公2、3、4(两处),赵简子10,越公49

---

① "疋"用为"三",见石小力《清华简〈越公其事〉与〈国语〉合证》,香港、澳门,"《清华简》国际会议"会议论文,2017;又,石小力《清华简〈越公其事〉与〈国语〉合证》,《文献》二〇一八年第三期。

续表

字形	位置
系年3	金縢4、祭公5、18，系年3、41、61、131、132，说命中6、说命下5、琴舞7、芮良夫21、赤鹄4（两处）

上述两种"四"的写法差别即在两竖画是否在 ▢ 下出头，即便同一书手也经常混用，如《系年》中"四"就有 四 与 罒 两种写法。

《楚居》中"四"仅一例，位于简2，该写法的"四"目前仅出现一次，写作：

已公布的战国古书简中，{四}写作"≡"仅见于清华简中，如《封许之命》《郑武夫人规孺子》《子产》《越公其事》等篇均采用这种写法：

表1-15　清华简"≡"字所在位置

字形	位置
孺子10	封许2、5、6，孺子10，子产17，越公6

5. {五}至{十}

战国简中，表示{五}{六}{七}{八}{九}{十}的字写法较为一致，我们将这些数字写法列举如下：

表1-16　清华简"五"至"十"字写法举例

五	六	七	八	九	十
越公29	子产16	子仪2	算表1	琴舞1	算表11

上表中，"五"写作 🔳（说命下8）或 🔳（琴舞8），我们不做写法区别。《筮法》中数字"五"有 🔳（简3）与 🔳（简54）两种写法，"六"有 🔳（简1）与 🔳（简55）两种写法，🔳 与 🔳 都是以往战国简正文数字较罕见的写法。在清华简中，"五"和"六"的这种写法多用于简序数字（参见下文），《筮法》中"五"与"六"的写法及所在位置如下：

表1-17 《筮法》数字"五"与"六"写法及所在位置

	五	五	六	六
字形	🔳 3	🔳 54	🔳 1	🔳 55
位置	3、18、29、40、43、45、47（两处）、48（两处）、49、50	54、56	1	55

另外，还有"二十""三十""百""千""万"等表示数字的写法，如下：

表1-18 清华简其他数字写法举例

二十	三十	百	千	万
🔳 系年8	🔳 太伯甲5	🔳 算表11	🔳 算表10	🔳 孺子3

二、简序数字

清华简中含有简序数字的篇目有：《尹至》、《尹诰》、《耆夜》、《金縢》、《皇门》、《祭公》、《系年》、《说命》（上、中、下）、《周公之琴舞》、《芮良夫毖》、《赤鹄之集汤之屋》、《筮法》、《厚父》、《封许之命》、《命训》、《殷高宗问于三寿》。这些篇的简序数字大多可对应实际简序，但偶有例外，如《系年》《殷高宗问于三寿》《厚父》三篇就有简号错位、误置简序及写错简号的情况，详看本章第十节"编联与收卷"。除《筮法》中的简序数字是在正面第三道编绳下书写的，其余皆书写于简背竹节处。并且，因这几篇竹简的简序数字与正文为同一人所写，所以可与正文数字写法并列比较。

这些简序数字的写法大多与正文数字写法一致，这里不多介绍。不过，数字｛四｝｛五｝｛六｝｛九｝常常出现简序数字与正文数字写法不同的情况。

1. ｛四｝

清华简中，简序数字｛四｝写作如下两种字形：

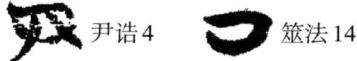

简序数字｛四｝多作 形，该写法与正文"四"字的常见写法一致，该形存在于《尹至》、《尹诰》、《耆夜》、《金縢》、《皇门》、《祭公》、《说命》（上、中、下）、《周公之琴舞》、《芮良夫毖》、《赤鹄之集汤之屋》、《厚父》、《封许之命》、《殷高宗问于三寿》等篇中。

简序数字｛四｝还有一种写作 形，这种写法的｛四｝出现在《系年》《筮法》《命训》等篇中。《系年》中简序数字除简40～49中的"四十"写成合文，作 形外，其余简中含"四"的数字均写作 形。《筮法》中简序数字除简40～49中的"四十"写成 形外，其余简中含"四"的数字均写作 形。《命训》简14背面简序数字"十四"仅残"四"字，作 形。

2. ｛五｝

清华简中，简序数字｛五｝写作如下两种字形：

简序数字｛五｝多作 形，该写法与正文"五"字的常见写法一致。该形存在于《耆夜》、《金縢》、《皇门》、《祭公》、《说命》(上、中、下)、《周公之琴舞》、《芮良夫毖》、《赤鹄之集汤之屋》、《筮法》、《厚父》、《封许之命》、《命训》、《殷高宗问于三寿》等篇中。

《系年》简背简序数字中含有"五"的字写作 形。

3.｛六｝

清华简中，简序数字｛六｝写作如下两种字形：

　　　　　筮法6　　　　系年6

简序数字｛六｝多作 形，该写法与正文"六"字的常见写法一致，该形存在于《耆夜》、《金縢》、《皇门》、《祭公》、《系年》、《说命》(上、中、下)、《周公之琴舞》、《芮良夫毖》、《赤鹄之集汤之屋》、《筮法》、《厚父》、《封许之命》、《命训》、《殷高宗问于三寿》等篇中。《系年》中简序数字除简60~69中的简序数字"六十"写作形外，其余简中含"六"的数字均写作 形。《筮法》中简序数字除简36中"六"写作 形外，其余各简含"六"的数字均写作 形。

4.｛九｝

清华简中，简序数字｛九｝写作如下两种字形：

　　　　　厚父9　　　　筮法19

简序数字｛九｝多作 形，该写法与正文"九"字的常见写法一致，该形存在于《耆夜》《金縢》《皇门》《祭公》《系年》《说命下》《周公之琴舞》《芮良夫毖》《赤鹄之集汤之屋》《筮法》《厚父》《封许之命》《命训》《殷高宗问于三寿》等篇中。《系年》中简序数字"九"有两种写法，简9、简19~99中的"九"作 ▧ 形；简109背面数字"百九"、简119背面数字"百十九"中"九"作 ▧ 形。《筮法》中简序数字"九"也有两种写法，简9中作 ▧ 形，简19~59中作 ▧ 形。"九"字的这种写法在上博简《周易》简22中也曾出现，作 ▧ 形。①

第六节 残文

由于竹简出土时往往有残损，未保存好或已残损的竹简上常保留了部分残文或者文字笔画，我们可以根据竹简上残留的不完整字迹或笔画推断原文字及其相关内容。过去，我们不仅用残文来识别文字，还经常用残文来进行竹简的拼合。②

清华简中的部分残文已由整理者识出，如《尹诰》简4上端首字略残，整理者识作"金"字，见下页字例1-15，可参同书手所写《金縢》简6上"金"字（见字例1-16）；《保训》简3有一字漶漫不清（见字例1-17），整理者根据文意已识为"忞"字，《保训》"忞"字有三例，分别位于简1、2、4，可与简2中该字对比（见字例1-18）；《晋文公入于晋》简1与简5残文各一处（见字例1-19、1-21），整理者识出分别是"王""左"两

---

① 有关《筮法》中数字的书写问题，李守奎做过讨论，见李守奎《清华简〈筮法〉文字与文本特点略说》，《深圳大学学报（人文社会科学版）》2014年第1期。又，李守奎《清华简〈筮法〉文字与文本特点略说》，载《古文字与古史考——清华简整理研究》，中西书局，2015，第335—345页。

② 李松儒：《郭店简编联二题》，武汉大学简帛研究中心主办《简帛》（第六辑），上海古籍出版社，2011；又，李松儒：《香港中文大学藏三枚战国简的归属》，载张德芳主编《甘肃省第二届简牍学国际学术研讨会论文集》，上海古籍出版社，2012，第599—601页；又，李松儒：《战国简帛字迹研究——以上博简为中心》，上海古籍出版社，2015，第183—184页。

字①，由于《晋文公入于晋》中无完整"王"字，可参同书手所写《子犯子余》简14"王"字对比（见字例1-20）；简5"左"字整理者直接识出（见字例1-21），可参同篇简4"左"字（见字例1-22）②；《越公其事》简66有两处残文，整理者应是根据文意补为"攻"（见字例1-23）与"垦"（见字例1-24）两字，并说"残缺约四到五字，'攻'与'垦'有残存笔画，可补为'攻我师乃不垦旦'或'攻我师不垦旦'"③。这些已由整理者识出的残文，我们将不再于各篇字迹分析中举出。

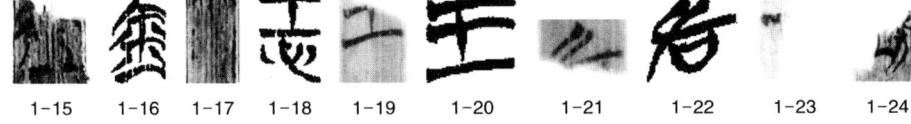

1-15　1-16　1-17　1-18　1-19　1-20　1-21　1-22　1-23　1-24

清华简有些残文是在发表后由一些学者识出，如《尹至》简2简首有文字残泐（见字例1-25），我们指出该残文应为"不"字，参同篇简3可知（见字例1-26）；《厚父》简1简首残缺，残画见字例1-27，我们认为该残画左边与简2"神"字的"示"旁写法最为接近（见字例1-28），该残画应是"示"旁，结合文意及此残留墨迹右边的一小残点识出该字为"祀"字；《封许之命》简3首字残泐（见字例1-29），整理者未识，以缺文号代替，④我们识出该字应是"珷"即"武王"合文，可参看本简

---

① 李学勤主编《清华大学藏战国竹简（柒）》，中西书局，2017，第101页"《晋文公入于晋》注释"、第101页"《晋文公入于晋》释文"。
② 李学勤主编《清华大学藏战国竹简（柒）》，中西书局，2017，第101页"《晋文公入于晋》释文"。
③ 李学勤主编《清华大学藏战国竹简（柒）》，中西书局，2017，第147页"《越公其事》释文"。
④ 李学勤主编《清华大学藏战国竹简（伍）》，中西书局，2015，第118页"《封许之命》说明"。

"斌"字（见字例1-30）①；《越公其事》简7有残文（见字例1-31），整理者识作"甲"②，"劳晓森"识为"三"③；《越公其事》简34有残文（见字例1-32），我们指出该残文应为"得"字，参同篇简13可知（见字例1-33）。

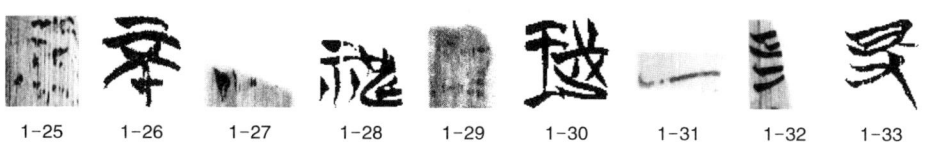

还有一些残文尚未释出。如《别卦》简8有一字左边残泐（见图1-4：1），该字整理者隶定作"𤴓逨"，并解释：

> 左边漫漶不清，右边为"连"，应是从连得声的字。王家台秦简《归藏》作"散"。"散""连"同为元部字，声母一为心母，一为来母，可以通转。④

再如《赵简子》简11上的残文（见图1-4：2），也无法识别；《越公其事》简38上的残文（见图1-4：3），中间"而"字可辨，上下两字右边可识，而左边的字部无法推测。

---

① 《尹至》简2、《厚父》简1、《封许之命》简3首字残文识别的相关研究见李松儒《清华简残泐字辨析三则》，载中国古文字研究会等编《古文字研究》（第三十一辑），中华书局，2016，第397—400页。
② 李学勤主编《清华大学藏战国竹简（柒）》，中西书局，2017，第114页"《越公其事》释文"。
③ "劳晓森"（网名）：《清华简〈越公其事〉残字补释一则》，复旦大学出土文献与古文字研究中心网，访问日期：2017年5月1日。
④ 李学勤主编《清华大学藏战国竹简（肆）》，中西书局，2013，第134页"《别卦》注释"。

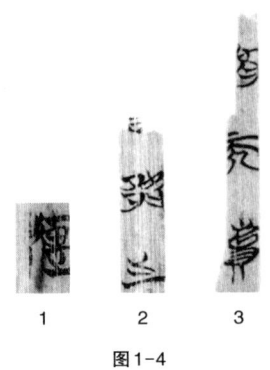

图1-4

通过对文字笔画形态的掌握来对残文进行的释读，虽然所释的都只是单个文字，但是这对理顺全文文意还是起到了较重要的作用。例如《封许之命》简3首字残泐，在释出该字前，整理者认为"吕氏与刑法有关"[①]，鹏宇认为"司明刑"的主语是吕丁[②]。我们释出该字是"武王"合文"珷"，确定了"司明刑"的主语是武王，而非吕丁，这对古史的研究也是十分重要的。

第七节 篇题

清华简中有篇题的篇目有：《耆夜》、《金縢》、《祭公》、《说命》（上、中、下）、《周公之琴舞》、《芮良夫毖》、《赤鹄之集汤之屋》、《殷高宗问于三寿》、《厚父》、《封许之命》、《子犯子余》、《越公其事》十四篇。

《赤鹄之集汤之屋》末简15背面有"赤鹄之集汤之屋"七个字，《耆夜》末简14背面有"耆夜"两个字，《金縢》末简14背面有"周武王又疾周公所

---

① 李学勤主编《清华大学藏战国竹简（伍）》，中西书局，2015，第119页"《封许之命》说明"。
② 鹏宇：《〈清华大学藏战国竹简（伍）〉零识》，清华大学出土文献与中国古代文明研究网，访问日期：2015年4月10日。

自以弋王之志"十四个字,《祭公》末简21正面有"懋公之顾命"五个字,《说命》(上)末简7背面有"傅敚之命"四个字,《说命》(中)末简7背面有"傅敚之命"四个字,《说命》(下)末简10背面有"傅敚之命"四个字,《周公之琴舞》首简背面上部书写篇题"周公之鹭楚"五个字,《芮良夫毖》简1背面有"周公之颂志"五个字,《殷高宗问于三寿》末简28背面有"殷高宗问于三寿"七个字。这些竹简的篇题与正文为同一抄手所写,而这些竹简也是由同一抄手所写,都属于"尹至类"字迹,唯独《尹至》《尹诰》两篇无篇题。肖芸晓根据简背刻划线及竹节位置认为,《赤鹄之集汤之屋》与《尹至》《尹诰》合编一卷①,这样也合理解释了《尹至》《尹诰》两篇无篇题的原因,这应该是这类字迹的一个特征②。

《厚父》末简13背面有"厚父"两个字,《封许之命》末简9背面有"封鄦之命"四个字,这两篇竹简的篇题与正文非同一抄手所写。③

"皇门类"字迹中,《子犯子余》简1背面有"子靶子余"七个字,《越公其事》末简75正面文末有"雩公亓事"四个字④,这两篇篇题与正文均为同一抄手所写,而与这两篇属同一抄手所写的《皇门》、《郑武夫人规孺子》、《郑文公

---

① 肖芸晓:《试论清华竹书伊尹三篇的关联》,简帛网,访问日期:2013年3月7日;又,肖芸晓:《清华简简册制度考察》,硕士学位论文,武汉大学,2015;又,Xiao Yunxiao, Restoring bamboo scrolls Observations on the materiality of Warring states bamboo manuscripts, *Chinese Studies in History*, VOL 50, 2017, ISS 3, 235—241.

② 我们曾指出,《耆夜》、《金縢》、《祭公》、《说命》(上、中、下)、《周公之琴舞》、《芮良夫毖》、《赤鹄之集汤之屋》九篇的篇题与正文"由同一抄手所写,这些篇题与正文字迹特征一致,即篇题与正文均是由同一抄手所写"。见李松儒:《战国简帛字迹研究——以上博简为中心》,上海古籍出版社,2015,第138—139页。

③ 贾连翔已经指出《厚父》与《封许之命》篇题与正文非同一抄手所写,见清华大学出土文献读书会《清华简第五册整理报告补正》,清华大学出土文献研究与保护中心网,访问日期:2015年4月8日。

④ 有学者认为《越公其事》文末"雩公亓事"四个字并非篇题,见王辉《说"越公其事"非篇题》,复旦大学出土文献与古文字研究中心网,访问日期:2017年4月28日。

问太伯》(甲、乙)、《子仪》、《晋文公入于晋》、《赵简子》七篇则无篇题。

从这些有篇题的竹简看，书写篇题是抄手的个人行为，并没有一定的要求，如"尹至类"字迹的抄手就有书写篇题的习惯，而"皇门类"字迹的抄手则在有些篇目会书写篇题，有些篇不加篇题，而《厚父》与《封许之命》两篇的篇题与正文不是同一抄手所写。

有关篇题的书写位置，清华简的篇题均写在各篇的首简或末简上。"尹至类"字迹的篇题书于末简背面的有4篇，书于首简背面的有5篇，书于末简正面的有1篇；《厚父》与《封许之命》篇题都书于末简背面；《子犯子余》篇题书于首简背面，《越公其事》篇题书于末简正面正文末。由此看来，即便同一抄手所写的篇题在首末简、正背面、整简上下等方面的位置也不固定。有关清华简篇题的书写位置及与正文是否出自同一书手等书写情况见表1-19。

表1-19 清华简篇题书写情况

篇名	篇题	篇题位置	与正文是否出自同一书手
耆夜	䢼夜	末简14背下	是
金縢	周武王又疾周公所自以弋（代）王之志	末简14背下	是
祭公	𢼸公之顾命	末简21正下	是
说命上	尃敓之命	首简1背下	是
说命中	尃敓之命	首简1背下	是
说命下	尃敓之命	首简1背下	是
周公之琴舞	周公之鬣瑟	首简1背上	是
芮良夫毖	周公之颂志	首简1背上	是
赤鹄之集汤之屋	赤鹄之集汤之麌	末简15背下	是

续表

篇名	篇题	篇题位置	与正文是否出自同一书手
殷高宗问于三寿	殷高宗问于三寿	末简28背上	是
厚父	厚父	末简13背	否
封许之命	封鄦之命	末简9背	否
子犯子余	子䊷子余	首简1背	是
越公其事	雩公亓事	末简75正文末	是

第八节 标志符号

清华简中所见的标志符号表示的意义有以下几种：合文、重文、句读、专有词、分章、篇尾结束等。这些符号形态不同，一般在合文与重文下的多作"="形，但也有例外；表示句子停顿的本书称之为"句读"符号，多作"-"形，或"╚"形；还有一些专有词下也标有符号，多作"-"形，或"╚"形；分章与篇尾结束作"-"形、"╚"形，或"■"形等。下面我们分别介绍一下清华简中各类标志符号的使用情况。

一、合文符号

清华简中合文常见，但是一些篇中也未出现合文，如《尹诰》、《耆夜》、《说命》(中、下)、《周公之琴舞》、《芮良夫毖》、《良臣》、《祝辞》、《赤鹄之集汤之屋》等篇。

合文下一般加符号"="，但是也有不加者，如《封许之命》中有五处合文，这些合文下均不加合文符号。再如《算表》中合文大多加合文符号，但也有一些合文下并不加合文符号，这类情况共二十二例，尤其"二十"

合文作"廿"而不加合文符号，这种情况十分少见，《算表》中出现了两次，分别位于简4、5①。

清华五《厚父》共两处合文，均位于简5，即"拜手"与"稽首"两处，并且是在相邻位置上（见图1-5），其中"拜手"下有符号"∟"，"稽首"下有符号"="。"稽首"下的"="是合文符号，"拜手"下的"∟"有学者认为应该是句读符号。②全文句读符号仅此一处，若此，《厚父》中两处合文即"拜手"与"稽首"，前者合文下无合文符号，后者合文下有合文符号"="。

图1-5

二、重文符号

已公布的清华简一至七册中，《说命中》《厚父》《子犯子余》《赵简子》中无重文，其他篇重文下一般加重文符号"="，也有不加任何符号的情况，如《程寤》简9"后戒"中"后"字下有"="，"戒"字下无符号（见图1-6∶1）。

重文也有用"-"表示的，如《保训》中简8"又（有）易"这一重文中，"又"下重文符号作"-"，"易"下重文符号作"="（见图1-6∶2）。再如《子产》简5上一处与简28上的七处重文符号均作"-"形（见图1-6∶3至5）。

---

① 李松儒：《清华简〈算表〉字迹研究》，载中国文化遗产研究院编《出土文献研究》（第十八辑），中西书局，2019，第96—104页。
② 清华大学出土文献读书会：《清华简第五册整理报告补正》，清华大学出土文献研究与保护中心网，访问日期：2015年4月8日。苏建洲则认为"拜手"下的"∟"为"误加钩识符号"。见苏建洲《清华简第五册字词考释》，载李学勤主编《出土文献》（第七辑），中西书局，2015，第145—146页。

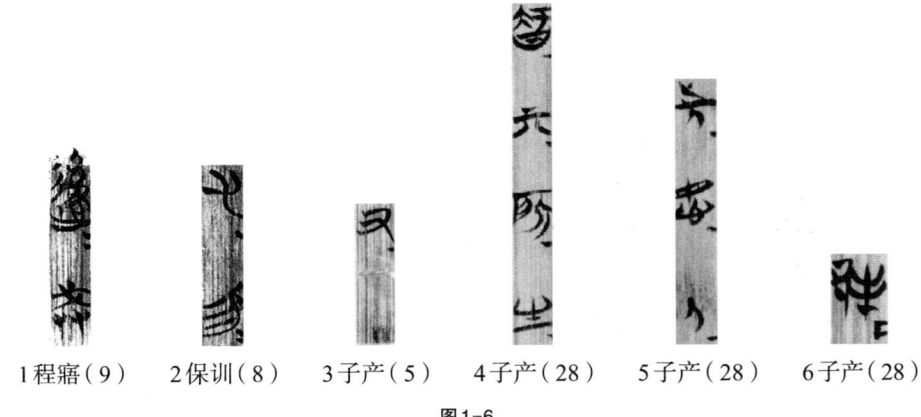

1 程寤（9） 2 保训（8） 3 子产（5） 4 子产（28） 5 子产（28） 6 子产（28）

图1-6

重文下也有用"▭"表示的，如《子产》简28上有一处重文下标有▭形符号，"▭"位于简末（见图1-6：6），或许是该书手笔误造成的，在"└"形基础上添加一小横改写成"▭"，这应该不是重文符号的常态。

重文的使用情况都是跟随文意而来的，其中一字重文与两字重文较为常见（见图1-7：1至3），三字重文与四字重文较为少见（见图1-7：4至9），尤其六字重文更为罕见。如《子产》简11上有六处连续重文，作："祸=行=皋=起=民=矜="（见图1-7：10），应断作："祸行，祸行罪起，罪起民矜，民矜"。

有关重文的形式我们分为复读重文与还读重文两种。所谓复读重文即"A="读为"AA"，"A=B="读为"AABB"等情况；还读重文即"A=B="读为"ABAB"，"A=B=C="读为"ABCABC"等情况。当然还读重文还有一些更为复杂的情况，如上述《子产》简11的六处连续重文。

清华简字迹研究

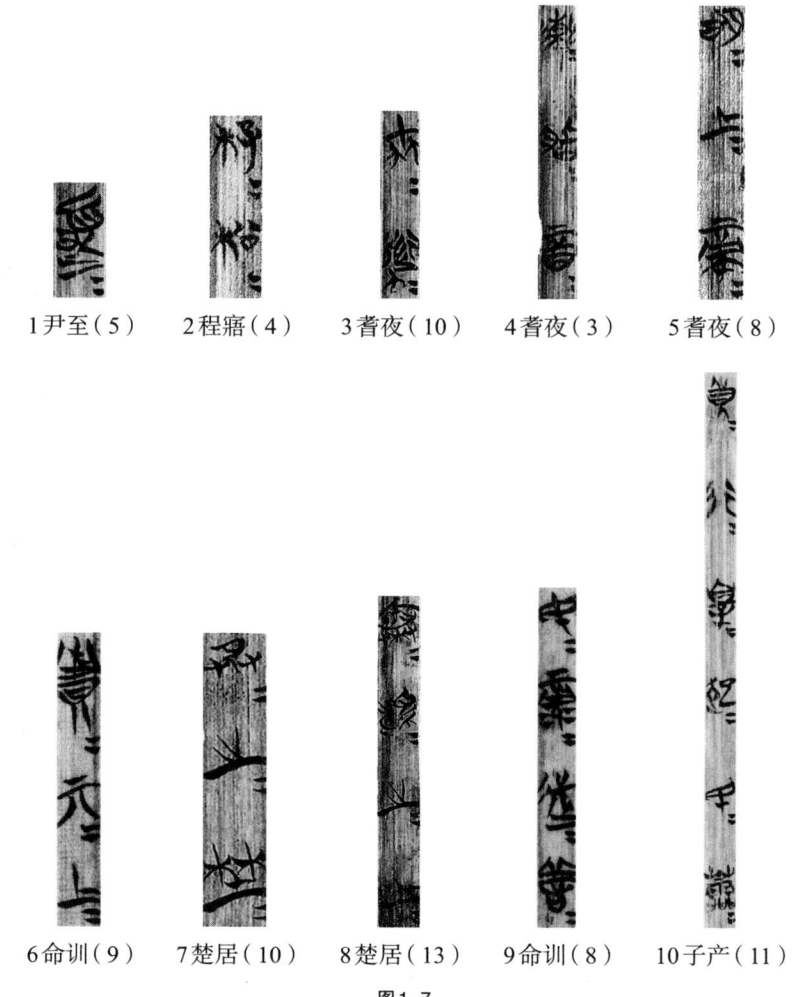

1 尹至（5）　2 程寤（4）　3 耆夜（10）　4 耆夜（3）　5 耆夜（8）

6 命训（9）　7 楚居（10）　8 楚居（13）　9 命训（8）　10 子产（11）

图 1-7

三、句读符号

清华简《保训》《皇门》《楚居》《尹诰》《厚父》《封许之命》《子仪》等篇全文无句读符号。

句读符号书写的形态往往反映书手的书写习惯，一般常见的形态即"–"形与"└"形两种。但是这两种形态不绝对，如"–"可以写作横点，也

62

可以写作短横，如果书写者在句读符号起笔时顿压痕迹明显，又会出现类似"凵"形的符号，所以我们不能机械地对其形态进行划分。句读符号书写较为随意，如《祭公》中句读符号"-"与"凵"并用，其中用"-"二十六处，用"凵"五十六处。《系年》中句读符号共七处，也是"-"与"凵"并用，符号形态也不完全一致，如下：

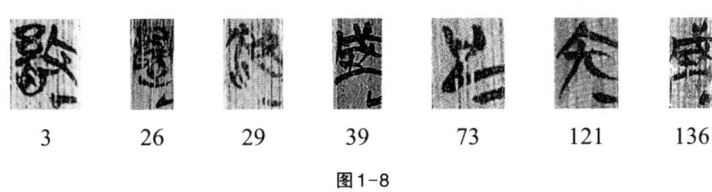

图1-8

句读符号的作用一般表示句子停顿，但是古人句读和我们今天的阅读习惯不同，有时会在词或词组下点读，我们将在下文"专有词"中举出。再有就是相同句式之前点断，之后未必点断。如《殷高宗问于三寿》中句读频繁，在下一简中同样句式却未进行点断。

句读符号也有作"▬"等形的，如《良臣》中句读共二十处，其中除简6句读符号作▬形外，其他均作"▬"形。

一般来说，有表示篇章结尾的符号时，就不再书写句读符号，但是也有例外，如《系年》简73为该篇第十四章最后一支简，最后一字"也"下既有句读符号"-"，又有表示章末完结的符号"凵"。这说明《系年》保留了所抄底本的痕迹，如底本有符号"-"，而符号"凵"是抄写者自己加的，也有可能出现这样的情况（见图1-9），反之，亦然。

图1-9

四、专有词符号

战国简中常常在一些词或词组下点读，清华简中也常有这样的例子，一般作"-"形，如《程寤》简6"秋（秋-肃）明武威"中"秋（秋-肃）"下有一墨点（图1-10∶1）。《耆夜》简12中"不憙（喜）不药（乐）"一句"憙（喜）"与"药（乐）"下均有符号（见图1-10∶2）。《金縢》简4"多㓞（才）多埶（艺）"一句，其中"㓞（才）"与"埶（艺）"下均有符号（见图1-10∶3）。《殷高宗问于三寿》简10"九牧九有将丧"中"牧"下有一符号（见图1-10∶4），简21+22"音色柔巧而叡武不罔"中"色"下有一符号（见图1-10∶5），简26"急利傲神莫恭而不顾于后"中"利"下有一符号（见图1-10∶6），等等。

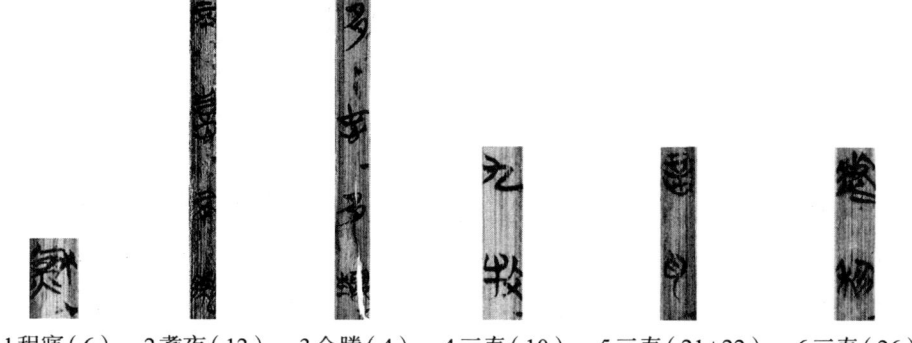

1 程寤（6）　2 耆夜（12）　3 金縢（4）　4 三寿（10）　5 三寿（21+22）　6 三寿（26）

图1-10

《良臣》中谥号及人名下的标志符号共计六十三处，这些符号均作"-"形（见图1-11∶1至2）。

专有词下的标志符号也有作"⌐"形者，如《祭公》中专有词下的标志符号共计十四处，这些符号均作"⌐"形（见图1-11∶3至4）。

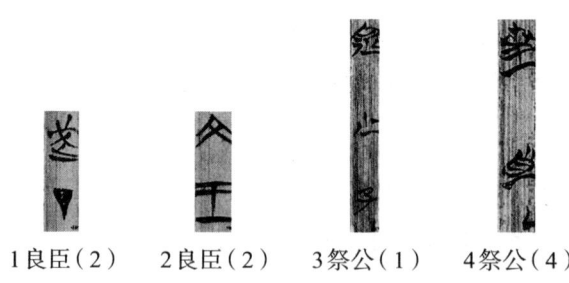

1 良臣（2）　2 良臣（2）　3 祭公（1）　4 祭公（4）

图1-11

《筮法》与《子产》中专有词下的标志符号是"-"与"┗"形并存。《筮法》中卦名下及天干下多有标志符号,《子产》中在人名、官名等专有词下也画有符号。有关《筮法》与《子产》中的专有词下的标志符号参看本书第七章《〈筮法〉〈子产〉字迹研究》中"标志符号"部分。

我们认为句读符号及词或词组的标志符号的使用频率与书手的习惯有关。如"尹至类"字迹中句读符号使用频率较高,"皇门类"字迹句读符号使用频率较低,不过这两类字迹中也有个别篇竹简句读符号使用频率与多数篇目相反的情况,相关讨论参看本书第三章至第五章"标志符号"部分。

五、卦画符号

《筮法》中大部分数字卦画下面有"■"形标志符号,李宛庭认为,数字卦画下面的"■"形符号表示一组占例的结束,并兼具分隔作用。①

六、篇章段落符号

战国古书简中,通常全篇结束后会有一个标志符号,这种表示篇末结束的符号并不是每篇都有,如《保训》篇末就没有任何标志符号。

标在篇末的符号书写形态也较为多样,如常见的"-""■"与"┗"形几类的写法就有不同。"-"形符号写的较粗就成了"■"形,"-"形符号起笔顿压痕迹明显些又成了"┗"形,如《郑武夫人规孺子》篇末结束符号作■形,《汤处于汤丘》篇末结束符号作■形,《程寤》篇末结束符号作■形,《楚居》篇末结束符号作■形,等等。

若是两篇或多篇文本书写在同一竹简上,每一篇下会有表示该篇结束

---

① 李宛庭:《战国楚简所见成对数字卦——以〈清华四·筮法〉为中心》,载暨南国际大学中国语文学系《第四十七届中区中文研究所硕博士生论文研讨会论文集》,2015。

的符号。如《尹至》《尹诰》与《赤鹄之集汤之屋》即是三篇合编为一卷，这三篇文末均用"└"形符号表示篇末结束。再如《赵简子》内容有两部分，简1～4为一部分，简4文末有 ▰ 形符号，下部留白；简11文末有 ▰ 形符号，第二部分内容结束。

还有一种是较长内容的文本，书写者也会对其进行分章，如清华简《系年》全文共138支竹简，书写者有意分为二十三个段落，大多段落下是有标志符号的，整理者将其划为二十三章，可称这些符号为章末符号。这些章末符号多作 ▰（简4）形，第十六章末简90末字下作 ▰ 形，写法与其他符号略有不同，第十九章末简107正好在中间编绳上方，空间受限，故仅作墨节 ▰ 形。第十五章末简84、第二十二章末简125下空间充足，但未见符号。另一较长篇幅的《越公其事》全文共75支竹简，全篇十一章，章末标志符号形态一致，作 ▰ 形。

《良臣》中表示篇章段落的符号共二十处，均作"▬"形；《祝辞》简1～5简末均有表章节完成的符号，作"▬"形。（见图1-12）

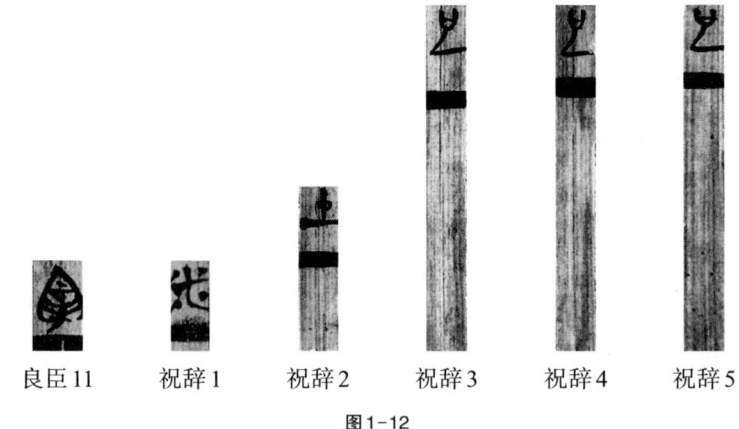

良臣11　祝辞1　祝辞2　祝辞3　祝辞4　祝辞5

图1-12

一般来说，一个字或词下仅有一个标志符号出现，但也有例外，如上文所述《系年》简73最后一字"也"下既有句读符号"-",又有表示章末完结的符号"⌐"。又如《祭公》简3"之所"合文下既有合文符号"=",又有表示句读的符号"⌐",作:

七、篇题符号

清华简中还有一些符号是书写在篇题下的,如《厚父》末简简13背面篇题"厚父"两字下有一处墨钉,作 ▬ 形。《封许之命》末简简9背面篇题"封许之命"下有一处墨钉,作 ▬ 形。另外,《越公其事》末简75文末直接书写"越公其事","事"字下有 ▬ 形符号,若该符号不是篇末符号则算是篇题下符号。上博简《鲍叔牙与隰朋之谏》末简9的正面中下部仅书写篇题"鲍叔牙与隰朋之谏",篇题下有 ╲ 形符号。

八、衍符

清华简中有一些标志符号在文中不起任何作用,也不是位于专有名词下,其存在是多余的,作"=""-"等形,如《系年》简23"赛(息)侯亦取妻于陈"一句,其中"赛"字下有"="形符号(见图1-13),参照文意可知,该"="形符号为衍符。《良臣》简7有"秦穆公有殺大夫"一句,其中的"大夫"一词并未以合文形式出现,但是仍添加了合文符号,应该是誊抄的底本上该字为合文形式并加以合文符号,而书手抄写时并未书写成合文形式,但是连同符号一并誊抄造成的(见图1-14)。《汤在啻门》简2中有一处符号也应该是衍符(见图1-15)。

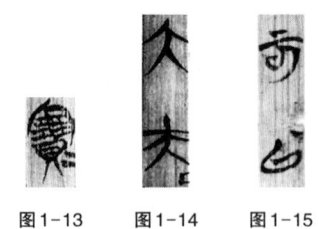

图1-13　　图1-14　　图1-15

九、墨迹

清华简中，在离文字近处常常出现一些圆点墨迹，这种情况在《保训》《金縢》《祭公》《楚居》《周公之琴舞》等篇中均有出现。有的墨迹形态很像标志符号，并且有的墨迹位置与标志符号书写位置一致，这些墨迹需结合文意辨析其是否为标志符号。如《保训》简11、《金縢》简2、《系年》简135等处的墨迹就与句读符号相似，这些墨迹有可能是书写停顿时产生的，如下所列：

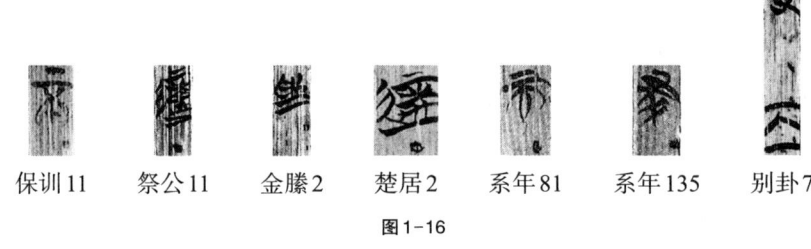

保训11　　祭公11　　金縢2　　楚居2　　系年81　　系年135　　别卦7

图1-16

第九节　竹书的校补

一、刮削与改写

一般来讲，刮削后的竹简上会再写上文字，但是刮削后再写的文字往往容易晕墨，所以经水浸泡后墨色较淡，并且也容易污染。如《系年》简8有污损，但有红外图版可比对。简文中有"晋文侯仇乃杀惠王于虢"一

原图　红外图版

图1-17

句，其中"惠"字原图版模糊，由红外图版可见，该字覆盖了有其他笔画痕迹（见图1-17），该字应该是刮削后所写。

但是也有竹简刮削后并未进行改写的情况，如《系年》简20有"迁于曹，立戴公申"一句，"立"字前有残存字迹，该字刮削痕迹明显（见图1-18），整理者补"女（焉）"。据整理者李守奎告知，此系书写后刮削者。①此处是清华简所见刮削后未补入文字的一处，应该是写定之后删改所致。

图1-18

《郑文公问太伯》甲本简4第二道编绳之上也有墨迹残留（见图1-19：1至2）。仔细观察该残余墨迹下面的"谏"字上也有墨迹污染（见图1-19：3），由于相邻简3，该部分缺失。简2、5相应位置上的字迹笔画不能重合，此处墨迹残留情况不明，若非简3上文字的反印文墨迹，此处应该是刮削校改后留下的痕迹。如此，这也是清华简中又一处刮削后未补入文字的例子。

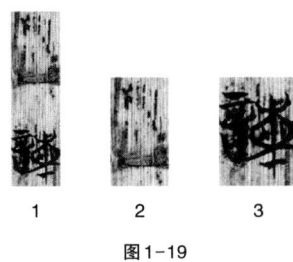

图1-19

以上所述的刮削后修改均是同一书手所为，也有刮削后修改文字与原文非同一书手所写之例，如《郑文公问太伯》乙本简12上"殷"字墨迹颜色较淡，其字迹特征也与其他文字不类（见图1-20）。整理者已经指出，"疑为另一书手所补"②。我们将"殷"字所含"邑""戌"（含"戈"形）、"隹"

---

① 李松儒：《清华简〈系年〉集释》，中西书局，2015，第103—104页。
② 李学勤主编《清华大学藏战国竹简（陆）》，中西书局，2016，第126页《郑文公问太伯》（乙本）释文"。

三个字部与正文字迹进行对比，可以确定"殷"字与正文非同一人所写。《郑文公问太伯》的甲、乙本全篇均为同一人书写，仅此一字为其他书手所写。"殷"字墨迹颜色较正文字迹颜色淡许多，且该字布局疏朗，文字大小与全简中其他文字相近，不像因书写空间有限而文字较小的补文。所以，我们认为这应该是另有书手校改造成的，而非整理者所说的补文。相关详细讨论参看本书第四章《〈皇门〉等篇字迹研究》。

图1-20

二、补文

清华简中有补文的篇目较多，判断补文的主要依据就是字间距。补文的位置一种是补入正文中，文字宽度与正文一致，见图1-21。还有一种补文的位置是补写在正文侧面，左右侧均会出现，字往往小于正文很多，很容易看出来，见图1-22。

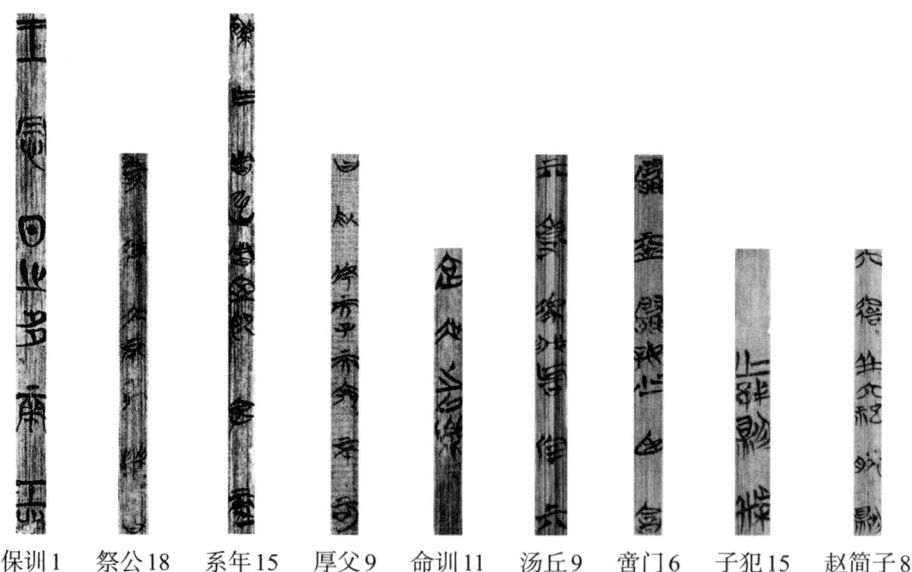

保训1　祭公18　系年15　厚父9　命训11　汤丘9　皇门6　子犯15　赵简子8

图1-21

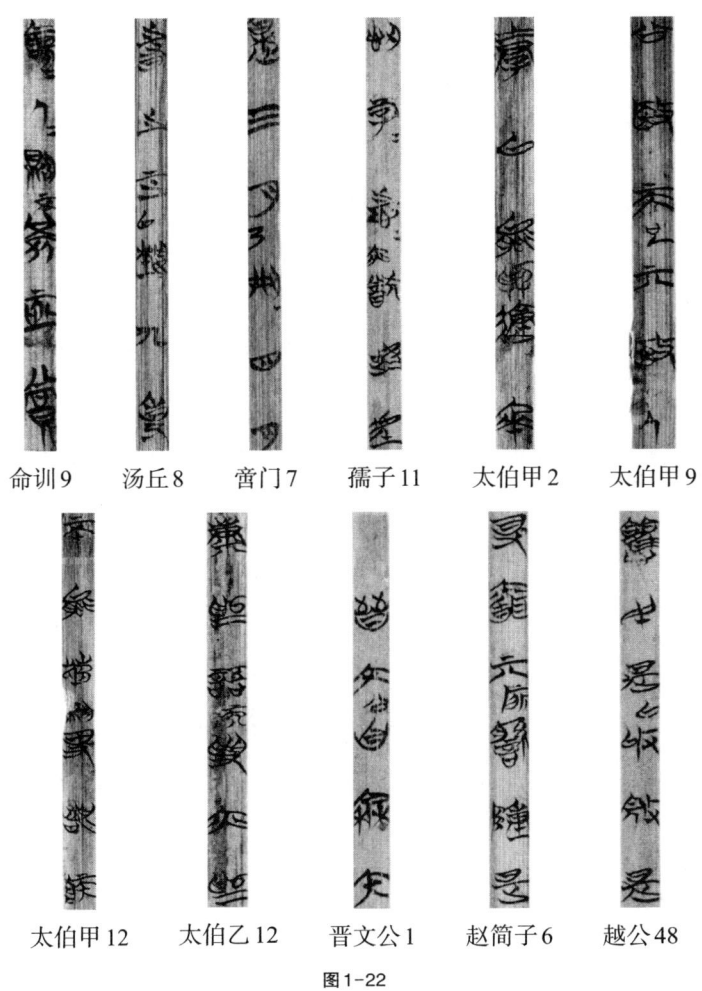

图1-22

三、脱文

清华简中,有的竹书对脱文及时进行了增补,这个从字间距即可看出;有的脱文未做处理。本文用"$\boxed{某}$"表示某字脱文,如《系年》简111 "赵桓子会$\boxed{者}$侯之大夫"一句,其中"者(诸)"字为脱文;①《算表》简6有

---

① 李学勤主编《清华大学藏战国竹简(贰)》,中西书局,2011,第187—188页"《系年》注释"。

"四千二[百]",其中"百"字为脱文;①《汤在啻门》简4"九以成地,五以将[之]",其中"之"字为脱文②等。

第十节 编联与收卷

一、简背划痕

竹筒需要破成竹简,有时竹筒外会旋转刻划出痕迹,这些划痕也是为了方便竹简的排序。③过去对简背划痕并未有所重视,如包山简、郭店简、上博简等背面均有墨线或划痕,但是因整理者未公布全部的简背照片,我们无法进行全面研究。清华简不仅公布了竹简正面照片,还公布了所有简背照片,这使我们对简牍制作编联有了更丰富的认识。除包山简整理者提出过有关简背划痕及墨线的功能外,较早注意简背划痕的是孙沛阳,他对岳麓秦简第一册与清华简第一册的简背划痕形态做了总结。④肖芸晓根据《尹至》《尹诰》《赤鹄之集汤之屋》的简背划痕与竹节位置,认为这三篇为合编,之后肖芸晓对清华简一至五册竹简的简背划痕形态做了分类与描述。⑤贾连翔对清华简一至三册的各篇简背划痕做了总结,并做了简背划痕形态模拟图及竹

---

① 李学勤主编《清华大学藏战国竹简(肆)》,中西书局,2013,第142页"《算表》注释"。
② 李学勤主编《清华大学藏战国竹简(伍)》,中西书局,2015,第142页"《汤在啻门》注释"。
③ 李守奎:《清华简的形制与内容》,"欧洲中国出土写本研究讨论会"会议论文,巴黎,2012;李守奎:《清华简的形制与内容》,载《古文字与古史考——清华简整理研究》,中西书局,2015,第4—25页。
④ 孙沛阳:《简册背划线初探》,载复旦大学出土文献与古文字研究中心编《出土文献与古文字研究》(第四辑),上海古籍出版社,2011,第449—462页。
⑤ 肖芸晓:《试论清华竹书伊尹三篇的关联》,简帛网,访问日期:2013年3月7日;又,肖芸晓:《试论清华竹书伊尹三篇的关联》,载武汉大学简帛研究中心主办《简帛》(第八辑),上海古籍出版社,2013,第471—476页;又,肖芸晓:《清华简简册制度考察》,硕士学位论文,武汉大学,2015;Xiao Yunxiao, Restoring bamboo scrolls Observations on the materiality of Warring states bamboo manuscripts, *Chinese Studies in History*, VOL 50, 2017, ISS 3, 235-241.

简3D模拟图(见图1-23)。①我们将这些学者对清华简背部划痕的形态描述总结于下:

清华简背部的连贯划痕多是刻刀围绕竹简刻划一周而成,如《尹至》《尹诰》《赤鹄之集汤之屋》(见图1-24)等篇;也有刻划平行两周的,如《金縢》(见图1-25)、《皇门》等篇;还有从一点出发向不同方向刻划两道的,如《耆夜》(见图1-26)、《良臣》、《祝辞》(见图1-27)等篇。有关竹简划痕是否贯连,可以参看孙沛阳与贾连翔的相关讨论。②

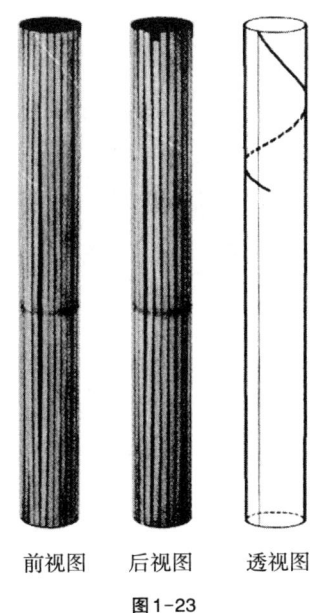

前视图　后视图　透视图

图1-23

---

① 贾连翔:《战国竹书形制及相关问题研究——以清华大学藏战国竹简为中心》,中西书局,2015,第88—100页。
② 孙沛阳、肖芸晓均对简背划痕做过复原图,贾连翔在其基础上加入了数字建模技术及3D模型,这里我们所举的简背划痕选用了贾连翔制作的复原图。

第一章　清华简字迹特征分类　73

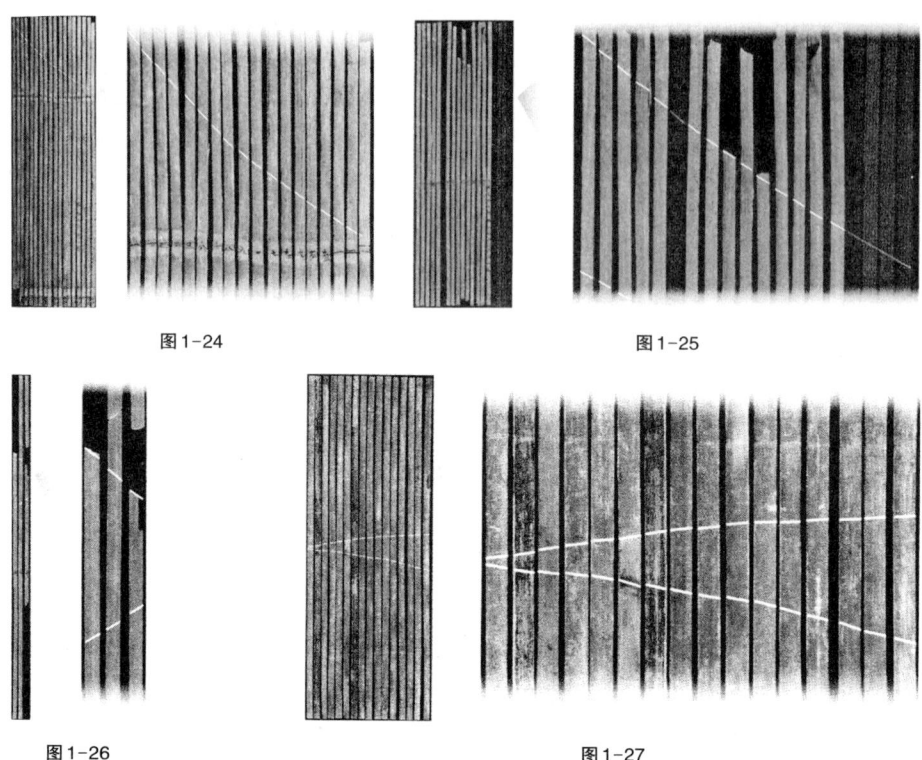

图1-24　　　　　　　　　　　图1-25

图1-26　　　　　　　　图1-27

还有许多篇竹简的背部划痕并不连贯，孙沛阳、贾连翔认为其中补入适当竹简则可复原当时同一竹简的划痕。但是这些竹简是否真的应该补入来复原其书写的原貌呢？若是补入一两支正常，不过多篇竹简简背划痕需要补入多支竹简才可复原，并且这些缺失的带有相应背部划痕的竹简又未见于其他篇。如果是写错了竹简，只需刮去竹简正面的文字即可，无需扔掉那么多支竹简。整简刮后重写的现象，上博简《君人者何必安哉》甲本中就已出现，[1]其他简也有刮削后重写的现象，这属于简牍书写的常态。我们猜测缺

---

[1] 李松儒:《由〈君人者何必安哉〉甲乙本字迹看先秦文献的传抄》，载复旦大学出土文献与古文字研究中心编《出土文献与古文字研究》(第四辑)，上海古籍出版社，2011，第259—269页；又，李松儒:《战国简帛字迹研究——以上博简为中心》，上海古籍出版社，2015，420—433页。

失的竹简很有可能是劈治修整时损坏了。

　　这些修治好的竹简在书写前应该是事先摆好的,不然呈上时不同竹节形制就会混在一起,所以竹简的修治与书写往往应该是同一人。我们可以想象一下古人书写竹简前的情景,他们要对竹简进行修治,再按照竹节位置或划痕摆好,最后进行抄写,一些竹书的简号应该是事先写好的,所以才会出现《殷高宗问于三寿》简10与简15简号误置的现象。

　　此外,通过竹节位置可以考察哪些竹简来自同一竹筒,结合划痕,可以分析出一册竹书的竹简用量,同样也能考察一个竹筒可破出多少支竹简。如《筮法》简1~28与简29~56这两组分别出自两个竹筒,均是28支竹简,并且该篇简宽0.7厘米,这属于破出竹简较多的两截竹筒。《系年》简70~95这26支竹简为一个竹筒,该篇简宽0.5厘米,这也属于破出竹简较多的一截竹筒。一般来说,同一书手所写竹简长度相同、竹节位置相等即具备竹简同时加工的条件,《厚父》与《封许之命》为不同书手所写的两篇,两篇竹简长度相近,但是各契口间距离不同。贾连翔指出,《厚父》简11~13与《封许之命》各简"同属一段'竹筒'劈削而成",据此认为两篇"为同一时期抄成"。①《厚父》与《封许之命》为不同书手所书,这种由不同书手书写、竹简形制不同但竹节位置相同的情况是比较罕见的。结合贾连翔所述及前文我们对清华简的竹简形制的总结,即清华简各篇多在45厘米左右,我们可以断定清华简是存在抄手群并相互影响的。

　　观察简背划痕形态,对了解先秦古书制作过程起着十分重要的作用,不过有时我们根据整理者所述对简背图版进行观察,发现一些划痕也并不清楚,期待日后的整理者能够提供更加清晰的图版。

---

① 清华大学出土文献读书会:《清华简第五册整理报告补正》,清华大学出土文献研究与保护中心网,访问日期:2015年4月8日。

二、简序数字

清华简许多篇出现了表示简序的数字，这些数字除《筮法》中是在正面第三道编绳下书写的，其余皆书写于简背竹节处，简序数字是在竹青面的竹节刮削后书写的。并且，这些简序数字与正文为同一人所写。

《系年》在简52背面标记成"五十二"，在简53背面又误标成"五十二"，以后沿袭此误，在简89背面才修改成正确编号；①《厚父》简11背面写成"廿一"，实为"十一"的误写；②《殷高宗问于三寿》简10背面误标为"十五"，简15背面误标成"十"，因书手拿错简10与简15导致简8~15的连续划痕中断，③可见这几篇的简序数字是在竹简修治后、正文书写前写上去的。所以，我们依据简序数字给竹简排序时也要核查文义是否通顺。

三、契口及固定

竹简需要用丝线将其连在一起固定成书册，竹简固定丝线的位置往往会用刀削出一点缺口，这个缺口我们称作契口。一般来说，这些契口都在竹简的右侧，偶尔也有在左侧的，如上博简《曹沫之陈》中一些简的左侧也有契口。这些竹简的契口均在右侧也说明，这些竹简是由首简开始，按从右至左的方向依次编联的。契口有的呈明显缺口状，有的形状很小，有的仅在竹简表面留有缺口，下层完整。肖芸晓对清华简一至五册的各篇竹简契口进行了观察，列出了有明显契口的竹简的正反面图版。④若是这些契口仅在表面，竹简反面是看不出契口痕迹的，所以契口的形态也是丰富的（如图1-28）。

---

① 李学勤主编《清华大学藏战国竹简（贰）》，中西书局，2011，第135页"《系年》说明"。
② 李松儒：《清华五字迹研究》，载武汉大学简帛研究中心主办《简帛》（第十三辑），上海古籍出版社，2016，第79—89页。
③ 贾连翔：《反印墨迹与竹书编连的再认识》，载李学勤主编《出土文献》（第六辑），中西书局，2015，第229—245页。
④ 肖芸晓：《清华简简册制度考察》，硕士学位论文，武汉大学，2015。

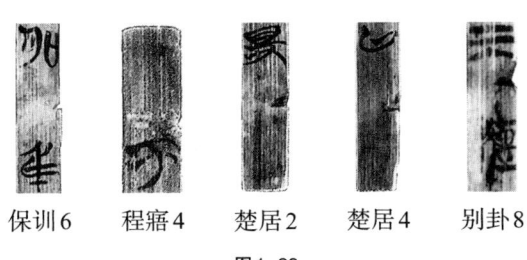

保训 6　　程寤 4　　楚居 2　　楚居 4　　别卦 8

图 1-28

四、编联方式

目前来看，已公布的战国简都是先写后编的。判断书写与编联的先后顺序，最直接的方式是看是否有文字被编痕覆盖，清华简中存在这种现象的篇目有：《尹至》、《程寤》、《耆夜》、《保训》、《皇门》、《祭公》、《楚居》、《系年》、《说命》（中、下）、《周公之琴舞》、《芮良夫毖》、《赤鹄之集汤之屋》、《筮法》、《算表》、《厚父》、《封许之命》、《命训》、《汤处于汤丘》、《汤在啻门》、《殷高宗问于三寿》、《郑武夫人规孺子》、《郑文公问太伯》（甲、乙）、《子仪》、《子产》、《晋文公入于晋》、《赵简子》、《越公其事》。

而《尹诰》、《金縢》、《说命》（上）、《良臣》、《祝辞》、《别卦》、《子犯子余》等篇的竹简正面文字并无被编痕覆盖的情况。

现阶段已公布的古书简，还未有确切的证据证明哪一篇是先编后写的。即便如清华简《筮法》这样的图册形式的古书，都是在画完图表后再编联的。有关《筮法》的编联问题，我们将在本书第七章《〈筮法〉〈子产〉字迹研究》中进行论述。即便一些篇竹简正文无被编痕覆盖的情况，但是我们也可以通过其他证据来推测其编联情况，如前文已述肖芸晓认为《尹至》《尹诰》与《赤鹄之集汤之屋》合编一卷，《赤鹄之集汤之屋》的篇题写在简 15 背面，之后接编《尹至》《尹诰》，若是事先编联好三篇再写篇题，并且居于全篇中间，这也是不合情理的。并且，《尹至》《尹诰》与《赤鹄之集汤之屋》三篇简背均有简号，若是先编后写，这三篇的简号应为连贯计数，如郭店简《尊德义》《成之闻之》《六德》等篇即是如此。①

  现代人对古人书写方式的推测常常是基于现今的书写情况，但是先秦的书写情况与现代差异之大绝不是按照今天的书写方式可以推测的。竹简的编联与书写姿势有很大关系，我们先来谈一下先秦时期的书写姿势，古代壁画、画像及人像雕塑等都是我们了解当时古人书写情况的宝贵资料。仅书写姿势就有悬腕持简还是有所凭依持简，坐写或站写等不同的意见。张朋川、扬之水、马怡、邢义田等学者都进行过相关讨论，笔者在《战国简帛字迹研究——以上博简为中心》一书中就曾做过介绍，②我们倾向于跪坐悬腕持简而书为日常书写姿势。不过如何持笔，很少有学者谈及，仅包山简整理者对包山简文字左低右高的现象进行解释时提到，"由于握笔的右手紧靠在竹简上，不能随意移动，因此产生了字体倾斜的现象"③。其中就谈到了先秦书写的持笔姿势是握笔，这与我们今天写毛笔书法的持笔姿势完全不同。如河北望都东汉墓M1壁画中对主簿的描绘：书写者跪坐，一手持牍，一手握笔，悬腕悬肘正欲书写（见图1-29）。④再如湖南长沙金盆岭西晋墓中出土的青瓷对坐俑，两俑对坐，中间置书案，案上放有笔、砚、简册。一人手捧板状物，另一人持板书写，若有所思。⑤这个陶俑的书写姿势也是持牍悬腕握笔（见图1-30）。

---

  ① 单育辰：《郭店〈尊德义〉〈成之闻之〉〈六德〉三篇整理与研究》，科学出版社，2015，第1—4页。
  ② 李松儒：《战国简帛字迹研究——以上博简为中心》，上海古籍出版社，2015，第113—118页。
  ③ 湖北省荆沙铁路考古队：《包山楚简》，文物出版社，1991，第68页"包山楚简文字的几个特点"。
  ④ 图片源自河北省博物馆、文物管理处编《河北省出土文物选集》（彩版"门下功曹"图），文物出版社，1980。
  ⑤ 湖南省博物馆：《长沙两晋南朝隋墓发掘报告》，《考古学报》1959年第3期。

 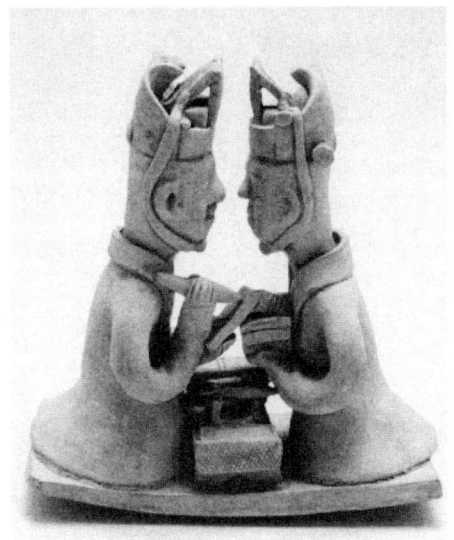

图1-29　　　　　　　　　　　　图1-30[①]

  而到了东晋时期，从已有材料看，画像中书写持笔的方式也不再是握笔了。如东晋顾恺之《女史箴图》中，女子一手持笔，一手持绢，其右手食指与其他手指方向不同，这种书写方式与后世墨书持笔方式相近（见图1-31）。又如北齐杨子华的《校书图》中，男子一手持笔，一手持纸，悬空书写，其食指也与《女史箴图》中女子持笔方式一致（见图1-32）。这些图均反映出当时书写状态无几案凭托，但是持笔方式与东汉"门下功曹"画像及西晋对坐俑的握笔方式有了差别。

[①] 图片源自朱伯谦主编《中国陶瓷全集·4·三国两晋南北朝》（图版七八），上海人民美术出版社，2000，第99页。

图1-31①   图1-32②

    先秦秦汉时期主要书写方式是持简悬腕,握笔无凭依书写,那么竹书的书写就应该是以先写后编为主,一方面,成卷竹简握在手中较费力,尤其长卷更是不可能,而单支竹简方便手持;另一方面,单支竹简书写错误便于修改或丢弃,结合战国古书简常见宽度为 0.5～0.6 厘米,成册或卷的竹简上若书写有误再校改难度较大,刮削时也极容易误伤其他竹简。所以,我们认为战国古书简的主要编联方式还是先写后编联。

五、丝线的形态

    战国竹简出土时捆绑编联各简的丝线大多腐烂,很难有实物出现,以

---

    ① 图片源自中国美术全集编辑委员会编《中国美术全集·绘画编1·原始社会至南北朝绘画》(图版九三),人民美术出版社,1986,第121页。

    ② 图片源自中国美术全集编辑委员会编《中国美术全集·绘画编1·原始社会至南北朝绘画》(图版一〇四),人民美术出版社,1986,第170页。

往我们只能根据编痕的形态,推断编联这些竹简所用丝线的形态。清华简中部分竹简上残留了一些丝线,让我们能够清楚地看到编联这些古书所用的丝线的样貌。如《系年》简138与《祝辞》简5上均有残留的丝线,这两支简因为是末简,所以上面保留了编绳的收尾绳头(见图1-33)。《筮法》出土后还留有外包装上的丝帛(见图1-34),这些丝线和丝帛都弥足珍贵。

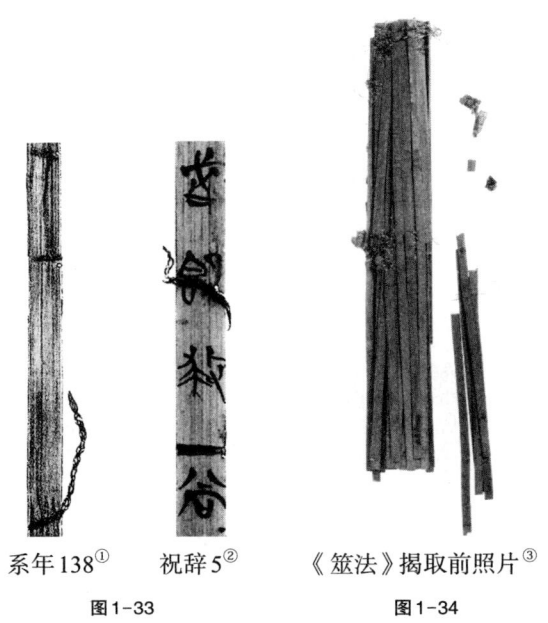

系年138①　祝辞5②　　《筮法》揭取前照片③

图1-33　　　　　　　图1-34

我们通过编痕可见的信息很多,如竹简编联与书写的先后,编联竹简

---

① 图片源自李学勤主编《清华大学藏战国竹简(贰)》(《系年》原大图版),中西书局,2011,第17页。
② 图片源自李学勤主编《清华大学藏战国竹简(叁)》(《祝辞》放大图版),中西书局,2012,第103页。
③ 图片源自李学勤主编《清华大学藏战国竹简(肆)》(附一:《筮法》揭取前照片),中西书局,2013,第124页。

所用丝线的粗细，丝线的股数，等等。清华简各篇所用丝线编痕高度一般为约0.1厘米，但是《保训》各简编痕高度经测量约为0.3厘米，其所用编绳应该较粗。《楚居》各简编痕高度经测量约为0.2厘米，《算表》编痕高度约为0.2厘米，这些竹简所用的丝线也算较粗的。

六、编痕

古书简的编痕多为三道或两道。《良臣》《祝辞》等篇三道编痕均为单股，清华简中的编痕有的契口处分为两股编痕，清华一至七册中出现多道编痕的篇目有：《尹至》、《程寤》、《系年》、《说命》（上、下）、《周公之琴舞》、《芮良夫毖》、《赤鹄之集汤之屋》、《封许之命》、《汤处于汤丘》、《汤在啻门》、《殷高宗问于三寿》、《郑武夫人规孺子》、《郑文公问太伯》（甲、乙）、《子仪》、《管仲》、《越公其事》，举例如下：

程寤9　楚居16　楚居7　别卦2　算表13　命训2　厚父10　汤丘7

图1-35

竹简的编痕基本在契口处，有的编痕位置较为特殊，即部分简上也出现了距契口一段距离的另一道编痕，所以我们不能按编痕顺序称之为第一、二、三道编痕。因为有些竹简的编痕数要大于三道，在本书的研究中将按照其位置称为上段编痕、中段编痕、下段编痕。这几篇的书手在书写文字时虽然有意避开契口，但是许多字迹也会被第二股编绳遮盖。这种由多股或多道编绳进行编联的情况，以往学界并没有留意。但是清华简许多篇出现了这种情况，如《程寤》、《系年》、《封许之命》、《殷高宗问于三寿》、《郑武夫人规孺子》、《郑文公问太伯》(甲、乙)、《子仪》等篇丝线痕迹清晰可见，如下：

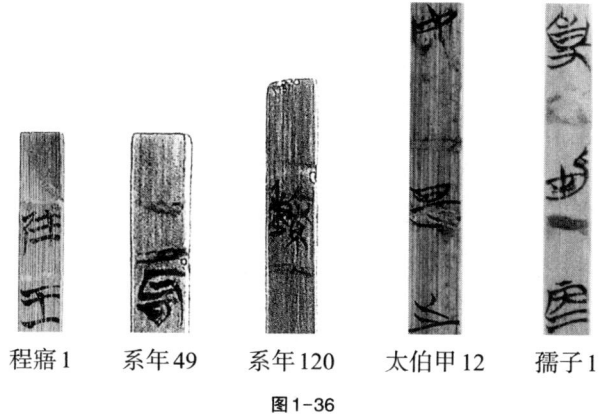

程寤1　　系年49　　系年120　　太伯甲12　　孺子1

图1-36

这些在契口处多出的编痕，广泛存在于清华简各篇中，但是具体原因不明。肖芸晓通过对《系年》编痕进行观察，发现简90~95编痕与简96~98编痕不对称，联系《永元器物簿》每个编联组间编绳有稍许错位的现象，推测《系年》有三个编联组，即简1~44、简45~95、简96~138。《系年》是较长篇幅的竹简，可以这样解释，但是上述一些较短篇幅的竹简也会出现除契口位置外还有编痕的情况，我们还是不能给出很好的解释。我们初步猜测，这种情况是因为在契口处的编绳并没有将竹简完全固定，所以又人为在这些竹简上加了一道编绳加以固定，多出的编绳主要存在于竹简的上下端。

七、收卷

竹简出土时，由于各种因素的影响，往往很难保持竹简入葬时的状态，但也有部分竹简的原始状态还是得以保存下来。现今关于古书简收卷的研究主要靠篇题书写的位置及反印文来推测，一些可知的收卷方式主要是"卷轴型"。①肖芸晓通过观察《系年》竹简的受损情况发现，其"越靠近竹书尾部残损竹简越多"，从而推断《系年》的收卷方式为"卷轴型"，是"以竹书首简为中轴，向尾简方向卷起的形式收卷"，"收卷后的竹卷直径约6厘米"。又如《筮法》"入藏时全篇大部仍维持原来成卷的状态，只有外层小部分简游离散乱"（见图1-37）。②肖芸晓通过观察竹简受损位置推测，《筮法》更可能是"以末简为中轴、向首简卷起的收卷方式"。《汤在啻门》与《汤处于汤丘》合编一卷后是"以末简（儒按：指《汤处于汤丘》末简）为轴向首简卷起"，肖芸晓将这些收卷方式称为"卷轴型"收卷。③

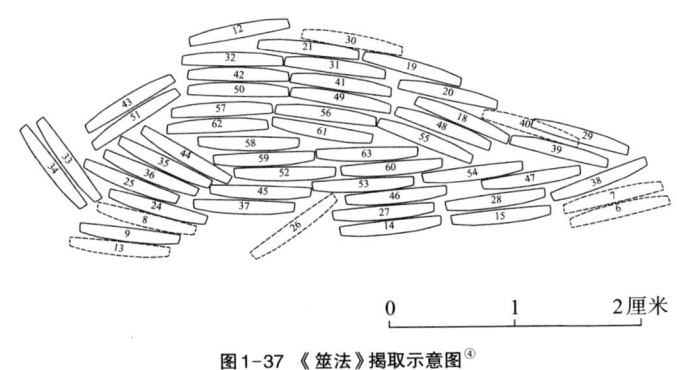

图1-37 《筮法》揭取示意图④

也有一些收卷方式是"折叠型"。肖芸晓通过对《芮良夫毖》反印文及

---

① 孙沛阳：《上海博物馆藏战国楚竹书〈周易〉的复原与卦序研究》，复旦大学出土文献与古文字研究中心网，访问日期：2010年10月16日；又，孙沛阳：《上海博物馆藏战国楚竹书〈周易〉的复原与卦序研究》，《古代文明研究通讯》2010年第46期。
② 李学勤主编《清华大学藏战国竹简（肆）》，中西书局，2013，第75页"《筮法》说明"。
③ 肖芸晓：《清华简简册制度考察》，硕士学位论文，武汉大学，2015；又，肖芸晓：《清华简收卷研究举例》，载李学勤主编《出土文献》（第七辑），中西书局，2015。
④ 图片源自李学勤主编《清华大学藏战国竹简（肆）》（附二：《筮法》揭取示意图），中西书局，2013，第125页。

残损痕迹的观察，推测《芮良夫毖》采用的是以六七支简为一个单元，共四个单元，依次向竹书尾部卷起的收卷方式。《算表》简1~6、简12~21中存在大量的反印墨迹，肖芸晓根据这些反印墨迹的位置关系，总结出《算表》属于"两侧先分别对折，再向中间对折的收卷方式"。肖芸晓将这两种折叠型收卷方式分别制作成示意图，并显示出反印文、压痕、竹简残损等信息（见图1-38、图1-39）。① 贾连翔通过对《殷高宗问于三寿》反印文的观察，指出其收卷方式也属于折叠型。②

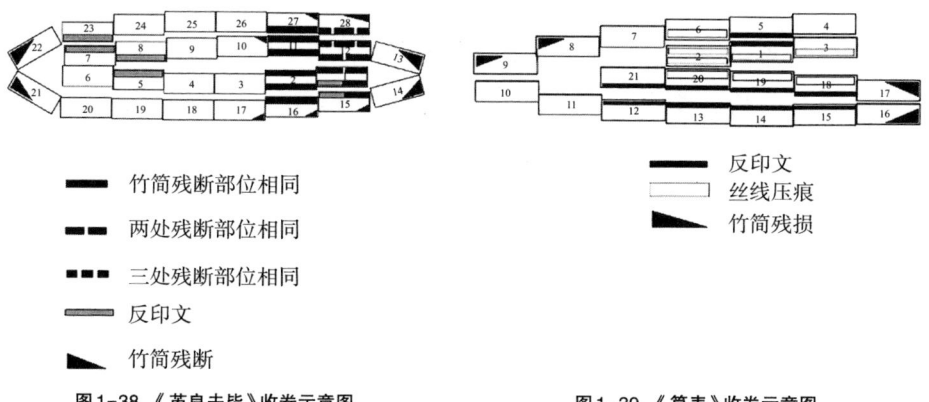

图1-38 《芮良夫毖》收卷示意图　　图1-39 《算表》收卷示意图

需要说明的是，以往根据反印文推测的收卷方式应该是竹书在下葬时的状况，而这些竹简在下葬前的状态未必如此。如《芮良夫毖》篇题在简1

---

① 肖芸晓：《清华简〈算表〉收卷方式小议》，简帛网，访问日期：2014年6月12日；又，肖芸晓：《清华简简册制度考察》，硕士学位论文，武汉大学，2015；又，肖芸晓：《清华简〈算表〉首简简序及收卷形式小议》，载武汉大学简帛研究中心主办《简帛》（第十辑），上海古籍出版社，2015，第67—77页；又，肖芸晓：《清华简收卷研究举例》，载李学勤主编《出土文献》（第七辑），中西书局，2015；又，Xiao Yunxiao, Restoring bamboo scrolls Observations on the materiality of Warring states bamboo manuscripts, *Chinese Studies in History*, VOL 50, 2017, ISS 3, 235-254.

② 贾连翔：《反印墨迹与竹书编连的再认识》，载李学勤主编《出土文献》（第六辑），中西书局，2015。

背面，但是其收卷时简1在最里面，按照肖芸晓推测的收卷方式是无法看到篇题的，这就说明墓主人日常阅读时的竹书收卷状态未必是入葬时的收卷状态。再有《赤鹄之集汤之屋》简1为整卷的首简，其篇题书写在简15的背面，这样看篇题是位于整卷的中部，贾连翔认为"倘若该卷采用折页型收卷方式，则可以将此篇题显露于外"①。但贾连翔所认为的《赤鹄之集汤之屋》《尹至》《尹诰》一卷的收卷方式并不能代表这些竹书下葬时的状况，因为墓主日常阅读时的收卷方式不等于书籍入葬时的收卷方式，所以根据篇题位置来推测书籍入葬时的收卷方式要慎重。

需要说明的是，反印文的出现是比较偶然的，如《筮法》是"清华简中唯一大体保持成卷状态的竹简"，"经清污处理后，竹简文字能够清晰显现，粘连尤甚者文字反而更为清晰"。②

八、合编的条件

目前就整理者及研究者总结出的具备合编的条件，是各编绳间距一致，竹节位置相当，简背划痕连贯，竹简内容相关，字迹有关联等。如前文所述，肖芸晓依据竹节位置及简背划痕信息认为，《尹至》《尹诰》《赤鹄之集汤之屋》三篇应合编一卷；③整理者认为，《良臣》《祝辞》为一卷；④贾连翔也

---

① 贾连翔：《战国竹书收卷方式探微》，《装饰》2016年第2期。
② 李学勤主编《清华大学藏战国竹简（肆）》，中西书局，2013，第126—127页"附三：《筮法》揭取说明"。
③ 肖芸晓：《试论清华竹书伊尹三篇的关联》，简帛网，访问日期：2013年3月7日；又，肖芸晓：《试论清华竹书伊尹三篇的关联》，载武汉大学简帛研究中心主办《简帛》（第八辑），上海古籍出版社，2013，第471—476页；又，肖芸晓：《清华简简册制度考察》，硕士学位论文，武汉大学，2015；又，Xiao Yunxiao, Restoring bamboo scrolls Observations on the materiality of Warring states bamboo manuscripts, *Chinese Studies in History*, VOL 50, 2017, ISS 3, 235-241.
④ 李学勤主编《清华大学藏战国竹简（叁）》，中西书局，2012，第156页"《良臣》说明"。

是依据竹节位置及简背划痕信息认为,《汤处于汤丘》《汤在啻门》两篇为一卷;《郑文公问太伯》的甲本与乙本两篇为一卷。①

除上述已由整理者及研究者总结出的可以合编一卷的篇目外,清华简中还有许多符合这些合编标准的竹书,如《子仪》、《郑文公问太伯》(甲、乙)、《赵简子》为同一书手所写,其中《子仪》与《赵简子》竹简形制相近,《子仪》简4~20与《赵简子》简1~11的简背竹节位置一致,两简背均无划痕;《郑文公问太伯》(甲、乙)与《郑武夫人规孺子》竹简形制十分相近;《子犯子余》《晋文公入于晋》两篇为同一书手所写,形制相同。那么这些竹简是否具备合编的可能呢?我们认为,"同一书手所写""竹简形制大致相同""竹节位置相同""简背划痕连贯"等标准能够确定的就是这些竹简应该是同一时期制作或书写的。如同一书手所写《芮良夫毖》与《周公之琴舞》及《尹至》《尹诰》《赤鹄之集汤之屋》形制相同,上文已述肖芸晓认为《尹至》《尹诰》《赤鹄之集汤之屋》应合编一卷,并且她推测《芮良夫毖》为"折叠式"收卷,这意味着《芮良夫毖》为独立成卷,而该书手所写篇目除《尹至》《尹诰》外均有篇题,所以将《赤鹄之集汤之屋》与《尹至》《尹诰》合编一卷也是符合该书手这一书写习惯的。②这就说明,《周公之琴舞》与《芮良夫毖》等许多篇目形制大致相同但是也不能合编。又如,与《尹至》等篇为同一书手的《祭公》与《殷高宗问于三寿》两篇竹简形制也大致相同。前文已述贾连翔推测《殷高宗问于三寿》也属于

---

① 贾连翔:《战国竹书整理的一点反思——从〈天下之道〉〈八气五味五祀五行之属〉〈虞夏殷周之治〉三篇的编联谈起》,载李学勤主编《出土文献》(第十三辑),中西书局,2018,第142—152页。贾连翔还认为,《说命》三篇合编一卷,但是据我们测量所得,《说命》(上、中)两篇各编绳距离差异较大,并且各篇简背均有篇题,由此我们认为这三篇是各编一卷,详见本书第二章《〈尹至〉等篇字迹研究》相关讨论。

② 李松儒:《战国简帛字迹研究——以上博简为中心》,上海古籍出版社,2015,138—139页。

"折叠式"收卷①，则《殷高宗问于三寿》为独立成卷。并且《祭公》与《殷高宗问于三寿》书写风格有些差别，我们曾说过，这是由于书写时间不同造成的《祭公》与《尹至》等篇字迹风格的差异，②所以竹简形制相同，不能完全代表其书写时间相同③。

  由上可见，有关竹简是否能合编并不容易确定。从竹书内容上看，《子仪》与《赵简子》都是史书类竹书；《郑武夫人规孺子》与《郑文公问太伯》（甲、乙）都是有关郑国的史书。但是我们并不能确定这些篇目可以合编在一起。目前来看，清华简可确定单篇成卷的用简最少的篇目是8支竹简写的《别卦》与用11支竹简写的《保训》，其中《别卦》的竹书性质也与清华简常见的古书性质不同。《子犯子余》与《晋文公入于晋》两篇同属于与晋国有关的史书，且《子犯子余》有15支简，《晋文公入于晋》仅8支简，若独立成卷则竹简数量较少，所以这两篇合编一卷也较为合理。

---

  ① 贾连翔：《反印墨迹与竹书编连的再认识》，载李学勤主编《出土文献》（第六辑），中西书局，2015。

  ② 李松儒：《再论〈祭公〉与〈尹至〉等篇的字迹》，载复旦大学出土文献与古文字研究中心编《战国文字研究的回顾与展望》，中西书局，2017，第252—260页。

  ③ 这种形制相同、书写时间不同的情况，在清华简"皇门类"字迹中也有体现，见李松儒《清华六〈郑武夫人规孺子〉等四篇字迹研究》，"纪念于省吾先生诞辰一二〇周年、姚孝遂先生诞辰九十年学术研讨会"会议论文，长春，2016；又，李松儒《清华六〈郑武夫人规孺子〉等四篇字迹研究》，载《第三十一届中国文字学国际学术研讨会会议论文集》，中国文字学会、慈济大学国际暨跨领域学院、东华大学中国语文学系，2020，第95—114页；又，李松儒《清华七〈子犯子余〉与〈赵简子〉等篇字迹研究》，载李学勤主编《出土文献》（第十五辑），中西书局，2019，第177—192页。

第二章 《尹至》等篇字迹研究

已公布的七册清华简中，清华一《尹至》《尹诰》《耆夜》《金縢》《祭公》，清华三《说命》（上、中、下）、《周公之琴舞》、《芮良夫毖》、《赤鹄之集汤之屋》，清华五《厚父》《殷高宗问于三寿》这十三篇为同一抄手所写，我们暂时称这个抄手为"尹至类"抄手。除《祭公》《厚父》外，《尹至》等十一篇为同一抄手已由整理者指出。① 我们先对除《祭公》《厚父》外的《尹至》等十一篇的字迹特征进行研究，在下一章再将《祭公》《厚父》与《尹至》等十一篇应为同一字迹的关系进行论述。

---

① 贾连翔研究过清华一的九篇书简的书法风格，他认为，清华一《尹至》《尹诰》《耆夜》《金縢》四篇为同一人所写，未将《祭公》归入其中。见贾连翔《清华简九篇书法现象研究》，《书法丛刊》2011年第4期。笔者认为，清华简前三册中有篇题的《耆夜》、《金縢》、《祭公》、《说命》（上、中、下）、《周公之琴舞》、《芮良夫毖》、《赤鹄之集汤之屋》九篇为同一抄手所写。见李松儒《战国简帛字迹研究——以上博简为中心》，上海古籍出版社，2015，第138页；又，李松儒：《清华简书法风格浅析》，载中国文化遗产研究院编《出土文献研究》（第十三辑），中西书局，2014，第27—33页。陈松长认为，清华一中《尹至》《尹诰》《耆夜》《金縢》《祭公》五篇为同一人所写。见陈松长《〈清华大学藏战国竹简（壹）〉书体特征探析》，载教育部人文社会科学重点研究基地等编《出土文献与中国古代文明——李学勤先生八十寿诞纪念论文集》，中西书局，2016，第156—163页。

第一节　竹简形制

一、《尹至》竹简形制

《尹至》全篇5支竹简，简长45厘米，简宽0.6厘米，三道编绳，仅简3在第一道编绳处残损，其他简都保存完好。无篇题，简背竹节处有表示次序的编号，正文有点断及结尾符号。

二、《尹诰》竹简形制

《尹诰》全篇4支竹简，整理者介绍简长45厘米[①]，我们据图版测量45.1厘米，简宽0.6厘米，三道编绳，仅简4在第一道编绳处残损，其他都保存完好。无篇题，简背竹节处有表示次序的编号，正文中无点断，篇末有表示结尾的符号。整理者认为，《尹至》与《尹诰》"形制、尺寸全然相同，字体风格也出于一手，应为同时书写"[②]。

三、《耆夜》竹简形制

《耆夜》全篇14支竹简，整理者介绍简长45厘米[③]，我们据图版测量45.2厘米，简宽0.6厘米，三道编绳，其中简6在第三道编绳处残损，简9～11、13、14均有不同程度残缺。简14背面有篇题"耆夜"两个字，简背竹节处有表示次序的编号，正文有点断及结尾符号。

---

① 李学勤主编《清华大学藏战国竹简（壹）》，中西书局，2011，第132页"《尹诰》说明"。
② 李学勤主编《清华大学藏战国竹简（壹）》，中西书局，2011，第127页"《尹诰》说明"。
③ 李学勤主编《清华大学藏战国竹简（壹）》，中西书局，2011，第149页"《耆夜》说明"。

四、《金縢》竹简形制

《金縢》全篇14支竹简，整理者介绍简长45厘米①，我们据图版测量45.1厘米，简宽0.6厘米，三道编绳，简背竹节处有表示次序的编号，简7~12均有不同程度残缺，其中简7、11、12残损可忽略不计。简14背面有篇题"周武王有疾周公所自以弋王之志"十四个字，正文有点断及结尾符号。

五、《说命》（上、中、下）三篇竹简形制

《说命》（上）全篇完整，共7支竹简，简长45厘米，简宽0.6厘米，三道编绳，简背未见划痕，竹节处有表示次序的编号。末简简7背面有篇题"尃敚之命"四个字，正文有点断及结尾符号。

《说命》（中）全篇完整，共7支竹简，简长45厘米，简宽0.6厘米，三道编绳，简背未见划痕，竹节处有表示次序的编号。末简简7背面有篇题"尃敚之命"四个字，正文有点断及结尾符号。

《说命》（下）全篇10支竹简，缺一支简，现存9支简，简2、4第三契口下略残。简长45厘米，简宽0.6厘米，三道编绳，简背未见划痕，竹节处有表示次序的编号。末简简10背面有篇题"尃敚之命"四个字，正文有点断及结尾符号。

六、《周公之琴舞》竹简形制

《周公之琴舞》全篇17支竹简，简长45厘米，简宽0.6厘米，三道编绳，简15残竹节上部分，简17仅存上部三分之一段，其余简皆完好。②首简

---

① 李学勤主编《清华大学藏战国竹简（壹）》，中西书局，2011，第157页"《金縢》说明"。

② 李学勤主编《清华大学藏战国竹简（叁）》，中西书局，2012，第132页"《周公文琴舞》说明"。

背面上部书写篇题"周公之琴舞"五个字,简背有划痕,竹节处有表示次序的编号,正文有点断及结尾符号。

七、《芮良夫毖》竹简形制

《芮良夫毖》全篇28支竹简,简1、10、12~14、16~17、22、27、28均有不同程度残损,整理者介绍简长44.7厘米,简宽0.6厘米,三道编绳,满简书写三十字左右。第一简背面原有篇题"周公之颂志"五个字,但有明显刮削痕迹,整理者根据内容另拟篇题"芮良夫毖"。① 简背竹节处有表示次序的编号,正文有点断及结尾符号。

八、《赤鹄之集汤之屋》竹简形制

《赤鹄之集汤之屋》全篇15支竹简,简1~2下部竹节处略有残损,简长45厘米,简宽0.6厘米,三道编绳,简1、2下略残,各损失一字。简15背面下有篇题"赤鹄之集汤之屋"七个字,② 简背划痕连续,竹节处有表示次序的编号,正文有点断及结尾符号。

九、《殷高宗问于三寿》竹简形制

《殷高宗问于三寿》全篇28支竹简,存27支简,简3缺失,简7、8、23、28略残,均不影响文字,简25竹节处残损,存下半段。简长45厘米,宽约0.6厘米,三道编绳,满简书写28~34字。简背有划痕,竹节处有次序

---

① 李学勤主编《清华大学藏战国竹简(叁)》,中西书局,2012,第144页"《芮良夫毖》说明"。
② 李学勤主编《清华大学藏战国竹简(叁)》,中西书局,2012,第166页"《赤鹄之集汤之屋》说明"。

编号，简28背面写有篇题"殷高宗问于三寿"七个字，[①]正文有点断及结尾符号。

除《金縢》《说命上》这两篇外，其他十篇简的竹简形制大致相近，而《金縢》《说命上》两篇竹简形制与其他十篇相差也不是很大，有关该类字迹的竹简形制参看表2-1。因整理者未给出各编绳间距离，我们将整理者给出的简长与我们据图版测量的结果一并列出，下文同。

表2-1 《尹至》等十一篇竹简形制表（单位：厘米）

篇目	介绍简长	测量简长	简宽	简首至一契	一契至二契	二契至三契	三契至简尾
尹至	45	45	0.6	1	21.8	21.3	0.9
尹诰	45	45.1	0.6	0.9	21.8	21.4	1
耆夜	45	45.2	0.6	1.1	21.4	22	0.9
金縢	45	45.1	0.6	1	20.1	23.1	0.9
说命上	45	45	0.6	0.9	20.1	23	1
说命中	45	45	0.6	1	21.3	21.5	1.2
说命下	45	45	0.6	0.9	21.3	21.8	1
琴舞	45	45	0.6	1	21.7	21.3	1
芮良夫	44.7	45	0.6	1	21.8	21.2	1
赤鹄	45	45	0.6	1	21.7	21.3	1
三寿	45	45	0.6	1	21.5	21.3	1.2

---

① 李学勤主编《清华大学藏战国竹简（伍）》，中西书局，2015，第149页"《殷高宗问于三寿》说明"。

第二节　概貌及运笔特征

　　该类字迹布局疏朗，书写工整，运笔流畅，从各笔画的起收笔处可看出运笔的灵活与婉转。起笔处略有顿压，横向笔画起收笔痕迹明显，行笔时略向上方，向下顿压收笔，如字例2-1至2-3、2-5、2-12；横画起笔处或呈圆头，如字例2-4、2-6、2-11；纵向笔画起笔时侧锋切入，或斜锋侧压入笔，起笔处形成尖首三角状，如字例2-1至2-5；而纵向笔画则轻提收锋，使笔末端呈尖尾状，如字例2-5至2-10；①笔画转折处明显，如字例2-11、2-12。

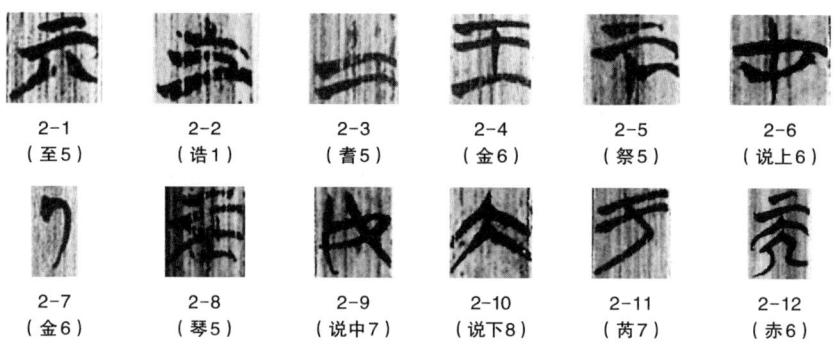

第三节　文字写法

　　我们将一些出现频率较高的文字在《尹至》等篇中的写法列出：

---

　　①　有关《说命》的运笔特征，陈咸松也做过论述，见陈咸松《刍议清华简〈说命〉之笔法和体势特征》，《大众文艺》2018年第15期。

表2-2 《尹至》等篇特征字

之	于	於	天	女	而	㠯	民
诰4	诰2	縢8	縢12	至1	耆11	耆8	至3
人	若	弗	余	则	虎	为	复
说上1	说中4	说下4	芮9	芮10	寿2	赤12	寿21

《尹至》等篇的"人"字作 形,一竖点入笔,又一横折弧线,这种写法的"人"字目前仅见于《尹至》等篇,整理者也是据此对这几篇与其他篇的抄手进行了区分。《殷高宗问于三寿》中"且"字作(简24),这种右上角有点画写法的"且"字较为少见。

还有一些字的写法也是较为特殊的,如《殷高宗问于三寿》简7中读为"倾"的字写作:

贾连翔已经指出该字"左下的倒'山'形也是用逆向笔画书写的"①。不

---

① 贾连翔:《谈清华简文字的基本笔画及其书写顺序》,载中国文化遗产研究院编《出土文献研究》(第十三辑),中西书局,2014,第82页。郭永秉转述陈剑此前已提出的"从笔势、笔锋看,显然是将竹简颠倒过来写了一个'山'形观点,见郭永秉《释清华简中倒山形的"覆"字》,载中国文字编辑委员会编《中国文字》(新三十九期),台湾艺文印书馆,2013;又收入《古文字与古文献论集续编》,上海古籍出版社,2019,第266页。

过，这种倒持竹简的写法还出现在该抄手所写其他篇，如《芮良夫毖》简6的"▨"字、《赤鹄之集汤之屋》简15的"▨"字。我们通过对这类字迹的运笔特征进行分析可知，这类字迹侧锋起笔，"▨"字横画右端及竖画下端都应是起笔处，所以"▨"字中至少横竖这两个笔画是倒着书写的。从《芮良夫毖》中"▨"与"敬"押耕部韵及《殷高宗问于三寿》简7的"倾"作"▨"，加"圣"作声旁来看，"▨"很可能即"倾"的会意字。

第四节 数字写法

一、正文数字

《尹至》等篇正文出现了表示｛一｝至｛七｝、｛九｝的数字，各数字写法如下：

表2-3 《尹至》等篇正文数字写法

数字	写法	所在位置
一	▨ 尹诰1	尹至5，尹诰1，耆夜3、5、6、8、10，金縢2，说命上5（两例）、6，说命下3，琴舞9，赤鹄14（两例）
二	▨ 尹至2	尹至2，耆夜3，金縢1，说命上4，芮良15，赤鹄7、8、11（两例）、12、14（两例），三寿2
三	▨ 金縢2	金縢1、2、8
参	▨ 琴舞5	说命下9，琴舞5，三寿1
四	▨ 金縢4	金縢4，祭公5、18，说命中6、说命下5，琴舞7，芮良夫21，赤鹄4（两例），三寿10（两例）、17、19、22

续表

数字	写法	所在位置
五	说命下8	说命下8
	琴舞8	琴舞8，芮良夫20、22，三寿11
六	琴舞10	琴舞10
七	琴舞12	琴舞12
九	琴舞1	说命下8，琴舞1、2、15，三寿10（两例）、23、26

《尹至》等篇中表示{三}的数字写作"三"与"参"，写作"三"的辞例有：

  武王既克殷三年（金縢1）；周公乃为三坛同墠（金縢2）；周公宅东三年（金縢8）。

写作"参"的辞例有：

  式惟参（三）德赐我（说命下9）；参（三）启曰（琴舞5）；参（三）寿与从（三寿1）。

二、简序数字

《尹至》等篇简背竹节处均有表简序的数字出现，其中篇幅最长的是《芮良夫毖》与《殷高宗问于三寿》两篇，均是28支竹简，即数字{一}至{二十八}。这些数字写法一致，与正文数字写法相同，但是正文中没有的

"八",简背数字"八"写作 形。我们从各篇简序数字中选取例字如下:

表2-4 《尹至》等篇简序数字写法

一	二	三	四	五	六
尹至	说命上	说命中	芮良夫	金縢	琴舞
七	八	九	十	廿	
金縢	三寿	三寿	金縢	芮良夫	

第五节 残文

《尹至》简1~2有这样一段话:

汤曰:"格!汝其有吉志。"尹曰:"后!我来越今旬日。余亓(微)其有夏众【1】A吉好,其有后厥志其爽,宠二玉,弗虞其有众。"【2】

A字作:

上揭整理者未释,并言"第二简简首'吉'字上一字泐失"①。依据残留笔画

---

① 李学勤主编《清华大学藏战国竹简(壹)》,中西书局,2011,第129页"《尹至》注释"。

形态可知，A应释为"不"字，可参照本篇简3与简5中的"不"字分别作 形与 形，由残留笔画可见其文字结构完全一致。简文"余兑其有夏众不吉好，其有后厥志其爽"中的"兑"字释为"微"是张崇礼的意见，并训为伺察，① 可从。这句话是说伊尹探得夏人的生活不好（不吉好），夏王的志向也有差忒（厥志其爽）。"吉好"为褒义词，"不"字未释出前，前后文义矛盾，"不"字的释读，解决了这一矛盾，正好契合本句所描述的在夏桀统治下夏人的生活状态。

第六节 篇题

除《尹至》《尹诰》外的九篇简文均有篇题，并且，篇题与正文均为同一抄手所写。我们曾指出，《耆夜》、《金縢》、《祭公》、《说命》（上、中、下）、《周公之琴舞》、《芮良夫毖》、《赤鹄之集汤之屋》九篇的篇题与正文"由同一抄手所写，这些篇题与正文字迹特征一致，即篇题与正文均是由同一抄手所写"②。这也可以算是这类字迹的一个特征。

我们将《耆夜》、《金縢》、《说命》（上、中、下）、《周公之琴舞》、《芮良夫毖》、《赤鹄之集汤之屋》、《殷高宗问于三寿》这几篇的篇题列出，见图2-1。

---

① 刘信芳：《清华藏简（壹）试读》，复旦大学出土文献与古文字研究中心网，2011年9月10日第5楼张崇礼回帖，复旦大学出土文献与古文字研究中心网，访问日期：2011年9月9日；冯胜君：《清华简〈尹至〉"兹乃柔大縈"解》，载中国文化遗产研究院编《出土文献研究》（第十三辑），中西书局，2014，第310页。

② 李松儒：《战国简帛字迹研究——以上博简为中心》，上海古籍出版社，2015，第138—139页。

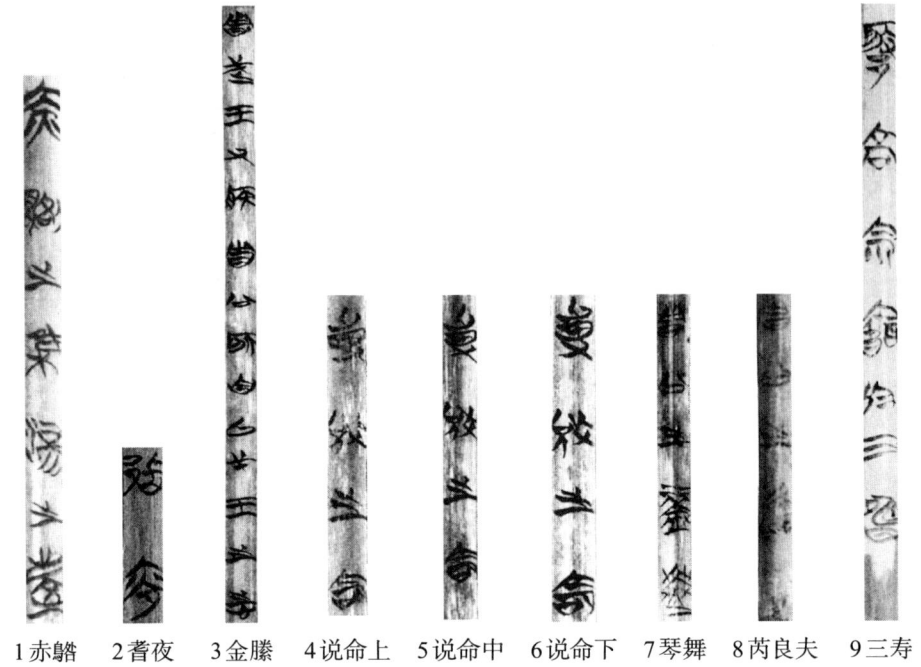

　　1赤鹄　　2耆夜　　3金縢　　4说命上　5说命中　6说命下　7琴舞　8芮良夫　　9三寿
（15背）（14背）（14背）（7背）　（7背）（10背）（1背）（1背）　（28背）

图2-1

一、《尹至》《尹诰》《赤鹄之集汤之屋》的篇题

　　《赤鹄之集汤之屋》简15背面除写有表示简序的"十五"外，还有"赤鹄之集汤之屋"几个字（见图2-1∶1），整理者据此作为该篇篇题。篇题文字在正文中皆有对应，我们将篇题与正文对应的这六个字对比，其用字习惯、文字写法及运笔特征等均是一致的，可以判定该篇篇题与正文为同一抄手所写。

表2-5 《赤鹄之集汤之屋》篇题与正文字迹对比

篇题	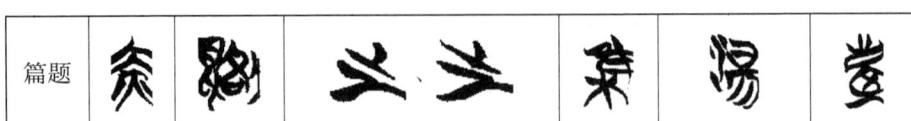

续表

正文	[字]1	[字]1	[字]1	[字]1	[字]2	[字]13
位置	1	1	1（三例）、2、4（四例）、5、6、7（两例）、8（两例）、9（三例）、11（两例）、12（两例）、13（两例）、14（两例）	1	1（三例）、2、5（三例）	1、13、14、15

《尹至》《尹诰》虽未见篇题，不过，肖芸晓曾提出《尹至》《尹诰》与《赤鹄之集汤之屋》在内容上都是"叙伊尹与汤事迹"，"根据简背刻划线及竹节，竹书《赤鹄之集汤之屋》当接于清华一《尹至》《尹诰》之前，三篇竹书按时间顺序排列"。①显然，肖芸晓认为这三篇竹简是合编一卷的。虽然篇题写在整篇竹简背面中间的情况比较少见，但这也似乎为《尹至》《尹诰》篇未加篇题做出了较为合理的解释。

二、《耆夜》的篇题

《耆夜》简14背面除写有表示简序的"十四"外，还有"旨夜"两个字（见图2-1:2），整理者据此作为该篇篇题。篇题两个字，正文中皆有对应文字，我们将篇题与正文对应的这两个字对比，其用字习惯、文字写法及运笔特征等均是一致的，可以判定该篇篇题与正文为同一抄手所写。

---

① 肖芸晓：《试论清华竹书伊尹三篇的关联》，简帛网，访问日期：2013年3月7日；又，肖芸晓：《试论清华竹书伊尹三篇的关联》，载武汉大学简帛研究中心主办《简帛》（第八辑），上海古籍出版社，2013，第471—476页；又，肖芸晓：《清华简简册制度考察》，硕士学位论文，武汉大学，2015；又，Xiao Yunxiao, Restoring bamboo scrolls Observations on the materiality of Warring states bamboo manuscripts, *Chinese Studies in History*, VOL 50, 2017, ISS 3, 235-241.

表2-6 《耆夜》篇题与正文字迹对比

篇题	(图)	(图)
正文	(图)1	(图)4
位置	1	3、4、6、8

三、《金縢》的篇题

《金縢》末简14背面除写有表示简序的"十四"外，还有"周武王又疾周公所自以弋王之志"十四个字（见图2-1:3），简背文字与正文皆有对应，其用字习惯，文字写法及运笔特征等均是一致的，可以判定该篇篇题与正文为同一书手所写。（儒按："又"字斜画正文写成折笔，篇题写成斜笔，同一书手在写篇题或者简背数字时曲笔变直笔的现象常见。）

表2-7 《金縢》篇题与正文字迹对比

篇题	(图)(图)	(图)	(图)(图)	(图)	(图)
正文	(图)9	(图)6	(图)6	(图)1	(图)3
位置	1（两例）、2（两例）、5、7、8（两例）、9、10	1、6、10	1（三例）、2、3、6（三例）、8（两例）、9、10（三例）、11（两例）、12	1、3、4、13	3、9

续表

篇题							
正文	10	6	10	10	1	3	8
位置	1（三例）、2（两例）、5、7（三例）、8（两例）、9、10、11（两例）、12（三例）、13	6、10	6、10	1、4、5、6、8、9、10（三例）、11、12	6、10	3、5、6（两例）、7、10（三例）、12、13	8

四、《说命》（上、中、下）的篇题

《说命》（上）末简 7 背面除写有表示简序的"七"外，还有"尃敚之命"四个字（见图 2-1：4）；《说命》（中）末简 7 背面除写有表示简序的"七"外，还有"尃敚之命"四个字（见图 2-1：5）；《说命》（下）末简 10 背面除写有表示简序的"十"外，还有"尃敚之命"四个字（见图 2-1：6）。整理者据此作为这几篇的篇题。简背文字与正文皆有对应，其用字习惯、文字写法及运笔特征等均是一致的，可以判定该篇篇题与正文为同一书手所写。

表 2-8 《说命》（上、中、下）篇题与正文字迹对比

篇题	正文	位置
上、中、下	中1	上2，中1，下9、10

续表

篇题	正文	位置
[字形]上、[字形]中、[字形]下	[字形]上3	上1（两例）、2（三例）、3（两例）、4、5、6（两例）、7、中1（两例）、2、5、下2、3、4、6、7、8、10
[字形]上、[字形]中、[字形]下	[字形]下9	上2、4、6（三例）、中2、3（两例）、5、6、7、下7、8、9（两例）、10
[字形]上、[字形]中、[字形]下	[字形]上4、[字形]下9	上1、4、7，中1，下2（两例）、9、10

　　篇题"命"字写法一致，《说命》（上）正文"命"字仅一种写法，作[字形]（简4）；《说命》（中）正文"命"字仅一种写法，作[字形]（简1）；《说命》（下）正文"命"字有两种写法，分作[字形]（简2）与[字形]（简9）。同一书手所写文字使用的偏旁不同较为常见。

五、《周公之琴舞》的篇题

　　《周公之琴舞》简1背面除写有表示简序的"一"外，还有"周公之琹瑟"五个字（见图2-1:7），整理者据此作为该篇篇题。篇题文字在正文内皆有对应，其中"之琹瑟"三个字写法完全一致，其他字迹特征也大都一致，可以判定该篇篇题与正文为同一书手所写。

表2-9 《周公之琴舞》篇题与正文字迹对比

篇题	篇	公	之	琴	舞
正文	篇1	公1	之3	琴2、1	舞1
位置	1	1	2、3（两例）、4（两例）、5、6（两例）、8（三例）、9、11、12、13（两例）、15、16	1、2	1、2

六、《芮良夫毖》的篇题

《芮良夫毖》简1背面除写有表示简序的"一"外，还有"周公之颂志"五个字（见图2-1:8），除"公""志"两字外，简背文字在正文内皆有对应，并与正文字迹特征一致，可以判定为同一书手所写。

表2-10 《芮良夫毖》篇题与正文字迹对比

篇题	周	公	之	颂	志
正文	周1	——	之3	颂23	——
位置	1	——	2（两例）、3（两例）、5（两例）、6（三例）、7、8、10、12、18、19（两例）、20、24、25（两例）、26、27（两例）	23	——

虽然《芮良夫毖》中没有"公""志"两字，但是"公"字可参看同一书手所写《周公之琴舞》等篇的"公"字，"志"字可参看同一书手所写《金縢》篇的"志"字。

据整理者介绍，简背的篇题"周公之颂志（诗）"，"曾被刮削，字迹模糊"，与《芮良夫毖》内容无关，"疑是书手或书籍管理者据《周公之琴舞》的内容概括为题，误写在《芮良夫毖》的简背，发现错误后刮削未尽"。不过《周公之琴舞》简背有篇题，整理者认为"竹简篇题本为检取方便而加，篇题异称不足为怪"[①]。

七、《殷高宗问于三寿》的篇题

《殷高宗问于三寿》简28背面除写有表示简序的"廿八"外，还有"殷高宗问于三寿"七个字（见图2-1:9），整理者据此作为该篇篇题。除"三"字外，其余"殷""高""宗""问""于""寿"六个字在正文中皆有对应文字，我们将篇题与正文对应的这六个字对比，其用字习惯、文字写法及运笔特征等基本一致，可以判定该篇篇题与正文为同一抄手所写。[②]

表2-11 《殷高宗问于三寿》篇题与正文字迹对比

篇题						
正文	10	1	1	1	1	1
位置	10	1（两例）、5（两例）、7、11、24（两例）、25	1（两例）、5、7、11、24	1、2、4（两例）、5（两例）、6（两例）、7（两例）、8、12、14、24（两例）、27	1（两例）、5（三例）、7（三例）、12、23、24、27、28	1（两例）、2、4（两例）

[①] 李学勤主编《清华大学藏战国竹简（叁）》，中西书局，2012，第132页"《周公之琴舞》说明"。

[②] 贾连翔从"寿"字的书写差异上看，认为《殷高宗问于三寿》篇题与正文非同一抄手所写，参见清华大学出土文献读书会：《清华简第五册整理报告补正》，清华大学出土文献研究与保护中心网，访问日期：2015年4月8日。后，贾连翔又认为"此七字与正文系同一种字迹"，见贾连翔《战国竹书形制及相关问题研究——以清华大学藏战国竹简为中心》，中西书局，2015，第203页。

第七节 标志符号

现将《尹至》、《尹诰》、《耆夜》、《金縢》、《说命》(上、中、下)、《周公之琴舞》、《芮良夫毖》、《赤鹄之集汤之屋》、《殷高宗问于三寿》各篇的标志符号使用情况列举如下:

一、《尹至》《尹诰》的标志符号

《尹至》中有合文、重文、句读及篇末结束符号,《尹诰》中有重文及篇末结束符号。

1. 合文符号

《尹至》中使用合文符号仅一处,位于简1;《尹诰》中无合文。

2. 重文符号

《尹至》与《尹诰》中使用重文符号各两处,分别位于《尹至》简1、简5及《尹诰》简2、简3。

表2-12 《尹至》《尹诰》中的合文、重文

《尹至》合文	《尹至》重文		《尹诰》重文	
1	1	5	2	3

3. 句读符号

《尹至》简2、3、4中句读符号有三处,作"-"形;《尹诰》中无句读符号。

4. 篇末结束符号

《尹至》简5文末有表全篇结束的符号,作 形;《尹诰》简4文末有

表全篇结束的符号，作 形。

二、《耆夜》的标志符号

《耆夜》中无合文符号，有重文、句读及篇末结束符号。

1. 重文符号

《耆夜》中有重文符号十七处，分别位于简3（三处）、4、5（两处）、6、7、8（三处）、10（两处）、11（两处）、13、14（见图2-2）。

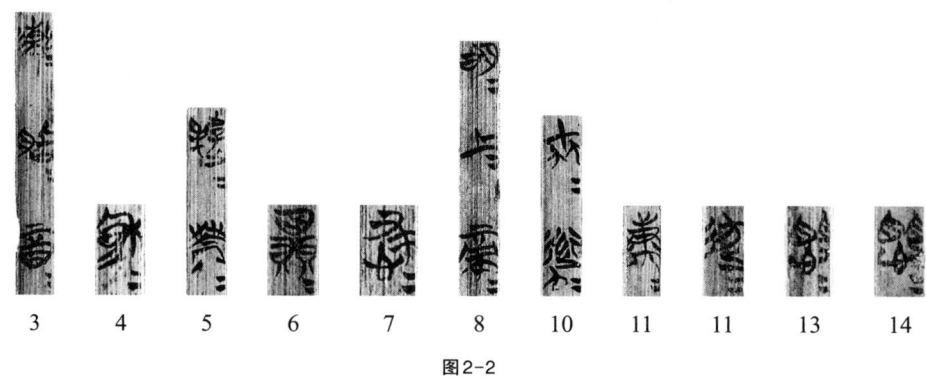

图2-2

2. 句读符号

《耆夜》中句读符号有二十五处，分别位于简1、2（三处）、3、4（两处）、5、6（三处）、7（四处）、8、9（两处）、10、11、12（两处）、13、14（两处）。

3. 专有词符号

《耆夜》中专有词符号有两处，均在简12上，即"不憙（喜）不药（乐）"一句中，"憙（喜）"与"药（乐）"下各一处（见图2-3）。

4. 篇末结束符号

《耆夜》简14文末有表全篇结束的符号，作 形，有残泐。

图2-3

三、《金縢》的标志符号

《金縢》中有合文、重文、句读及表示篇末结束的符号。

1. 合文符号

《金縢》中有合文符号两处,分别位于简10与简13。

2. 重文符号

《金縢》中重文符号仅有一处,位于简5。

表2-13 《金縢》中的合文、重文

合文		重文
[10]	[13]	[5]

3. 句读符号

《金縢》中句读符号有二十六处,分别位于简2、3(三处)、4、5(两处)、6(四处)、7、8、9(两处)、10(四处)、11(两处)、12(三处)、13(两处)。

4. 专有词符号

《金縢》中专有词符号有两处,均在简4上,即"多㦷(才)多埶(埶)"一句中,"㦷(才)"与"埶(埶)"下各一处(见图2-4)。

5. 篇末结束符号

《金縢》简14有表全篇结束的符号,作 形。

6. 墨迹

《金縢》简2上有一些点状墨迹,这些墨点离字的距离很近,尤其"为"字下方的墨迹很容易和句读符号混淆,需要联系文意来辨识,如图2-5:

图2-4

图2-5

四、《说命》(上、中、下)的标志符号

《说命》(上)有合文、重文、句读及表示篇末结束的符号;《说命》(中)有重文、句读及表示篇末结束的符号;《说命》(下)有重文、句读及表示篇末结束的符号。

1. 合文符号

《说命》(上)合文符号仅有一处,位于简4;《说命》(中、下)均无合文。

2. 重文符号

《说命》(上)有重文符号五处,分别位于简3、4(两处)、5(两处);《说命》(中)无重文;《说命》(下)有重文符号一处,位于简6。

表2-14 《说命》(上、下)中的合文、重文

《说命》(上)合文	《说命》(上)重文				《说命》(下)重文
4	3	4	5		6

3. 句读符号

《说命》(上)有句读符号八处,分别位于简2、3、4(三处)、5(三处);《说命》(中)有句读符号十处,分别位于简1、2(两处)、3、4、5(三处)、

6、7;《说命》(下)有句读符号十三处,分别位于简3、4、5(两处)、6(两处)、7、8(三处)、9(两处)、10。

4. 篇末结束符号

《说命》(上)简7文末有表全篇结束的符号,作 形;《说命》(中)简7文末有表全篇结束的符号,作 形;《说命》(下)简10文末有表全篇结束的符号,作 形。

五、《周公之琴舞》的标志符号

《周公之琴舞》中有重文、句读及表示篇末结束的符号。

1. 重文符号

《周公之琴舞》中无合文,重文符号有九处,分别位于简2(三处)、5、7(两处)、9、14、15(见图2-6)。

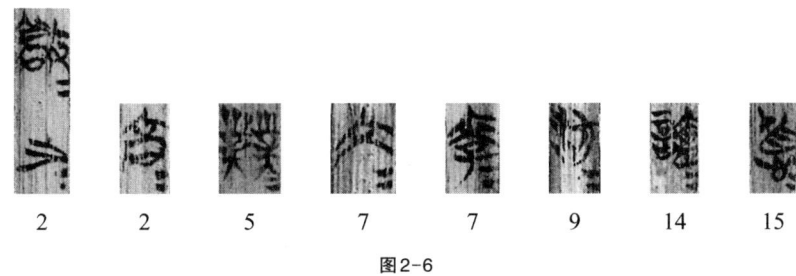

图2-6

2. 句读符号

《周公之琴舞》中有句读符号二十六处,分别位于简4(两处)、5(四处)、6(四处)、7(两处)、8(三处)、9(两处)、10(两处)、11(两处)、12、13(两处)、14、15。

3. 篇末结束符号

《周公之琴舞》简17有表全篇结束的符号,作 形。

4．墨迹

《周公之琴舞》简9"者"字和简12"人"字正下方有一点状墨迹（见图2-7）。

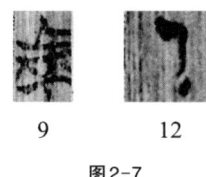

图2-7

六、《芮良夫毖》的标志符号

《芮良夫毖》中有重文、句读及表示篇末结束的符号。

1．重文符号

《芮良夫毖》中无合文，重文符号有两处，分别位于简5、9（见图2-8）。

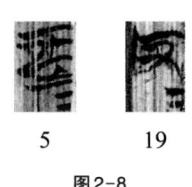

图2-8

2．句读符号

《芮良夫毖》中句读符号有三十二处，分别位于简2（三处）、4（两处）、7、8（三处）、10（两处）、11（三处）、12（两处）、13、15（两处）、16（两处）、19（三处）、22、25（两处）、26、27（三处）、28。

3．篇末结束符号

《芮良夫毖》简28文末有表全篇结束的符号，作 形。

4．墨迹

《芮良夫毖》简17末尾"戒"字下有一点状墨迹，其下简文残损。该墨迹位于字的正下方，故不应是句读符号（见图2-9）。

图2-9

七、《赤鹄之集汤之屋》的标志符号

《赤鹄之集汤之屋》中有重文、句读及表示篇末结束的符号。

1. 重文符号

《赤鹄之集汤之屋》中无合文，重文符号有四处，分别位于简10（两处）、12（两处）（见图2-10）。

10　　12

图2-10

2. 句读符号

《赤鹄之集汤之屋》中句读符号有十三处，分别位于简1、4（三处）、6、7、8、9、10、11、12、13、14。

3. 篇末结束符号

《赤鹄之集汤之屋》简15有表全篇结束的符号，作 形。

八、《殷高宗问于三寿》的标志符号

《殷高宗问于三寿》中有合文、重文符号，作"="形；句读符号作"-"形；篇末有表示全篇结束的符号，作"└"形。

1. 合文符号

《殷高宗问于三寿》中合文符号有三处，分别位于简9（两处）、21（见图2-11）。

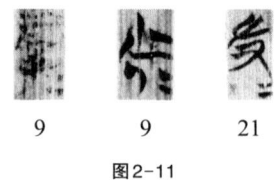

图2-11

2. 重文符号

《殷高宗问于三寿》中有重文符号六处,分别位于简8、10、24(两处)、27(两处)(见图2-12)。

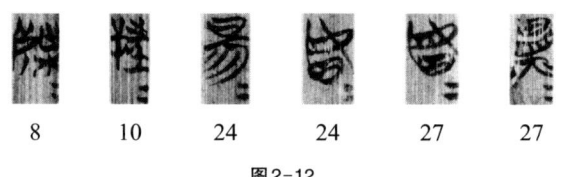

图2-12

3. 句读符号

《殷高宗问于三寿》中有句读符号四十七处,均作"-"形,分别位于简1(两处)、2(五处)、4(四处)、5(四处)、7(三处)、8(五处)、9(两处)、10、11、13(五处)、16(两处)、18(三处)、19(三处)、21、22、23、24、26、27(两处)。

4. 专有词符号

《殷高宗问于三寿》有专有词符号三处,均作"-"形,分别是:简10中"九牧九矣(有)将丧"一句,"牧"字下有符号(见图2-13:1);简21+22"音色柔巧而叡武不罔"一句,"色"下有符号(见图2-13:2);简26"急利傲神莫恭而不顾于后"一句,"利"下有符号(见图2-13:3)。

5. 篇末结束符号

《殷高宗问于三寿》简28文末有表全篇结束的符号,作 形。

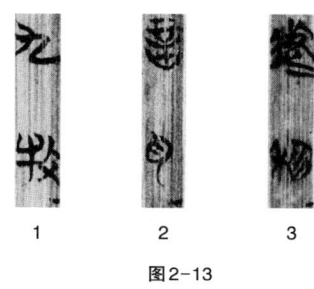

图2-13

第八节　简文的校补

"尹至类"字迹中仅《殷高宗问于三寿》有一处补文,位于简12(见图2-14)。

第九节　编联与收卷

《尹至》等十一篇竹简简背竹节处均有表示次序的编号。

一、《尹至》《尹诰》《赤鹄之集汤之屋》的编联

《尹至》与《尹诰》全篇完整,各4支竹简,《尹至》简1~3两处竹节,位置相当,简背有连续划痕;《尹至》简4、5一处竹节,其间若补入一支简,则简背划痕连续;①《尹诰》简1~4竹节位置一致,与《尹至》简4~5竹节位置相当,与《尹至》简1~3背部划痕连续,并且《尹诰》简1与《尹至》简5可接为连续划痕,《尹

图2-14

---

① 孙沛阳:《简册背划线初探》,载复旦大学出土文献与古文字研究中心编《出土文献与古文字研究》(第四辑),上海古籍出版社,2011,第449—462页。

诰》简 3 与简 4 之间若补入两支简，则简背划痕连续。^①孙沛阳根据《尹至》与《尹诰》简背竹节及划痕位置指出，《尹至》与《尹诰》应合编在一起，且《尹至》在前，《尹诰》在后。

《赤鹄之集汤之屋》全篇 15 支竹简，除简 1、2 下略残，其余简完整。简 1~15 两处竹节，位置相当，简背有连续划痕。

肖芸晓认为，《赤鹄之集汤之屋》"简 15 与《尹至》简 1，划线与两道竹节全部密合，故可以推定《尹至》当接于《赤》篇之后"。并结合上述孙沛阳所说《尹至》编在《尹诰》前的结论，指出《尹至》《尹诰》《赤鹄之集汤之屋》三篇竹书当为同一书手写在同一卷相连的竹简上。从内容上看，这三篇竹书亦均叙伊尹与汤事迹，编联的顺序为：《赤鹄之集汤之屋》→《尹至》→《尹诰》。^②我们将肖芸晓所做复原图移录于此（见图 2-15）。

《赤鹄之集汤之屋》　《尹至》　《尹诰》

图 2-15

---

① 贾连翔：《战国竹书形制及相关问题研究——以清华大学藏战国竹简为中心》，中西书局，2015，第 89 页。

② 肖芸晓：《试论清华竹书伊尹三篇的关联》，简帛网，访问日期：2013 年 3 月 7 日；又，肖芸晓：《清华简简册制度考察》，硕士学位论文，武汉大学，2015；又，Xiao Yunxiao, Restoring bamboo scrolls Observations on the materiality of Warring states bamboo manuscripts, *Chinese Studies in History*, VOL 50, 2017, ISS3, 235-241.

多篇合编一卷的情况，上博简中常见，但是合编的各篇简背编号是每篇重新书写的，并且篇题位于中间，这是一个特别的现象。不过，《尹至》《尹诰》这样四五支竹简为一卷的情况也是不太可能，这三篇合编在一起共计二十四支竹简为一卷是很合理的。

《尹至》与《赤鹄之集汤之屋》竹简契口在右侧（见表2-15），从《尹至》简5第二契口上"又"字，《赤鹄之集汤之屋》简9第一契口下首字、简11第二契口上"女"字、简13第三契口上末字等被编绳遮盖的痕迹看，应是先写后编的。

表2-15 《尹至》《赤鹄之集汤之屋》契口形态与编痕

契口形态			编痕			
尹至4	赤鹄3	赤鹄9	尹至5	赤鹄9	赤鹄11	赤鹄13

《赤鹄之集汤之屋》简15下端编痕较粗，与其连接的《尹至》简1下端契口处除一道编痕外，其上还有编痕，并已经遮盖了末字；《尹至》简5下端编痕较粗，与其连接的《尹诰》简1下端契口处未见该形态编痕。《赤鹄之集汤之屋》简2、4、10距简尾约4厘米处仍可见一处编痕，简2、4上的这道编痕也遮盖了其上面的字迹，简14第二道契口附近明显可见两道编痕。（见图2-16）

除《赤鹄之集汤之屋》《尹至》上有文字被编绳遮盖外，前文提到的该篇篇题居全卷中间，且每篇简序数字重新编写编号，都是该卷先写后编的佐证。

赤鹄15下　尹至1下　尹至5下　赤鹄2下　赤鹄4下　赤鹄10下　赤鹄14中

图2-16

二、《耆夜》的编联

《耆夜》全篇14支竹简，简1~4两处竹节，位置相当；简5~8、9~10、11~14各一处竹节，共计四段竹简。简1~4与11~14背部均有划痕，简1~2、3~4、11~13为三段连续划痕，其中简11~13上有两道划痕，"划痕方向趋于相交"①。

《耆夜》竹简契口在右侧，从简2第一契口下首字被编绳遮盖的痕迹看，应是先写后编的。

表2-16　《耆夜》契口形态与编痕

契口形态				编痕
 2	 4	 5	 10	 2

《耆夜》一些竹简上显示出编痕股数较多，如图2-17：

---

① 贾连翔：《战国竹书形制及相关问题研究——以清华大学藏战国竹简为中心》，中西书局，2015，第96页。

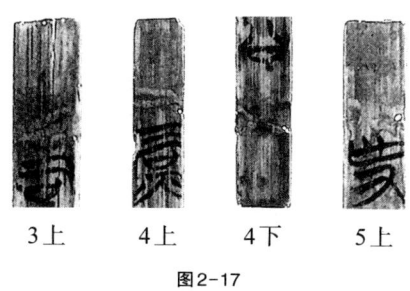

图2-17

三、《金縢》的编联

《金縢》全篇14支竹简,简1～14一处竹节,位置相当;简1～5、简6～14背部分别有连续划痕,其中简1～3有第二道连续划痕,与上一道平行。①

《金縢》竹简契口在右侧,并且未见有文字被遮盖的痕迹(见图2-18)。

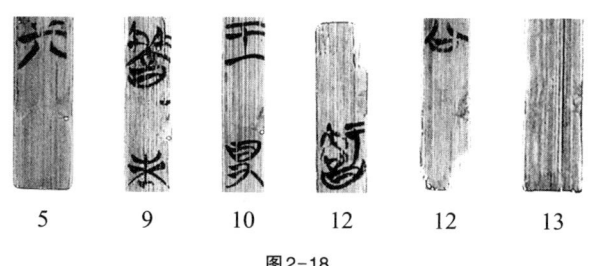

图2-18

《金縢》竹简正面仅见一股编痕,但是简13～14背面距简尾约3厘米处还有两股编痕,这应该是末简上多出的绳头缠绕所致(见图2-19)。

---

① 孙沛阳提出,该篇"绝大多数需要在相邻两简之间插入一支废简或若干支废简,才能形成上下两道简册背划痕"。见孙沛阳《简册背划线初探》,载复旦大学出土文献与古文字研究中心编《出土文献与古文字研究》(第四辑),上海古籍出版社,2011,第453页。贾连翔认为简5与简6之间"补入1支模拟简,则位于上方的第一道划痕可以贯连一支"。见贾连翔《战国竹书形制及相关问题研究——以清华大学藏战国竹简为中心》,中西书局,2015,第91页。

简13背　简14背

图2-19

四、《说命》(上、中、下)三篇的编联

《说命》(上)全篇7支全篇竹简,简1~5竹节位置相当,与简6、简7为三段竹简,均为一处竹节。简1~5背面可见划痕,简1~2为连续划痕。《说命》(上)竹简契口在右侧,契口形态如图2-20所示:

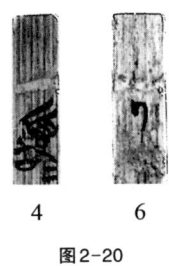

4　6

图2-20

《说命》(上)距简1~3、6首约1.7厘米处仍可见一道编痕,简1、2第三契口附近可见两股编痕,未见有文字被遮盖的痕迹(见图2-21)。

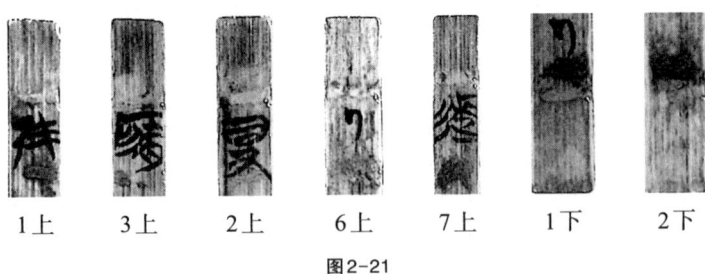

1上　3上　2上　6上　7上　1下　2下

图2-21

《说命》(中)全篇7支竹简，简1～7竹节位置大致相等，简1、3竹节位置略高于其他几支竹简，均为一处竹节，并且仅这两支简上可见划痕。竹简契口在右侧，从简1第三契口上末字被编绳遮盖的痕迹看，应是先写后编的。

表2-17 《说命》(中)契口形态与编痕

契口形态		编痕
4	7	1

《说命》(下)全篇10支竹简，简2～7竹节位置相当，简8～10竹节位置相当，均为一处竹节，全篇未见划痕。竹简契口在右侧，从简2与简9第三契口上末字被编绳遮盖的痕迹看，应是先写后编的。

表2-18 《说命》(下)契口形态与编痕

契口形态	编痕	
3	2	9

《说命》(下)简2距简首约2厘米处，简10距简首约3.2厘米处、距简尾约0.8厘米处，还均各有一道编痕(见图2-22)。

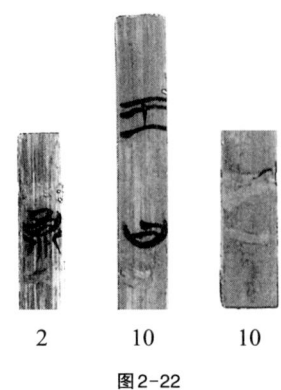

图 2-22

贾连翔指出,《说命》(上)简6与《说命》(中)简1、3竹节位置相当,《说命》(上)简7倒置后与《说命》(中)简2、4～7"也应属于同一段竹简","再结合三篇字迹相同、长度相同、编痕契口位置相同综合判断,《说命》三篇原来也应是'一卷竹书'"。① 同一书手所写的多篇竹简具备内容相类、形制相同等因素,确实为这些竹简为合编一卷提供了很大的可能,不过从竹简形制来看,《说命》(上)与《说命》(中)测得的各编绳间距差别很大,不具备合编一卷的可能。除竹简形制外,《说命》三篇末简均有同样的篇题,而与《说命》三篇为同一书手所写且合编一卷的《尹至》《尹诰》《赤鹄之集汤之屋》三篇,却只有《赤鹄之集汤之屋》末简15背面写有篇题,这也是比较特殊的。所以,我们认为《说命》三篇合编一卷的可能性不大。

五、《周公之琴舞》的编联

《周公之琴舞》全篇17支竹简,简1～14竹节位置大致相当,简15～16

---

① 贾连翔:《战国竹书整理的一点反思——从〈天下之道〉〈八气五味五祀五行之属〉〈虞夏殷周之治〉三篇的编联谈起》,载李学勤主编《出土文献》(第十三辑),中西书局,2018,第149页。

竹节位置大致相当，均为一处竹节；简17仅存上部三分之一段，未见竹节；简3～4背可见连续划痕。

《周公之琴舞》竹简契口在右侧，从简2第三契口上末字、简4第一契口下首字、简5第三契口上末字、简7第三契口上末字、简8第二契口上的字被编绳遮盖的痕迹看，本篇应是先写后编的。

表2-19 《周公之琴舞》契口形态与编痕

契口形态	编痕				
11	2	4	5	7	8

《周公之琴舞》简1～2距简首约4厘米处，简4、5、7、10、11、17距简首约1.4厘米处，简5距简首约4厘米处还各有一道编痕，这些编痕都已遮盖了文字（见图2-23）。

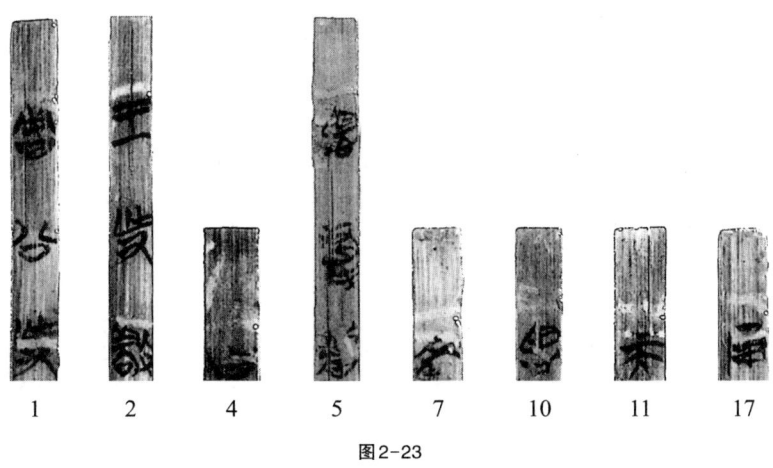

图2-23

《周公之琴舞》简1~4距第二契口下约2厘米处又有一道编痕，这些编痕都已遮盖了文字；简6、10距第二契口上约0.3厘米处，简11距第二契口上约0.6厘米处又各有一道编痕（见图2-24）。

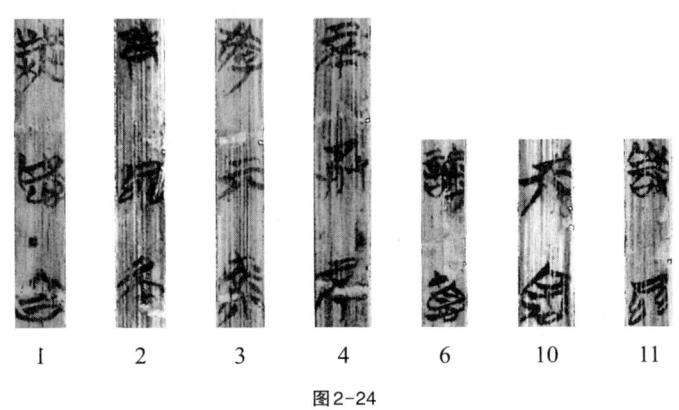

图2-24

六、《芮良夫毖》的编联与收卷

《芮良夫毖》全篇28支竹简，简1~14、15~22、23~26、27~28四段竹节位置大致相当，均为一处竹节，简背未见划痕。

《芮良夫毖》竹简契口在右侧，从简2~5第三契口上末字、简14第二契口上的字、简18第一契口下首字被编绳遮盖的痕迹看，本篇应是先写后编的。

表2-20 《芮良夫毖》契口形态与编痕

契口形态		编痕					
6	22	2	3	4	5	14	18

《芮良夫毖》第一契口与第三契口处又多出一股编痕（见图2-25、图2-26）。

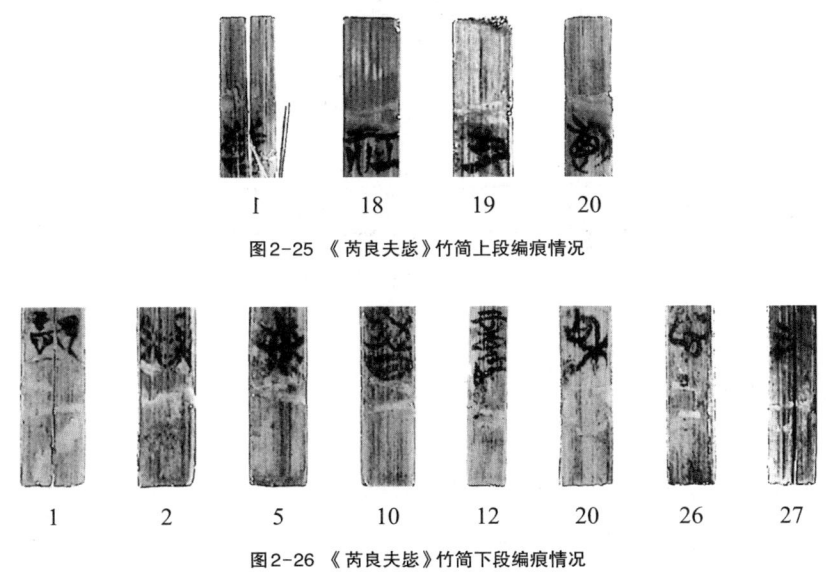

图2-25 《芮良夫毖》竹简上段编痕情况

图2-26 《芮良夫毖》竹简下段编痕情况

肖芸晓对《芮良夫毖》反印文及残损痕迹进行观察，推测《芮良夫毖》是以六七支简为一个单元，共分四个单元，采用依次向竹书尾部卷起的收卷方式。她所制的收卷示意图还显示出了反印文、压痕、竹简残损等信息（见图2-27）。①贾连翔在肖芸晓所制示意图基础上做了美化（见图2-28）。②

---

① 肖芸晓：《清华简简册制度考察》，硕士学位论文，武汉大学，2015；又，肖芸晓：《清华简收卷研究举例》，载李学勤主编《出土文献》（第七辑），中西书局，2015，第172—186页。
② 贾连翔：《战国竹书形制及相关问题研究——以清华大学藏战国竹简为中心》，中西书局，2015，第228页。

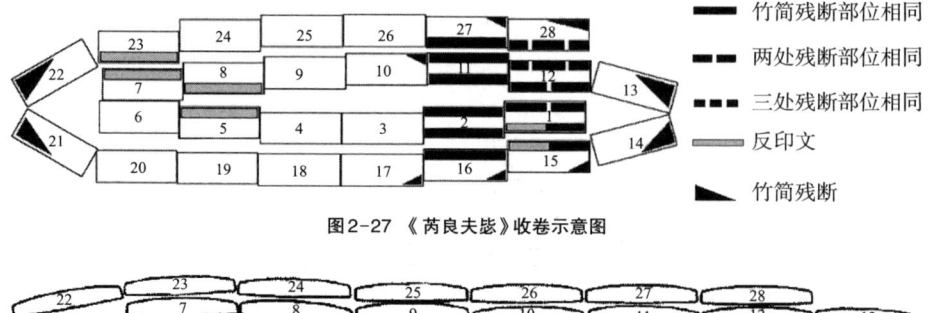

图2-27 《芮良夫毖》收卷示意图

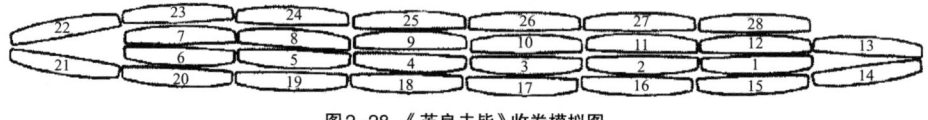

图2-28 《芮良夫毖》收卷模拟图

七、《殷高宗问于三寿》的编联与收卷

根据简背竹节位置可知，该篇形制可分为四组：简1~7、简8~15、简16、简17~28，应是取自四截不同的竹简。贾连翔指出，该篇"每组简背皆有'有意划痕'，从简2削制竹节对划痕的打破关系，以及简28题记（儒按：指篇题）下削痕对划痕的打破关系看，简背划痕应在刮削竹节和题记之前即已形成"。[①]

表2-21 《殷高宗问于三寿》竹简使用情况

简号	1~7	8~15	16	17~28
竹节	2	2	1	1
划痕	1~7	8~9，11~14	有	17~24、26、27

《殷高宗问于三寿》简背竹节处有次序编号，因书手拿错简10与简15，导致简8~15的连续划痕中断，可见划痕也是在修治后、书写前划出的。整

---

① 清华大学出土文献读书会：《清华简第五册整理报告补正》，清华大学出土文献研究与保护中心网，访问日期：2015年4月8日。

理者已经指出，简背"序号有错乱，其中原编号'十五'者当排在第十简位置，而原编号'十'者当排在第十五简位置，今已据文义互换"[①]。这种简号误置的现象，应该是抄写者误拿了带有编号的竹简造成的，这也说明该篇简是按先写简号，再书写正文，最后做编联这样的书写程序完成的。

简17～28这段竹简中，简25竹节上残损，划痕位置无法判断。若简26在简25位置则与简24划痕连续，与简27也可连续，简28为末简，有篇题，若有划痕也会被遮盖。说明这一部分简中有拿错修治好的竹简，再写简序数字的情况。

《殷高宗问于三寿》竹简契口在右侧，从简2、5、7、8、14、20、23、25上有字被编绳遮盖的痕迹看，《殷高宗问于三寿》应是先写后编的（见图2-29）。

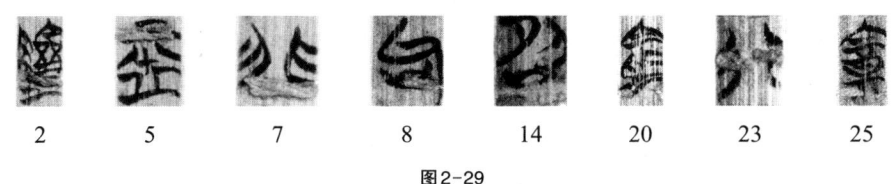

图2-29

《殷高宗问于三寿》除契口外还出现了多道编痕，上段编痕中，简首距第一契口约1厘米。但是，在简1～5距简首2.3厘米处、简6距简首3.5厘米处、简7距简首4厘米处、简9距简首2.3厘米处、简23距简首1.4厘米处、简24距简首1.4厘米处、简27距第一契口1.2厘米处均（其简首略残）另有一道编痕（见图2-30）。

---

① 李学勤主编《清华大学藏战国竹简（伍）》，中西书局，2015，第149页"《殷高宗问于三寿》说明"。

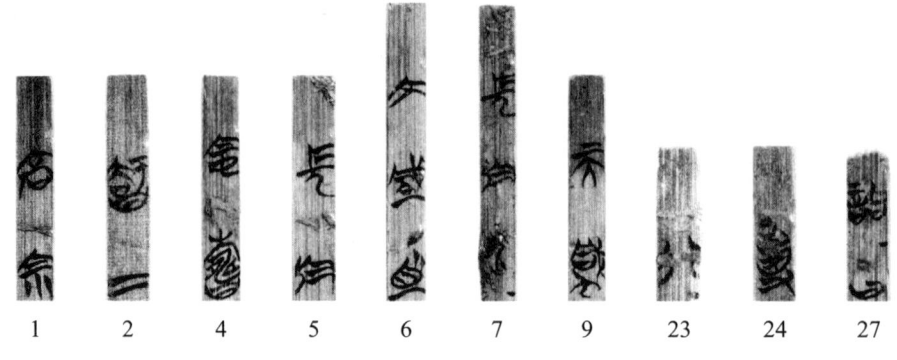

图2-30 《殷高宗问于三寿》竹简上段编痕情况

中段编痕中，第一至二契口间距约21.5厘米，简1、2、4、5、6距第二契口2厘米处有明显编痕，简7、8距第二契口2.5厘米处有明显编痕，简23、24第二契口处明显有两股编痕。从第二契口附近的字间距可见，除简14外，其他简的文字都有意避让第二契口，可是第二契口附近的那道编绳应该不是在书写前编好的，以至于简2、5、7、8的文字均有被编绳遮盖的痕迹（见图2-31）。

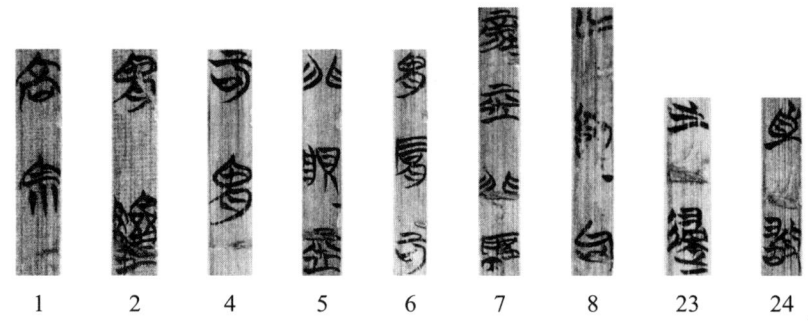

图2-31 《殷高宗问于三寿》竹简中段编痕情况

下段编痕中，第三契口距简尾约1.2厘米，但是简24～26距简尾约0.8厘米处也有一道明显编痕（见图2-32）。①

---

① 简23下端略残，但是简末大致位置似乎也有一道编痕，但因此处图版色彩较暗，不能确定。

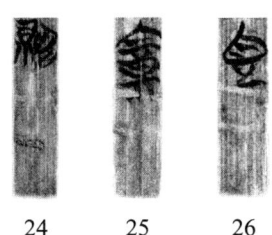

24　25　26

图2-32 《殷高宗问于三寿》竹简下段编痕情况

贾连翔根据本篇的"简10、11、12、13、14、15与简16、17、18、19、20、21"上反印墨迹的关系,认定"它们以简15、16的接缝为中轴,呈对称关系"。①

---

① 贾连翔:《反印墨迹与竹书编连的再认识》,载李学勤主编《出土文献》(第六辑),中西书局,2015,第229—245页。

第三章 《祭公》与《厚父》等篇字迹研究

《祭公》发表于《清华大学藏战国竹简（壹）》，《厚父》发表于《清华大学藏战国竹简（伍）》，上一章对与这两篇为同一书手所写的"尹至类"字迹中《尹至》、《尹诰》、《耆夜》、《金縢》、《说命》（上、中、下）、《周公之琴舞》、《芮良夫毖》、《赤鹄之集汤之屋》、《殷高宗问于三寿》十一篇字迹特征做了分析。

上述《尹至》等十一篇为同一书手的情况已有一些学者指出，不过这些学者均未将《祭公》归入该类字迹。如清华简第一册刚公布时，贾连翔认为，"清华简九篇（儒按：此处指清华简第一册）从书写上看有七种字迹，《尹至》《尹诰》为一种，《耆夜》《金縢》为一种，其余五篇各为一种"①。李守奎在对清华一字迹进行分析时，将《尹至》《尹诰》《耆夜》《金縢》归为同一抄手所写，认为这类字迹"自然流畅"，将《祭公》划为另一抄手的字迹。但他对《祭公》字迹的描述是，"与《尹至》等篇相近，但比较松

---

① 贾连翔：《清华简九篇书法现象研究》，《书法丛刊》2011年第4期。

散,参照其他文字及其整体风格还是可以看出其间细微差别的"①。清华简公布四册时,罗运环对清华简一至三册各篇按照"书法体式"进行了分类,他将"第一册的《尹至》《尹诰》《耆夜》《金縢》,第三册的《说命》(上、中、下)、《周公之琴舞》、《芮良夫毖》、《赤鹄之集汤之屋》"并称为"尹至体",《祭公》称为"祭公体"。②

也有学者指出,《祭公》与《尹至》等篇为同一书手所写。如笔者认为清华简前三册中有篇题的《耆夜》、《金縢》、《祭公》、《说命》(上、中、下)、《周公之琴舞》、《芮良夫毖》、《赤鹄之集汤之屋》九篇为同一抄手所写。③随着清华简的陆续发布,我们将《尹至》、《尹诰》、《耆夜》、《金縢》、《祭公》、《说命》(上、中、下)、《周公之琴舞》、《芮良夫毖》、《赤鹄之集汤之屋》十一篇归为一类字迹,对该类字迹特征进行了概括。④陈松长对清华简第一册各篇竹简也进行了"书手辨析""书体特征分析"等方面研究,认为《尹至》《尹诰》《耆夜》《金縢》《祭公》为同一书手所写。⑤清华五公布后,我们又将《殷高宗问于三寿》归于"尹至类"字迹。⑥贾连翔将《祭公》与《厚父》归为同一种字迹,他认为这两篇与《尹至》等十一篇字迹

---

① 李守奎:《清华简的形制与字迹》,"欧洲中国出土写本研究讨论会"会议论文,巴黎,2012。又,李守奎:《清华简的形制与内容》,载《古文字与古史考——清华简整理研究》,中西书局,2015,第4—25页。

② 罗运环:《清华简(壹—叁)字体分类研究》,载中国文化遗产研究院编《出土文献研究》(第十三辑),中西书局,2014,第62—76页。

③ 李松儒:《战国简帛字迹研究——以上博简为中心》,上海古籍出版社,2015,第138页。

④ 李松儒:《清华简书法风格浅析》,载中国文化遗产研究院编《出土文献研究》(第十三辑),中西书局,2014,第27—33页。

⑤ 陈松长:《〈清华大学藏战国竹简(壹)〉书体特征探析》,载教育部人文社会科学重点研究基地等编《出土文献与中国古代文明——李学勤先生八十寿诞纪念论文集》,中西书局,2016,第156—163页。

⑥ 李松儒:《清华五字迹研究》,载武汉大学简帛研究中心主办《简帛》(第十三辑),上海古籍出版社,2016,第79—89页。

"酷肖","或有一定师承关系"。①后来他又在笔者认定《祭公》与《尹至》等十一篇为同一书手的基础上,将《祭公》《厚父》归于"尹至类"字迹。②至此,清华简一至七册中《尹至》类字迹所含篇目有:《尹至》、《尹诰》、《耆夜》、《金縢》、《祭公》、《说命》(上、中、下)、《周公之琴舞》、《芮良夫毖》、《赤鹄之集汤之屋》、《厚父》、《殷高宗问于三寿》,共计十三篇。

本章将详细论证《祭公》《厚父》及《尹至》等十一篇竹书字迹的特征。

第一节 竹简形制

《祭公》全篇21支竹简,简2、4、9、11、14、16首尾略有残损,整理者介绍简长约44.4厘米,简宽0.6厘米,③我们据图版测量简长45.1厘米。三道编绳,简背竹节处有表示次序的编号,简背未见划痕,简4、16略残半个字,其余残损的简均在第一或第三编绳处。简14文末留白一段下有篇题"䝬(祭)公之䞒(顾)命"五个字,正文有点断及结尾符号。

《厚父》全篇有13支竹简,简长44厘米,简宽0.6厘米,三道编绳,简1上下两端残缺,其他各支简皆为完简。④《厚父》简背有划痕,简背竹节处有表示次序的编号,简13背有篇题,正文有点断及结尾符号。

---

① 贾连翔:《战国竹书形制及相关问题研究——以清华大学藏战国竹简为中心》,中西书局,2015,第169页。
② 笔者曾指出《厚父》与清华八《摄命》两篇为同一书手所写。见李松儒《清华八〈摄命〉字迹研究》,载《中国文字》编辑委员会主编《中国文字》二〇二〇夏季号,台湾万卷楼图书股份有限公司,2020,第341—355页。贾连翔在此基础上进一步提出,《厚父》《摄命》两篇与《尹至》等篇为同一书手所写。见贾连翔《清华简"〈尹至〉书手"字迹的扩大及相关问题探讨》,"出土'书'类文献研究高端学术论坛"会议论文,重庆,2021。由于本书仅是对清华简一至七册各篇竹书字迹情况的讨论,故而文中不再对清华八《摄命》的字迹情况进行举例。
③ 李学勤主编《清华大学藏战国竹简(壹)》,中西书局,2010,第173页"《祭公之顾命》说明"。
④ 李学勤主编《清华大学藏战国竹简(伍)》,中西书局,2015,第109页"《厚父》说明"。

我们将《祭公》《厚父》与《尹至》等篇竹简形制列出：

表3-1 《祭公》《厚父》《尹至》等篇竹简形制表（单位：厘米）

篇目	介绍简长	测量简长	简宽	简首至一契	一契至二契	二契至三契	三契至简尾
尹至	45	45	0.6	1	21.8	21.3	0.9
尹诰	45	45.1	0.6	0.9	21.8	21.4	1
耆夜	45	45.2	0.6	1.1	21.4	22	0.9
金縢	45	45.1	0.6	1	20.1	23.1	0.9
祭公	44.4	45.1	0.6	1.1	21.6	21.4	1
说命上	45	45	0.6	0.9	20.1	23	1
说命中	45	45	0.6	1	21.3	21.5	1.2
说命下	45	45	0.6	0.9	21.3	21.8	1
琴舞	45	45	0.6	1	21.7	21.3	1
芮良夫	45	45	0.6	1	21.8	21.2	1
赤鹄	45	45	0.6	1	21.7	21.3	1
厚父	44	44	0.6	1.2	20.5	21	1.3
三寿	45	45	0.6	1	21.5	21.3	1.2

由上表可见，《祭公》形制与《尹至》《尹诰》《赤鹄之集汤之屋》《说命中》《芮良夫毖》《殷高宗问于三寿》形制相近；《厚父》与其他十二篇竹简简长差1厘米。

第二节 概貌及运笔特征

《祭公》文字书写于一、三编绳间，布局疏朗，字间距一个半字左右，书写工整,笔画纤细。《祭公》的起笔处略有顿压,横向笔画起收笔处顿压痕迹明显,行笔时略向右上方,收笔处向下顿压,如 、。而纵向笔画则轻提收锋,使笔末端呈尖尾状,如 。笔画转折处明显,如 。

《厚父》文字书写于一、三编绳间,布局疏朗,书写工整,该篇的字迹形体略扁,所以每简容字也较其他简多,侧锋入笔,略有顿压,横向笔画运笔较平稳,笔行至末端略向上行再向右下收锋,如 、。竖画侧锋且切入,起笔处略有顿压,提笔收锋,且笔画较横画纤细,如 。较长的右斜画起笔处顿压不明显,行笔较直,如 、。点画侧锋入笔痕迹明显,尖首而成楔形,如 。

《祭公》《厚父》的运笔特征都反映出"尹至类"抄手的书写习惯,《尹至》等篇横画起笔处或呈圆头,或斜锋侧压入笔,形成尖首三角状。罗运环认为《祭公》"体式较为规范,且大都起笔出锋,字头多尖角"。其所谓的"字头"应该是指笔画的起笔处。我们对《尹至》等篇的字迹进行观察后不难发现,这些字迹的起笔处并不全是圆头,由于侧锋入笔,许多笔画的起笔处与《祭公》一样都呈三角状,如 。所以,《祭公》与《尹至》等篇起笔处的特征差别并不明显,尤其是横画运笔造成的起伏效果一致。此外,《祭公》与《尹至》等篇各撇画、右斜笔、折笔、弧笔等笔画的运行方向及造成的弯曲程度也是相对一致的(见表3-2)。

表3-2 《祭公》《厚父》与《尹至》等篇运笔特征对比

| 祭公 | ![]2 | ![]8 | ![]4 | ![]7 | ![]9 | ![]19 |

续表

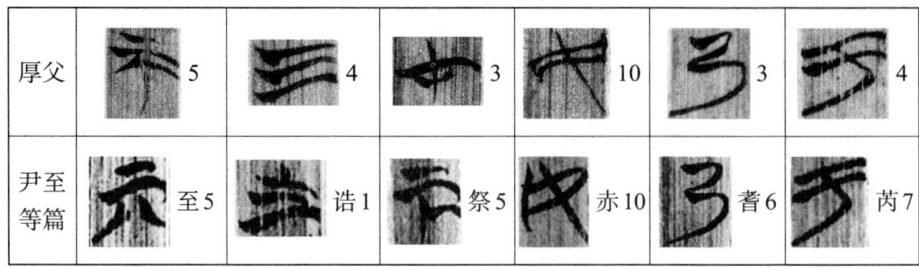

《祭公》《厚父》行笔过程中笔画纤细，这在视觉上与《尹至》等篇所呈现的风格略有差别。尤其《厚父》部分横画收笔处由右下向左向回挑收锋，这种回挑的收锋方式也是《厚父》有别于其他篇字迹的显著特征，如"弋"字作 （简9），"是"字作 （简12），"戈"字作 （简3），"我"字作 （简1），"咸"字作 （简2）， （简7）等（见图3-1）。

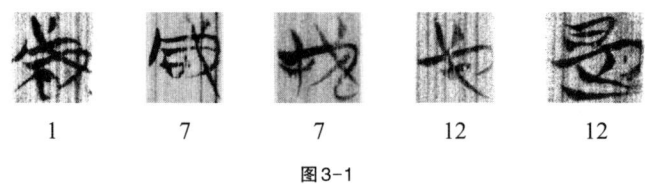

图3-1

除横画出现的收笔处弯转外，《厚父》的书手对其他一些笔画也有意弯转书写，如"亦"字上面右斜笔收锋向左弯转作 （简13），"吊"字最上两笔均向运笔相反方向收笔作 （简11），"高"字下部的横折笔收笔处突然向右弯转作 （简8），"司"字作 （简12）等。《厚父》这种收笔处由于笔画运行方向变化很大造成弯曲笔画的特征仅出现在这一篇中，这也是我们之前一直未将其划入"尹至类"字迹的原因之一。

第三节　搭配比例特征

我们以"之""人""隹"字为例，来看《尹至》等篇中的笔画搭配特征。

1. 之

"尹至类"书手所写的"之"字四个笔画的交接点位置一致，而清华简其他篇"之"字字迹与其交接点的位置均有差异。清华一至七册各篇竹简中"之"字的书写情况如下：

表3-3　清华简各篇"之"字笔画搭配对比

尹至等篇	祭公2、厚父2	尹诰1、耆夜8、金縢6、说命上6、说命中6、说命下10、琴舞4、芮良3、赤鹄4、三寿1
其他篇		保训5、皇门2、楚居4、系年5、良臣1、筮法9、封许2、命训7、汤丘1

从上可见，《祭公》《厚父》与《尹至》等篇"之"字笔画的运行方向一致，即各个笔画间形成的角度相近，而其他篇竹简与"尹至类"书手所写"之"字笔画的运行方向差异较大，所以也形成不同风格的字迹。

《厚父》中"之"字共二十八例，其中有五例"之"字笔画搭配与其他不同，如下：

2. 人

再来看看同样能够代表这类字迹特征的"人"字及其他篇"人"字的书写情况：

表3-4　清华简各篇"人"字笔画搭配对比

尹至等篇	![]祭公20、![]耆夜5、![]金縢8、![]说命上1、![]说命下3、![]厚父12、![]琴舞4、![]芮良3、![]赤鹄8、![]三寿2
其他篇	![]程寤9、![]保训3、![]皇门1、![]楚居4、![]系年18、![]良臣1、![]筮法2、![]别卦7、![]命训7、![]汤丘5

《尹至》等篇"人"字的写法是由竖点与一横折弧线构成，除《尹至》等篇"人"字左侧竖点写法与其他篇"人"字左侧撇画的写法不同外，右边的竖画是写成横折弧线，作 ![] 形的，其他篇"人"字右边笔画弧度很小又或弧度过大，其实这些都是笔画运行方向不同造成的。《祭公》与《尹至》等篇"人"字的笔画运行方向一致。

《厚父》中"人"字共五例，该字写法较不稳定，分别写作：

《厚父》中仅简11与简12上"人"字写法与《祭公》《尹至》等篇相近或相同。前文已述,"人"字的写法是清华简整理者划分书手的特征字,所以这也是我们之前一直未将《厚父》划入《尹至》类字迹的原因之一。现在来看,《厚父》篇相较《尹至》等篇字迹出现了许多变量。

3. 隹

战国简中"隹"字一般写作 ![] 与 ![] 两部分,《厚父》中"丰"画中竖笔常写作斜画,并且两个字部的相互位置也可以与其他篇字迹明显区分开,对比如下:

表3-5 清华简各篇"隹"字笔画搭配对比

尹至等篇	祭公7 厚父3		尹至3、		尹诰1、	耆夜11、		金縢3、
			说命上6、		说命中2、	说命下6、		
			琴舞10、		芮良21、	赤鹄10、		三寿27
其他篇			程寤5、	保训11、	皇门8、	楚居1、		系年32、
			良臣7、	封许8、	汤丘11、	命训12、		子产28

第四节 文字写法及用法

一、特征字

在我们早先文章结论的基础上,孙永凤将清华简一至三册"尹至类"书手所写各篇中"㝅""家""受""愳""则"五个字进行对比,她认为"《祭公》与《尹至》、《尹诰》、《耆夜》、《金縢》、《说命》(上、中、下)、《周公之琴舞》、《芮良夫毖》、《赤鵠之集汤之屋》的典型字体书法风格、字体结构近似,当归为一类,为同一书手书写"①。现在其基础上将《祭公》与《尹至》等篇的特征字进行对比,见表3-6。

表3-6 《祭公》与《尹至》等篇特征字对比

	祭公	尹至等篇
之	2	尹诰1、耆夜8、金縢6、说命上6、说命中6、说命下10、琴舞4、芮良3、赤鵠4、三寿1
人	20	耆夜5、金縢8、说命上1、说命下3、琴舞4、芮良3、赤鵠8、三寿2
心	5	尹诰2、说命中6、说命下10、琴舞7、芮良4、赤鵠13、三寿5

---

① 李松儒:《清华简书法风格浅析》,载中国文化遗产研究院编《出土文献研究》(第十三辑),中西书局,2014,第27—33页;孙永凤:《清华简〈周公之琴舞〉集释》,硕士学位论文,吉林大学,2015。

续表

	祭公	尹至等篇
乎	(字形)12	(字形)尹至2、(字形)尹诰1、(字形)耆夜8、(字形)说命上1、(字形)说命中7、(字形)说命下4、(字形)芮良1
乃	(字形)9	(字形)尹至4、(字形)耆夜7、(字形)金縢2、(字形)说命上、(字形)芮良23、(字形)赤鹄5、(字形)三寿1
受	(字形)5	(字形)芮良5、(字形)赤鹄3、(字形)三寿20
豕	(字形)7	(字形)金縢11、(字形)琴舞7
成	(字形)6	(字形)耆夜9、(字形)金縢6、(字形)三寿23
我	(字形)5	(字形)尹至3、(字形)尹诰2、(字形)耆夜7、(字形)金縢1、(字形)说命上4、(字形)说命中3、(字形)说命下7、(字形)琴舞3、(字形)芮良26、(字形)赤鹄3、(字形)三寿8

第三章 《祭公》与《厚父》等篇字迹研究　141

续表

	祭公	尹至等篇
余	▦1	▦ 尹至2、▦ 耆夜7、▦ 金縢11、▦ 说命上3、▦ 说命中7、▦ 说命下2、▦ 琴舞5、▦ 芮良9、▦ 赤鹄4、▦ 三寿14

由上表对比可见，《祭公》中的这些特征字与《尹至》等十一篇特征字写法大多相同。这些特征字在其他篇的写法差别较大，如"人"字作▦形的写法。再如《祭公》中"且"字作▦（简1），或▦（简1），或▦（简4），《殷高宗问于三寿》中"且"字作▦（简24），这种右上角有点画写法的"且"字目前仅见于"尹至类"书手中。不过《厚父》中"且"字作▦（简8）则没有羡画。

但《祭公》中也有个别特征字与《尹至》等篇略有差别，如《尹至》等十一篇中"我"字写法多作▦形，或在斜画上多加羡符作▦形，有一例作▦形。《祭公》中"我"字作▦形，看似写法差别较大，不过仔细查看，该字形已经出现，如《尹诰》简2中有作▦形的"我"字，《周公之琴舞》简3中有作▦形的"我"字，对比《祭公》中▦形与《周公之琴舞》中▦形，两字写法十分相近。《厚父》中"义"字作▦（简13）形，其所从"我"部的写法与《尹诰》《祭公》《周公之琴舞》中"我"字写法相近。

《厚父》中许多特征字的写法与《尹至》等篇差别较大，如该书手将

"我"字写作🀄（简1）形，① "于"字写作🀄（简9），"畏"字写作🀄（简3），"彝"字写作🀄（简1），"埶"字写作🀄（简5），"怠"字写作🀄（简7），用作句末语气词"乎"的字写作"虞"，作🀄（简9）形等，这些写法都较为少见。"其"字写作🀄（简5）形，以往战国简中"其"字常写作"亓"，写成"其"字较为少见。又，简8、11的"作"字写作从"尸"的🀄（简11），整理者隶定为"俀"，从该篇从"人"的"保"字写作🀄（简3）形，可知整理者的隶定应该是不准确的，"作"字其实都从"尸"而不从"人"。② 我们将《厚父》中具有特殊写法的文字列举如下：

表3-7 《厚父》特殊写法文字举例

我	于	者	彝	复	苟	畏
1	9	5	6	5	9	3
皇	共	朱	监	怠	埶	古
8	9	12	1	7	5	5
其	颙	㝅	民	余	若	弗
5	2	6	3	11	3	4

---

① 该字整理者隶定作"咸"，贾连翔释作"我"。见清华大学出土文献读书会《清华简第五册整理报告补正》，清华大学出土文献研究与保护中心网，访问日期：2015年4月8日。后整理者又将其收入在"我"字条下。见李学勤主编《清华大学藏战国竹简（肆—陆）文字编》，中西书局，2017，第266页。

② "ee"（网名）：《清华五〈厚父〉初读》，简帛网，访问日期：2017年4月23日，"松鼠"（网名）2017年4月17日第29楼的发言。

《厚父》中还有一些文字异写,与《尹至》等篇字迹中的常见写法不同,如:

1. 帝

《厚父》中"帝"字有以下三种写法:

"尹至类"字迹中"帝"字多作 ▨（琴舞12）形。《厚父》简2"帝"字是上部写作 ▨ 形,两点下写了短竖;下部写作 ▨ 形,竖画贯穿了横画,并且较常见"帝"字写法少了中间一横画。简2这种写法的"帝"字较为少见。简3与简5"帝"字写法相同,与简7"帝"字写法相近,也是较常见"帝"字少了中间一横画。

2. 少

《厚父》中"少"字作如下两形:

《厚父》简2"少"字写法少见,其上部与《尹至》等篇中"少"字写法相似,如 ▨（说命下2）形,在此基础上再加撇画;《厚父》简9"少"字与《尹至》等篇"少"字下面的撇画书写方向相反。

3. 政

《厚父》中"政"字有如下两种写法:

《厚父》第一种写法的"政"字少见,"攵"旁与"正"部横画借笔。《厚父》简8"政"字与《尹至》等篇中"政"字写法一致,如 ![图] (芮良夫21)形。

贾连翔指出,《祭公》与《厚父》在文字写法上有如此大的区别,原因在于底本特征对书手的影响。①

二、文字的用法

｛保｝｛肆｝｛恭｝等字的写法可以反映《厚父》该篇的用字习惯。

1. ｛保｝——保、㛌

《厚父》中表示"保护""庇佑"等意的｛保｝写作"保"或"㛌",分别作:

保：[图]3   㛌：[图]11

《厚父》中有两例用"保"来表示｛保｝的,如:

惟天乃永保夏邑(简3);永保夏邑(简4)。

有两例用"㛌"来表示｛保｝的,如:

㛌(保)教明德(简9);今民莫不曰余㛌(保)教德(简10+11)。

2. ｛肆｝——䏐、䢔、裞

《厚父》中作为一种"祭祀"方式的｛肆｝,写作"䏐""䢔""裞"三种字形,如下:

---

① 贾连翔:《战国竹书形制及相关问题研究——以清华大学藏战国竹简为中心》,中西书局,2015,第169页。

肆: [图]３　祙: [图]４　袐: [图]１３

《厚父》中有一例用"肆"来表示｛肆｝的，作：

朝夕肆（肆）祀（简 3）。

《厚父》中有一例用"祙"来表示｛肆｝的，作：

祙（肆）祀三后（简 4）。

《厚父》中有两例用"袐"来表示｛肆｝的，作：

慎袐（肆）祀（简 10）；民曰惟酒用袐（肆）祀（简 13）。

3.｛恭｝——龏、共

《厚父》中表示"恭敬"的｛恭｝写作"龏"，或"共"，分别作：

龏: [图]４　共: [图]９

《厚父》中有两例用"龏"来表示｛恭｝的，作：

问前文人之龏（恭）明德（简 1）；以庶民惟政之龏（恭）（简 4）。

《厚父》中有一例用"共"来表示｛恭｝的，作：

民式克共（恭）心敬畏（简 9）。

第五节　数字写法

一、正文数字

《祭公》正文中有表示｛一｝和｛三｝的数字，其中｛三｝有"三"和"参"两种写法。

表3-8 《祭公》正文数字写法

数字	一	三	参
写法	一 9	三 9	参 20
所在位置	9、20	9、12、17、18	14、20

《祭公》简9、12、17、18中的"三"都用于"三公"一词中；而简20的"参"也是用于"三公"一词中；简14的"参"的辞例作"参叙之"，也是表示数字的。此外，"参"的这种写法也出现在《说命》（下）简9、《周公之琴舞》简5、《殷高宗问于三寿》简1中。

《厚父》正文中仅有一个数字"三"字，用于"三后"一词中，分别在简4与简8上，如下：

二、简序数字

《祭公》简背竹节处均有简序数字，从"一"至"二十一"。对应《尹至》等十一篇的简序数字，写法及运笔特征也是一致的，尤其"二十"合文的写法与《芮良夫毖》《殷高宗问于三寿》写法一致。

表3-9 《祭公》简序数字写法

一	二	三	四	五
一	二	三	四	五

第三章 《祭公》与《厚父》等篇字迹研究　　147

续表

六	七	八	十	二十

《厚父》每简背面竹节处写有表示简序的数字，通过对各简字迹的分析，可知简背数字与竹简正文为同一书手所写。简背数字用笔纤细，但是顿压痕迹同样明显。

表3-10 《厚父》简序数字写法

二	三	四	五	六	七
八	九	十	十一	十二	十三

简1残损，不见简背数字，简5文字下还有其他笔画的墨迹，应该是原有文字未刮削干净。另，简背数字有一处抄写有误，即简11背面写有"廿一"，实为"十一"的误写，[①]"廿"字横画宽度完全占据了竹简的横向空间，对比"十""十二""十三"的写法可知（这些"十"字的横画仅占据竹简宽

---

① "ee"（网名）：《清华五〈厚父〉初读》，简帛网，访问日期：2017年4月23日，"松鼠"（"网名"）2017年4月17日第29楼的发言。

度一半左右的横向空间），《字形表》将其摹成 ▨ 形实际上并不准确。①

第六节　残文

《厚父》简1简首残缺，参照其他完简可知，残缺的文字应占四个字的空间，且残简首字"王"之上还有墨迹残留，作：

从图像可见其左侧有三处明显的纵向墨迹，通过对《厚父》文字笔画形态的分析可知，该篇书手书写的字迹特征是：纵向竖画起笔处顿压不明显，而点画侧锋入笔痕迹明显，尖首而呈楔形。《厚父》中从"示"且左右结构的文字如下：

祇2　祇13　祀3　祀4　祀10
祀13　祿4　融10　祿13

《厚父》简1简首残画与简2"神"字的"示"旁写法最为接近，该残画应是"示"旁。

参照《尚书·洪范》"惟十有三祀"、《逸周书·酆保》"维二十三祀"、《逸周书·小开》"维三十有五祀"、《逸周书·柔武》"维王元祀"、《逸周

---

① 李学勤主编《清华大学藏战国竹简（伍）》，中西书局，2015，第229页"字形表"；又，李学勤主编《清华大学藏战国竹简（肆—陆）文字编》，中西书局，2017，第319页。

书·大开武》"维王一祀"、《逸周书·小开武》"维王二祀"、《逸周书·宝典》"维王三祀"、《逸周书·酆谋》"维王三祀"、《逸周书·大匡》"惟十有三祀"、《逸周书·文政》"惟十有三祀"、《逸周书·武儆》"惟十有二祀"、清华一《程寤》"惟王元祀"这些文例，可以看出很多"书"类文献的首句都是"惟……祀"的格式。而《厚父》简1也是全篇的开头，只残缺四字，所以《厚父》简1残简首"王"字之上的字很可能是"祀"字（可参照上页《厚父》简3、4、10、13的"祀"字）。①

仔细观察放大图版后还可以发现，此残留墨迹右边的一小残点（见下图圈起部分）也可与"祀"字所从的"巳"下部笔画相合：

我们再看《厚父》中的"王"与纪年，《厚父》中简4～5有段话作：

厚【4】父拜手稽首，曰："都！鲁天子！古天降下民，设万邦，作之君，作之师，惟曰其助上帝乱下民。……【5】"

李学勤曾指出，此段与《孟子·梁惠王下》所引《尚书》的内容相近，相关辞例作：

《书》曰："天降下民，作之君，作之师，惟曰其助上帝宠之。四方有罪无罪惟我在，天下曷敢有越厥志？"一人衡行于天下，武王耻之，此武王之勇也，而武王亦一怒而安天下之民。

---

① "ee"（"网名"）：《清华五〈厚父〉初读》，简帛网，访问日期：2017年4月23日，"松鼠"（"网名"）2017年4月17日第28楼的发言。又，李松儒：《清华简残泐字辨析三则》，载中国古文字研究会等编《古文字研究》（第三十一辑），中华书局，2016，第397—400页。

程浩、李学勤都据此指出,《厚父》中的"王"是指周武王,①是可信的。据《史记》记载,武王在位十三年,所以该简的补字存在三种情况:一种补缺文为"惟王X祀",X是十以内的数字,这样此简表示年数的数字应仅占一字空间,加上"惟王"两字恰可以与简文所缺四字相合;另一种补缺文作"惟十X祀",但这种情况据上引文献看比较少见;再一种补缺文作"惟十有X祀",如此则比所缺空间多出一字,可以看出这样的补法并不可从。故简首所缺纪年年数很可能应在"十"以内。

所以,《厚父》简1简首的辞例可补为:"惟王□祀,王监嘉绩……"这几个字的补入,使本简的文义更加完整。

第七节 篇题

一、《祭公》的篇题

《祭公》末简21正面下部有篇题"蘲公之䞓命"五个字(见图3-2),这五个字系将竹青刮削后再书写。除"䞓"字外,其他字在正文中皆有对应文字,我们将篇题与正文对应的这四个字对比,其文字写法及运笔特征等均是一致的,可以判定该篇篇题与正文为同一书手所写。

图3-2

表3-11 《祭公》篇题与正文字迹对比

篇题					

---

① 程浩:《清华简〈厚父〉"周书"说》,载李学勤主编《出土文献》(第五辑),中西书局,2014,第145—147页;李学勤:《清华简〈厚父〉与〈孟子〉引〈书〉》,《深圳大学学报(人文社会科学版)》2015年第3期。

续表

正文	⟨字⟩7	⟨字⟩6	⟨字⟩10	⟨字⟩14	⟨字⟩13
位置	1、2、7	1、2（两例）、4、6（两例）、7（两例）、8、9（两例）、12（两例）、15、17（两例）、18、19、20	2、4、5、6、8（两例）、10（三例）、11（两例）、12（两例）、13（两例）、14（三例）、15、18、20（两例）	14	3、5、10、12、13（两例）

正文"之"字最左侧的斜画与下面长横交接靠右，篇题"之"字最左侧的斜画交接在下面长横中间；正文中无"赐"字，但正文"颉"字与篇题"赐"字"百"部写法一致；正文"命"字下有两横笔羡画，篇题"命"字下有"口"部羡画。即便篇题与正文文字有这些差别，如正文与篇题"命"写法不一致，但《说命》(下)中正文"命"字就有两种写法，分别写作 ⟨字⟩（简2）与 ⟨字⟩（简9）。由于这些字的运笔特征都是一致的，篇题与正文的"擣"字写法及笔画搭配特征也都是一致的。所以，篇题与正文写法的细微差别不影响该篇题与正文为同一书手的判定结果。

二、《厚父》的篇题

《厚父》末简13背面除有表示简序的"十三"两个数字外，还有"厚父"两字，整理者据此作为该篇篇题。我们将简背篇题两字与正文中"厚父"两字对比如下：

表3-12 《厚父》篇题与正文字迹对比

	厚	父
篇题	⟨字⟩	⟨字⟩

续表

	厚	父
正文	厚₁ 厚₄ 厚₇ 厚₉	父₁ 父₅ 父₇ 父₉

通过对比可见，除篇题与正文"厚"字写法不同外，篇题与正文字迹特征差别也较大。篇题文字形体略长，而正文文字形体略扁，"父"字表现较为明显。运笔特征差别是篇题与正文字迹差异的重点，篇题字迹笔画书写均匀，尤其横画起伏不大，如 ，这与竹简正文字迹顿压痕迹明显的特征不符，如 。篇题中"父"字的折笔是分两笔完成的，两个起笔处较为明显，呈 形；而正文中"父"字的折笔是自上向右下再向左一笔完成的，呈 形。由此可知，该篇题"厚父"两字与正文非同一抄手所写。① 篇题"厚父"下还有一墨钉状标志符号，详见下一节"标志符号"部分。

我们将《祭公》《厚父》与《尹至》等篇篇题书写情况对比如下：

表3-13 《祭公》《厚父》与《尹至》等篇篇题书写情况

篇名	简数	篇题	篇题位置	简背划痕	简号
尹至	5	无	无	有	有
尹诰	4	无	无	有	有
耆夜	14	𦎫夜	末简背下	有	有
金縢	14	周武王又疾周公所自以弋（代）王之志	末简背下	有	有

---

① 贾连翔已经指出《厚父》篇题与正文非同一抄手所写，选取正文与篇题文字对比，但并未做具体说明。清华大学出土文献读书会：《清华简第五册整理报告补正》，清华大学出土文献研究与保护中心网，访问日期：2015年4月8日。

续表

篇名	简数	篇题	篇题位置	简背划痕	简号
祭公	21	猰公之顾命	末简正下	有	有
说命上	7	尃敓之命	首简背下	有	有
说命中	7	尃敓之命	首简背下	有	有
说命下	9/10	尃敓之命	首简背下	无	有
琴舞	17	周公之琴舞	首简背上	无	有
芮良夫	28	周公之颂志	首简背上	无	有
赤鹄	15	赤鹄之集汤之屋	末简背下	有	有
厚父	13	厚父	末简背下	有	有
三寿	27/28	殷高宗问于三寿	末简背上	有	有

第八节　标志符号

一、《祭公》的标志符号

《祭公》中有合文、重文、句读符号及篇末结束符号。

1. 合文符号

《祭公》合文符号有五处，均作"="形，分别位于简2、3（两处）、16、21（见图3-3）。

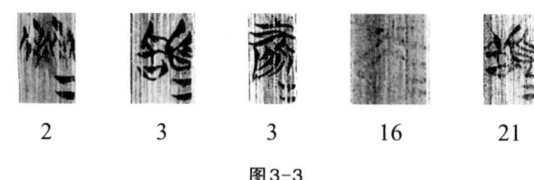

图3-3

2. 重文符号

《祭公》中重文符号有四处，均作"="形，分别位于简17、18、20（见图3-4）。

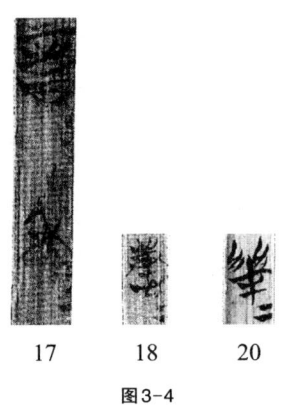

图3-4

3. 句读符号

《祭公》中表句读的符号共八十三处，用"⌐"与"-"两种符号表示。"⌐"共五十七处，分别位于简1（三处）、2（五处）、3（四处）、4（五处）、5（四处）、6（四处）、7（五处）、8（四处）、9（四处）、10（四处）、11（五处）、12（四处）、14、15、16、18、19、21；"-"共二十六处，分别位于简11、12（两处）、13（两处）、14（两处）、15（三处）、16（四处）、17（四处）、18、19（两处）、20（四处）、21。

可见《祭公》各简上均有句读符号，且使用"⌐"符号居多。在简1～10中都是用"⌐"表示句读，在简11～21各简中又添加"-"与"⌐"同时用来表示句读。这种情况也出现在《系年》中。而《尹至》等十一篇的句读符号都是用"-"表示的。

4. 篇末结束符号

我们将各篇中表篇末结束的"⌐"符书写情况列举如下：

| 祭公21 | 尹至5 | 尹诰4 | 耆夜14 | 金縢14 | 说上7 |
| 说中7 | 说下10 | 琴舞17 | 芮良28 | 赤鹄15 | 三寿28 |

图3-5

我们曾提到标志符号的书写形态同样反映书手的字迹特征，图3-5中"└"符的书写形成的角度即由运笔方向造成，而笔画形态也反映运笔特征。《祭公》中表篇末结束的"└"符的书写与其他篇"└"符的书写形态也是相似的。

二、《厚父》的标志符号

《厚父》全文有表示合文、句读及篇末结束符号，无重文符号。

1. 合文符号

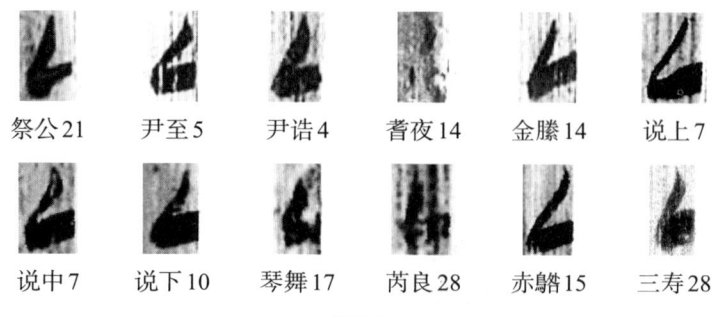

图3-6

《厚父》有"拜手"与"稽首"两处合文，均位于简5，并且是在相邻位置上（见图3-6），其中"拜手"下有符号"└"，"稽首"下有符号"="。"稽首"下的"="是合文符号，"拜手"下的"└"有学者认为应该是句读符号，①全文句读符号仅此一处。

2. 句读符号

上文已述，《厚父》简5"拜手"下的"└"符号，有学者认为应该是句读符号。

---

① 清华大学出土文献读书会：《清华简第五册整理报告补正》，清华大学出土文献研究与保护中心网，访问日期：2015年4月8日。

3. 篇末结束符号

《厚父》简 13 表篇末结束的符号作 ▆▆ 形，该符号虽然被污染，但是仍可分辨出其应该是"▬"形符号。这与《尹至》等篇表篇末结束的符号写作"⌐"形不同。

4. 篇题下符号

此外，篇题"厚父"两字下有一处墨钉，作 ▆▼ 形（见图3-7），与《厚父》正文仅篇末有 ▆▆ 形符号形态明显不同。这种篇题下有标志符号的情况还出现在《封许之命》与《越公其事》中，但是《越公其事》的篇题写在正文文末，并与正文文末连写。

图3-7

由上可见，《祭公》句读符号使用较为频繁，结合上一章我们对《尹至》等十一篇标志符号的总结，除《尹至》《尹诰》《赤鹄之集汤之屋》三篇外，《耆夜》、《金縢》、《说命》（上、中、下）、《周公之琴舞》、《芮良夫毖》、《殷高宗问于三寿》等篇句读符号使用得也较为频繁。我们将《祭公》《厚父》与《尹至》等篇标志符号的使用情况对比如下：

表3-14 《祭公》与《尹至》等篇标志符号的使用情况

篇目	简数①	合文	重文	句读	篇末结束
尹至	5	1	2	3	1
尹诰	4	0	2	0	1
耆夜	14	0	17	25+2	1
金縢	14	2	1	27+2	1
祭公	21	5	4	82	1
说命上	7	1	5	8	1
说命中	7	0	0	10	1

---

① 简数依据存简而计。

续表

篇目	简数	合文	重文	句读	篇末结束
说命下	9/10	0	1	13	1
琴舞	17	0	9	26	1
芮良夫	28	0	2	32	1
赤鹄	15	0	4	13	1
厚父	13	2	0	1	1
三寿	27/28	3	6	50+3	1

第九节 简文的校补

《厚父》简8与简9有两处文字布局较为紧凑（见图3-8），应是补文。这些字迹因书写空间狭小而形体略扁，但是文字结构及运笔特征与正文无差别，应是及时补写进去的，故补文书写者即是正文的抄手。①

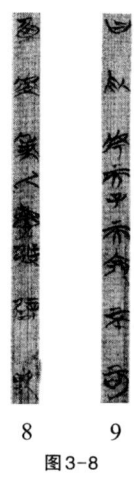

8　9
图3-8

---

① 贾连翔指出简8"悳"字下有刮削痕迹，并认为简8、简9上的补文与正文非同一抄手所写。清华大学出土文献读书会：《清华简第五册整理报告补正》，清华大学出土文献研究与保护中心网，访问日期：2015年4月8日。

第十节 编联

一、《祭公》的编联

《祭公》全篇21支竹简，分为两种形制。简1～11有一处竹节，位置相当；简12～21也有一处竹节，位置相当。简16、18、20背面有划痕，简背有表示次序的编号。

《祭公》契口在右，简21第一契口下首字，简6、19第二契口下文字均有被编绳遮盖的痕迹，该篇应该是先写后编而成的。

表3-15 《祭公》契口形态与编痕

契口形态				编痕		
1	3	8	6	21	6	19

《祭公》各简有三道编痕，契口处编痕高度为0.2厘米，应该是编联所用丝线未分股导致编痕较粗。

二、《厚父》的编联

《厚父》简背竹节处有表示简序的数字。贾连翔指出，该篇使用了四种不同形制的竹简，即简1～4为一组，简5～8为一组，简9～10为一组，简

11～13 为一组。①

表 3-16 《厚父》竹简使用情况

竹简	简 1～4	简 5～8	简 9～10	简 11～13
竹节数	1	2	1	1
划痕	4	未见	未见	11、12、13（11 与 13 之间补入竹简可连续，12 划痕更靠下）

《厚父》竹简契口在右侧，从简 9、简 10、简 13 首字被编绳遮盖的痕迹看，应是先写后编而成。

表 3-17 《厚父》契口形态与编痕

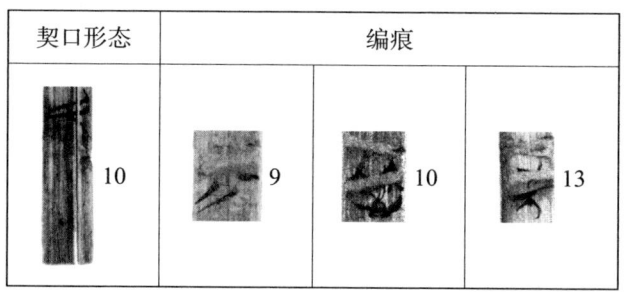

《厚父》的每道编痕上都呈现出两股编绳，下文将《厚父》竹简上各段编痕明显处列出（见图 3-9、图 3-10、图 3-11）。

---

① 贾连翔认为简 1～4 这一组"从竹简长度、宽度以及简背竹节位置和形状来看，应与《封许之命》诸简同属一段'竹筒'劈削而成。《封许之命》与《厚父》虽为不同的书手，但从用简的情况来看，应为同一时期抄成"。他还认为，简 11～13 背面的划痕为"有意划痕"，但无法贯连。参见清华大学出土文献读书会：《清华简第五册整理报告补正》，清华大学出土文献研究与保护中心网，访问日期：2015 年 4 月 8 日。

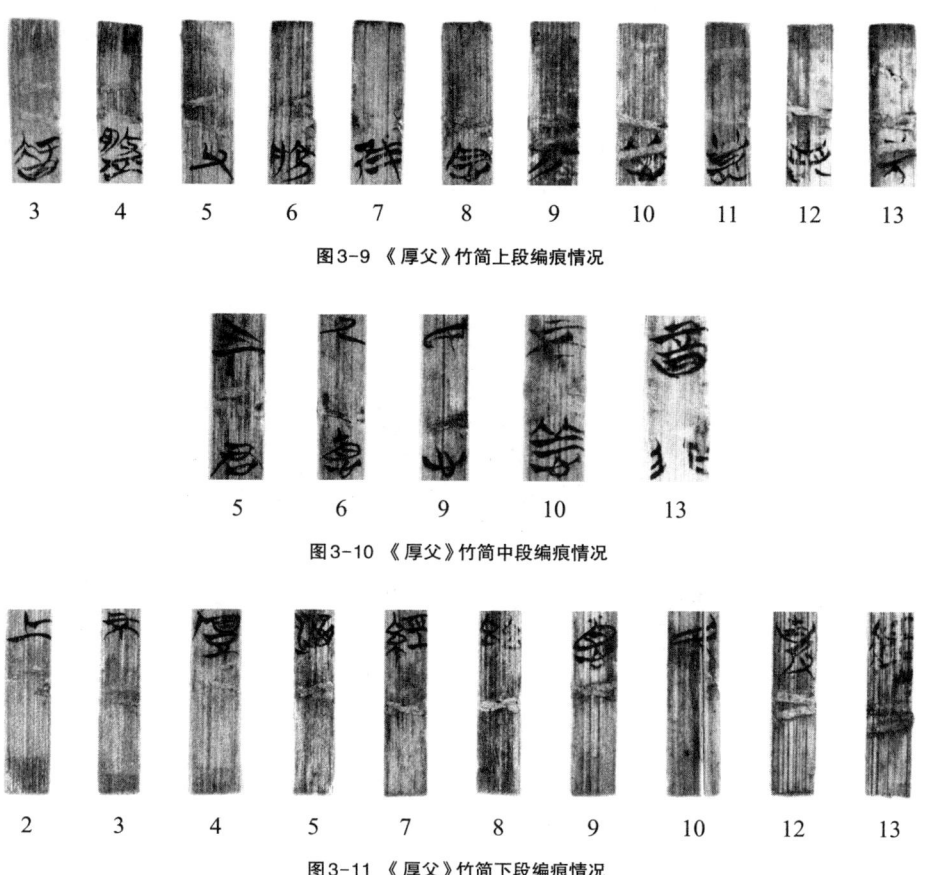

图3-9 《厚父》竹简上段编痕情况

图3-10 《厚父》竹简中段编痕情况

图3-11 《厚父》竹简下段编痕情况

第十一节 《祭公》《厚父》与《尹至》等篇的字迹差异

从上文可见,《祭公》《厚父》与《尹至》等篇在运笔特征、笔画搭配比例及标志符号书写形态上都具有高度的相似性。许多学者虽然发现了《祭公》与《尹至》等篇字迹特征的某些关联,但最终还是没能将它们归为一类。《祭公》《厚父》与《尹至》等篇字迹主要的细微差别就在于《祭公》《厚父》在书写上不如《尹至》等其他篇笔画均匀。《祭公》《厚父》在侧锋起笔后，运笔时的笔画略纤细，所以全篇字迹整体感觉尖首的特征较突出，再加之笔画纤细，就会造成有学者认为的"比较松散"。①不过，我们再来观察《尹至》等篇简背表示竹简顺序的数字（《尹至》等篇简背数字与正文为同一人所写），可以很清晰地看到《尹至》等篇与《祭公》《厚父》字迹的差别没有那么大。

表3-18 《尹至》等篇简背数字举例

尹至2	尹诰2	耆夜5	金縢7	说命上5	说命中5
说命下8	琴舞6	芮良26	赤鹄5	三寿6	三寿10

此外，从《周公之琴舞》简1背面的篇题"周公之琴舞"五个字也可以看出《祭公》《厚父》的字迹特征，即侧锋起笔，在起笔处呈三角形，运笔较快且笔画较纤细，收笔轻提（见图3-12）。

图3-12

---

① 李守奎：《清华简的形制与字迹》，"欧洲中国出土写本研究讨论会"会议论文，巴黎，2012。又，李守奎：《清华简的形制与内容》，载《古文字与古史考——清华简整理研究》，中西书局，2015，第4—25页。

《芮良夫毖》简1背面的文字写法也是同样的运笔方式（见图3-13）。

图3-13

笔者认为，运笔特征在字迹研究中是非常重要的，运笔特征是构成笔迹的重要因素，它是书写习惯的主体特征，是书写动作的习惯反映，具有较强的稳定性，[①]并区别于其他书写者的字迹。《祭公》《厚父》篇的字迹虽然行笔过程中笔画纤细，但是字迹的运笔特征、笔画搭配比例特征与《尹至》等篇是一致的，这也是我们判定《祭公》《厚父》与《尹至》等篇为同一抄手所写的主要依据。

类似《祭公》《厚父》与《尹至》等十一篇为同一抄手所写，笔画粗细略存差别的情况，在以往公布的战国简中也出现过。如上博七《武王践阼》篇就存在三种字迹并对应三个抄手，其中一个抄手的字迹也存在差别，即简10的第1～15字与第16～25字之间的字迹有着细微差别。我们曾猜测，这是由于抄手在抄写简10的第16～25字时使用了不同笔具（毛笔较细，或笔毫较硬）。[②]上博七《武王践阼》这种现象是一篇简内出现的字迹有着细微差异，而《祭公》是整篇字迹风格统一，与《厚父》风格更接近，与同一抄手所写的《尹至》等十一篇字迹略有差别。我们推测，这也是该抄手使用不同毛笔书写造成的，即存在书写《祭公》《厚父》时所用的毛笔较书写《尹至》等篇所用的毛笔笔毫直径小，或是使用的毛笔笔毫较硬等情况。由于笔毫纤细，所以在侧锋入笔后再提锋书写，笔画也变得纤细；另一种情况是，

---

① 李文：《笔迹鉴定学》，中国人民公安大学出版社，2008，第211页。
② 李松儒：《上博七〈武王践阼〉的抄写特征及文本构成》，《江汉考古》2015年第2期；又，李松儒：《战国简帛字迹研究——以上博简为中心》，上海古籍出版社，2015，第242—250页。

如果该抄手书写《祭公》《厚父》使用的毛笔笔毫较硬，抄手书写时使用同样的压力写出的笔画也一定会比较软笔毫写出的笔画纤细。当然，书写时间的不一致也是非常重要的因素。同一书手在不同时期所写字迹出现细微变化是很常见的，如笔画的粗细、字迹的工整与潦草，即便是同一个抄手在同一时期所写正文与篇题也常常会出现字迹的细微差别，但是这些细微差别只是字迹特征的量变，而不是质变，都是符合字迹是具有可变性的特征的。①

另外，《尹至》、《尹诰》、《耆夜》、《金縢》、《祭公》、《说命》（上、中、下）、《周公之琴舞》、《芮良夫毖》、《赤鹄之集汤之屋》、《殷高宗问于三寿》这十二篇中，除《尹至》《尹诰》两篇无篇题外，该类字迹的另外十篇皆有篇题，并且，上一章已经提到肖芸晓将《尹至》《尹诰》与《赤鹄之集汤之屋》编联在一卷的意见。这十一篇简的篇题与正文均为同一抄手所写，即该抄手有书写篇题的习惯。其中《祭公》篇题写于末简正面文末，《耆夜》、《金縢》、《说命》（上、中、下）、《赤鹄之集汤之屋》（与《尹至》《尹诰》一卷）、《殷高宗问于三寿》七篇篇题写于末简背面，《周公之琴舞》《芮良夫毖》篇题写于首简背面，可见该抄手书写篇题的位置并不是十分固定。而《厚父》的篇题与正文并不是同一抄手所写。从竹简长度看，《厚父》与《尹至》《祭公》等篇竹书制作的时间也是不同的。

---

① 有关字迹的可变性可见李松儒：《战国简帛字迹研究——以上博简为中心》，上海古籍出版社，2015，第38—42页。

第四章 《皇门》等篇字迹研究

"皇门类"字迹所含篇目有清华一《皇门》,清华六《郑武夫人规孺子》、《郑文公问太伯》(甲、乙)、《子仪》,清华七《子犯子余》《晋文公入于晋》《赵简子》《越公其事》共九篇。①整理者曾指出,《郑武夫人规孺子》、《郑文公问太伯》(甲、乙本)、《子仪》、《赵简子》、《越公其事》为同一抄手所写②,我们也认为《皇门》《子犯子余》《晋文公入于晋》与上述几篇为同一抄手。由于该抄手所写竹简篇目较多,篇幅较长,我们将分两个部分进行研究:本章仅对《皇门》与《郑武夫人规孺子》、《郑文公问太伯》(甲、乙)、《子仪》为同一抄手书写进行论证;下一章再对《子犯子余》《晋文公入于晋》与《赵简子》《越公其事》为同一抄手书写进行论证。

---

① 马楠在《清华简〈郑文公问太伯〉与郑国早期史事》一文中说《郑文公问太伯》这名抄手"抄写了清华简中十余篇文献"。见马楠《清华简〈郑文公问太伯〉与郑国早期史事》,《文物》2016年第3期。马楠认为《郑武夫人规孺子》、《郑文公问太伯》(甲、乙)、《子仪》也为同一抄手书写。

② 李学勤主编《清华大学藏战国竹简(柒)》,中西书局,2017,第112页"《越公其事》说明"。

第一节　竹简形制

一、《皇门》竹简形制

《皇门》全篇13支竹简，仅简10缺两字空间，其余简保存较为完整。整理者介绍该篇简长44.4厘米，宽0.5厘米，[①]我们据图版测量简长45.1~45.5厘米，书写39~40字不等，三道编绳，简背有划痕，有次序编号，无句读，有表示结尾的符号。

二、《郑武夫人规孺子》竹简形制

《郑武夫人规孺子》全篇18支竹简，简长45厘米，宽0.6厘米，三道编绳，缺第15支简，简1~3、8、9尾部略残。[②]简背有三道划痕，无表次序编号，无篇题，有表示句读及结尾的符号。

三、《郑文公问太伯》(甲、乙)的竹简形制

《郑文公问太伯》有甲、乙两本，内容基本相同，系同一书手根据不同底本抄写而成，为目前战国简中仅见的情况。《郑文公问太伯》甲本存简14支，简3有残缺，其余较为完整。简长45厘米，简宽0.6厘米，三道编绳，简背有划痕，[③]无次序编号，无篇题，有表示句读及结尾的符号。

《郑文公问太伯》乙本全篇应为12支竹简，现存简11支，简长45厘米，

[①]　李学勤主编《清华大学藏战国竹简(壹)》，中西书局，2010，第163页"《皇门》说明"。

[②]　李学勤主编《清华大学藏战国竹简(陆)》，中西书局，2016，第103页"《郑武夫人规孺子》说明"。

[③]　李学勤主编《清华大学藏战国竹简(陆)》，中西书局，2016，第118页"《郑文公问太伯(甲、乙)》说明"。

宽0.6厘米，三道编绳。其中简2与《出土文献》第九辑发布的一枚残简拼合后上端残5个字，简3缺失，简4存下半段，简9上残，应缺两字位置，简12上残，应缺三字位置，其余保存较为完整。简背有划痕，无次序编号，无篇题，有表示句读及结尾的符号。

四、《子仪》的竹简形制

《子仪》全篇20支竹简，整理者介绍简长41.5厘米，宽0.6厘米，我们据图版测量简长41.6～41.8厘米，三道编绳，保存基本完整。简背未见划痕，无次序编号，原无篇题，无句读符号，有表示结尾的符号。整理者认为，从内容上看，简15～16、19～20之间跳跃较大，疑缺简。①

现将《皇门》、《郑武夫人规孺子》、《郑文公问太伯》(甲、乙)、《子仪》这五篇竹简的形制列表如下：

表4-1 《皇门》、《郑武夫人规孺子》、《郑文公问太伯》(甲、乙)、《子仪》形制表

（单位：厘米）

篇名	简数	介绍简长	测量简长	简宽	简首至一契	一契至二契	二契至三契	三契至简尾	划痕	简号
皇门	13	44.4	45.1②	0.5	1.1	21.4	21.5	1	有	有
孺子	18	45	45	0.6	1	21.4	21.6	1	有	无
太伯甲	14/15	45	45.1	0.6	1.1	21.5	21.5	1	有	无
太伯乙	11/12	45	45.1	0.6	1.1	21.6	21.3	1	有	无
子仪	20	41.5	41.7	0.6	1.1	19.6	19.9	1.1	有	无

---

① 李学勤主编《清华大学藏战国竹简（陆）》，中西书局，2016，第127页"《子仪》说明"。

② 《皇门》中第4、5支简长45.4厘米，比其他简长，主要是第三契口至简末一段较长。

由上表可见，除《子仪》外，《皇门》与《郑武夫人规孺子》、《郑文公问太伯》(甲、乙)形制相近。

第二节　概貌及运笔特征

一、概貌特征

这四篇文字布局疏朗、书写整齐，文字均书写在首尾两契口间，字间距为1字左右。该抄手书写水平较高，文字偏旁结构安排规整，书写笔画时运笔力度也十分稳定，该抄手所写字迹的运笔特征十分明显。

二、运笔特征

《郑武夫人规孺子》、《郑文公问太伯》(甲、乙)、《子仪》这四篇字迹均是顿压起笔，起笔时较为用力，使每个笔画的起笔处都形成明显的顿压痕迹，如 ○一、甲、⦵ 等。运笔时较为平直与均匀，收笔形态随着不同笔画形态有所不同。其中横画用力顿压起笔，再提笔平出，笔行至收锋处略向上挑，作 ○一 形。这种写法在楚简中较为少见，与后世隶书中的"蚕头雁尾"写法相似。我们将这四篇与《皇门》中的横画举例对比如下：

表4-2　《皇门》与《郑武夫人规孺子》等篇横画形态对比

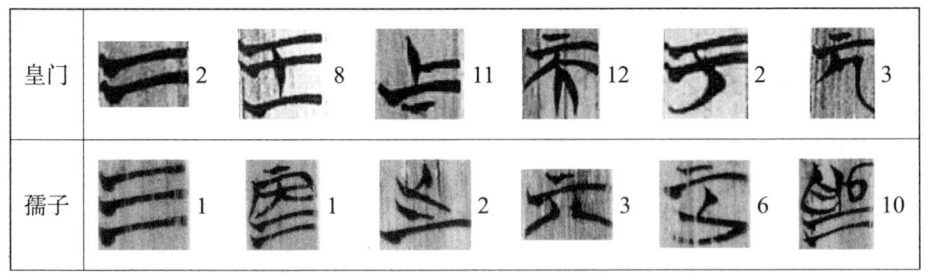

续表

太伯甲	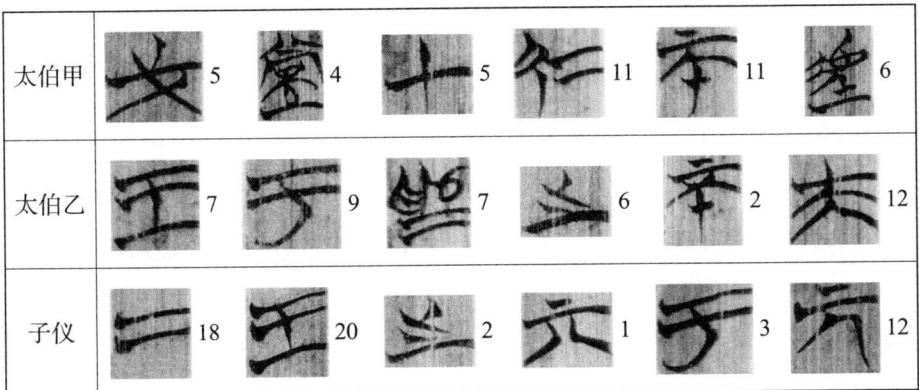
太伯乙	
子仪	

《郑武夫人规孺子》《郑文公问太伯》（甲、乙）、《子仪》四篇字迹的纵向笔画先是顿压起笔，起笔处呈尖角契形，作 形，运笔过程中再垂直书写并逐渐提起，这种方起尖收的写法，使竖画常常形成悬针状。我们将这四篇与《皇门》中的竖画举例对比如下：

表4-3 《皇门》与《郑武夫人规孺子》等篇竖画形态对比

皇门	
孺子	
太伯甲	
太伯乙	

第四章 《皇门》等篇字迹研究　　169

续表

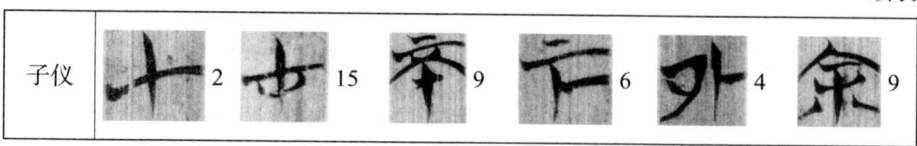

《郑武夫人规孺子》、《郑文公问太伯》(甲、乙)、《子仪》四篇字迹的笔画转折处特征也较为明显。由于这些字迹横向、纵向笔画均较为平直,这使笔画转折处也常形成明显的折角,如 ⿰、⿰、⿰、⿰、⿰、⿰、⿰、⿰ 等形。我们将这四篇与《皇门》中的折笔举例对比如下:

表4-4 《皇门》与《郑武夫人规孺子》等篇折笔形态对比

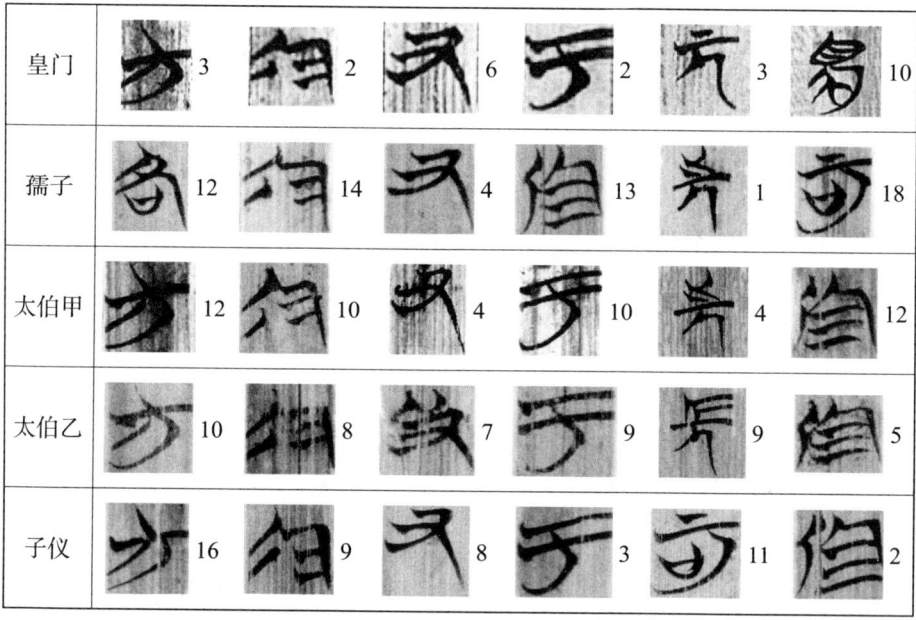

《郑武夫人规孺子》、《郑文公问太伯》(甲、乙)、《子仪》四篇中,该抄手在书写上下结构含"人"部的字时特征十分显著,均是横折竖直书写,折角明显,作 ⿰ 形。

表4-5 《皇门》与《郑武夫人规孺子》等篇"人"部折笔形态对比

皇门	3	12	5	11	2	1
孺子等篇	子仪12	子仪12	孺子1	太伯乙9		

运笔特征是字迹分析中最为重要的一项特征,也是字迹特征中稳定性较强的一项,它常常反映出书写者的书写习惯。《郑武夫人规孺子》、《郑文公问太伯》(甲、乙)、《子仪》四篇与《皇门》字迹的运笔特征也都是可以明显区别于清华简其他篇字迹的特征。从这些字迹的每一个笔画也可见"该篇抄手书写有力,下笔果断,用笔遒劲内敛,使整篇竹简的书法风格显得十分刚劲峻朗。这是简帛书法中较为少有的气派"[①]。

这几篇运笔特征大多一致,但也有细微差别,如《子仪》书写更流畅,严谨程度较其他几篇弱,同时书写也更加灵活,所以笔画并不完全平直,如竖笔或出现略微倾斜,横笔会略微弯曲;《皇门》较《郑武夫人规孺子》等四篇笔画线条粗壮等。所以,有学者虽认为《郑武夫人规孺子》、《郑文公问太伯》(甲、乙)、《子仪》四篇为同一抄手,却并未将该抄手联系为《皇门》一篇的抄手。[②]但是笔画线条的粗细都是属于量变,同时也与书写时间有关,如《皇门》等篇简长均45厘米左右,《子仪》简长41.7厘米,这就说明《子仪》

---

① 李松儒:《清华简书法风格浅析》,载中国文化遗产研究院编《出土文献研究》(第十三辑),中西书局,2014,第29页。
② 马楠认为《郑武夫人规孺子》、《郑文公问太伯》(甲、乙)、《子仪》四篇与《皇门》比"笔不太一样,更尖一些"。

竹简制作时间与其他篇不同。另外，毛笔这种书写工具书写时会使文字线条有不同程度变化，但并不影响字迹的整体特征即字迹的质变。所以笔者认为，从运笔特征而言，《皇门》与这四篇字迹特征也是一致的，应为同一人书写。

第三节　搭配比例特征

下面以几种特征字为例，来看《郑武夫人规孺子》、《郑文公问太伯》（甲、乙）、《子仪》四篇与《皇门》字迹的笔画搭配特征。

1. 之

"之"由α、β、γ、δ四笔构成，各笔画的交接位置及运行方向是大体一致的。如α与γ相交在α二分之一处偏上；β与δ一般不相交，但是若是相交一定会在δ二分之一处偏右；α与δ一般不相交，但是若是相交也应该在靠近δ末尾处；并且α与β笔画的运行方向大多平行，如下：

2. "辵"旁

"辵"旁是由"彳"与"止"两个字部构成的，其中"彳"中上面两个撇笔平行，最下面的撇笔较上面两个撇笔与水面所呈角度略大。"止"由α、β、γ三笔构成，如 ，β与γ相交在γ末尾处，如 ，具体可参看表4-6：

表4-6　《皇门》与《郑武夫人规孺子》等篇"辵"旁搭配对比

| 皇门 | 3 | 11 | 6 | 7 | 5 |

孺子		5		1		14		7		5
太伯甲		5		8		8		11		2		4
太伯乙		4		7		7		10		1
子仪		20		9		10		17		1		18

《郑武夫人规孺子》、《郑文公问太伯》(甲、乙)、《子仪》与《皇门》几篇中"辵"旁的"止"部的各笔画搭配情况，在含"止"部的其他字中也有所体现，如"是""正"等字的"止"部中，β与γ相交位置也是在γ末尾处，作 ，如下：

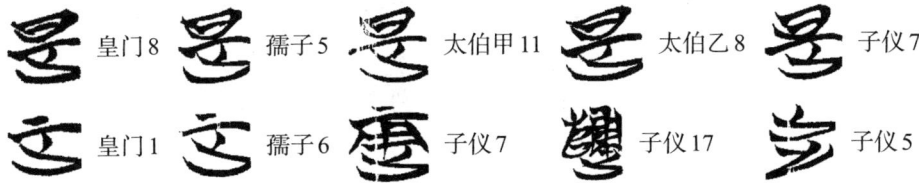

3. 女、民

"女""民"两字在各篇中笔画搭配位置也是十分稳定的，如下：

不过,《皇门》篇中也有部分字迹与《郑武夫人规孺子》、《郑文公问太伯》(甲、乙)、《子仪》四篇在笔画搭配及笔画运行方向上有差别。如"大"字是由α、β、γ、δ四笔构成,其中α与β相接位置作 ，《皇门》中"大"字的γ与δ也在α与β的相接处,作 ，并且α与γ、β与δ不平行;《郑武夫人规孺子》、《郑文公问太伯》(甲、乙)、《子仪》四篇中"大"字的γ、δ不与α、β同时相接,α与γ、β与δ平行。如下:

从《皇门》中的"夫"字对应的这四笔可见,该抄手书写时,这几种笔画搭配及运行方向是并存的,如下:

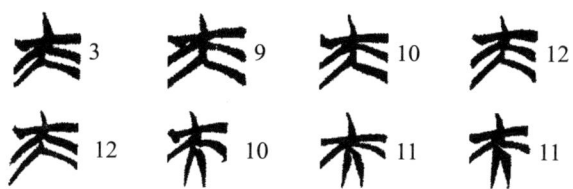

第四节 文字写法及用法

一、特征字

《郑武夫人规孺子》、《郑文公问太伯》(甲、乙)、《子仪》四篇与《皇门》的文字写法一致,现将同时出现在这几篇中且能够代表这类字迹的特征字列举如下:

表4-7 《皇门》与《郑武夫人规孺子》等篇特征字对比

	於	今	若	则	而	受
皇门	1	2	1	2	—	11
孺子	13	5	5	—	1	16
太伯甲	12	10	1	13	4	13
太伯乙	5	8	11	11	9	12
子仪	2	9	20	11	2	—

其中，"於"字中"丿"部的写法，"今"字中"丿"部的写法，"若"字"口"上的字部作 ，"则"字左侧作 ，"受"字右上面的字部写作 ，① 这些都是能够明显区别于其他篇的写法，再如以下诸字：

1. 者

《郑武夫人规孺子》、《郑文公问太伯》（甲、乙）、《子仪》四篇中"者"字作：

孺子2　　太伯甲12　　太伯乙10　　子仪12

---

① 该写法还在《程寤》《汤处于汤丘》《管仲》中出现过。

2．是

《郑武夫人规孺子》、《郑文公问太伯》(甲、乙)、《子仪》四篇与《皇门》篇中"是"字多作![形]，或将中间长横加弯画，呈![形]，在这几篇中出现三例：

孺子15　　子仪7　　子仪7

3．弗

《皇门》《郑武夫人规孺子》《子仪》三篇中的"弗"字均有两个点画（或短横），如下：

皇门8　　孺子10　　子仪19

4．我

《皇门》中"我"字三例，《子仪》中"我"字两例，写法与《皇门》中大体一致，仅多出一撇笔。《子仪》中"义"字十一例，"义"字所含"我"部与《皇门》中的写法一致。

皇门2　　子仪17　　子仪3

除单字外，这几篇中还有一些偏旁写法也是一致的，如下：

1．"虍"旁

《郑武夫人规孺子》、《郑文公问太伯》(甲、乙)、《子仪》四篇与《皇门》中"虍"旁均写作![形]，"虍"旁中间笔画的写法是其特征，作![形]，如下：

2. "皿"旁

《皇门》《郑武夫人规孺子》《子仪》三篇中"皿"旁有两种写法,分别作 形,或 形,如下:

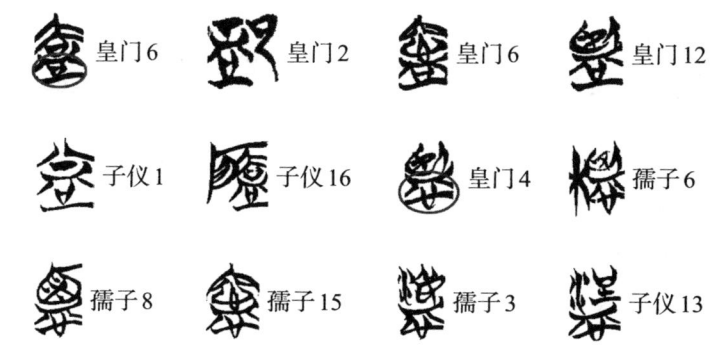

3. 心及"心"旁

《郑武夫人规孺子》、《郑文公问太伯》(甲、乙)、《子仪》四篇与《皇门》中"心"字写作 形,"心"旁均写作 形,如下:

---

① 该字"鹿"旁写法已经讹变为"虎"旁,《郑文公问太伯》乙本简9该字同。

表4-8 《皇门》与《郑武夫人规孺子》等篇"心"字及"心"旁写法对比

篇名	字例
皇门	
孺子	
太伯甲	
太伯乙	
子仪	

二、羡符

《郑武夫人规孺子》、《郑文公问太伯》(甲、乙)、《子仪》四篇与《皇门》中文字使用羡符情况比较常见,如下:

1. 中

2. 上

3. 卑

4. 使

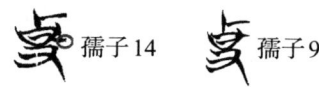

5. 事

三、文字异写及用法

《郑文公问太伯》出现了内容相同的甲、乙本，但是两本相同位置同一词用字不同的现象频见。马楠、夏含夷对这一现象略作举例。马楠指出，甲、乙本"地名用字甲本'邑'旁皆在左侧，与楚文字习见写法相合，乙本'邑'旁多在右"，夏含夷也有类似观点。[①]笔者在他们的基础上将甲、乙本对应位置的一词多形现象列举如下：

---

① 马楠：《清华简〈郑文公问太伯〉与郑国早期史事》，《文物》2016年第3期；[美]夏含夷：《〈郑文公问太伯〉与中国古代文献抄写的问题》，载贾晋华等编《新语文学与早期中国研究》，上海人民出版社，2018，第135—140页。

表4-9 《郑文公问太伯》甲、乙本对应位置一词多形对比

	{穀}	{幼}	{惠}	{然}	{次}	{争}	{股}
甲本	1①	1②	2	2	2	2	5
乙本	1	1	2	2	9③	2	4

	{协}	{籍}	{函}	{郐}	{泂}	{就}	{邬}
甲本	5	5	6	6	6	7	7
乙本	5	5	5	6	6	6	6

	{刘}	{蒍}	{卫}	{蓼}	{蔡}	{伐}	{蘄}
甲本	7	7	7	7	7	8	7
乙本	6	6	6	6	6	7	7

	{温}	{遗}	{阴}	{桑}	{次}	{东}	{启}
甲本	8	8	8	8	8	8	8

---

① "不穀"的"穀"字甲本中共四例，分别位于简1、2（2例）、3；乙本中共三例，分别在简1、2及《出土文献》第九辑彩版残简上，见李学勤主编《出土文献》（第九辑），中西书局，2016。

② "幼"字在甲本中位于简1与简10，在乙本中位于简1与简9。

③ 该字源自《出土文献》第九辑彩版残简图片，见李学勤主编《出土文献》（第九辑），中西书局，2016。

续表

	温	遗	阴	桑	次	东	启
乙本	7	7	7	7	7	7	7

	葛	厉	同	夕	色	游	康
甲本	8	9	9	9	10	10	10
乙本	7	8	8	8	9	9	9

	荆	宠	殷	汤			
甲本	10	10	13	13			
乙本	9	9	14①	12			

由上可见，这些一词多形现象有偏旁或字部位置变换的，有增减偏旁字部的异体关系，也有所用假借字不同的情况，但是一词多形现象十分频繁。马楠、夏含夷均指出这是由甲、乙本所抄底本来源不同造成的。

第五节 数字写法

一、正文数字

《皇门》、《郑武夫人规孺子》、《郑文公问太伯》（甲、乙）、《子仪》五

---

① 乙本简14该字为刮削后另一书手所写，这里姑且计入其中。

篇中表示数字的字有｛一｝至｛四｝｛六｝｛七｝｛三十｝｛万｝。

表4-10 《皇门》与《郑武夫人规孺子》等篇正文数字写法

数字	一	二	三	四
写法	皇门12	皇门2	孺子4	皇门6
所在位置	皇门12	皇门2、孺子9、13、14、16（三例）、17	孺子1、4（两例）、8、9、13（两例）、14、16（三例）、17，子仪1、2、15	皇门6、太伯甲11、太伯乙10

数字	三	六	七	三十	万
写法	孺子10	子仪3	子仪2	太伯甲5	孺子3
所在位置	孺子10	子仪3	太伯甲5、太伯乙4、子仪2	太伯甲5、太伯乙4	孺子3

二、简序数字

"皇门类"字迹中，仅《皇门》简背有表示次序的数字，从"一"至"十三"各数字写法如下：

表4-11 《皇门》简序数字写法

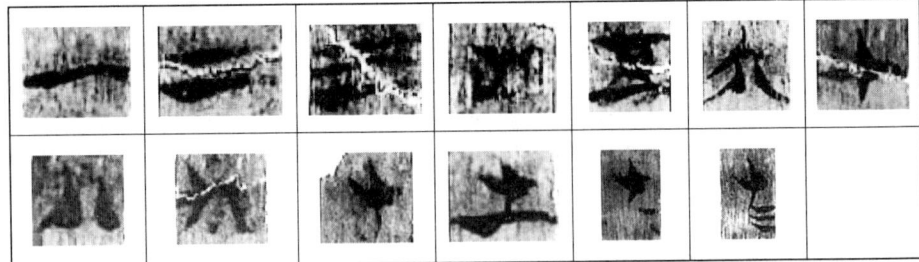

182

第六节 简文的校补

一、补文

从全篇文字布局即可看出,《郑武夫人规孺子》中有补文一处,位于简11(见图4-1:1);《郑文公问太伯》甲本中有补文三处,分别位于简2、9、12(见图4-1:2-4);《郑文公问太伯》乙本中有补文一处,位于简12(见图4-1:5)。

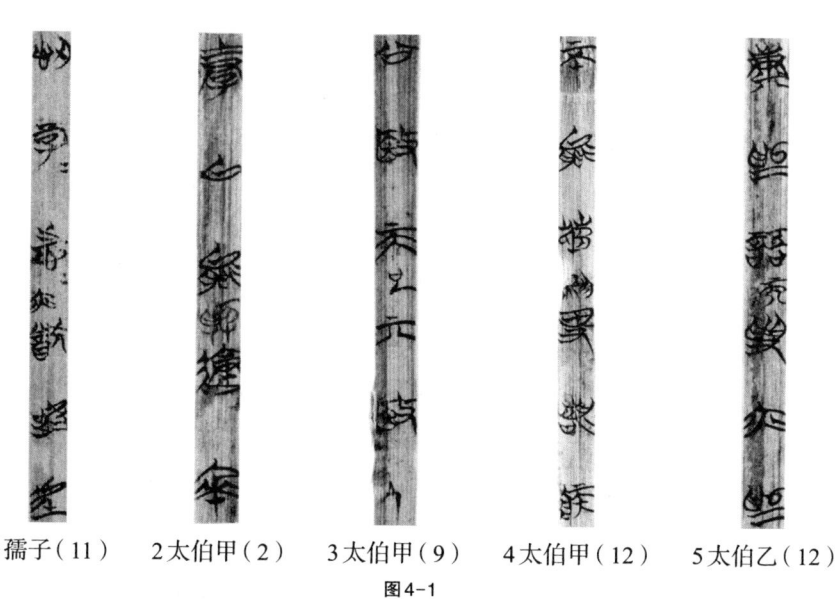

1 孺子(11)　2 太伯甲(2)　3 太伯甲(9)　4 太伯甲(12)　5 太伯乙(12)
图4-1

这些补文字迹与正文字迹特征一致,应该是抄手发现脱文后随即补写。从补文墨色上看,《郑文公问太伯》甲本简2上的"与"与《郑文公问太伯》乙本简12上的"而"墨色较淡,这也有可能是该抄手全篇抄写完毕后补入的文字。

表 4-12 《郑武夫人规孺子》等篇补文与正文字迹对比

	孺子	太伯甲				太伯乙
补文	11	2	9		12	12
正文	6	2	13		13	9

二、校改

《郑文公问太伯》乙本简 12 上 "殹" 字墨迹颜色较淡，其字迹特征也与其他文字不类（见图 4-2）。整理者已经指出，"疑为另一书手所补"①。"殹" 字含有 "邑" "戉"（含 "戈" 形）"隹" 三个字部，我们将这些字部与正文字迹对比如下：

图 4-2

表 4-13 《郑文公问太伯》乙本校改文字与正文字迹对比

补文					
正文	邑	1	5	6	12

---

① 李学勤主编《清华大学藏战国竹简（陆）》，中西书局，2016，第 126 页 "《郑文公问太伯（乙本）》注释"。

续表

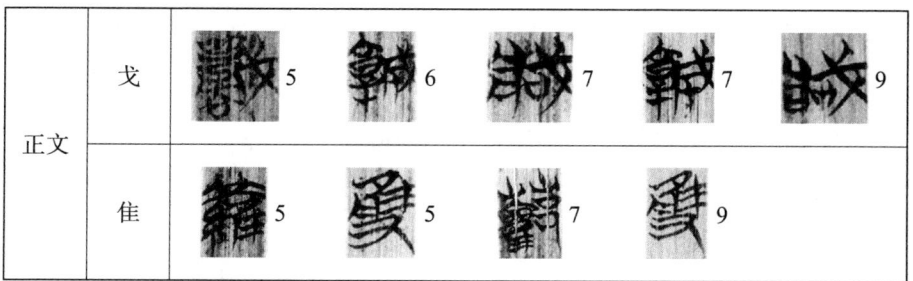

由上表对比可见,"殷"字的运笔特征等方面与其他字迹有着明显的区别,可以确定"殷"字与正文非同一人所写。《郑文公问太伯》的甲、乙本全篇除此字外均为同一人书写,"殷"字不仅墨迹颜色较正文颜色淡许多,且布局疏朗,文字大小与该简中其他文字相近,不像补文因书写空间有限而文字较小。所以,我们认为这应该是由另一书手校改造成的,而非整理者所说的补文。

三、脱文

甲、乙两本在内容上有少量文字的不同,整理者指出,甲本简9、14与乙本对应的位置均少一字①。夏含夷认为甲、乙本中存在脱文现象:

> 《甲》《乙》本也各有个别漏字,譬如《甲》本第9简漏一个"其"字、第14简漏一个"曰",《乙》本第9简漏"及虐"(即"及吾")两个字,第11简漏一个"也"字,第12简漏"戒之哉"三个字等,都可以根据相应的抄本补充。②

---

① 李学勤主编《清华大学藏战国竹简(陆)》,中西书局,2016,第126页"《郑文公问太伯(乙本)》注释"。
② [美] 夏含夷:《〈郑文公问太伯〉与中国古代文献抄写的问题》,载贾晋华等编《新语文学与早期中国研究》,上海人民出版社,2018,第136页。

夏含夷所述甲、乙本的脱文现象中，甲本照乙本缺少"其""曰"两字的情况与整理者所述一致。其所举乙本简9与简11上的缺字是竹简上段残损造成的，根据字间距可以推知，缺少的字数与甲本相应位置上的字数一致，故乙本照甲本仅简11缺少一个字。除残损造成的阙文外，我们将甲、乙本对应位置缺少文字的现象列举如下：

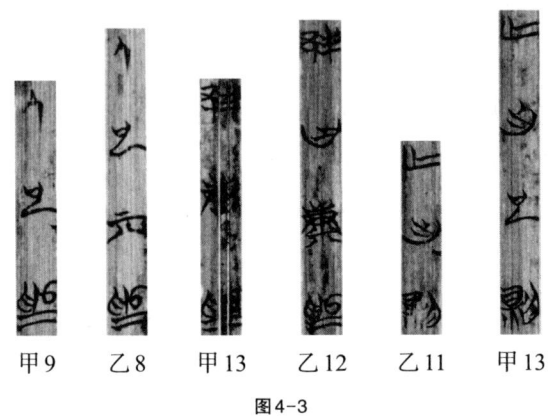

甲9　　乙8　　甲13　　乙12　　乙11　　甲13

图4-3

笔者认为，夏含夷所举的脱文现象未必是因为书手本人造成的。因为从甲、乙本的补文及校改情况看，书手本人对所抄文本进行了校对，并且所"脱"的字并不影响文义。整理者也指出，甲、乙本是据两个不同底本抄写的，所以这应该是真实地反映了所抄底本的现象。

四、刮削痕迹

《郑文公问太伯》甲本简4第二道编绳上有墨迹残留（见图4-4），仔细观察该残余墨迹下面的"谏"字上也有墨迹污染（见图4-5）。由于相邻的简3部分缺失，简2、5相应位置上的字迹笔画不能重合，此处墨迹残

图4-4　　图4-5

留情况不明，若非简3上文字的反印文墨迹，此处应该是刮削校改后留下的痕迹。

第七节　标志符号

《郑武夫人规孺子》、《郑文公问太伯》(甲、乙)使用了合文、重文、句读及篇末结束符号。《子仪》《皇门》使用了合文、重文及篇末结束符号。其中合文及重文符号作"="形，句读作"-"形，篇末完结符号每篇各一个。现将各篇符号数量及表篇末完结符号的形态列表如下：

表4-14　《皇门》与《郑武夫人规孺子》等篇标志符号使用情况

	合文	重文	句读	篇末结束
皇门	1	3	无	
孺子	25	4	1	
太伯甲	2	2	2	
太伯乙	1	2	1	
子仪	3	8	无	

一、《皇门》的标志符号

《皇门》中有合文、重文符号，均作"="形，另有无句读符号，有篇末结束符号。

1. 合文符号

《皇门》中合文符号仅一处，位于简6。

2. 重文符号

《皇门》中重文符号有三处，分别位于简7、10、11。

表 4-15 《皇门》中的合文、重文

合文	重文			
6	7	10	11	

3．篇末结束符号

《皇门》简 13 文末有表示全篇结束的符号，作 形。

二、《郑武夫人规孺子》的标志符号

《郑武夫人规孺子》中有合文、重文符号，均作"="形，另有表示句读及篇末结束的符号。

1．合文符号

《郑武夫人规孺子》全篇合文共二十七处，均有合文符号，分别位于简1（两处）、2、5、6、7（两处）、8（四处）、10（两处）、11（四处）、12（三处）、13（两处）、16（四处）、17，这些主要是"孺子"与"大夫"的合文。

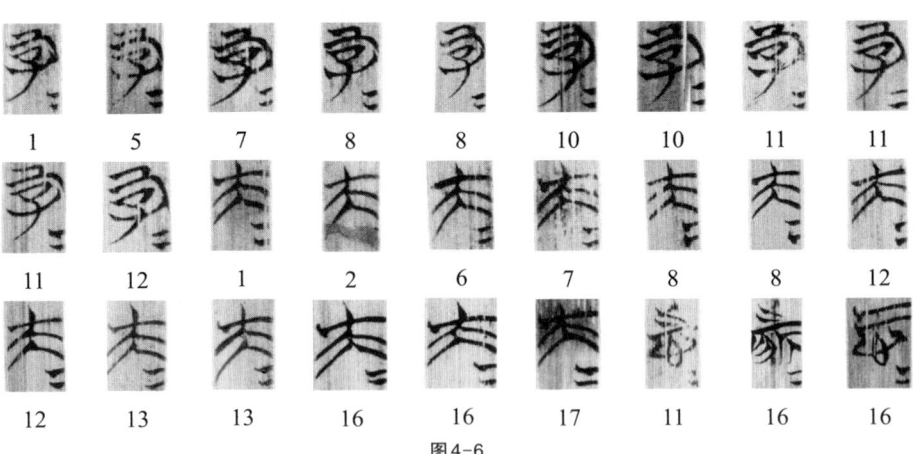

图 4-6

2. 重文符号

《郑武夫人规孺子》全篇有重文符号四处,分别位于简2、5、14(两处)。

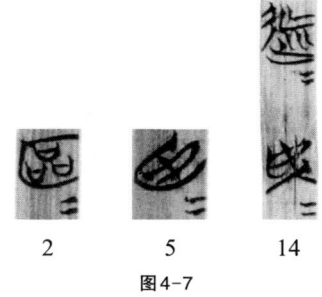

图4-7

3. 句读符号

《郑武夫人规孺子》全篇句读符号仅一处,位于简9。

4. 篇末结束符号

《郑武夫人规孺子》简18文末有表篇末结束的符号,作 形。

三、《郑文公问太伯》(甲、乙)的标志符号

《郑文公问太伯》甲本中有合文、重文符号,均作"="形,另有句读及篇末结束符号。《郑文公问太伯》乙本中有合文、重文符号,均作"="形,另有句读及篇末结束符号。

1. 合文符号

《郑文公问太伯》甲本有合文两处,分别位于简5、6;《郑文公问太伯》乙本有合文两处,分别位于简4、5。

2. 重文符号

《郑文公问太伯》甲本有重文符号两处,均位于简2;《郑文公问太伯》乙本有重文符号两处,均位于简2。

《郑文公问太伯》甲本简6有 ,整理者释为"寓="重文,读为"迢

诏",①单育辰指出这是"庙食"的合文②。

表4-16 《郑文公问太伯》(甲、乙)中的合文、重文

合文				重文	
甲5	乙4	甲6	乙5	甲2	乙2

3. 句读符号

《郑文公问太伯》甲本有句读符号两处，分别位于简2、9；《郑文公问太伯》乙本有句读符号仅一处，位于简11。

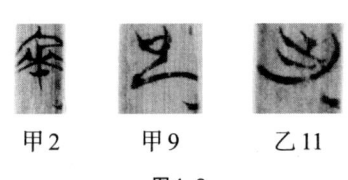

甲2　　甲9　　乙11

图4-8

对照乙本，甲本简9"也"字下缺"亓"字，"也"字下有一墨点；对照甲本，乙本简11"出"字下缺"也"字，"出"字下也有一墨点，该墨点是否为脱文标记呢？从上文甲、乙本补文与校改情况看，甲、乙本均有补文，而此处做以标记也未能补入，并且还有一处脱文未做标记，所以甲、本简9"也"字与乙本简11"出"字下的标志符号应该是句读符号。

---

① 李学勤主编《清华大学藏战国竹简（陆）》，中西书局，2016，第123页"《郑文公问太伯（乙本）》释文"。

② 单育辰：《清华六〈郑文公问太伯〉释文商榷》，载复旦大学汉语言文字学科《语言研究集刊》编委会编《语言研究集刊》(第十八辑)，上海辞书出版社，2017，第308—313页。

4. 篇末结束符号

《郑文公问太伯》甲本末简 14 文末有表篇末结束的符号作 ▮▮ 形；《郑文公问太伯》乙本末简 12 文末有表篇末结束的符号作 ▮ 形。

四、《子仪》的标志符号

《子仪》中有合文、重文符号，均作"="形；无句读符号，有表示篇末结束的符号。

1. 合文符号

全篇有合文符号三处，分别位于简 2、12、20。

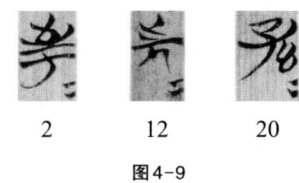

　　2　　12　　20

图 4-9

2. 重文符号

全篇有重文符号八处，分别位于简 5（两处）、6（四处）、9、15。

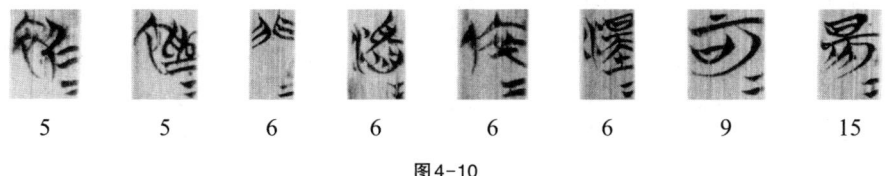

　5　　5　　6　　6　　6　　6　　9　　15

图 4-10

3. 篇末结束符号

《子仪》末简 20 有表篇末结束的符号，作 ▮ 形。

第八节　编联与收卷

《皇门》、《郑武夫人规孺子》、《郑文公问太伯》(甲、乙)、《子仪》五篇都是先写后编的。这几篇竹简的契口均在右侧，也说明这些竹简是从首简开始向末简方向编联的。不过这几篇竹简中，只有《皇门》简背有次序编号。

一、《皇门》的编联

从竹节位置看，《皇门》全篇使用了两种不同形制的竹简，简1~9为一组，简10~13为一组，均有两处竹节，竹节处经过刮削。背面有次序编号，简1~13背面均有划痕，其中简1~6为连续划痕。[①]

在编联方式上，竹简契口在右侧，从简1第一契口下首字"隹"被编绳遮盖的痕迹看，《皇门》应是先写后编的。

表4-17　《皇门》契口形态与编痕

契口形态						编痕
6	9	4	8	6	14	1

从竹简残损情况上看，《皇门》简1、3、11最下端编绳处略有残损，简2最上端编绳处略有残损，简10上端约残损三字。暂时无法判断其收卷方式。

[①] 孙沛阳：《简册背划线初探》，载复旦大学出土文献与古文字研究中心编《出土文献与古文字研究》(第四辑)，上海古籍出版社，2011，第453、462页。

二、《郑武夫人规孺子》的编联与收卷

从竹节位置看,《郑武夫人规孺子》全篇使用了两种不同形制的竹简,简1～13为一组,有两处竹节;简14～18为一组,有一处竹节。简1～18竹节处均未经刮削。整理者言,简背有三道划痕。契口在右,简5第一契口下首字被编绳遮盖,可见该篇是先写后编而成,如下表所示:

表4-18 《郑武夫人规孺子》契口形态与编痕

契口形态						编痕	
16	18	14	15	16	14	2	5

《郑武夫人规孺子》上的编痕情况比较复杂,除三个契口上存在的编痕外,还有部分距离契口很远的竹简上也存在明显的编痕。如简1～3距简首16.4厘米处有一道明显的编痕,距第二契口约9.5厘米处又有一道明显的编痕,还有一部分简在契口不远处有另一道编痕,如图4-11所示。

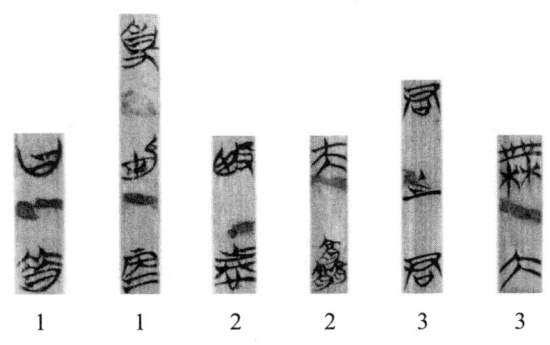

图4-11 《郑武夫人规孺子》简1～3的几处编痕

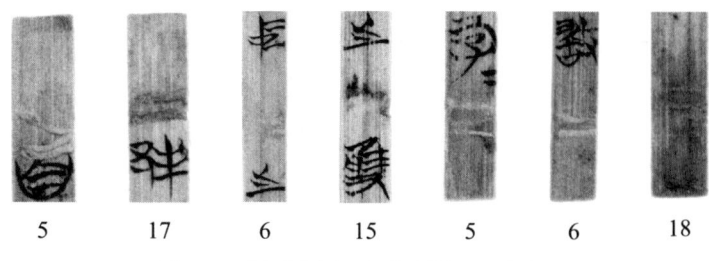

图 4-12 《郑武夫人规孺子》竹简各段编痕情况

《郑武夫人规孺子》简 1~3、简 8~9 下端残损较为严重，而末简简 16~18 保存较为完整。该篇的收卷可能是从末简开始，首简在外，所以篇首几支简会有不同程度的残损。

三、《郑文公问太伯》（甲、乙）的编联与收卷

从竹节位置看，《郑文公问太伯》甲本全篇使用了三种不同形制的竹简，简 1~9 为一组，简 10~13 为一组，简 14 为一组，均有一处竹节，竹节处未经刮削。背面无次序编号，简 10、14 背面有划痕，简 14 有两处划痕。

《郑文公问太伯》甲本契口在右，从简 13 第三契口上尾字有编绳遮盖痕迹看，该篇是先写后编而成。

表 4-19 《郑文公问太伯》甲本契口形态与编痕

契口形态			编痕
5	8	5	13

《郑文公问太伯》甲本许多竹简的第一、二、三个契口附近又出现了一

道编痕，如简6距简首0.7厘米处、简10距简首2.3厘米处、简11～14距简首2.5厘米处均又多出一道编痕。

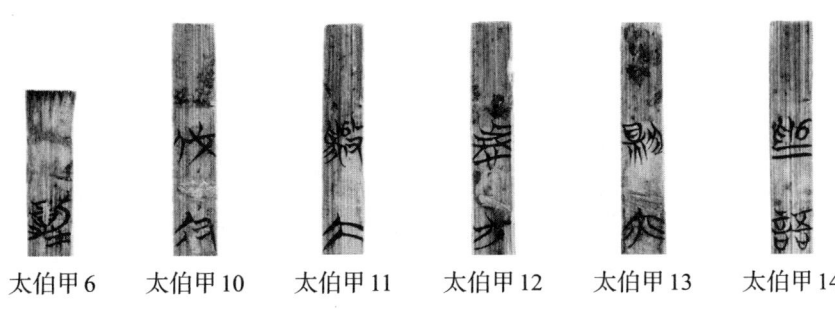

太伯甲6　太伯甲10　太伯甲11　太伯甲12　太伯甲13　太伯甲14
图4-13　《郑文公问太伯》甲本竹简上段编痕情况

简7～8距第二契口下1.6厘米处、简11～13距第二契口下0.8厘米处均多出一道编痕。

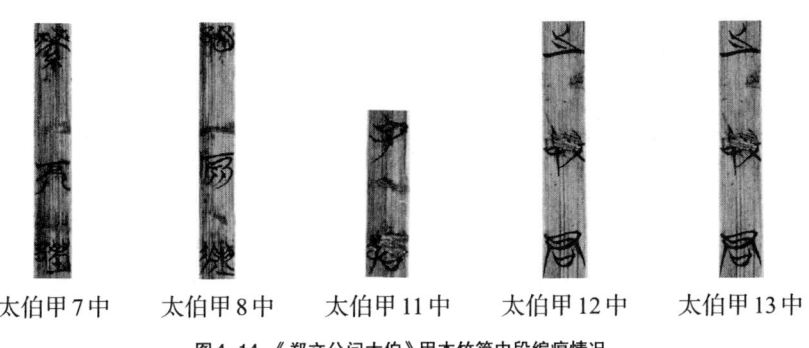

太伯甲7中　太伯甲8中　太伯甲11中　太伯甲12中　太伯甲13中
图4-14　《郑文公问太伯》甲本竹简中段编痕情况

简7距简尾0.2厘米处、简8距简尾0.4厘米处、简11～13距简尾0.3厘米处均多出一道编痕。简13上有明显的多道边痕，其在本篇为倒数第二支简，这应该是末简多余的编绳缠绕造成的。简14第三契口处编痕较粗。

第四章　《皇门》等篇字迹研究　　195

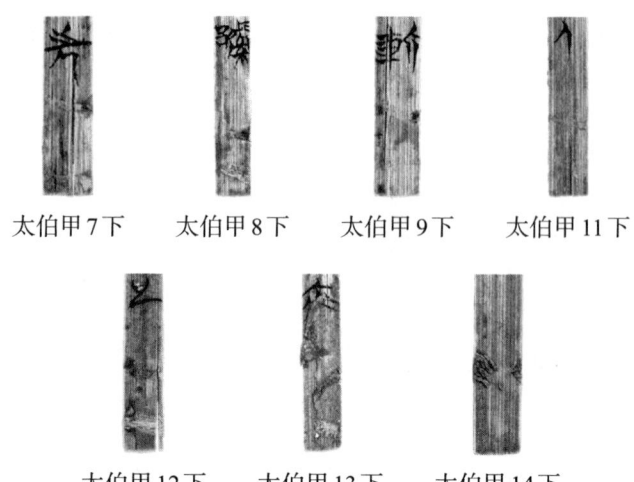

图4-15 《郑文公问太伯》甲本竹简下段编痕情况

从竹节位置看,《郑文公问太伯》乙本全篇使用了同一形制的竹简,均有一处竹节,竹节处未经刮削。背面无次序编号,简1、5~11、12背面有划痕,简5~11为连续划痕。

《郑文公问太伯》乙本契口在右,从简5第三契口上尾字有编绳遮盖痕迹看,该篇是先写后编而成。

表4-20 《郑文公问太伯》乙本契口形态与编痕

契口形态				编痕
6	8	4		5

贾连翔指出,《郑文公问太伯》乙本的11支竹简与甲本简10~13的简背

竹节位置相同，并且"这十五支竹简也具有一道可以贯连的划痕。原书的编联顺序大概甲本在前，乙本在后"①。

《郑文公问太伯》（甲、乙）所用竹简情况如下：

表4-21 《郑文公问太伯》（甲、乙）竹简使用情况

	竹简A	竹简B	竹简C
竹简	甲本简1~9	甲本简10~13，乙本简1~11	甲本简14
简数	9	14	1

《郑文公问太伯》乙本有部分竹简在契口处分出多道编痕，简11~12距简尾约1.8厘米处又有一道编痕，这应该是由简尾长出的编绳遮盖造成的，如下：

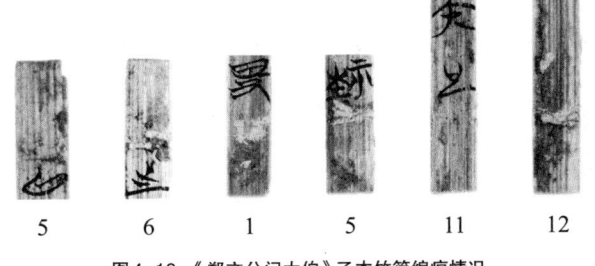

  5 6 1 5 11 12

图4-16 《郑文公问太伯》乙本竹简编痕情况

《郑文公问太伯》甲本简3残缺严重，简1~2、简6都有不同程度折损，末简简12~14保存较为完整；《郑文公问太伯》乙本简3残缺，简2、4残损严重，简1简首略残，末简简12简首残缺约两字，简19残约两字，

---

① 贾连翔：《战国竹书整理的一点反思——从〈天下之道〉〈八气五味五祀五行之属〉〈虞夏殷周之治〉三篇的编联谈起》，载李学勤主编《出土文献》（第十三辑），中西书局，2018，第150—151页。

这两篇的收卷可能是从末简开始，首简在外，所以篇首几支简会有不同程度的残损。

四、《子仪》的编联与收卷

从竹节位置看，《子仪》全篇20支竹简使用了三种不同形制的竹简，简1～3为一组，简4～19为一组，简20为一组，均有一处竹节，竹节处未经刮削。背面无次序编号，未见划痕。

《子仪》契口在右，简6第二契口上重文符号略有磨损，简17尾"义"字上虽未有编绳痕迹，但是"义"字最下端笔画就在编绳痕迹处，[①]该篇是先写后编而成。

表4-22 《子仪》契口形态与编痕

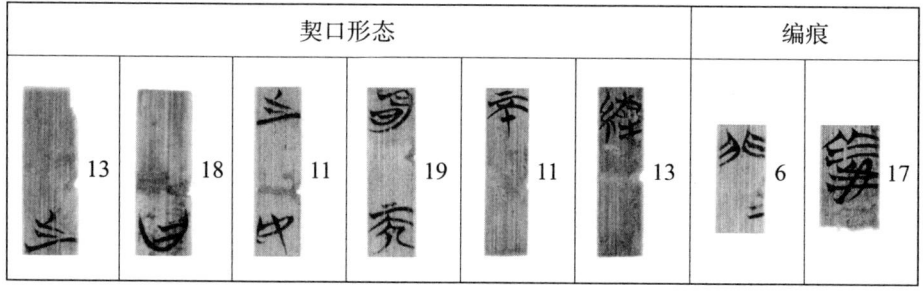

《子仪》许多竹简的第一、二、三个契口附近又出现了一道编痕，简4在第一契口处分出两道编痕，简1距简首约1.4厘米处，简10、11、19、20距第一契口上0.2厘米处，简12、13、16距简首0.8厘米处均又多出一道编痕。

---

① 按照常理，文字书写往往与界格留有一定的距离，所以文字与编绳距离紧凑也是先写后编的证据之一。

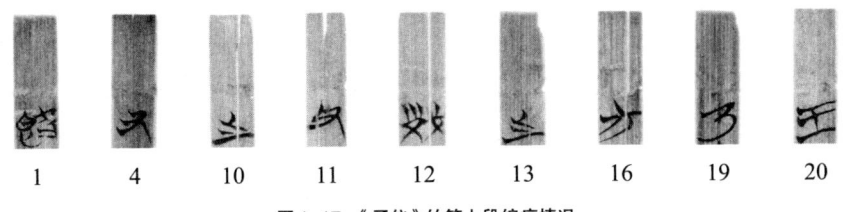

图 4-17 《子仪》竹简上段编痕情况

简 2、16、17 距第二契口 0.2 厘米处、简 13 距第二契口 0.3 厘米处均又多出一道编痕。

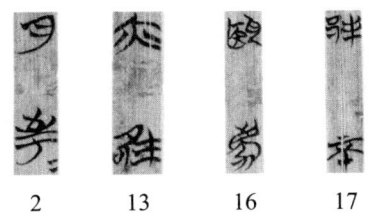

图 4-18 《子仪》竹简中段编痕情况

简 13 距简尾 1.4 厘米处、简 16 距简尾 1.3 厘米处、简 17、18 距第三契口上 0.2 厘米处均又多出一道编痕。

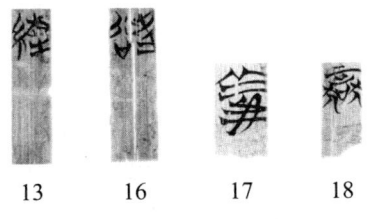

图 4-19 《子仪》竹简下段编痕情况

《子仪》除简 4、5、16、17、18 最下端编绳处略有残损，末简 20 也有残损外，竹简保存较为完整。不过末简简 20 上最后一个"之"字略有污染（见图 4-20），这有可能是末简收卷时在最外层，所以污染到了末简上部分文字。

图 4-20

第四章 《皇门》等篇字迹研究　199

第九节 《郑文公问太伯》(甲、乙)的抄本与底本关系

《郑文公问太伯》(甲、乙)是清华简首次公布的同一内容两个抄本的竹简,这与过去已公布的上博简出现的同一内容两个写本的情况不同。上博简《天子建州》甲、乙本由不同书手完成,且乙本还是由两个书手完成的;上博简《君人者何必安哉》的甲、乙本是由三位书手完成的,其中第一位书手参与了甲、乙两个文本的书写,第二位书手对甲本进行了刮削校改,第三位书手与第一位书手共同完成了乙本的书写;上博简《凡物流形》甲本由两位书手完成,乙本由第三位书手完成。以上书手中的一位参与抄写了《天子建州》乙本、《君人者何必安哉》(甲、乙)、《凡物流形》甲本等诸多抄本。①《郑子家丧》甲本由一位书手完成,乙本由另一位书手完成,乙本的书手还参与抄写了《庄王既成·申公臣灵王》《平王问郑寿》《平王与王子木》。②

李学勤认为,《郑文公问太伯》(甲、乙)"似为同一人根据不同传本先后抄写";③马楠根据文字写法、用字习惯等不同,指出"为同一抄手所书,

---

① 李松儒:《〈凡物流形〉甲乙本字迹研究》,载武汉大学简帛研究中心主办《简帛》(第五辑),上海古籍出版社,2010,第285—295页;又,李松儒:《〈凡物流形〉甲本、〈天子建州〉乙本、〈君人者何必安哉〉甲乙本字迹研究》,载辽宁省博物馆编《辽宁省博物馆刊》(2010),辽海出版社,2010,第149—157页;又,李松儒:《由〈君人者何必安哉〉甲乙本字迹看先秦文献的传抄》,载复旦大学出土文献与古文字研究中心编《出土文献与古文字研究》(第四辑),上海古籍出版社,2011,第259—269页;又,李松儒:《〈天子建州〉甲乙本字迹研究》,载中国文化遗产研究院编《出土文献研究》(第十一辑),中西书局,2012,第63—73页;又,李松儒:《战国简帛字迹研究——以上博简为中心》,上海古籍出版社,2015,第405—463页。

② 李松儒:《〈郑子家丧〉甲乙本字迹研究》,载中国文字编辑委员会编《中国文字》(新三十六期),台湾艺文印书馆,2011,第67—80页;又,李松儒:《战国简帛字迹研究——以上博简为中心》,上海古籍出版社,2015,第474—497页。

③ 李学勤:《有关春秋史事的清华简五种综述》,《文物》2016年第3期。

但所抄写的是两个不同的底本"；①夏含夷在马楠所举例证基础上，又举出"个别漏字"现象，他认为甲、乙本对应位置缺少的文字都可以根据相应的抄本补充，并根据地名用字——甲、乙本"邑"旁位置，认为"大概可以确定两个抄本是根据两个不同的底本抄写的，两个底本反映了两个不同的书写传统"②。

这些学者所举有关甲、乙本是据两个不同底本抄写的例证前文已述。在书手本人对所抄文本进行了校对的基础上，甲、乙本相互对照扔有"脱漏"的文字。除此，我们在"标志符号"部分已经指出甲本有句读符号两处，分别位于简2、9；乙本仅有句读符号一处，位于简11。这说明两个版本所添加的句读符号位置也是不同的。这也可以作为甲、乙本来自两个不同抄本的证据之一。

---

① 马楠：《清华简〈郑文公问太伯〉与郑国早期史事》，《文物》2016年第3期。
② ［美］夏含夷：《〈郑文公问太伯〉与中国古代文献抄写的问题》，载贾晋华等编《新语文学与早期中国研究》，上海人民出版社，2018，第135—140页。

第五章 《子犯子余》与《赵简子》等篇字迹研究

《清华大学藏战国竹简（柒）》公布了四篇竹简：《子犯子余》《晋文公入于晋》《赵简子》《越公其事》。整理者认为，"从形制、文字而言，《子犯子余》与《晋文公入于晋》，《赵简子》与《越公其事》分别相同，应是两位书手所录"①。整理者还指出《赵简子》《越公其事》两篇与已公布的清华六《郑武夫人规孺子》、《郑文公问太伯》（甲、乙）、《子仪》等篇为同一抄手所写，并且同类字迹简还有一些将陆续公布。②

我们认为清华七公布的四篇竹简：《子犯子余》《晋文公入于晋》《赵简子》《越公其事》应为同一抄手所写③，所以，清华七《子犯子余》等四篇与清华六《郑武夫人规孺子》、《郑文公问太伯》（甲、乙）、《子仪》四篇，以及清华一《皇门》等九篇应该为同一抄手所写。笔者曾对清华六《郑武夫人

---

① 李学勤主编《清华大学藏战国竹简（柒）》，中西书局，2017，第1页"本辑说明"。
② 李学勤主编《清华大学藏战国竹简（柒）》，中西书局，2017，第112页"《越公其事》"说明。
③ "ee"（网名）：《清华七〈越公其事〉初读》，简帛网，访问日期：2017年4月23日，"松鼠"（网名）2017年4月25日第23楼的发言。

规孺子》、《郑文公问太伯》(甲、乙)、《子仪》四篇与清华一《皇门》为同一抄手所写做过研究,①上一章我们也进行了详细论证。本章我们对《子犯子余》《晋文公入于晋》与《赵简子》《越公其事》为同一抄手进行论证。

第一节 竹简形制

一、《子犯子余》竹简形制

《子犯子余》全篇15支竹简,整理者介绍简长45厘米,宽0.5厘米,②笔者据图版测量该篇简长45.3厘米,三道编绳,第1、4、5、6简在第一道编绳处残断,各残缺三字,第14简的简首残缺一字,其余简保存较为完整。篇题"子䣂子余"书于第1简简背,近第一道编痕,与正文是同一书手所写。简背有划痕,无次序编号,有句读及结尾符号。本篇简与《晋文公入于晋》形制、字迹相同,而且都是记晋国史事,当为同时书写。

二、《晋文公入于晋》竹简形制

《晋文公入于晋》全篇8支竹简,整理者介绍简长45厘米,宽0.5厘米,③笔者据图版测量简长45.3~45.5厘米,三道编绳,其中简1残缺中间一部分,简5下半段有残缺,其余简保存较为完整。无次序编号,无篇题,当前篇题、简序系据简文内容拟定编排,有表示句读及结尾的符号。

---

① 李松儒:《清华六〈郑武夫人规孺子〉等四篇字迹研究》,"纪念于省吾先生诞辰一二〇周年、姚孝遂先生诞辰九十年学术研讨会"会议论文,长春,2016。
② 李学勤主编《清华大学藏战国竹简(柒)》,中西书局,2017,第91页"《子犯子余》说明"。
③ 李学勤主编《清华大学藏战国竹简(柒)》,中西书局,2017,第100页"《晋文公入于晋》说明"。

三、《赵简子》竹简形制

《赵简子》全篇 11 支竹简,整理者介绍简长 41.6 厘米,宽 0.6 厘米,[①]笔者据图版测量简长 41.7~41.8 厘米,三道编绳,其中简 4 下部残缺,但是下部无字,简 11 残成三段,主要是中间一段有内容缺失,其余简保存较为完整。无篇题、编号,简背有划痕,有表示句读及结尾的符号。

四、《越公其事》竹简形制

《越公其事》全篇存 75 支竹简,文意基本完整,整理者介绍简长 41.6 厘米,宽 0.5 厘米,我们据图版测量简长 41.7~41.9 厘米,宽 0.6 厘米,三道编绳,满字简每支书写 31~33 字,简背有划痕,无次序编号。全篇十一章,章尾有标志符号,或简尾留白,或章间空白。原正文末有"雩公亓事"四个字,与正文连属,无间隔,整理者据此作该篇篇题。[②]

表 5-1 《子犯子余》《晋文公入于晋》《赵简子》《越公其事》形制表(单位:厘米)

篇名	介绍简长	测量简长	简宽	简首至一契	一契至二契	二契至三契	三契至简尾	划痕	篇题
子犯	45	45.3	0.5	1.1	21.6	21.4	1.2	有	简 1 背
晋文公	45	45.4	0.5	1.1	21.5	21.6	1.2	有	无
赵简子	41.6	41.8	0.6	1.1	19.5	20.1	1.1	无	无
越公	41.6	41.8	0.6	1.3	19.5	19.7	1.3	有	简 75 正

---

① 李学勤主编《清华大学藏战国竹简(柒)》,中西书局,2017,第 106 页"《赵简子》说明"。

② 李学勤主编《清华大学藏战国竹简(柒)》,中西书局,2017,第 112 页"《越公其事》说明"。

从形制上看，《子犯子余》与《晋文公入于晋》相近，《赵简子》与《越公其事》相近，但是各有差别，并非如整理者所言"《子犯子余》与《晋文公入于晋》，《赵简子》与《越公其事》分别相同"。

第二节　概貌及运笔特征

一、概貌特征

整理者已经指出，"(《越公其事》)全篇书写工整，谨严整饬，字体略呈扁平状，字迹首尾一致，为同一人所写。该类字迹在清华简中比较多，除了第六辑已经公布的《郑武夫人规孺子》、《郑文公问太伯》(甲、乙)、《子仪》等，还有一些将陆续公布"[①]。

这四篇文字布局疏朗，书写速度较快，字迹整齐，文字均书写在首尾两契口间，字间距为一字左右。《赵简子》《越公其事》的抄手书写水平较高，文字偏旁结构安排规整，书写笔画时运笔力度十分稳定，运笔特征也十分明显。

二、运笔特征

《皇门》与《郑武夫人规孺子》等三篇字迹均是顿压起笔，起笔时较为用力，使每个笔画的起笔处都形成明显的顿压痕迹，《子犯子余》《晋文公入于晋》《赵简子》《越公其事》这四篇字迹特征也是如此，如 、 、 等。其中横画用力顿压起笔，再提笔平出，笔行至收锋处略向上挑，作 形。现将《子犯子余》《赵简子》等四篇与《皇门》中的横画举例对比如下：

[①] 李学勤主编《清华大学藏战国竹简(柒)》，中西书局，2017，第112页"《越公其事》说明"。

表5-2 《皇门》与《子犯子余》等篇横画形态对比

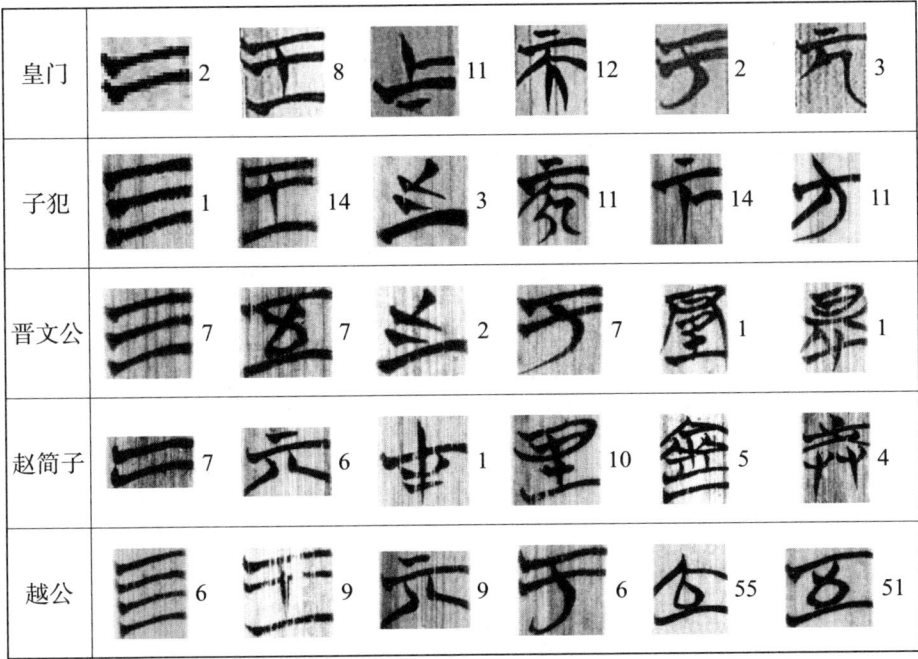

《子犯子余》《赵简子》等四篇字迹的纵向笔画先是顿压侧锋起笔，起笔处呈尖角契形，作𔓷形，运笔过程中再垂直书写并逐渐提起，这种方起尖收的写法，使竖画常常形成悬针状。现将《子犯子余》《赵简子》等四篇与《皇门》中的竖画举例对比如下：

表5-3 《皇门》与《子犯子余》等篇竖画形态对比

续表

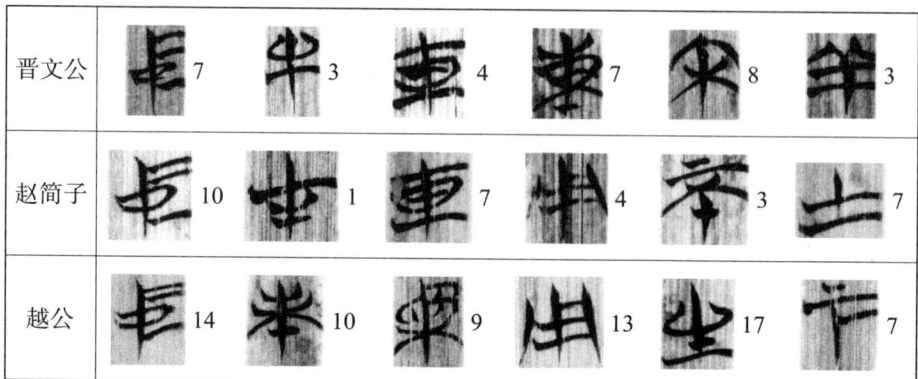

《子犯子余》《晋文公入于晋》《赵简子》《越公其事》四篇字迹的笔画转折处特征也较为明显。由于这些字迹横向、纵向笔画均较为平直,使得笔画转折处也常形成明显的折角,如 ﹅、﹅、﹅、﹅、﹅、﹅、﹅、﹅ 等形。现将这四篇与《皇门》中的折笔举例对比如下:

表5-4 《皇门》与《子犯子余》等篇折笔形态对比

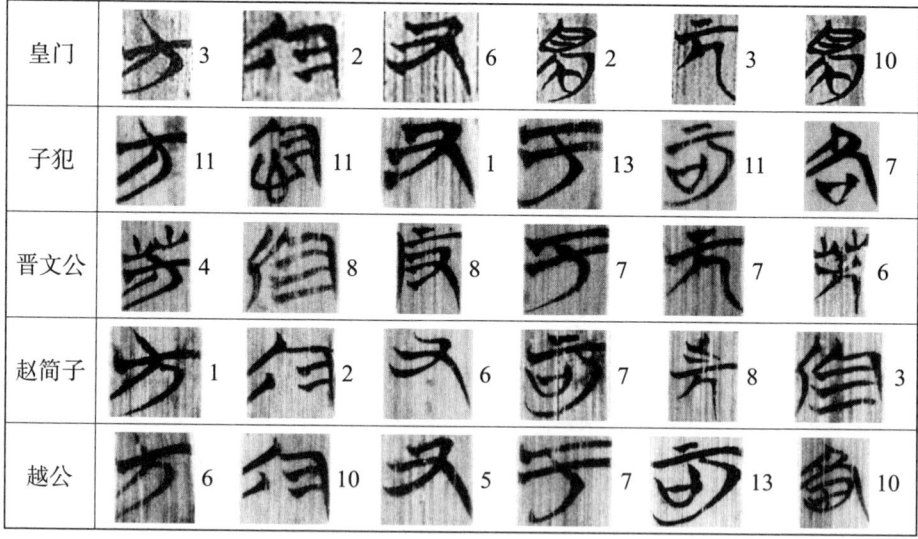

《子犯子余》《晋文公入于晋》《赵简子》《越公其事》四篇与《皇门》等篇的抄手书写上下结构含"人"部的字特征十分显著，均是横折竖直书写，折角明显，作 ⟨字⟩ 形。我们将这四篇与《皇门》《郑武夫人规孺子》等四篇中含"人"部的字的折笔举例对比如下：

表5-5 《皇门》等篇"人"部折笔形态对比

皇门	3	5	11	12	2	8
孺子等四篇	子仪12	孺子1	太伯乙9	子仪12		
	子仪4	子仪11				
晋文公等四篇	晋文公7	晋文公4	赵简子7	越公16	晋文公6	
	越公58	越公50	越公12	越公17		

整理者指出清华七《赵简子》《越公其事》与清华六《郑武夫人规孺子》等四篇为同一抄手所写，这几篇的字迹特征很容易比较出来。笔者也曾对比《皇门》与《郑武夫人规孺子》等四篇的字迹特征，并指出它们为同一抄手所写，再比较《子犯子余》《晋文公入于晋》的字迹特征，与上述篇目的字迹运笔特征也是一致的，这些都是可以明显区别于清华简其他篇字迹的特征。

第五章 《子犯子余》与《赵简子》等篇字迹研究 209

第三节　搭配比例特征

现以"于""㠯"两字为例,来看看《子犯子余》《晋文公入于晋》《越公其事》中的笔画与字部间的搭配特征。

1. 于

《子犯子余》《晋文公入于晋》《越公其事》中"于"字作:

上举字形除《晋文公入于晋》中"于"字折笔的折角不明显,写成了弯笔,《子犯子余》与《越公其事》中"于"字折笔的折角角度一致,但是《越公其事》中"雩"字中的"于"部也有折笔写得折角不明显的例子,如:

对比《皇门》、《郑文公问太伯》(甲、乙)、《子仪》中"于"字写法,其折笔的折角角度也是非常一致的,如下:

2. 㠯(夷)

《子犯子余》《越公其事》与《郑文公问太伯》(甲、乙)、《子仪》中"㠯"字中的"尸"旁与"二"的位置关系一致,如下:

第四节 文字写法

一、特征字

我们在论证《皇门》与《郑武夫人规孺子》等四篇为同一抄手所写时曾列举一些文字的写法作为该抄手的特征字,现将《郑文公问太伯》(甲)、《子犯子余》、《赵简子》、《越公其事》四篇中这些相同字列举对比如下:①

表5-6 《郑文公问太伯》(甲)、《子犯子余》、《赵简子》特征字对比

	於	今	若	则	而	受
太伯甲	12	10	1	13	4	13
子犯	3	—	3	14	2	12
赵简子	5	2	—	3	—	1
越公	6	10	58	45	15	53

其中"於"字中" "部的写法,"今"字中" "部的写法,"若"字

---

① 《晋文公入于晋》中仅有"于"字,其他字未见,故不列入比较。《晋文公入于晋》与《子犯子余》为同一抄手同一时间段书写,故可相互印证。

"口"旁边的字部作 ▨，"则"字左侧作 ▨，"受"字右上的字部写作 ▨，这些都是能够明显区别其他篇的写法。再如以下诸字：

1. 者

《子犯子余》、《晋文公入于晋》、《赵简子》、《越公其事》与《郑武夫人规孺子》、《郑文公问太伯》（甲、乙）、《子仪》四篇中"者"字写法一致，如下所示：

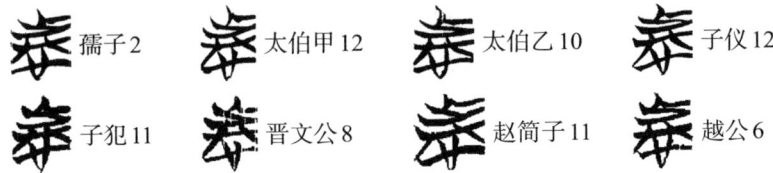

孺子 2　　太伯甲 12　　太伯乙 10　　子仪 12
子犯 11　　晋文公 8　　赵简子 11　　越公 6

2. 是

《子犯子余》《晋文公入于晋》《赵简子》《越公其事》中"是"字写法有两种，一种作：

子犯 2　　越公 47　　孺子 15　　子仪 7　　子仪 7

这与《郑武夫人规孺子》《子仪》中共出现三例的"是"字写法一致，即将中间长横加弯画，呈 ▨ 形。《郑武夫人规孺子》等四篇及《皇门》中"是"字多作 ▨ 形，《子犯子余》与《越公其事》中该写法"是"字各一例，《赵简子》中"是"字均写作此形，如下：

子犯 7　　赵简子 5　　越公 43

3. 弗

《子犯子余》《越公其事》中"弗"字写法与《皇门》《郑武夫人规孺子》

《子仪》三篇中"弗"字均有两个点画(或短横),作 ![](形,如下:

4. 我

《子犯子余》与《皇门》《子仪》中"我"字写法一致,《子仪》中"我"字写法仅多出一撇笔,作 形,如下:

《子犯子余》与《越公其事》"我"字还有如下写法:

5. "皿"旁

《子犯子余》《晋文公入于晋》《赵简子》《越公其事》中"皿"旁有两种写法,多作 形,或 形,这与《皇门》《郑武夫人规孺子》《子仪》三篇中"皿"旁写法完全一致,如下:

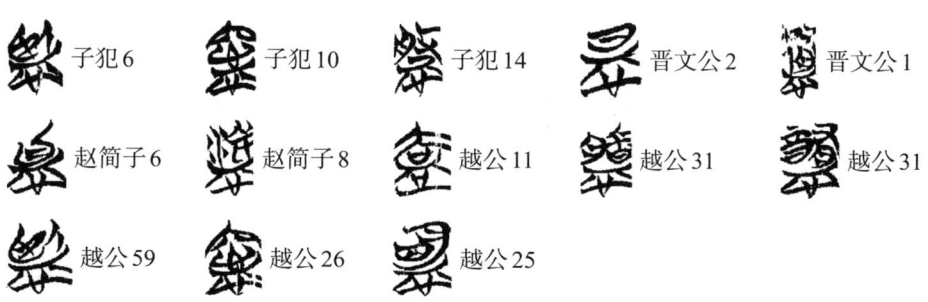

6. "虍"旁

《子犯子余》《晋文公入于晋》《赵简子》《越公其事》中"虍"旁上部均写作 形，如下：

7. "辰"部

《越公其事》与《郑武夫人规孺子》中"辰"字及含"辰"部的字作 形，主要是中间字部多了一个短竖作 形，如下：

清华简其他篇抄手所写"辰"字及含"辰"部的字主要作 形，如下：

8. 金及"金"旁

《子犯子余》《越公其事》中"金"字及"金"旁中下部写作两个 形，其中由两个竖笔完成，作 形，如下：

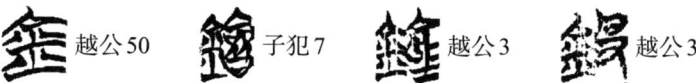

而清华简一至六册其他篇抄手所写"金"字及"金"旁中有的仅为一竖笔，如下：

有的篇抄手所写"金"字及"金"旁中竖画是由两笔完成的，即便如此，这些字迹与《子犯子余》等篇的笔画形态也是不同的，如下：

当然《子犯子余》《晋文公入于晋》《赵简子》《越公其事》这些篇中文字写法也有差别，如"或"字的写法。《晋文公入于晋》中"或"字共四例，其"口"形外的字部写作 形：

 晋文公2

《越公其事》、《郑武夫人规孺子》、《郑文公问太伯》（甲、乙）、《子仪》中"或"字"口"旁外的字部写作 形：

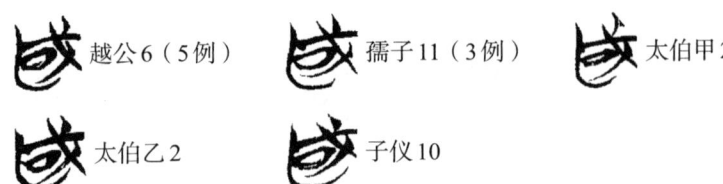

再如"孤"字"瓜"部的写法：

《子犯子余》《晋文公入于晋》中"瓜"部写作 ∫ 形，《越公其事》《郑武夫人规孺子》中"瓜"部写作 ∫ 形。

史桢英认为，这些差别也是书手不同造成的[①]，我们认为在更多特征相同的前提下，这些写法上的差别并不能构成这些字迹差别的量变，即一个笔画的延伸与长短都是字迹上较为细微的差别。且比较的样本也不能仅仅局限于清华七的这四篇。史桢英所认同的清华六《郑武夫人规孺子》等篇的字迹也应列入比较样本中，如"皿"旁的 ![] 与 ![] 的两种写法在《郑武夫人规孺子》等篇也有出现。对于同一书手的文字写法不同，她并未做出解释。

同一抄手所写文字在写法上略有差别的现象常见，除抄手在书写时有意变化外，书写时间段的不同或受底本影响等因素都是文字写法存在差别的原因。

---

① 史桢英：《也说〈清华大学藏战国竹简（七）〉写手问题》，简帛网，访问日期：2018年6月15日。本文涉及史桢英的观点均出自该文，下文不再出注。

二、地域特征

陈伟武认为"该字形为三晋文字特点"①。此外,《越公其事》中"因"字分别写作 ❏（简27）形与 ❏（简38）形。第一种写法还出现在《郑武夫人规孺子》与《晋文公入于晋》中,分别写作 ❏（孺子7）形与 ❏（晋文公7）形;第二种写法仅出现在《越公其事》中,分别在简38与简68上。楚文字中"因"字的"囗"部常写作 ❏ 形,"囗"部写作 ❏ 形与晋系写法相同,"因"字的这种写法还出现在清华六《子产》中,作 ❏（简14）形。而《子产》中也有许多文字写法含有非楚因素,详见本书第七章"《筮法》《子产》字迹研究"中"文字的地域特征"一节。

三、讹文

《子犯子余》简11中有一字作：

单育辰指出该字上部应是先写"鹿"头,后又改笔为"鹰"头。②参照该书手所写以下两例含"鹿"头的字：

---

① 转引自柳洋《从三晋玺印字形看〈越公其事〉底本及书手问题探究》,载陈伟武主编《古文字论坛:陈炜湛教授八十庆寿专号》（第三辑）,中西书局,2018,第372页。
② 单育辰:《〈清华大学藏战国竹简（柒）〉释文订补》,"《清华简》国际会议"会议论文,香港、澳门,2017;又,单育辰:《〈清华大学藏战国竹简（柒）〉释文订补》,《出土文献》2020年第2期。

第五节 数字写法

"皇门类"字迹中除《皇门》简背有表示次序的数字外,其他八篇竹简均无简序数字。

"皇门类"字迹正文数字中表示{一}至{四}的数字常常会出现一词多形现象,我们将这部分单独列出,见表5-7:

表5-7 "皇门类"字迹数字{一}至{四}写法

一	二	三	四
皇门12、子仪18、子犯9	皇门2,孺子9、13、14、16(三例)、17,子仪18、子犯6、赵简子7、越公66	孺子1、4(两例)、8、9、13(两例)、14、16(三例)、17(十二例),子仪1、2、15、子犯1、12(两例)、晋文公7(两例)、赵简子10、越公7	皇门6、太伯甲11、太伯乙10、子犯11、晋文公3、4(两例)、赵简子10、越公49
越公19	子犯4,晋文公2(两例)、越公16、19	晋文公2、3、越公19、28、29、30、47(两例)	子犯4	越公68	孺子10、越公6

数字{五}{六}{七}{九}异写现象较少,我们单独列出:

表5-8 "皇门类"字迹数字｛五｝至｛九｝写法

五	六	七	九
五	六	十	九
晋文公7（两例）、越公29、30、50、51、64、65	子仪3、赵简子8（三例）、9（两例）	太伯甲5、太伯乙4、子仪2	子犯12、晋文公8

《皇门》中表示数字的｛一｝｛二｝写作"一""二"，如下：

夫明尔德，以助余一人忧（简12）；我闻昔在二有国之哲王（简2）。

《郑武夫人规孺子》中表示数字的｛二｝｛三｝写作"二""三"，如下：

昔吾先君使二三臣（简9）；二三老毋邀于死（简13+14）；二三臣使于邦（简14）；二三大夫不当毋然，二三大夫皆吾先君之所付孙也。吾先君知二三子之不二心（简16）；今二三大大夫畜孤而作焉（简17）；再三进夫大夫而与之皆图（简1+2）；三月小祥（简13）；处于卫三年（简4）；三年无君（简4）；如及三岁（简8）。

《郑文公问太伯》（甲、乙）中表示数字的｛四｝｛七｝写作"四""七"，如下：

是四人者（甲本简11+12）；以车七乘（甲本简5）；是四人者（乙本简10）；以车七乘（乙本简4）。

《郑武夫人规孺子》中表示数字的｛四｝写作"三"，如下：

三（四）邻以吾先君为能叙（简10）。

《子仪》中表示数字的｛一｝｛二｝｛三｝｛七｝写作"一""二""三""七"，如下：

臣见二人仇境，一人至（简18）；公益及三谋辅之（简1）；车逸于旧数三百（简2）；公及三……方诸任（简15+16）；取（骤）及七年（简2）。

《子犯子余》中表示数字的｛二｝｛三｝写作"弍""厽"，如下：

吾主之弍（二）厽（三）臣（简4）。

《子犯子余》中表示数字的｛一｝｛二｝｛三｝｛四｝写作"一""二""三""四"，如下：

使众若使一人（简9）；二子事公子（简6）；处焉三岁（简1）；杀三无辜（简12）；为秦梏三百（简12）；四方夷莫后与（简11）。

《晋文公入于晋》中表示数字的｛二｝｛三｝写作"弍""厽"：

得由弍（二）厽（三）大夫以修晋邦之政（简2）；以孤之旧不得由弍（二）厽（三）大夫以修晋邦之祀（简2+3）。

《晋文公入于晋》中表示数字的｛三｝｛四｝｛五｝｛九｝写作"三""四""五""九"：

乃为三旗以成至（简7）；成之以兔于蒿郊三（简7）；四封之内皆然（简3）；四封之内皆然（简4）；四封之内皆然（简4+5）；五年启东道，克曹、五鹿（简7）；九年大得河东之诸侯（简8）。

《赵简子》中表示数字的｛二｝｛三｝｛四｝｛六｝写作"二""三""四""六"，如下：

掌有二尾之室（简7）；宫中三台（简10）；驰马四百驷（简10）；六府盈，宫中六灶并六祀（简8）；宫中六灶并六祀（简9）。

《越公其事》中表示数字的｛二｝｛三｝｛四｝｛五｝写作"二""三""四""五"，如下：

越人分为二师（简66）；君乃陈吴三□（简7）[①]；东夷西夷、姑蔑、

[①] 关于"三"字的释读参见"劳晓森"（网名）：《清华简〈越公其事〉残字补释一则》，复旦大学出土文献与古文字研究中心网，访问日期：2017年5月1日。

句吴四方之民乃皆闻越地之多食（简48+49）；越王句践焉始作纪五政之聿（律）（简29）；乃作五=政=（五政。五政）之初（简30）；凡五兵之利（简50）；以闻五兵之利（简51）；乃命左军衔枚溯江五里以须，亦命右军衔枚逾江五里以须（简64+65）。

《越公其事》中表示数字的｛一｝｛二｝｛三｝｛四｝写作"壹""式""厽""厇""三"，如下：

孤用率我壹（一）式（二）子弟以奔告于边（简19+20）；于今厽（三）年无克有定（简17+19）；使吾式邑之父兄子弟朝夕粲然为豺狼（简16+17）；王訏无好修于民厽（三）工之堵（简28）；至于厽（三）年（简29）；厽（三）年（简30）；厽（三）品效于王府，厽（三）品年筭枚数（简47）；厇（三）战厇（三）北（简68）①；三（四）方诸侯其有敢不宾于吴邦（简6）。

篇中合文"三百"的"三"也是写作三横的，作 ![字形] （简60），其辞例如下：

死者畗=（三百）人（简60，第十章）；夫妇畗=（三百）（简73+74，第十一章）。

《郑武夫人规孺子》简10与《越公其事》简6中的数字｛四｝写作"三"，该写法还曾在《封许之命》《子产》中出现。

第六节　残文

《晋文公入于晋》《赵简子》《越公其事》中均有残文出现，有些已由整理者直接释出，《越公其事》简7与简34的两处残文由学者们释出。

---

① "厇"用为"三"，见石小力《清华简〈越公其事〉与〈国语〉合证》，"《清华简》国际会议"会议论文，香港、澳门，2017；又，石小力《清华简〈越公其事〉与〈国语〉合证》，《文献》二〇一八年第三期。

一、《越公其事》简7残文

《越公其事》简7残文作：

整理者释作"甲"①，并说明"简尾残缺，据残画和文义，'吴'后面可能是'甲兵'"②。"劳晓森"释为"三"③，正确无误。

二、《越公其事》简34残文

《越公其事》简34残文作：

我们指出该残文应为"得"字，参同篇简13"得"字可知，即其上为"日"形，④该句即"得于越邦"，如下：

13

---

① 李学勤主编《清华大学藏战国竹简（柒）》，中西书局，2017，第114页《越公其事》释文"。
② 李学勤主编《清华大学藏战国竹简（柒）》，中西书局，2017，第117页《越公其事》注释"。
③ "劳晓森"（网名）：《清华简〈越公其事〉残字补释一则》，复旦大学出土文献与古文字研究中心网，访问日期：2017年5月1日。
④ "ee"（网名）：《清华七〈越公其事〉初读》，简帛网，访问日期：2017年4月23日，"松鼠"（网名）2017年4月25日第23楼的发言。

第七节　篇题

一、《子犯子余》篇题

《子犯子余》简1背面有"子犯子余"四个字（见图5-1），位置近第一道编痕，整理者已经指出其"与正文是同一书手"所写①。我们将篇题与正文相同文字对比列出，因"子"字较多，仅选一部分用作对比。

图5-1

表5-9　《子犯子余》篇题与正文字迹对比

篇题	正文			
 	 1	 2	 6	 13
	 1	 2	 6	
	 3	 4	 6	 9

通过对比可知，《子犯子余》篇题书写更为流畅，其速度应该较正文书写速度快，篇题的起笔处顿压痕迹没有正文明显，篇题与正文"犯"字的"㔾"部写法也略有不同。即便如此，这都是同一抄手所写字迹的细微变化，也是书写正文与篇题常见的差别。

---

① 李学勤主编《清华大学藏战国竹简（柒）》，中西书局，2017，第91页"《子犯子余》说明"。

二、《越公其事》篇题

《越公其事》的篇题"雩公亓事"写在篇尾（见图5-2），"与正文连属，无间隔"①。已有学者怀疑这四个字并非篇题②，因为证据牵强，这里暂按篇题处理。

一般来讲，若非固定格式限制，不同书手所写字迹的字间距就会不同，该篇篇题与正文连写，并且字迹也完全一致，我们将篇题与正文相同文字对比列出，因正文中这四个字较多，并且字迹也都一致，仅选一个字形，其他字形只列出其所在简号。

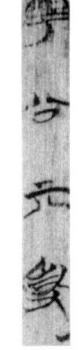

图5-2

表5-10 《越公其事》篇题与正文字迹对比

篇题	正文	正文所在位置
雩	雩 75	3、5、6（两例）、7（两例）、9、10（两例）、13、15、16、18、19、22、24、25、26（两例）、29、31、34、35、36、37、42、43（两例）、44、48、49（两例）、50、52（两例）、53、58、59、61、62、63（两例）、66、67、68（两例）、69、70（两例）、71、72、75
公	公 75	11、15、19、24、69、70、75
亓	亓 6	6（两例）、7、9（两例）、10（两例）、11（两例）、14、17、23、31、32（两例）、33、38、40、41（两例）、45（两例）、46（两例）、48、51、63、64、66、67、73（三处）
事	事 40	6、15、17、31、40（两例）、45、46、51、55

---

① 李学勤主编《清华大学藏战国竹简（柒）》，中西书局，2017，第112页"《越公其事》说明"。
② 王辉：《说"越公其事"非篇题》，复旦大学出土文献与古文字研究中心网，访问日期：2017年4月28日。

另外，篇题"越公其事"末字"事"下有符号，这将在"标志符号"部分讨论。

第八节　标志符号

现将清华七《子犯子余》与《赵简子》等篇竹书的标志符号列出：

表5-11 《子犯子余》与《赵简子》等篇标志符号使用情况

	简数	合文	重文	句读	篇章结束
子犯子余	15	1	无	23	1
晋文公入于晋	8	4	1	10	1
赵简子	11	1	无	6+1[①]	2
越公其事	75	29	12	7	1[②]

一、《子犯子余》的标志符号

《子犯子余》中合文符号作"="形，句读符号作"-"形，以及篇末结束符号。

1. 合文符号

《子犯子余》合文仅一处，位于简10，作：

[①] 《赵简子》中有六处句读，另有一处是在词下标记。
[②] 文末标志符号也可能是篇题下符号。

2. 句读符号

《子犯子余》表示句读的符号共二十二处，分别位于简1（四处）、2（两处）、3（两处）、4、5（三处）、6、7（两处）、8（两处）、9、10、11、13（两处）。

3. 篇末结束符号

简15文末有表结尾的篇末符号，作 ▬ 形。

二、《晋文公入于晋》的标志符号

《晋文公入于晋》中有合文、重文符号，均作"="形，句读符号作"-"形，另有篇末结束符号。

1. 合文符号

《晋文公入于晋》中有合文符号四处，分别位于简2、3（两处）、6。

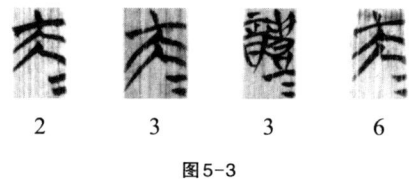

图5-3

2. 重文符号

《晋文公入于晋》有重文符号一处，位于简1。"母"字下仔细辨认可发现残泐处有重文符号，作：

3. 句读符号

《晋文公入于晋》表示句读的符号共十处，分别位于简2（两处）、3、4、5（两处）、7（两处）、8（两处）。

4. 篇末结束符

末简简8文末有表结尾的篇末符号，作 形。

三、《赵简子》的标志符号

《赵简子》中有合文、句读、专有词及篇章结束符号。

1. 合文符号

《赵简子》中合文符号作"="形，仅有一处，位于简10，作：

2. 句读符号

《赵简子》表示句读的符号作"-"形，共六处，分别位于简3、5、6（两处）、8、9。

3. 专有词符号

《赵简子》简8有"宫中六窖（灶）并六祀"一句，其中"窖（灶）"下有标志符号，作：

4. 篇末结束符号

简4文末有表篇章结束的符号，作 形；简11文末有表篇末结束的符号，作 形。

四、《越公其事》的标志符号

《越公其事》中有合文、重文符号，均作“=”形，句读符号作“-”形，另有一处篇末结束符号或篇题符号。

1. 合文符号

《越公其事》全篇合文共二十九处，其中用合文符号的二十四处，合文“六千”中有一处未使用合文符号，合文“八千”共四处，未使用合文符号（见图5-4），其余合文均使用了合文符号（见图5-5）。

61　5、8、11、14

图5-4

1、11、15（两例）、23、53、61　13、29、35、41、52、56、70　4　19　51

58　35、44　60、74　64、67

图5-5

2. 重文符号

《越公其事》全篇有重文符号十二处，其具体位置如下：

20　30　43　46　68　68　69　70　70　71

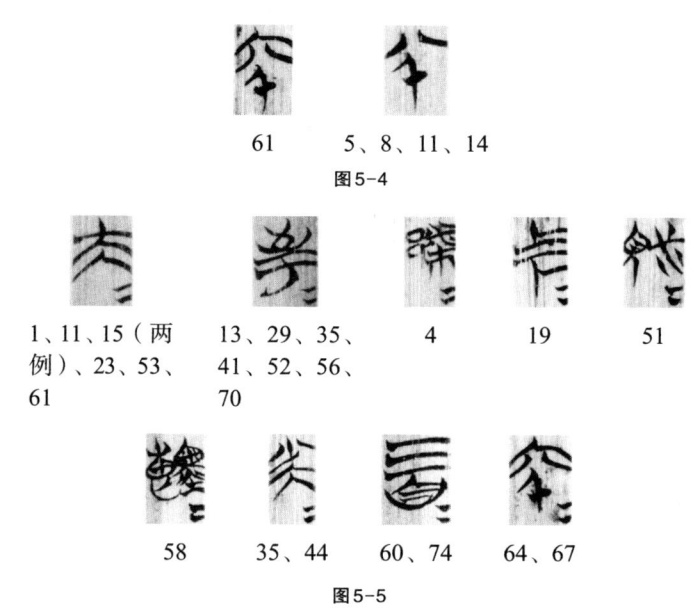

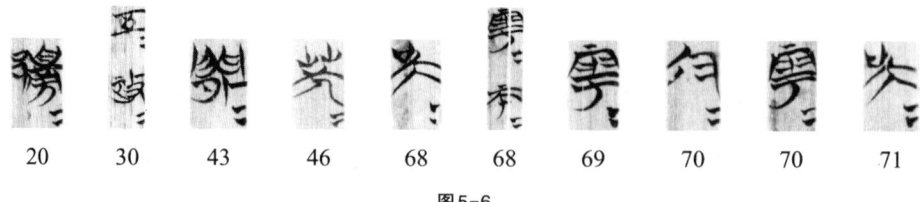

图5-6

3. 句读符号

《越公其事》中句读符号出现较少，仅七处，其中简1的"曰"字下仅剩一点墨迹，简9"乃"字下句读符号虽被编绳磨损，残泐较严重，仍可看出墨横起笔处的痕迹。不过此处不应有句读符号出现，应该是误置。现将出现句读符号的地方列举如下：

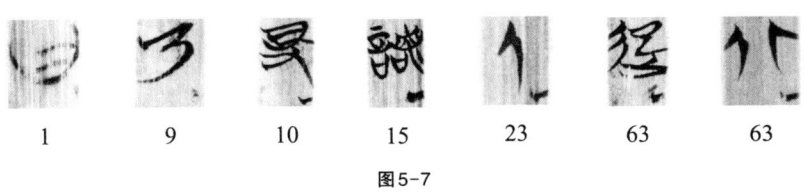

图5-7

4. 章末符号

《越公其事》全篇十一章，章末有标志符号，或简尾留白，或章间空白，各章末符号形态及位置如下：

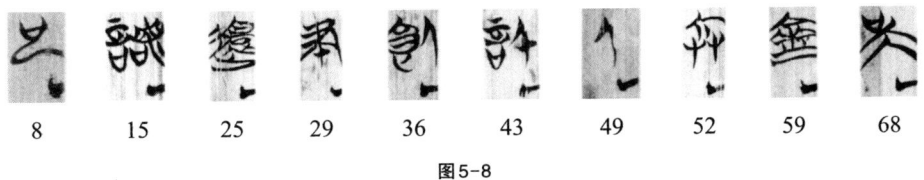

图5-8

从《越公其事》章节符号下的留白可见，竹书内容上的分章不一定另起一简书写。

5. 篇末结束符号或篇题符号

《越公其事》末简75正文篇尾并没有标志符号，而是直接按正文字间距书写了篇题"越公其事"，不结合文义都无法看出篇题的位置，这种情况较为罕见。并且篇题末字"事"字下有标志符号，如下：

不知道是否因为底本的篇题即写在文末,抄写者自己加了篇末结束符而产生了这种情况。篇题书写于正面文末的情况在《祭公》中也曾出现,但是篇题与正文末是有距离的。另一种情况是,抄手有意在篇题下加标志符号,因为篇题下加标志符号的情况也曾出现在《厚父》《封许之命》两篇中,只是这两篇的篇题都书写在简背。

第九节　简文的校补

从全篇文字布局即可看出,《子犯子余》补文一处(见图5-9:1),《晋文公入于晋》补文一处(见图5-9:2),《赵简子》补文三处(见图5-9:3至5),各篇补文位置如下:

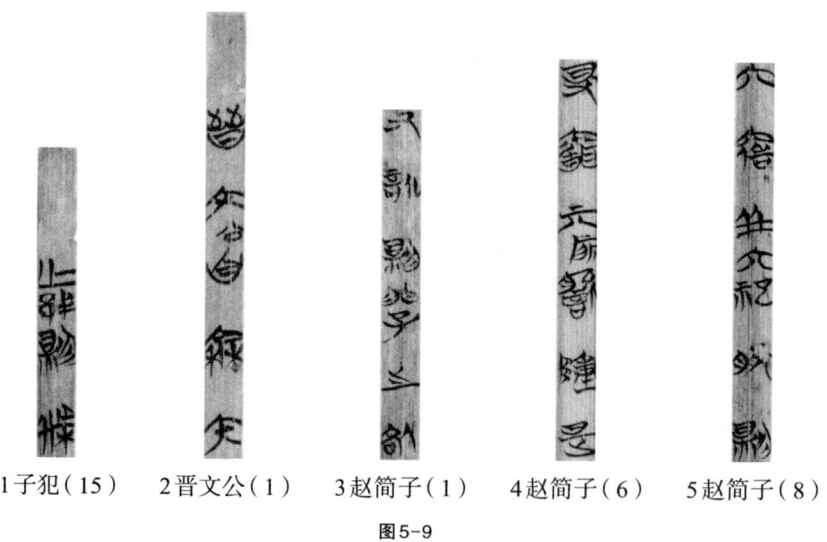

1 子犯(15)　2 晋文公(1)　3 赵简子(1)　4 赵简子(6)　5 赵简子(8)

图5-9

《越公其事》中出现了六处补文,现将各简补文标出,其位置见图5-10。

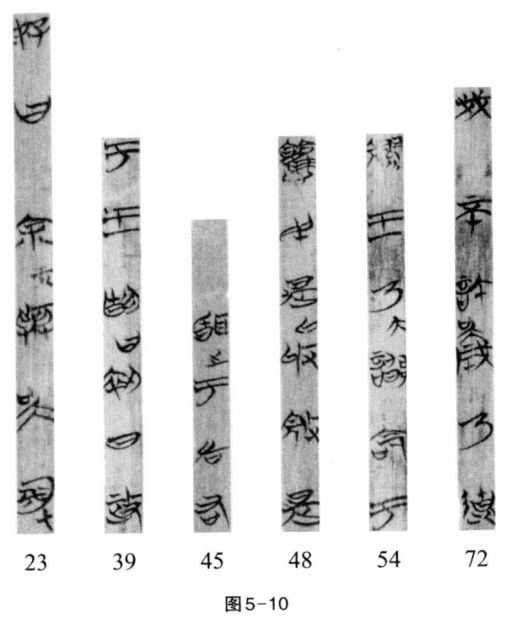

图5-10

这些补文均是该抄手自己补写的,这几篇出现较高补写频率也是由于该抄手书写速度较快,落下几字,但是全篇七十五支简仅有六处补文已经算是失误率较低的了。

简49第二契口上9厘米这一段内容字间距紧密,较其他简多出至少一个字,但并没有补文的出现。

第十节 编联

一、《子犯子余》的编联

清华七《子犯子余》全篇15支竹简,简1~12竹节位置一致,简1~15均两处竹节,经过刮削。从图版上看,简1、4、6、8、10、12、15

背面可见划痕。契口在右，各契口处仅一道编痕（见图5-11），未见有文字被编绳覆盖的痕迹。

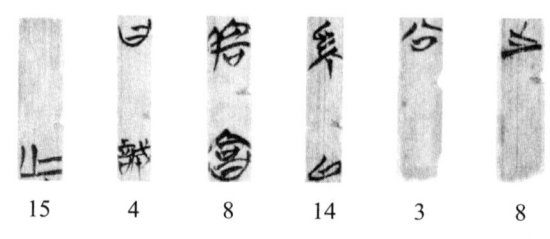

图5-11 《子犯子余》契口形态

二、《晋文公入于晋》的编联

《晋文公入于晋》全篇8支竹简，简1~8竹节位置一致，一处竹节，经过刮削。背面均有划痕，但不连续。契口在右，各契口仅一道编痕。简7第三契口上末字笔画略残一点，应是先写后编。其契口形态及编痕见图5-12。

图5-12

三、《赵简子》的编联

《赵简子》全篇11支竹简，简1~10竹简位置一致，一处竹节，未经过刮削。简11对应位置正好残缺。整理者认为，"目前次第依内容和简背信息编排"[①]，文中无次序编号，图版上简背未见划痕，故不知道所谓的"简背信息"是什么依据。

契口在右侧，简5第二契口下有字被编痕覆盖，简10第二契口上有字被编痕覆盖，因为是倒数第二简，所以可能是多余编绳缠绕造成的。

---

① 李学勤主编《清华大学藏战国竹简（柒）》，中西书局，2017，第106页"《赵简子》说明"。

表5-12 《赵简子》契口形态与编痕

契口形态					编痕	
1	4	5	6	6	5	10

《赵简子》与《子仪》竹简形制相近，《赵简子》简1~11与《子仪》简4~20的简背竹节位置一致。从字迹特征上看，两篇书写时间相近，《子仪》共20支竹简，《赵简子》11支竹简，即便如此我们也不能确定两篇是否可以合编一册。

四、《越公其事》的编联

《越公其事》全篇存75支竹简，简1~68、69~73、74~75为三种形制的竹简，均是一处竹节，未经过刮削。简1~8、10~14、32~34、37~64背面有划痕，无次序编号。竹田健二曾对《越公其事》简背的划痕有过讨论。①

契口在右侧，从简17、61、63、64第一契口下首字及简21、31第三契口上末字有编痕覆盖痕迹看，该篇为先写后编。

---

① [日]竹田健二：《〈越公其事〉的竹简排列和"划痕"》，"楚文化与长江中游早期开发国际学术研讨会"会议论文，武汉，2018。

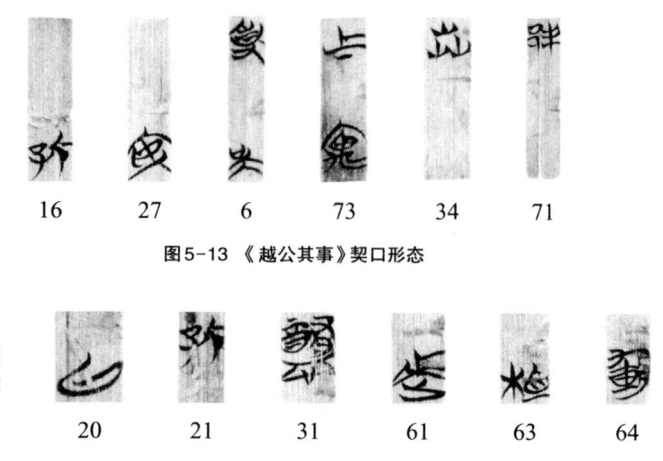

图 5-13 《越公其事》契口形态

图 5-14 《越公其事》编痕覆盖的文字

《越公其事》契口处不远仍有一道编痕，简 7、11～14、17 距第一契口上约 0.4 厘米处，简 17、19、20、22 距第一契口上约 0.3 厘米处，简 32 距第一契口上约 0.2 厘米处又有一道编痕，简 16 在第一契口处分出两道编痕。

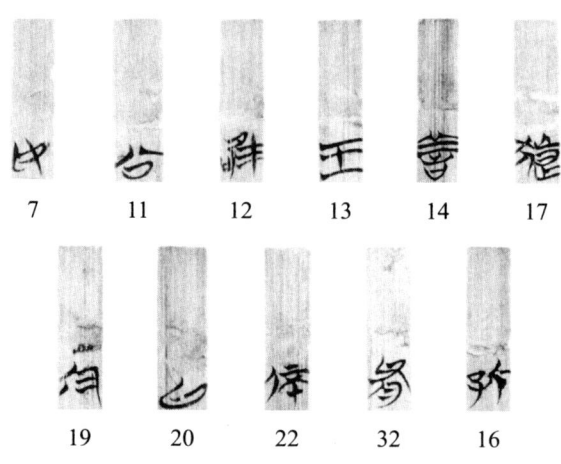

图 5-15 《越公其事》竹简上段编痕情况

简 4 距第三契口上约 0.4 厘米处，简 6、13、20～22 距第三契口上约 0.2 厘米处，简 58、61、68 距第三契口下约 0.2 厘米处，又有一道编痕。

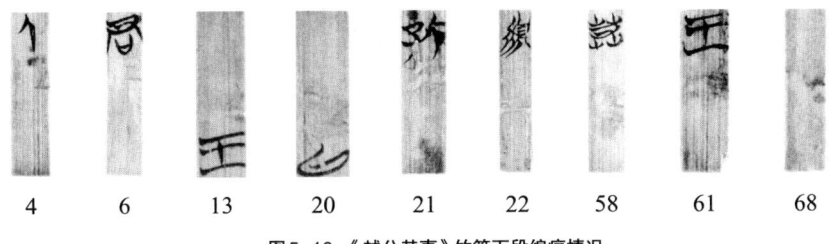

图5-16 《越公其事》竹简下段编痕情况

第十一节 《子犯子余》《晋文公入于晋》与《皇门》等篇字迹差异

　　《子犯子余》《晋文公入于晋》与《皇门》《赵简子》等篇运笔特征大多一致，但也有细微差别。如《子犯子余》《晋文公入于晋》看似潦草，笔画不如《赵简子》《越公其事》平直，字迹不如《赵简子》《越公其事》工整，《子犯子余》《晋文公入于晋》较《赵简子》《越公其事》笔画线条粗壮等，这些都使《子犯子余》《晋文公入于晋》与《赵简子》《越公其事》的概貌特征有些差别。此外，《子犯子余》《晋文公入于晋》运笔时的笔画更均匀，所以起笔时的顿压痕迹看似没有《赵简子》《越公其事》明显，这也是两者字迹略有区别的地方。整理者可能因为这些差别而未将《子犯子余》《晋文公入于晋》与《赵简子》《越公其事》的抄手联系在一起。史桢英对这四篇竹简的字迹利用相同字或字部比较做了"定量研究"后，"依然倾向于同意整理者的观点"，不过她所举出的四篇字迹的差异并不绝对。例如，她认为《赵简子》与《越公其事》横画起笔"上方突出的钉头"在《子犯子余》与《晋文公入于晋》少见，并以"天"字长横画为例进行说明。其实，运笔特征要考察的笔画是全部的，不能仅仅看一个字或几个字，我们所举的横画运笔特征中就有很多例是相近的，并且这也仅是代表字例。史桢英又举"民""才""女""母"等字的纵向斜画，认为该笔画"提笔铺毫调整笔锋，线条由粗到细",《赵简子》与《越公其事》该笔画"起笔后很少有铺毫意识,大多呈现中间粗、两头细的线条"。不过她也举出《子犯子余》与《晋文公入于晋》这些字的纵向斜画也有四例与《赵简子》《越公其事》该笔画特征一致。由于其只关注四篇字迹的差异性,对于这四篇字迹中存在的大量共性,她解释为"两个字迹单位的相似性视为师承或同出师门的关系"。笔者认为,这些笔画线条的粗细都是极为细微的变化,除因用毛笔这种书写工具会使文字线条有不同程度变化这一因素外,书写时间与书写环境的不一致也是很重要的原因,这一点从《赵简子》《越公其事》的形制差别即可看出。《子犯子余》《晋文公入于晋》简长45.3厘米左右,《赵简子》《越公其事》简长41.8厘米,这是由竹简制作时间不同造成的,但并不影响字迹的整体特征。另外,简长及每简容字必然影响文字形体的长扁,这些不是通过数据就能够说明的质变差异。例如《筮法》与《子产》的简长及容字的差异构成了其文字形体的较大差别。① 所以,我们认为,从运笔特征而言,《子犯子余》《晋文公入于晋》与《赵简子》《越公其事》字迹特征是一致的,应为同一人书写。

再有,《子犯子余》与《晋文公入于晋》两篇所用句读符号较为频繁,而"皇门类"字迹各篇句读符号较少,如下:

表5-13 《皇门》等篇标志符号使用情况

	简数②	合文	重文	句读	篇章结束
皇门	13	1	3	无	1
孺子	18	25	4	1	1

---

① 见本书第七章《〈筮法〉〈子产〉字迹研究》。
② 数依据存简而计。

续表

	简数	合文	重文	句读	篇章结束
太伯甲	14	2	2	2	1
太伯乙	12	1	2	1	1
子仪	20	3	8	无	1
子犯	15	1	无	23	
晋文公	8	4	1	10	1
赵简子	11	1	无	6+1	2
越公	75	29	12	7	1

我们认为，句读符号的使用频率很可能与书手的书写习惯有关，但是《子犯子余》与《晋文公入于晋》中句读符号的使用频率远高于《皇门》《郑武夫人规孺子》《赵简子》等篇，尤其《越公其事》简数是《子犯子余》的五倍，句读符号仅七处。这种现象也是较为特别的。不过句读符号是考察书手书写习惯的特征之一，但并不是唯一标准，检验书手同一性的最核心的标准仍是运笔特征。从《子犯子余》《晋文公入于晋》的运笔特征看，构成这两篇与其他篇字迹差异的主要原因应该是书写时间的不同。

从竹简形制来看，《皇门》与《郑武夫人规孺子》、《郑文公问太伯》（甲、乙）四篇简长均为45厘米左右；《子仪》简长41.7厘米；《子仪》与《赵简子》《越公其事》简长相近，且各编绳间距离也大致相等。

《子犯子余》《晋文公入于晋》两篇与《皇门》《郑武夫人规孺子》《郑文公问太伯》（甲、乙）四篇简长相近，且各编绳间距离也大致相等。

但是结合书写风格来看，《郑武夫人规孺子》、《郑文公问太伯》（甲、乙）、《子仪》、《赵简子》、《越公其事》六篇的书写时间相近，《子犯子余》《晋文公入于晋》与《皇门》形制相近，三篇字迹的线条也较其他篇粗，但是《子犯子余》与《晋文公入于晋》书写更潦草，《皇门》书写较该类字迹更加拘谨，其他几篇字迹更加灵活。

附：《越公其事》中的一词多形现象

《越公其事》全篇存75支竹简，略有残缺，共十一章，内容是一部记录句践灭吴过程的史书。这是在已公布的清华简中，除《系年》外史书类竹简最长的一篇。全篇均为一人抄写，从字迹情况看，全文十一章也是在同一时间段内书写成的。不过全篇一词多形现象比较突出，整理者曾指出，"篇中文字虽然工整，但异写很多，讹书也不在少数，有些字与同时期常见楚文字不合"。①有学者曾对《系年》中一词多形做过分析②，《越公其事》中出现的一词多形的情况比较多，有的是由更改字部造成的；有的是文字写法上的差别细小，如增减羡符，由改变字部位置造成的；有的则是由用字不同，即所用假借字的不同造成的。本文即对此现象进行揭示与探讨，并对产生此现象的原因略作推测。我们先将文字写法差别较小的这类列举于下。

一、通过更改或增减字部造成的一词多形

《越公其事》中有些一词多形的字在写法上差别不明显，主要是更改或增减字部所致，这种现象在该篇的使用比较常见，现举例如下：

---

① 李学勤主编《清华大学藏战国竹简（柒）》，中西书局，2017，第113页"《越公其事》说明"。

② 陈美兰：《〈清华大学藏战国竹简（贰）·系年〉用字现象考察——以同词异字为例》，载中国文字学会、中国文化大学中国文学系《第二十五届中国文字学国际学术研讨会论文集》，2014，第393—424页；又，李松儒：《试析〈系年〉中的一词多形现象》，载李守奎主编《清华简〈系年〉与古史新探》，中西书局，2016，第455—486页。

1. {命}

《越公其事》中读为{命}的字有两种写法：

一种写作从"口"的"命"有十八例：

毋绝越邦之命于天下（简5，第一章）；余其必歔绝越邦之命于天下（简7，第一章）；君越公不命使人而大夫亲辱（简15下，第三章）；使者返命越王（简24+25，第三章）；王既察知之，乃命上会（简45，第七章）；王乃大徇命于邦，是徇是命（简54，第九章）；王有失命：可复弗复、不使命疑（简57，第九章）；徇命若命，（简59上，第九章）；无敢偏命（简59下，第十章）；鼓命邦人救火（简59下+60，第十章）；乃命范蠡、太甬大历越民（简61，第十章）；越王句践乃命边人聚怨（简62，第十章）；乃命左军衔枚溯江五里以须（简64+65，第十章）；亦命右军衔枚逾江五里以须，夜中，乃命左军右军涉江（简65，第十章）。

另一种将所从"口"的写作两个横画的"命"有五例：

今我道路修险，天命反侧（简13，第二章）；以民生之不长而自不终其命，用使徒遽趣听命（简17，第三章）；孤用委命董振（简21，第三章）；余听命于门（简21，第三章）。

2. 蒸

《越公其事》中"蒸"有两种写法：

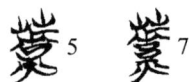

写作从"日"的"蒸"与写作从 的"蒸"各一例：

亦使句践继蓁于越邦（简5+6，第一章）；勿使句践继蓁于越邦矣（简7，第一章）。

3. {起}——起、记

《越公其事》中表示"兴起""引动"等义的{起}写作"起"或"记"，如下：

起：☒62　记：☒62

篇中{起}写作"起"的有三例：

挑起怨恶（简62，第十章）。吴王起师，军于江北。越王起师，军于江南（简63，第十章）。

{起}还可以写作"记"，有两例：

吴师未记（起）（简62，第十章）；吴师乃记（起）（简63，第十章）。

4. {还}——还、㩻

《越公其事》中读{还}的字有两种写法：

还：☒25　㩻：☒18

篇中"还"与"㩻"各一例：

师乃还（简25，第三章）；☒人㩻（还）越百里（简18，第五章）。

战国简中从"辵"的字与从"彳"的字通用现象频见。

5. {趣}——趣、趣

《越公其事》中读为{趣}的字有两种写法：

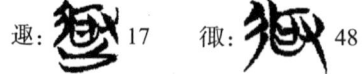

趣：☒17　趣：☒48

篇中读为{趣}，写作"遱"的有三例：

用使徒遽遱（趣）听命（简17，第三章）；唯信是遱（趣）（简43，第六章）；王乃遱（趣）使人察省城市边县小大远迩之匓、落（简44，第七章）。

写作"徣"的有八例：

王则唯匓、落是徣（趣）（简48，第七章）；乃徣（趣）徇于王宫，亦徣（趣）取戮（简54，第九章）；乃徣（趣）取戮；王乃徣（趣）至于沟塘之功，乃徣（趣）取戮于后至后成；王乃徣（趣）设戍于东夷西夷，乃徣（趣）取戮于后至不恭（简56+57，第九章）。

6. {修}——攸、彶

《越公其事》中读为{修}的字有两种写法：

攸：𢼸 28   彶：𢼸 9

篇中表示"修远"等义的"攸"与"彶"各一例，如：

今我道路攸（修）险（简13，第二章）；思道路之彶（修）险（简9，第二章）。

篇中"攸"还可以表示"修建"等义的{修}，有四例：

攸（修）崇庭（简26，第四章）；王妷无好攸（修）于民三工之堵（简28，第四章）；乃攸（修）市政（简37，第六章）；王乃整民、攸（修）令、审刑（简53，第九章）。

7. {窃}——叙、敔

《越公其事》中读为{窃}的字有两种写法：

叙 𢼸 59   敔 𢼸 67

第五章 《子犯子余》与《赵简子》等篇字迹研究

用"戬"表示{窃}与用"啟"表示{窃},各一例:

乃戬(窃)焚舟室(简59下,第十章);越王句践乃以其私卒六千啟(窃)涉(简67,第十章)。

8. {鼓}

《越公其事》中表示{鼓}的字有如下三种写法:

写作 形的有两例:

王亲鼓之(简8,第一章);鼓命邦人救火(简59下+60,第十章)。

写作 形的有两例:

鼓而退之(简60,第十章);不鼓不噪以侵攻之(简67,第十章)。

用作名词的"鼓"写作 形,仅一例:

鸣鼓(简65,第十章)

9. {閒}

《越公其事》中{閒}有两种写法:

{閒}写作 形,所从实为"人"形,篇中仅一例:

王乃趣使人察省城市边县小大远迩之閒、落(简44,第七章)。

{閒}还可以写作从"宀"的 ,共四例:

唯閒、落是察省(简44,第七章);其閒者,王见其执事人则怡豫憙也(简45,第七章);是以收宾,是以閒邑。王则唯閒、落是趣,及于左右(简48,第七章)。

10. {征}

《越公其事》中读为{征}的字有两种写法:

篇中有两例"竖"的写法,一例"升"的写法:

举越邦乃皆好竖(征)人(简48,第七章);越邦皆服竖(征)人(简50,第八章);王乃好升(征)人(简44,第七章)。

11. {践}——戈、㦍

《越公其事》中"句践"的{践}有两种写法:

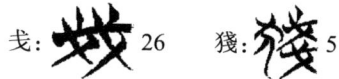

写作"戈"较为常见,共八例:

越王句戈(践)将恝覆吴(简26,第四章);越王句戈(践)焉始作纪五政之律(简29,第四章);犴畏句戈(践)(简58,第九章);越王句戈(践)乃命边人聚怨(简62,第十章);越王句戈(践)乃以其私卒六千窃涉(简67,第十章);句戈(践)弗许(简71,第十一章);句戈(践)不许吴成(简72,第十一章);句戈(践)不敢弗受(简72+73,第十一章)。

有一种写作"㦍",较为少见,有三例:

亦使句㦍(践)继蓐于越邦(简5+6,第一章);勿使句㦍(践)继蓐于越邦矣(简7,第一章);以观句㦍(践)之以此八千人者死也(简8,第一章)。

一般来说,人名写法用字应该较为固定,但从出土的战国竹书中所见并非如此。人名异写的现象在上博简《曹沫之陈》中也曾出现，人名｛曹沫｝有"敊穮""敊壐""敊斀""敊藏""蔎穮""敊篯"等不同写法，尤其《曹沫之陈》一文并不涉及较为复杂的时间及底本来源问题，它体现了比较明显的用字避复的意识。

12. ｛亲｝——辝、新

《越公其事》中读为｛亲｝的字有两种写法：

辝：辝 8　新：新 15

一种写作"辝"，全部读为｛亲｝，共八例：

以辝（亲）辱于寡人之敝邑（简3+4，第一章）；王辝（亲）鼓之（简8，第一章）；君越公不命使人而大夫辝（亲）辱（简15下，第三章）；王辝（亲）自耕（简30，第五章）；王辝（亲）涉沟淳湎涂（简30，第五章）；王必辝（亲）见而听之（简40，第六章）；王必辝（亲）听之（简42，第六章）；王必辝（亲）听之（简45，第七章）。

另一种写作"新"，有两例：

新（亲）见使者曰（简15下，第三章）；君不尝新（亲）右寡人（简21，第三章）。

13. ｛察｝——戩、戩

《越公其事》中读为｛察｝的字有两种写法：

一种写法的"戈"旁上从三个竖点，有一例：

戩（察）之而孚（简38，第六章）。

另一种写法的"戈"旁上从"少"形,共五例:

敓(察)之而信(简40,第六章);王乃趣使人敓(察)省城市边县小大远迩之菌、落,王则比视,唯菌、落是敓(察)省(简44,第七章);王既敓(察)知之(简45,第七章);唯多兵、无兵者是敓(察)(简51+52,第八章)。

14. {斗}——戠、䜴

《越公其事》中读为{斗}的字有两种写法:

篇中{斗}写作从"戈"的"戠"与写作从"言"的"䜴"各一例:

毋乃豕戠(斗)(简14,第二章);交䜴(斗)吴越(简16,第三章)。

15. {左}——左、右

《越公其事》中读为{左}的字有两种写法:

一种写作"左",有三例:

居诸左右(简50,第八章);问于左右(简52,第八章);左军右军乃遂涉(简67,第十章)。

篇中又多见写作"右"读为{左}的情况,共八例:

其见有列、有司及王右(左)右(简33,第五章);凡王右(左)右大臣(简35,第五章);及于右(左)右(简43,第六章);问之于右(左)右(简45,第七章);及于右(左)右(简48,第七章);越王乃中分其师以为右(左)军、右军(简63+64,第十章);乃命右(左)军衔枚溯江五里以须（简64+65，第十章）；乃命右（左）军右军涉江（简65，第十章）。

16. {佑}——右、有

《越公其事》中读为{佑}的字有两种写法：

篇中用"右"表示{佑}与用"有"表示{佑}，各一例：

右（佑）我先王（简12，第二章）；君不尝亲有（右—佑）寡人（简21，第三章）。

17. {耕}——䎱、䎱、䎱

《越公其事》中读为{耕}的字有三种写法：

其中一种写作"䎱"，有两例：

䎱（耕）者，王亦饮食之（简33，第五章）；而将䎱（耕）者，王必与之坐食（简33，第五章）。

一种写作"䎱"，也有两例：

凡王左右大臣，乃莫不䎱（耕）（简35，第五章）；乃夫妇皆䎱（耕）（简35，第五章）。

一种写作"䎱"，有一例：

王亲自䎱（耕）（简30，第五章）。

18. {因}

《越公其事》中{因}有两种写法：

其中写作"囱"形一例：

乃因始袭(袭)常（简27，第四章）。

另有一种写作"丙"形，有两例：

因其货以为之罚（简38+39，第六章）；越师乃因军吴（简68，第十章）。

19. {敬}——戟、苟

《越公其事》中表示{敬}的有两种写法：

敬： 戟 53   苟： 苟 59

一种写作"戟"，读为{敬}，文中共三例：

乃出恭戟（简53，第九章）；乃出不恭不戟（简53，第九章）；无敢不戟（简58，第九章）。

另一种写作"苟"，读为{敬}，如下：

王监越邦之既苟（敬）（简59下，第十章）。

20. {二}——二、式

《越公其事》中读为{二}的字有两种写法：

二： 二 6   式： 式 16

一种写作"二"，表示数量，篇中有一例：

越人分为二师（简66，第十章）。

另一种写作"弍",篇中有两例:

使吾弍邑之父兄子弟朝夕粲然为豺狼(简16+17,第三章);孤用率我壹弍子弟以奔告于边(简19+20,第三章)。

另外,篇中因增减字部或改变字部位置而造成的一词多形字频见,如{市}字作"䣓(简42)",或"(简37)";{在}作"(简3)",或"(简40)";{予}作"(简46)",或"余(简46)";{涉}作"(简30)",或"(简65)";{问}作"(简51)",或"(简52)"等。这种现象在战国简中同篇出现的情况也是十分常见的,且用例极多,故本文对这类现象不再做详细举例。

二、用字不同造成的一词多形现象

《越公其事》中还有一词多形现象,主要是用字不同造成的,一些是通假关系造成的写法差异大,也就是说两个或多个字用为同一个字,此类现象具体如下:

1. {使}——史、兹、徒、事

《越公其事》中读为{使}的字,分别用"徒""兹""史""事"来表示:

徒:15 兹:57 史:1 事:15

篇中读为{使}的字多写作"徒",共六例:

吴王闻越徒(使)之柔以刚也(简9,第二章);君越公不命使(使)人而大夫亲辱(简15下,第三章);以须徒(使)人(简22+23,第三章);王乃趣徒(使)人察省城市边县小大远迩之御、落(简44,第七章);王乃馈徒(使)人(简51,第八章);乃徒(使)人告于吴王曰(简72,第十一章)。

写作"兹"也较为常见①,共六例,篇中都用作动词:

亦兹(使)句践继蔡于越邦(简5+6,第一章);勿兹(使)句践继蔡于越邦矣(简7,第一章);兹(使)吾式邑之父兄子弟朝夕粲然为豺狼(简16+17,第三章);不兹(使)达气(简20,第三章);兹(使)民暇自相(简28,第四章);不兹(使)命疑(简57,第九章)。

还有一例将"史"读为{使},用作动词:

乃史(使)大夫种行成于吴师曰(简1,第一章)。

篇中用"徒"表示名词"使者"的{使},有一例:

徒(使)者返命越王(简24+25,第三章)。

篇中用"事"表示名词"使者"的{使}或动词{使},共两例:

亲见事(使)者曰(简15下,第三章);用事(使)徒遽趣听命(简17,第三章)。

2. {县}——㥯、鄎、还、鄏

《越公其事》中表示行政区域的{县}有四种写法,分别作:

㥯 35   鄎 39   还 44   鄏 51

篇中{县}可以写作"㥯":

至于边㥯(县)小大远迩(简35,第五章)。

亦可以写作"鄎":

凡边鄎(县)之民及有官师之人(简39,第六章)。

可以写作"还",篇中有两例:

---

① "兹"读为"使",见石小力《上古汉语"兹"用为"使"说》,《语言科学》2017年第6期。

王乃趣使人察省城市边还（县）小大远迩之毚、落（简44，第七章）；举越邦至于边还（县）城市乃皆好兵甲（简52，第八章）。

还可以写作"鄐"：

请问群大臣及边鄐（县）城市之多兵、无兵者（简51，第八章）。

3. {省}——睛、胜、情

《越公其事》中{省}有三种写法：

睛：44 胜：50 情：71

写作"睛"的有三例：

日睛（省）农事以劝勉农夫（简30+31，第五章）；王乃趣使人察睛（省）城市边县小大远迩之毚、落，王则比视，唯毚、落是察睛（省）（简44，第七章）。

写作"胜"与写作"情"的{省}各一例[①]：

王曰论胜（省）其事（简50+51，第八章）；情（省）问群大臣及边县城市之多兵、无兵者，王则比视（简51，第八章）。

4. {是}——是、寺

《越公其事》中读为{是}的字有三种写法：

是：是43 是44 寺：寺54

第一种写作"是"的仅一例：

[①] "情"读为"省"，见单育辰《〈清华大学藏战国竹简（柒）〉释文订补》，"《清华简》国际会议"会议论文，香港、澳门，2017。

唯信是趣（简43，第六章）。

第二种写法的"是"较第一例写法多一笔羡画，该写法在篇中较多见，共七例：

唯飤、落是察省（简44，第七章）。是以劝民，是以收宾，是以飤邑。王唯飤、落是趣（简47+48，第七章）。唯多兵、无兵者是察（简51+52，第八章）。越公是尽既有之（简75，第十一章）。

"是"作 昰、是 在同一篇简中同时出现的情况，在战国简中频见。还可以写作"寺"，有两例：

寺（是）徇寺（是）命（简54，第九章）。

5. {三}——厽、疌、三

《越公其事》中表示数字"三"的字写作：

厽：[图]19　疌：[图]68

篇中用"厽"表示"三"较为常见，共六例：

于今厽（三）年无克有定（简17+19，第三章）；王缺无好修于民厽（三）工之堵（简28，第四章）；至于厽（三）年（简29，第四章）；厽（三）年（简30，第五章）；厽（三）品效于王府，厽（三）品年筹枚数（简47，第七章）。

《越公其事》中有两例"疌"读为"三"，这种情况较为罕见：

疌（三）战疌（三）北（简68，第十章）。

《越公其事》简7有一残画作[图]，该残画实为"三"字上一横，可见篇中"三"还可以写作"三"，其辞例如下：

君乃陈吴三□（简7，第一章）。

篇中合文"三百"的"三"也是写作三横，作[图]（简60），其辞例如下：

死者吾=（三百）人（简60，第十章）；夫妇吾=（三百）（简73+74，第十一章）。

6. {四}——四、亖

《越公其事》中表示"四方"的{四}有两种写法：

读为{四}的字写作"四"，这种写法在战国简中常见，篇中仅有一例：

东夷、西夷、姑蔑、句吴四方之民乃皆闻越地之多食（简48+49，第七章）。

还有一种写作"亖"，篇中也仅有一例：

亖（四）方诸侯其有敢不宾于吴邦（简6，第一章）。

这种写法的"四"在金文中常见，战国简中较为少见，《封许之命》中的"四"仅此一种写法，共出现三次；《郑武夫人规孺子》《子产》各出现一次。

战国简中，"一"与"壹"、"二"与"弍"、"三"与"弎"常常同时出现，这种异写与底本关系不大。《越公其事》中未出现"一"字，仅在简19出现一例"壹"写作 形，并与"弍"同时出现，其辞例作"孤用率我壹弍子弟以奔告于边"（简19+20，第三章）。这是"一""二"的繁写——"壹""弍"同用于一句的情况。

7. {始}——訂、司

《越公其事》中读为{始}的字有两种写法：

一种写作"訂"，读为"始"，用为动词，这种写法在楚文字中常见，

篇中有三例：

吾司（始）践越地以至于今（简13，第二章）；越王句践焉司（始）作纪五政之律（简29，第四章）；焉司（始）绝吴之行李（简60，第十章）。

一种用"司"，读为{始}，用为名词，该用法在战国简中较为少见，篇中也仅有一例：

乃因司（始）袭裳常（简27，第四章）。

8. {吴}——吴、虖

《越公其事》中表示"吴国"的{吴}有两种写法：

篇中多写作"吴"，共三十四例：

乃使大夫种行成于吴师曰（简1，第一章）；以臣事吴（简6，第一章）；四方诸侯其有敢不宾于吴邦（简6，第一章）；吴王闻越使之柔以刚也（简9，第二章）；天不仍赐吴于越邦之利（简10，第二章）；吴王曰："大夫其良图此"（简11，第二章）；天赐中于吴（简12，第二章）；凡吴之善士将中半死矣（简13+14，第二章）；吴王乃出（简15下，第三章）；交斗吴越（简16，第三章）；余其与吴播弃怨恶于海滋江湖（简23，第三章）；吴人既袭越邦。越王句践将恭覆吴（简26，第四章）；焉始绝吴之行李（简60，第十章）；吴师未起（简62，第十章）；吴师乃起。吴王起师（简63，第十章）；吴师乃大骇曰（简66，第十章）；大乱吴师（简67，第十章）；吴师乃大北，足（三）战足（三）北，乃至于吴。越师乃因军吴＝（吴，吴）人昆奴乃入越师，越师乃遂袭吴（简68，第十章）；越王句践遂袭吴邦，围王宫。吴王乃惧（简69，第十一章）；今吴邦不天（简70，第十一章）；昔天以越邦赐吴=（吴，吴）弗受。今天以吴邦赐越，句践敢不听天之命而听君之令乎？"句践不许吴成，乃使人告于吴王曰："天以吴土赐越"（简71+72，第十一章）；吴王乃辞曰："天加祸于吴邦"（简74，第十一章）；凡吴土地民人（简75，第十一章）。

另一种是写作"虖"，与"句"字连用，仅一例：

句虖（吴）四方之民乃皆闻越地之多食、政薄而好信（简49，第七章）。

9. ｛越｝——雩、邿

《越公其事》中表示"越国"的"越"有两种写法：

篇中多写作"雩"，共五十三例：

上帝降□祸于雩（越）邦（简2+3，第一章）；毋绝雩（越）邦之命于天下，亦使句践继蔡于雩（越）邦，孤其率雩（越）庶姓（简5+6，第一章）；余其必歔绝雩（越）邦之命于天下，勿使句践继蔡于雩（越）邦矣（简8，第一章）；吴王闻雩（越）使之柔以刚也（简9，第二章）；天不仍赐吴于雩（越）邦之利（简10，第二章）；今雩（越）公其胡有带甲八千以辇（敦）刃偕死（简10+11，第二章）；吾始践雩（越）地以至于今（简13，第二章）；君雩（越）公不命使人而大夫亲辱（简15下，第三章）；交斗吴雩（越）（简16，第三章）；孤用愿见雩（越）公（简19，第三章）；孤又恐无良仆御獿火于雩（越）邦（简22，第三章）；恣志于雩（越）公（简24，第三章）；使者返命雩（越）王（简24+25，第三章）；吴人既袭雩（越）邦。雩（越）王句践将恭覆吴（简26，第四章）；雩（越）王句践焉始作纪五政之律（简29，第四章）；雩（越）庶

254

民百姓乃称嚞悚惧曰（简31，第五章）；举雩（越）庶民（简35，第五章）；☐人还雩（越）百里（简18，第五章）；☐得于雩（越）邦（简34，第五章）；雩（越）邦乃大多食（简36B，第五章）；雩（越）邦服农多食（简37，第六章）；凡雩（越）庶民交接（简42，第六章）；雩（越）则无狱（简43，第六章）；举雩（越）邦乃皆好信（简43，第六章）；雩（越）邦服信（简44，第七章）；举雩（越）邦乃皆好征人（简48，第七章）；东夷、西夷、姑蔑、句吴四方之民乃皆闻雩（越）地之多食、政薄而好信，乃播往归之，雩（越）地乃大多人。（简48+49，第七章）；雩（越）邦皆服征人（简50，第八章）；举雩（越）邦至于边县城市乃皆好兵甲，雩（越）邦乃大多兵（简52，第八章）；雩（越）邦多兵（简53，第九章）；雩（越）邦庶民则皆震动（简58，第九章）；王监雩（越）邦之既敬（简59下，第十章）；乃命范蠡、太甬大历雩（越）民（简61，第十章）；雩（越）王句践乃命边人聚怨（简62，第十章）；雩（越）王起师（简63，第十章）；雩（越）王乃中分其师以为左军、右军（简63+64，第十章）；雩（越）人分为二师（简66，第十章）；雩（越）王句践乃以其私卒六千窃涉（简67，第十章）；雩（越）师乃因军吴，吴人昆奴乃入雩＝帀＝（越师，越师）乃遂袭吴（简68，第十章）；昔不穀先秉利于雩＝（越，越）公告孤请成（简69，第十一章）；许雩（越）公成（简70，第十一章）；得罪于雩（越）公（简70，第十一章）；昔天以雩（越）邦赐吴（简71，第十一章）；天以吴土赐雩（越）（简72，第十一章）；雩（越）公是尽既有之（简75，第十一章）；雩（越）公其事（简75，第十一章）。

还有两例写作"邚"，读为"越"：

及风音诵诗歌谣之非邚（越）常律（简55+56，第九章）；今天以吴邦赐邚（越）（简71+72，第十一章）。

第五章 《子犯子余》与《赵简子》等篇字迹研究　　255

10. ｛胡｝——故、肤

《越公其事》中读为｛胡｝的字有两种表示方法：

故：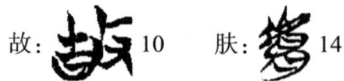 肤：

写作"故"与写作"肤"的｛胡｝各一例：

今越公其故（胡）有带甲八千以鼜刃偕死（简10+11，第二章）；吾于肤（胡）取八千人以会彼死（简14，第二章）。

11. ｛有｝——又、或

《越公其事》中表示｛有｝的字有两种：

又：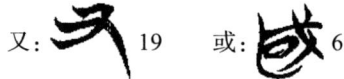 或：

篇中｛有｝多写作"又"，共十六例：

寡人又（有）带甲八千，又（有）旬之粮（简4+5，第一章）；今越公其胡又（有）带甲八千以鼜刃偕死（简10+11，第二章）；于今三年无克又（有）定（简17+19，第三章）；又（有）私畦（简30，第五章）；王其又（有）婴疾（简31，第五章）；其见又（有）列、又（有）司及王左右（简33，第五章）；人又（有）私畦（简35，第五章）；乃无又（有）闲草（简34，第五章）；凡边县之民及又（有）官师之人或告于王廷曰（简39，第六章）；凡又（有）狱讼至于王廷（简41，第六章）；乃毋又（有）贵贱（简42，第六章）；又（有）夌岁，又（有）赏罚（简47，第七章）；王又（有）失命（简57，第九章）。

还可以写作"或"，共两例：

四方诸侯其或（有）敢不宾于吴邦（简6，第一章）；毋或（有）往来（简60+61，第十章）。

12. {战}——戔、戰

《越公其事》中读为{战}的字有两种写法：

戰：**[图]** 64　　戔：**[图]** 12

一种写作"戰"，读为{战}，这种写法战国简中较为常见，篇中出现两例：

若明日将舟戰（战）于江（简64，第十章）；足（三）戰（战）足（三）北（简68，第十章）。

还有一种写作"戔"，读为"战"，仅一例：

远夫勇戔（战）（简12，第二章）。

由上可见，《越公其事》中的一词多形现象比较突出，一些一词多形现象出现在同一章，可以看作是抄手有意避免重复或变化文字写法，如：{命}作"**[图]**"或"**[图]**"，两种写法同时出现在第三章；{燎}作"**[图]**"或"**[图]**"，两种写法同时出现在第一章；{起}作"起"或"记"，两种写法同时出现在第七章；{趣}作"迊"或"徹"，两种写法同时出现在第七章；{修}作"攸"或"彶"，两种写法同时出现在第二章；{窃}作"敫"或"敵"，两种写法同时出现在第十章；{鼓}作"**[图]**""**[图]**""**[图]**"，三种写法同时出现在第十章；{匓}作"**[图]**"或"**[图]**"，两种写法同时出现在第七章；{征}作"𨛜"，有"**[图]**"与"**[图]**"两种写法，分别出现在第七、八章，还作"升"，出现在第七章；{耕}作"刢""𤖴""𦥔"，三种写法同时出现在第五章；{亲}作"辟"或"新"，两种写法同时出现在第三章；{察}作"㦰"或"㦰"，两种写法同时出现在第六章；{左}作"左"或"右"，两种写法同时出现在第十章；{胡}作"故"或"肰"，两种写法同时出现在

第五章　《子犯子余》与《赵简子》等篇字迹研究　　257

第二章；{有}作"又"或"或"，两种写法同时出现在第一章；{市}作"㞢"或"𠂇"，两种写法同时出现在第六章；{予}作"𠂔"或"余"，两种写法同时出现在第七章；{问}作"𦉢"或"𦉰"，两种写法同时出现在第八章等。

还有一些文字异写分布在不同篇章，如：{在}作"𠂇"或"中"，前者出现在第一、十一章，后者出现在第六章；{涉}作"𣥂"或"𣥆"，前者出现在第十章，后者出现在第五章；{敬}作"敬"或"苟"，前者出现在第九章，后者出现在第十章；用于人名"句践"的{践}作"戈""𢦏"两形，"戈"出现在第四、九、十、十一章，"𢦏"出现在第一章；{二}作"二"或"弍"两形，前者出现在第十章，后者出现在第三章等。这些一词多形现象主要是由增减字部、变化字部位置造成的，并不能反应其所抄写底本的情况。

《越公其事》中有一些一词多形的现象是文字异写，出现在不同章，其中一类是更改字部所致的异写现象，如：{还}作"还"或"𢔌"两形，分别出现在第三章与第五章；{县}作"𢔌""鄂""还""鄗"四形，前两形分别出现在第五、六章，"还"出现在第七、八章，"鄗"出现在第八章；{省}作"睛""胜""情"三形，"睛"出现在第五、七章，"胜"与"情"同时出现在第八章；{斗}作"戬"或"𠦜"两形，分别出现在第二章与第三章；{因}作"𡇼"或"丙"，前者出现在第四章，后者出现在第六、十章等。

《越公其事》中一词多形的现象出现在不同章，还有一类是由用字不同造成的，如：{使}作"史""兹""彶""事"四形，"史"出现在第一章，"兹"出现在第一、三、四、九章，"彶"出现在第二、三、七、八、十一章，用作名词的"彶"与"事"同时出现在第三章；{是}作"是"或"寺"，其中"是"有"𣆞"与"𣆞"两个写法，前者出现在第六章，后者出现在第七、八、十一章，"寺"出现在第九章；｛三｝作"厽""疋""弎"三形，"厽"出现在第三、四、五、七章，"疋"出现在第十章，"弎"出现在第一章；｛四｝作"四"或"亖"两形，前者出现在第七章，后者出现在第一章；用于国名"吴国"的｛吴｝作"吴"或"虞"两形，前者出现在第一、二、三、四、十、十一章，后者出现在第七章；｛佑｝作"右"或"有"两形，前者出现在第二章，后者出现在第三章；｛战｝作"戔"或"戬"两形，前者出现在第十章，后者出现在第二章。以上这些一词多形主要是由用字不同造成的，｛三｝作"厽"或"弎"战国简中常见，但是作"疋"尚属首次出现；用于国名"吴国"的｛吴｝作"吴"或"虞"两形，一般来说这种用于国名的字使用相对稳定，这里使用了两种字形；再如｛四｝作"四"或"亖"两形，"四"在战国简中常见，在已公布竹简中，"亖"仅出现在清华简中，并非常见字形。

此外，｛始｝作"台"或"司"，前者出现在第二、四、十章，后者出现在第四章，虽然两形同时出现在第四章，但是｛始｝作"司"表示较为少见；｛越｝作"雩"或"邙"两形，前者出现在第一至十一章，后者出现在第九、十一章，但是如上所述，一般来说这种用于国名的字使用相对稳定。

《越公其事》"首尾与《国语·吴语》《越语》所载几乎全同"①，第二至九章的记载则溢出《吴语》《越语》之外。《越公其事》中间八章记录句践励精图治的举措更为详细，其内容应该另有来源。《越公其事》虽是吴越史料，但全篇是用楚文字书写，并由同一抄手在较短的时间段内书写完成。通过分析这些一词多形在各篇章分布状况，我们并没有发现存在什么明显的规律。所以，不管《越公其事》编写时所依据的文献是多种还是单

---

① 李学勤主编《清华大学藏战国竹简（柒）》，中西书局，2017，第112页"《越公其事》说明"。

一的，仅就清华七此篇来看，《越公其事》的文字已经经过了统一处理（是抄手所据的《越公其事》的底本即已统一还是抄手在转抄《越公其事》时将其统一则未可知），所以该篇一词多形在各篇章的分布并未能显示出任何规律。那么，我们如何理解《越公其事》中比较多见的一词多形的现象呢？我们初步认为，这应该是《越公其事》的抄手有意变化文字写法或避复所致。该篇与《系年》所据文献来源复杂而造成存在较多的一词多形现象是不一样的。

附《越公其事》中一词多形分布状况表。

表5-14 《越公其事》中一词多形分布状况表

		一	二	三	四	五	六	七	八	九	十	十一
{市}							●	●	●			
							●					
{在}		●										●
							●					
{涉}											●	
						●						
{予}								●				
								●				
{问}								●	●			
									●			
{命}		●		●				●		●	●	
			●	●								
{燎}		●										

续表

		一	二	三	四	五	六	七	八	九	十	十一
{尞}	燎	●										
{起}	起										●	
	记										●	
{还}	还			●								
	澴						●					
{趣}	趣			●				●	●			
	徹							●		●		
{修}	攸		●		●			●		●		
	攸			●								
{窃}	敚										●	
	敓										●	
{鼓}	鼓	●										
	鼓										●	
	鼓										●	
{阋}	鬩							●				
	鬩							●				
{征}	征							●				
	征								●			
	征							●				
{践}	戔					●				●	●	●
	㦰	●										

第五章 《子犯子余》与《赵简子》等篇字迹研究

续表

		一	二	三	四	五	六	七	八	九	十	十一
{亲}	辟			●			●	●	●			
	新			●								
{察}	訬						●					
	蔡							●	●	●		
{斗}	戡			●								
	鬬					●						
{左}	左									●		●
	右						●	●	●			●
{佑}	右		●									
	有			●								
{耕}	刔						●					
	㧅						●					
	鬷						●					
{因}	𡆥				●							
	丙							●			●	
{敬}	敬								●			
	苟										●	
{二}	二										●	
	弍			●								
{使}	㣎			●	●				●	●		●
	兹	●			●	●				●		
	史	●										
	事					●						

262

续表

		一	二	三	四	五	六	七	八	九	十	十一
{县}	䙷					●						
	鄸						●					
	还							●	●			
	鄐								●			
{省}	睛					●		●				
	胜								●			
	情								●			
{是}	㔾						●					
								●	●			●
	寺									●		
{三}	厽			●	●	●		●				
	㔉										●	
	三	●										
{四}	四							●				
	亖	●										
{始}	始			●		●					●	
	司					●						
{吴}	吴	●	●	●	●						●	●
	虡							●				
{越}	雩	●		●	●	●	●	●		●		●
	邨									●		●
{胡}	故			●								
	肤			●								

续表

		一	二	三	四	五	六	七	八	九	十	十一
{有}	又	●	●	●		●	●	●		●		
	或	●									●	
{战}	戈戈										●	
	戬		●									

第六章 《良臣》《祝辞》字迹研究

《良臣》与《祝辞》两篇竹简发表于《清华大学藏战国竹简》第三册，整理者已言这两篇为同一书手所写，合编在一卷上。① 目前该书手字迹仅见于这两篇竹简。

第一节 竹简形制

《良臣》全篇共11支竹简，《祝辞》全篇共5支竹简，两篇竹简内容完整，整理者介绍简长为32.8厘米，简宽0.6厘米。② 据笔者测量，完简简长32.4厘米，两道编绳，其具体形制见下表：

---

① 李学勤主编《清华大学藏战国竹简（叁）》，中西书局，2012，第156页"《良臣》说明"；李学勤主编《清华大学藏战国竹简（叁）》，中西书局，2012，第163页"《祝辞》说明"。
② 李学勤主编《清华大学藏战国竹简（叁）》，中西书局，2012，第156页"《良臣》说明"。

表6-1 《良臣》《祝辞》形制表（单位：厘米）

篇名	简数	介绍简长	测量简长	简宽	简首至一契	一契至二契	二契至简尾	划痕
良臣	11	32.8	32.4	0.6	13	13	6.4	有
祝辞	5	32.8	32.4	0.6	13	13	6.4	有

《良臣》与《祝辞》简背有连续划痕，无表次序编号，无篇题，整理者据内容拟题，篇末有表示结尾的符号。

第二节　概貌及运笔特征

《良臣》与《祝辞》文字布局疏朗，字间距均匀，全文顶格书写，整篇文字横向字行形态能够保持水平，即每简文字对应位置相同，如有界格参照一般。①《良臣》除简6外，其余简均书写26个字，简6上有25个字，其中一处由墨节占据。《良臣》简尾多留出0.5厘米空白，简3与简10文末有粗墨横线，书写接近简尾。《祝辞》简1上有26个字，文末有粗墨横线；简2上有25个字，文末有粗墨横线，距简尾约1.3厘米；简3～5文末粗墨横线距简尾约3.5厘米。《祝辞》简3～5每简"都是射箭的祝辞，分别用于射敌人、射禽兽和射甲革三种情况"②，相同辞例在竹简中对应相同位置。

《良臣》与《祝辞》文字书写工整，起笔处呈圆头，直锋而出，每个笔画都是重落轻出，笔画短促，大多笔画的运笔过程是直笔甩出，风格古朴稚

---

① 字行形态是文字布局的特征之一，有关"字行形态"的相关论述参见李松儒《战国简帛字迹研究——以上博简为中心》，上海古籍出版社，2015，第130—132页。
② 李学勤主编《清华大学藏战国竹简（叁）》，中西书局，2012，第163页"《祝辞》说明"。

拙，十分独特。战国简中此种风格的字迹较为罕见，其基本笔画形态如图6-1所示：

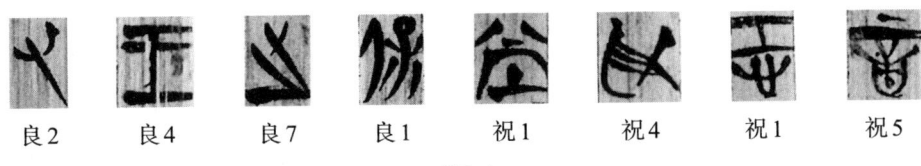

图6-1

目前所见的楚文字书写风格主要是弧笔居多，线条显得婉转流畅，而像《良臣》《祝辞》这样短促且略平直的笔画则造成其整体风格与常见楚文字不类。刘刚认为此种书写风格与《侯马盟书》相近，具有晋系文字风格；①单育辰根据"书写风格"认为，这两篇的书手即"晋系文字的抄手所书"：

> 书风是习惯于楚文字的书手难于摹仿，也是没有必要摹仿的，而其中有与楚文字相同或大致相同的字形是各系文字相互统一、相互影响的例子（各系文字出于一源，一定是同大于异的）。我们认为《良臣》《祝辞》应即为晋系文字的抄手所书，包含两种情况：一是有可能是从晋地（或郑地）流传过来的书籍，二是有可能是居在楚地的晋人（或郑人）所书。②

郭永秉也有类似观点，他认为，"《良臣》与《姑成家父》的三晋特征多寡不同，是否存在书手、文本的不同问题，也就是说，《姑成家父》这类包含了楚晋特点的文本与基本上是三晋特点的《良臣》，到底有没有文本

---

① 刘刚：《清华叁〈良臣〉为具有晋系文字风格的抄本补证》，复旦大学出土文献与古文字研究中心网，访问日期：2013年1月17日；又，刘刚：《清华叁〈良臣〉为具有晋系文字风格的抄本补证》，载中国文学学会《中国文字学报》编辑部编《中国文字学报》（第五辑），商务印书馆，2014，第99—107页。下文所引刘刚有关《良臣》国别的意见皆出自该文，不再出注。

② 单育辰：《"蝌蚪文"谭》，载中国文化遗产研究院编《出土文献研究》（第十三辑），中西书局，2014，第96页。

形成上的区别,或者说,《姑成家父》是否为一个楚人用三晋底本抄的,而《良臣》本身则是三晋书手"①。朱友舟在《〈良臣〉〈姑成家父〉中晋楚书风融合现象》一文中,以"王""宋""君""宀""又""女"等文字及偏旁为例,将《良臣》与《侯马盟书》的书写风格进行了对比。他认为,《良臣》"横、竖、撇等笔画挺直,与楚文字之笔势圆曲流利不同,显然与晋系笔势特点接近。《良臣》在流传过程中,传抄较少,较多保留了晋系文字的书风,与楚书风融合程度较浅,抑或《良臣》即为晋国人所抄"②。笔者认为,朱友舟所举这些文字及偏旁的写法是由运笔特征造成的书写风格与常见楚文字不同,与下文所举的涉及地域问题的文字写法不同有别。

第三节　文字写法

一、特征字

现将清华简中一些出现频率较高的文字在《良臣》《祝辞》中的写法列出:

表6-2　《良臣》《祝辞》特征字

之	人	虐	为	为	又
良臣1	良臣1	良臣6	良臣11	祝辞4	祝辞1

---

①　郭永秉的这条意见转引自朱友舟《〈良臣〉〈姑成家父〉中晋楚书风融合现象》一文。见朱友舟《〈良臣〉〈姑成家父〉中晋楚书风融合现象》,载刘中玉主编《形象史学》2019年上半年(总第十三辑),社会科学文献出版社,2019。

②　朱友舟:《〈良臣〉〈姑成家父〉中晋楚书风融合现象》,载刘中玉主编《形象史学》2019年上半年(总第十三辑),社会科学文献出版社,2019。

续表

史	余	号	疋	亡	女

《良臣》《祝辞》中"后"写作"𤰈",作 形;"彭"写作 形;"既"写作"飤",作 形;"贱"写作 形,其中"员"作 ![形]形;"穆"作 形;"秦"作 形;"定"字作 形;"产"字作 形;"戎"字作 形;"堂"字作 形;"尧"字作 形;"禽"字作 形;"音"字作 形;"皇"字作 形;"蔄"字写作 形等,这些都与其他篇文字写法不同。

此外,还有一些偏旁的写法,也与清华简中其他篇写法不同,如下:

1. "宀"旁

"宀"旁写作 ![形]形,如下:

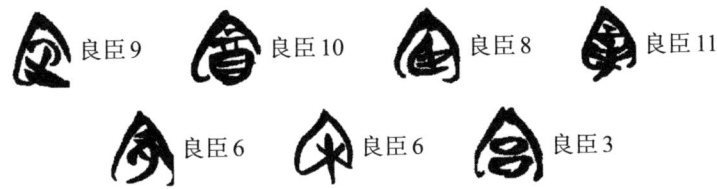

2. "邑"旁

"邑"旁写作 ![形]形,如下:

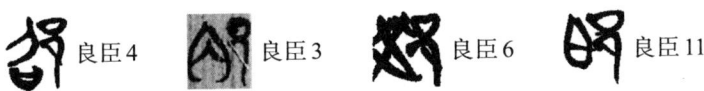

第六章 《良臣》《祝辞》字迹研究 269

《良臣》简3"邟"字的"邑"旁下部斜画略有磨损,《字形表》作![]①,"邑"旁作![]形,仍可见残留痕迹。

3. "心"旁

"心"旁写作![]形,如下:

 祝辞1　 良臣6　 良臣11　 良臣10　 良臣2

4. "虍"旁

《良臣》《祝辞》中"虍"旁写作![]或![]形,如下:

 良臣8　 良臣6　 祝辞3

《祝辞》中有三例"虞"字写法一致,其左下角一短撇画是"旻"部中的羡画。

上举《良臣》《祝辞》中"宀"旁写作![]形,"心"旁写作![]形,均是与常见楚文字明显不同的写法,是书写风格不同造成的。

二、地域特征

《良臣》《祝辞》中一些文字的写法与清华简其他篇写法不同,其文字具有明显的非楚特征。

整理者根据《良臣》"百"字作"全","考虑到篇中特别突出子产,详记'子产之师''子产之辅',作者可能与郑有密切关系"②。后有学者指出

---

① 李学勤主编《清华大学藏战国竹简(叁)》,中西书局,2012,第202页"《字形表》"。
② 李学勤主编《清华大学藏战国竹简(叁)》,中西书局,2012,第156页"《良臣》说明"。

《良臣》用字具有晋系文字特征，刘刚最先通过"文字形体和用字习惯两个方面来说明《良臣》与晋系文字之间的关系"。综合诸家说法，笔者将《良臣》与《祝辞》中含有非楚特征的字列举如下①：

《良臣》中的"百"字有两例，分别在简8、10上，写作 ![字] （简8）形，整理者已经指出该字"属于三晋一系的写法"。刘刚进而提出"简4'奭'字所从的'百'也作'全'"，作 ![字] 形；晋系文字的"百"与"奭"分别作 ![字] （铭文选882）形、![字] （集成11375）形。"寺"字作 ![字] （简6）形，刘刚指出该字所从的"又"作"寸"，楚文字中"寺"常写作 ![字] （琴舞12）形，而晋系文字中的"寺"写作 ![字] （侯马盟书98:5）形；《良臣》中"肥"字作 ![字] （简10）形，常见楚文字材料中的"肥"写作 ![字] （琴舞13）形，刘刚指出该字"所从的'配'省形作直角的写法"与晋系文字中"肥"的写法相近，如 ![字] （玺汇1833）；《良臣》中简1、3、8、9上"币"字写作 ![字] （简3）形，常见楚文字材料中的"币"写作 ![字] （琴舞16）形，刘刚指出该字"从一横笔（晋系继承商周文字）"与晋系文字中"币"的写法相近，如 ![字] （集成11357）；《良臣》中"向"字写作 ![字] （简5）形，常见楚文字材料中的"向"写作 ![字] （说命上11）形，刘刚指出该字"上不作M形写法"与晋系文字中"向"的写法相近，如 ![字] （集成11565）；《良臣》中简3、5"弔"字写作 ![字] （简5）形，常见楚文字材料中的"弔"写作 ![字] （上博·用曰20）形，刘刚指出该字下部"加饰笔"与晋系文字中"弔"的写法相近，如 ![字] （汇考327）；《良臣》中简5、7"岂"部写作 ![字] （简5）形，常见楚

---

① 以下所举战国文字字形基本出自刘刚与宋亚雯文中。见刘刚《清华叁〈良臣〉为具有晋系文字风格的抄本补证》，复旦大学出土文献与古文字研究中心网，访问日期：2013年1月17日；又，刘刚《清华叁〈良臣〉为具有晋系文字风格的抄本补证》，载中国文字学会《中国文字学报》编辑部编《中国文字学报》（第五辑），商务印书馆，2014；宋亚雯《清华简中的非典型楚文字因素问题研究》，硕士学位论文，复旦大学，2016。

文字材料中的"岂"写作▨（上博·竞建4）形，该字"写法从'中'"，与晋系文字中"岂"的写法相近，如▨（玺汇1825）；《良臣》简8、《祝辞》简2中"左"字写作▨（祝辞2）形，与常见楚文字材料中的"左"写作▨（曾侯乙143）、▨（说命上3）形写法有异，与晋系文字中"左"的写法相近，如▨（集成10994）；《良臣》中表示令尹、人名之｛尹｝写作"君"，与晋系文字写法一样，如《集成》11689十七年春平侯钺"大攻君"。①《祝辞》简2中的"既"字作▨形，楚文字中"既"字多作▨（说命下7）形，张晶颖指出该字形具有晋系文字风格，如《侯马盟书》中"既"字写作▨、▨等。②《祝辞》简1中"乃孚（舍）币"，其中"舍"字作▨形，单育辰较早指出"孚"用为"舍"正是三晋文字的典型用法。③

除此之外，刘刚还认为：

《良臣》篇中还有一些文字保存了早期文字的写法特点，如"秦"字从"白"作▨（良臣07）。这些早期文字的特点有些是晋系文字继承下来的，如"左"字早期写法从"工"（所谓的早只是相对而言，西周早期就有从"口"的"左"字。战国楚系较早的文字如曾侯乙简仍保存着从"工"的写法），较晚的写法从"口"。

一些学者还指出《良臣》中的一些用字习惯与楚文字的用字习惯不同，与晋系文字相同，如下：

1. ｛越｝作"雩"

《良臣》中表示国名、地名的｛越｝写作"雩"，刘刚认为楚文字用"邨"表示国名、地名和姓氏，三晋文字用"雩"表示，如晋玺"孙雩（越）

---

① 刘刚将"君"字归为用字习惯，笔者认为"君"字属于文字的写法特征。
② 张晶颖：《〈清华简〉新见文字现象整理与研究》，硕士学位论文，华东师范大学，2015。
③ 单育辰：《谈晋系用为"舍"之字》，载武汉大学简帛研究中心主办《简帛》（第四辑），上海古籍出版社，2009，第161—168页。

人"（战国玺印分域编1783）、中山王鼎"昔者吴人并雩（越）"，"雩（越）人修教备信"。

笔者认为，《系年》中均用"戉"表示国名、地名和姓氏的｛越｝，《越公其事》中仅一处用"邓"，其余皆用"雩"表示国名、地名的｛越｝，故刘刚此说并不完全准确。楚文字一般用"邓"表示国名、地名的｛越｝，三晋文字多用"雩"表示｛越｝，但楚文字也偶有用"雩"表示｛越｝的情况。

2. ｛隰｝作"至"

《良臣》简6表示地名、姓氏的｛隰｝写作"至"，刘刚认为楚文字用"级""汲"表示地名、姓氏的｛隰｝，晋系文字用"至"表示隰，如方足小布"至（隰）城"（《货系》1487～1491）。《集成》11371十七年郑令戈"郑令至恒"即当读为"隰恒"。

3. ｛昭｝作"䩞"

苏建洲指出，《良臣》简5用"䩞"来表示"昭"王之｛昭｝，也和楚文字常用"卲"表示｛昭｝的用字习惯不同。他认为，"大概表示此底本非楚国，可以印证整理者所说'作者可能与郑有密切关系'"①。刘刚在此基础上说"䩞"字见于晋系文字，常用作人名，并举 ![字] （温县盟书WT4K6：315）、![字]（文物1992·4）等例，"证明整理者所谓'作者可能与郑有密切关系'的看法也有一定的可能性"。

三、数字写法

《良臣》《祝辞》均无表简序的数字，正文中各有一例表示数字｛五｝的字，分别位于《良臣》简7与《祝辞》简2，写作：![字]（良臣7）。

---

① "苦行僧"（网名）：《清华简叁〈良臣〉札记》第3楼"海天游踪"发言，简帛网"简帛论坛"，访问日期：2013年1月9日。

第四节 标志符号

《良臣》与《祝辞》中均有 "=" 形重文符号，及表示篇章结束的符号。《祝辞》中有句读符号，《良臣》中有专有词符号，均作 "-" 形。此外，《良臣》中还有衍符。

一、脱符与衍符

《良臣》简 7 "越王句践有大同（種）"一句，其中 "大同（種）" 应是 "大夫同（種）"。整理者已经指出 "大" 字下脱合文符号。同简还有一句 "秦穆公有殺大夫"，其中的 "大夫" 一词并未以合文形式出现，但是仍添加了合文符号（见图 6-2）。这应该是所抄底本上 "大夫" 一词存在合文符号，而该抄手誊抄时虽然未按照合文形式书写，但是也按照底本将这个合文符号书写上去了，所以这一符号应该是衍符。

图 6-2

二、重文符号

《良臣》中有重文符号两处，均在简 1 上。《祝辞》中有重文符号四处，分别位于简 1（三处）、2。

良臣 1　　良臣 1　　祝辞 1　　祝辞 1　　祝辞 1　　祝辞 2

图 6-3

三、句读符号

《祝辞》中表句读的符号共十八处，作 "-" 形，分别位于简 1（两处）、2、3（四处）、4（四处）、5（四处）、8、9、10。

四、专有词符号

《良臣》在谥号及人名下的符号共计五十九处，分别位于简1（六处）、2（六处）、3（七处）、4（六处）、5（四处）、6（六处）、7（四处）、8（六处）、9（四处）、10（八处）、11（两处），这些符号均作"-"形，见图6-4。

图6-4

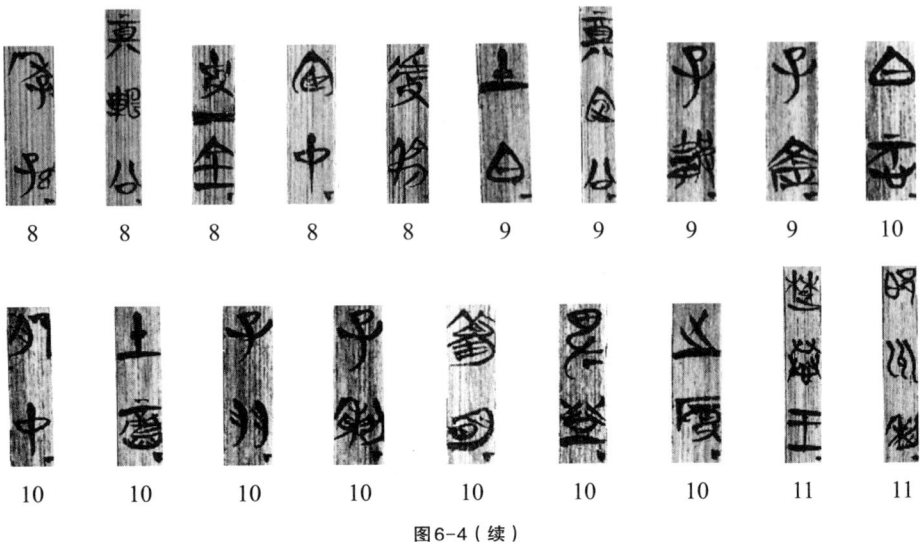

图6-4（续）

五、篇章结束符号

《良臣》中表示篇章结束的符号共二十处，分别在简1、2（三处）、3、4、5（两处）、6、7（四处）、8（两处）、9（两处）、10（两处）、11上。其中除简6篇章结束符号作 ▆▆ 形外，其他均作"▬"形，如《良臣》简11段末的符号作：

《祝辞》简1～5简末均有表示篇章完成的符号，均作"▬"形，见图6-5。

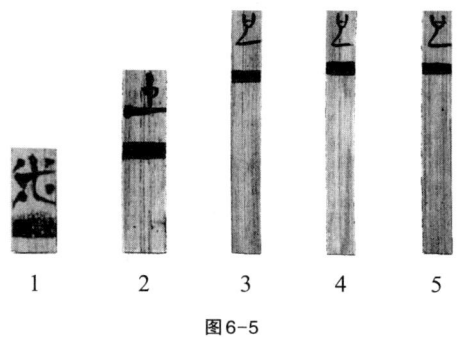

图6-5

第五节 编联

《良臣》与《祝辞》共16支竹简,均无竹节,整理者已经指出"《良臣》与下篇《祝辞》,原由同一书手写在一编相连的竹简上"。肖芸晓观察到《良臣》与《祝辞》简背由一点分别向右斜上方与右斜下方划出两条划痕,我们将其所做图片转引于此,见图6-6。①

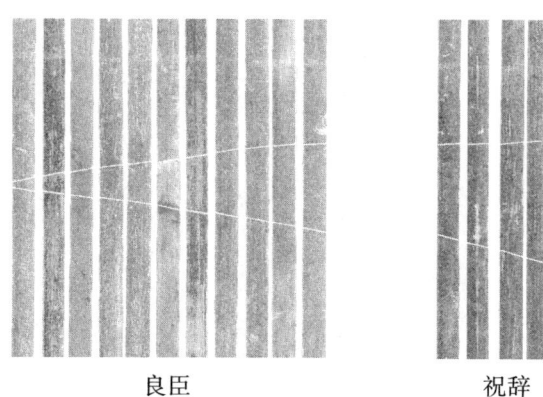

图6-6

---

① 肖芸晓:《清华简简册制度考察》,硕士学位论文,武汉大学,2015;贾连翔:《战国竹书形制及相关问题研究——以清华大学藏战国竹简为中心》,中西书局,2015,第96—97页;又,贾连翔:《战国竹书整理的一点反思——从〈天下之道〉〈八气五味五祀五行之属〉〈虞夏殷周之治〉三篇的编联谈起》,载李学勤主编《出土文献》(第十三辑),中西书局,2018,第150—151页。

《良臣》与《祝辞》竹简正面文字并无被编痕覆盖的情况，右侧有两处契口，其契口形态如下：

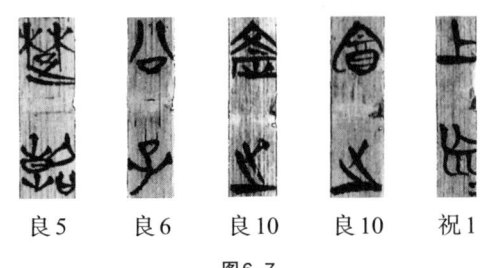

良5　　良6　　良10　　良10　　祝1

图6-7

《良臣》与《祝辞》编痕处仅见一股编绳，有时留有墨迹，各处编痕情况如下：

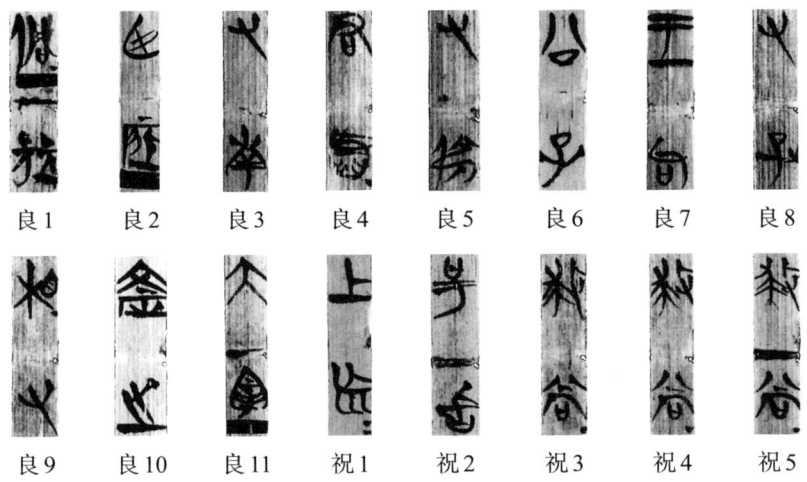

良1　　良2　　良3　　良4　　良5　　良6　　良7　　良8

良9　　良10　　良11　　祝1　　祝2　　祝3　　祝4　　祝5

图6-8　《良臣》与《祝辞》第一道编痕

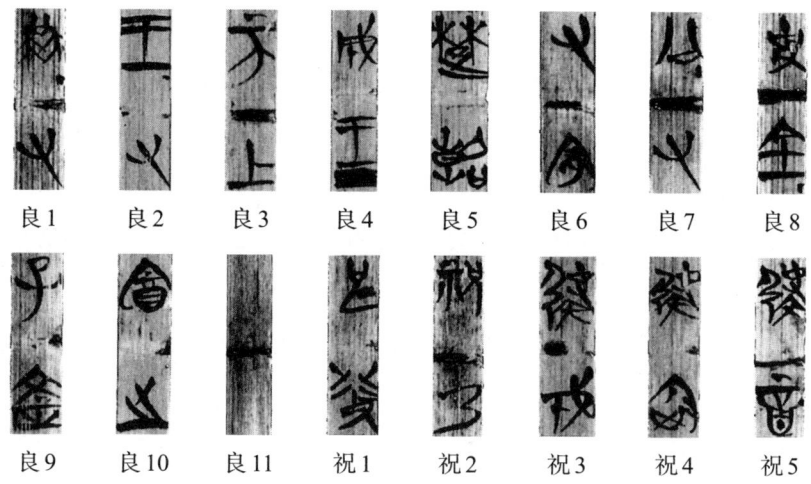

图6-9 《良臣》与《祝辞》第二道编痕

由于《良臣》《祝辞》竹简上文字并无被编痕覆盖的情况,这就无法确定书写与编联的时间顺序,①贾连翔认为:"对于先编后写的竹简,除了会出现文字避让编绳、契口的情况外,偶尔也会在相邻的两简上出现笔画溢出的情况。"②他指出《良臣》简10中出现的"肥"字左上多出一些点画,这应该是该字其左侧简11对应位置上的"王"字"上两个横划的尾笔",并且"王"下的断读符号"也溢出到了简10的左侧"(见图6-10)。

图6-10

笔者认为贾连翔所言《良臣》为先编后写的说法可商,因为《良臣》《祝辞》全篇共16支竹简,《良臣》单篇即有11支简,如果是先编后写,就

---

① 清华四《算表》也是两道编绳,竹简上文字无被编痕覆盖的情况。
② 贾连翔:《浅谈竹书形制现象对文字识读的影响——以清华简几处文字补释为例》,"李学勤先生学术成就与学术思想国际研讨会"会议论文,北京,2019;又贾连翔:《浅谈竹书形制现象对文字识读的影响——以清华简几处文字补释为例》,《出土文献》2020年第1期。

不该仅仅出现简10"肥"字被左侧下一支竹简对应位置上的"王"字沾染。仅看简10"肥"字最右侧的竖笔已经写在该简右侧边缘,笔画也没有沾染到简9上。简2、8、11上的长墨横,都是贯穿整简横面的,均未出现相邻竹简沾染的情况。尤其简6"邺(叶)公子高"的"邺"字,其最左侧斜画起笔处、中间长斜画上的短撇收笔处都明显在简外(见图6-11)。若是先编联的话,这些字起笔笔画也应该出现在其下一支竹简即简7的对应位置上。再者,编联好的简册每简间应该有因编绳打结留下的空隙,即使很窄的缝隙也会对用笔造成相当大的阻碍。按照该书手书写习惯,简11的"王"字上两横与"王"字下的句读都不应该有那么长的笔画。

图6-11

那么简10"肥"字的笔画出现在简11右侧边缘如何解释呢?我们猜测这也许是书写者把两支竹简拼在一起,手持这两支竹简并对照字间距书写造成的。前文已述,《良臣》与《祝辞》文字布局疏朗,整篇文字横向字行形态保持水平,每简文字对应位置相同,这一定是书写时有格式参照才能实现的。若没有简10"肥"字末笔出现在简11对应位置,我们可以假设书手是按照底本抄写对应格式,但这样对照抄写的效率应该更低,书写起来也更加麻烦。而手持两支合并的竹简来对应格式,总宽度也就1厘米左右,是容易实现的。此外,前文所述《良臣》简7"大夫"一词未写成合文形式却出现了衍符,即可知《良臣》所抄写的底本书写格式不能与抄本格式一致。

像《良臣》与《祝辞》这种整篇竹简横向字行能够保持水平的现象在已公布的战国简中尚属首次出现,长沙子弹库帛书中曾出现过这种情况。[①]这种有意识的固定书写格式是值得我们注意的。

以往公布的郭店简《语丛》一至三格式讲求工整,上博三《周易》也是

---

① 李松儒:《战国简帛字迹研究——以上博简为中心》,上海古籍出版社,2015,第131页。

书写工整、字间距均匀,但是都没有保持每简文字水平位置如此严格的对应。清华四《筮法》是目前战国简中仅见的一篇图文并存的竹书,其书写格式也是首次被发现,整篇文本不仅分栏书写,而且全篇被划分成几个不均等的区域,部分栏内文字会呈现每简文字水平位置对应。但是这些栏内文字较少,很容易平均分配其所占空间,文中二十一至二十三节横向字行方向大致水平,这种情况也很可能与《良臣》《祝辞》的书写形式相同,即参照另一支竹简的文字位置写成。有关《筮法》字迹及书写格式的相关研究参看本书第七章《〈筮法〉〈子产〉字迹研究》。

总之,《良臣》与《祝辞》让我们可以窥见战国文字除楚文字以外的墨书字迹的书写风格,而"书写风格"作为判断文字国别的字迹特征之一也越发显现其作用。《良臣》与《祝辞》的书写格式也更加丰富了我们对战国古书简书写方式的认识。希望日后不断公布的战国简会让我们揭开先秦古书简具体书写情况的谜团。

第七章 《筮法》《子产》字迹研究

《筮法》发表于《清华大学藏战国竹简》第四册,《子产》发表于《清华大学藏战国竹简》第六册。这两篇竹简在形制、书写格式、书写内容等方面差异较大,但从字迹特征看,两篇为同一书手所写。本章将对清华四《筮法》与清华六《子产》两篇竹书所体现的字迹特征及相关问题进行分析。

第一节 竹简形制

《筮法》共63支简,简长35厘米,宽约0.7厘米,竹简两端平齐,三道编绳,无篇题,简尾正面有简序编号,简背有划痕。

《子产》共29支简,简长45厘米,宽约0.6厘米,竹简两端平齐,三道编绳,无篇题,简背有划痕。

表7-1 《筮法》《子产》形制表① (单位：厘米)

篇名	数量	简长	简宽	简首至一契	一契至二契	二契至三契	三契至简尾	简背划痕	简号
筮法	63	35	0.7	0.8	16.6	16.6	1	有	正面简尾
子产	29	45	0.6	1	21.4	21.5	1.1	有	无

第二节 概貌及运笔特征

一、概貌特征

《筮法》是迄今为止战国简中仅见的一篇带有图画的竹书，据整理者介绍，该篇"体例犹如一幅帛书"，并"依简文内容及其位置行款，将释文分为三十节。"②《筮法》全篇除简37～41、简61～63外，文字分栏书写，并有插画，位于全卷左侧简42～60上端，按整理者划分属第二十四节；文中表格位于全卷简32～36，按整理者划分属第二十节。所以，文字格式也就固定了，此篇应是有底本可依的抄本，只有严格按照底本格式书写，这样才能使每支简中的内容格式不变。这也说明本篇对抄手的书写水平要求很高，因为只有书写水平较高的抄手才能控制好字的结构及字间距。从《筮法》整篇文字与图画位置紧凑的程度看，该篇文字与图画均出自同一抄手。

从文字布局上看，两篇竹书正文均书写在第一与第三编绳之间，《筮法》部分字间距紧密，文字形体占据扁方形空间。全篇没有图表的两部分：简37～41每简均容二十九字，简61容三十四字，简62容三十九字，简63为末简书，有十八字。《子产》全篇布局疏朗，文字形体占据长方形空间，字

---

① 本形制表中《子产》的各契口间距离据简1测量所得。
② 李学勤主编《清华大学藏战国竹简（肆）》，中西书局，2013，第75页《筮法》说明。

间距1.5字左右，满简书写26～30字。结合《筮法》简长35厘米、《子产》简长45厘米的情况看，两篇文字书写疏密程度差距较大。

从风格上看，两篇竹书字迹工整流畅，《筮法》书写较为严谨，《子产》书写较《筮法》更加随意，这是因为书写空间也影响着书法风格。在限定的书写空间中，文字字形结构及笔画的书写均受到限制，同时该抄手的运笔特征也略受影响。

二、运笔特征

《筮法》全篇笔画直锋与侧锋同时出现，《子产》全篇笔画多是侧锋起笔，起笔处多呈尖角状，行笔过程中用笔力度较为均匀，笔画弯转程度小，用笔力度较重，故笔画显得较粗。下面就主要笔画运笔特征进行分析：

《筮法》中字迹的横画多直锋入笔，运笔较平稳，笔画较为平直均匀，起收笔处不明显，如 ⊖ ；也有侧锋起笔，起笔处呈尖首，略向右上行笔，在收笔处略向下行，如 ⊖ 。《子产》中的横画与《筮法》中横画侧锋起笔的运笔特征一致（见表7-2）。

表7-2 《筮法》《子产》横画形态对比

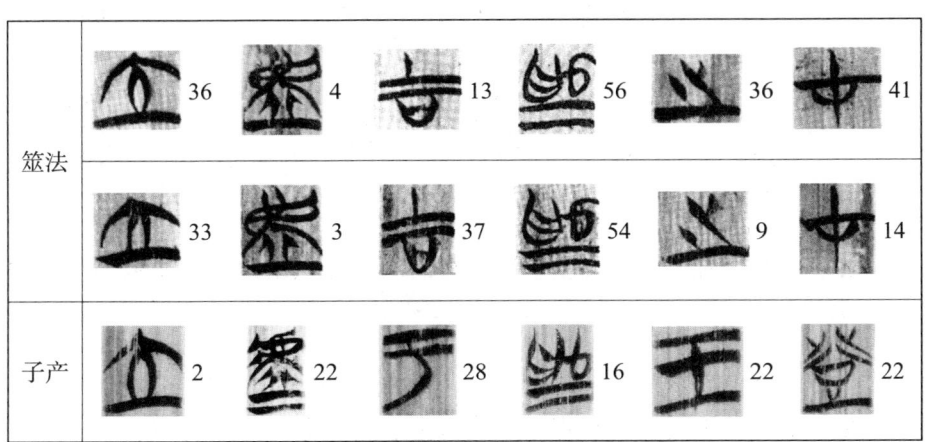

《筮法》与《子产》中竖画侧锋顿压起笔，起笔处略尖，垂直下笔，收笔处尖尾，如 ▎（见表7-3）。

表7-3 《筮法》《子产》竖画形态对比

筮法	中 14	木 16	十 15	車 33	辛 36	用 12
子产	中 3	王 20	上 11	来 20	申 1	中 1

《子产》中竖画也常常写作弧笔，如：亞（简22）、皇（简9）、辛（简27）、胖（简24）等。

《筮法》与《子产》中弧笔较多，清华简其他抄手所写的"人"形笔画作 ∧ 形，在《筮法》与《子产》中则多写作 ⌒ 形（见表7-4）。

表7-4 《筮法》《子产》弧笔形态对比

筮法	立 36	今 28	草 27	宫 35	矢 8	食 36
子产	立 2	今 23	草 22	宫 23	宔 3	食 25

由于该书手所写弧笔较多，整篇竹简的书写风格给人的视觉印象是线条弯曲。

《筮法》同一篇内的字迹运笔特征也略有不同，如第二十六节与第二十九节中的字迹笔画较平直，直锋入笔较多。我们认为造成《筮法》内部运笔特征存在差别的主要原因，与《筮法》一文的性质及格式有关。因为《筮法》是一部图书，对各节内容所写文字的布局是有限定的，所以在文字书写前，其布局设计就该固定下来，并且若要严格依据此布局设计书写文字，书写速度必然要慢一些。

第三节　搭配比例特征

《筮法》与《子产》中一些文字的字部位置搭配是较为固定的，如"取"字作：

上揭"取"字中"又"的"𠃌"画均写在"耳"的"𠃊"画半包围内，作"㇇"形。

除了文字的字部间搭配外，文字的笔画间搭配也较为固定，如下诸字：
1. 之

我们将"之"字的四个笔画分别用α、β、γ、δ表示，各笔画相交位置分别用A、B、C表示，如下所示：

《筮法》中"之"字凡四十一例，α与γ相交点A在α二分之一处偏上；α与β平行，并且α与β收笔处正好搭在δ上，β与δ相交点B大多在δ左边三分之一左右，α与δ相交点C大多在δ右边三分之一左右，如：

《子产》中"之"字凡二十一例,"之"字的各笔画搭配分为两种,其中一种"之"字α与γ相交点A在α二分之一处偏上;α与β不平行,β较为短小,与δ相交所呈角度较α与δ相交所呈角度大。β与δ相交点B大多在δ左边三分之一左右,α与δ相交点C大多在δ右边三分之一左右,此种搭配比例的"之"字共十六例,写作:

不过《子产》中有五例"之"字的搭配比例与《筮法》相似,如:

《子产》中部分含"之"部的字中"之"画的各笔画搭配也是如此,如"志"字作 （简18）形,"台"字作 （简7）形等。

2. "止"旁

我们将构成"止"旁的三个笔画分别用α、β、γ表示,如 。《筮法》与《子产》中"正""是"等字的"止"旁γ写作 形,β与γ相交位置在γ水平笔画中间,作 ,如:

《筮法》中"止"旁笔画搭配也有另一种情况，β与γ相交位置在γ收笔处，作 ，如：

上揭诸字中，有一例"是"字作 形，"止"旁γ写成斜画 形。不过这只是偶发情况，并不代表该抄手的书写习惯。

3. 臣

《筮法》与《子产》中"臣"字的"匚"旁写作 形，如下：

而在清华简其他抄手所写竹简中，"臣"字的"匚"旁写成圆弧形，作 （孺子4）。

4. 行

《筮法》与《子产》中"行"字的"彳"旁与"亍"旁上面的两个撇画平行，下面的笔画与上撇画不平行，且该笔画折角明显，这两个笔画角度大致相对称，作 形，如：

5. "玉"旁

《筮法》与《子产》中含"玉"旁的字作：

筮法：珑 58　玲 57　珑 57　瑗 57

子产：班 24

《筮法》与《子产》中"玉"旁的两个小撇画均写在"王"的竖画右侧，作 形。

6. 人及"人"旁

我们将构成"人"字的两个笔画分别用α、β表示，如 $^{α}\!\!\diagdown_{β}$ ，《筮法》与《子产》中"人"字及部分"人"旁的α书写垂直，β起笔在α二分之一处，并且β书写也较为竖直，如下：

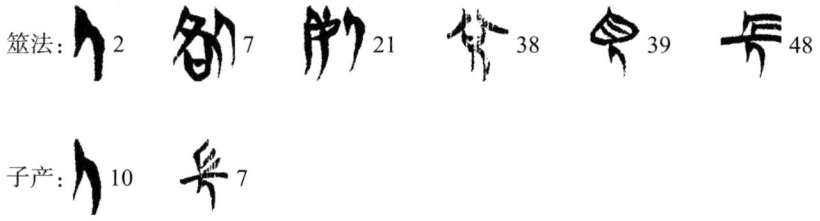

《筮法》与《子产》中左右结构的字，位于左侧的"人"旁α向左撇出，β起笔在α二分之一处，然后折笔向左下撇出，作 形，如：

《筮法》与《子产》中上下结构的字，位于下方的"人"形α向左撇出，β起笔与α起笔相交，作 形，如：

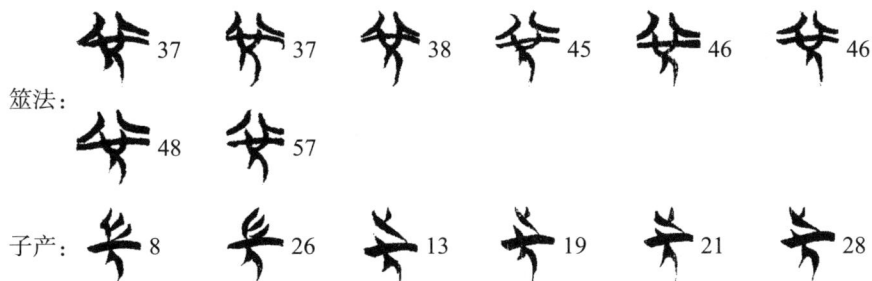

《筮法》简5上有一例"人"字中间被编痕遮住,作:

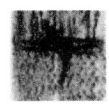

α与β相交处正好被丝线残痕遮住,《字形表》中摹写作 形,通过对比该抄手所写"人"字及"人"旁笔画搭配特征,我们认为摹本字形可商。该字与简2和简54"人"字作 一定不同,但是可以参照《子产》中"人"字的另一种写法,如:

上揭《子产》中此类"人"字及其偏旁,α向左撇出,β起笔在α二分之一处,β也较为弯曲,作 形。

7. "贝"旁

《筮法》与《子产》中"贝"旁最下面的两个笔画起笔处相接,作∧形,如 。

筮法：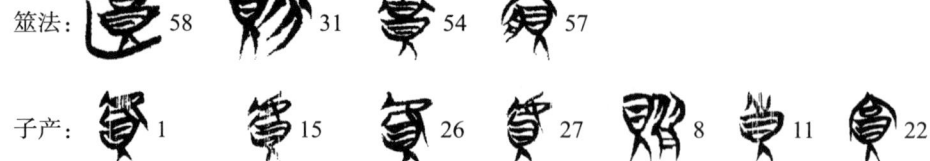

子产：

第四节 文字写法及用法

一、特征字

《筮法》与《子产》中的特征字写法较为一致，我们列举如下：

表7-5 《筮法》《子产》特征字

筮法						
子产						

除上举诸字外，《子产》中"爱"字作（简23）形，"家"字作（简14）形，"宅"字作（简7）形，"难"字作（简8）形，"桼"字作（简6）形，"遂"字作（简14）形，"崇"字作（简7）形等写法都是较有特点的。我们再举一些例子。

1. 前

《筮法》与《子产》中"前"字写作：

筮法：　41　41　41　　子产：　14　14　20

"前"字上下两个字部分别写作 形与 形,两个字部的结合与清华简其他篇"前"字写法不同,如:

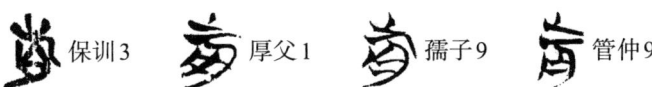

2. 是

《筮法》中"是"字有两种写法,分别作:

其中有六例上部写作 形,有两例上部写作 形。

《子产》"是"字有三例,仅一种写法,如:

上揭可见,《子产》中"是"字上部均写作 形,与《筮法》中"是"字的其中一种写法相同。

就目前已公布的清华简一至七册来看,"是"字上部作 形的写法仅出现在《筮法》与《子产》中。但是这种写法,上博简中也曾出现,如 （子羔10）。

3. 而

《筮法》与《子产》中"而"字分别写作:

第七章 《筮法》《子产》字迹研究

《筮法》中"而"字有八例均写作 ![而1],《子产》中"而"字仅有一例,作 ![而2]。《筮法》与《子产》中含有"而"部的字分别写作:

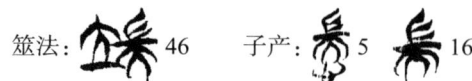

由上可见,虽然《筮法》与《子产》中独体"而"字的写法是有差别的,但是其他含有"而"部的字中,"而"部的写法一致。

4. "力"旁

《筮法》与《子产》中"力"字分别写作:

筮法: 力63　子产: 力15

《筮法》中含"力"旁的字作:

《筮法》中"男"字共十二例,其中"力"旁有十例写作 形,一例写作 形,一例写作 形。

《子产》中含"力"旁的字作:

上揭可见,《子产》中"力"旁均写作 形,与《筮法》中"男"字的最后一类"力"旁写法一致。

5. "虍"旁

《筮法》与《子产》中含"虍"旁的字分别写作:

筮法: ![]34 ![]36 ![]46 ![]57

子产: ![]15 ![]27 ![]22 ![]15 ![]27 ![]1 ![]26

《筮法》上下结构的字中,"虍"旁除一例写作![]形,其余均写作![]形,这应该是空间限制所致。《子产》中"虍"旁有![]形、![]形、![]形、![]形四种写法,其中![]形与上举《筮法》"虍"旁第一种写法相近;![]形只是在原基础上右侧竖画下延些;![]、![]两写法相近,即右侧两个竖画均下延。但是,![]形应该还是"虍"旁的主要写法。

从上述《筮法》与《子产》中"力"旁、"虍"旁两例可知,同一字部在这两篇中的写法并不完全一致,即便在同一篇内写法也略有不同。下面再列举两例:

1. 我

《子产》中"我"字独体字有三例,均在简19上,写作:

《子产》中还有一例"义"字作:

25

"义"字中"我"部写法与独体"我"字写法不同。

2. 聞

《筮法》中"聞"字出现两例,均在简13上,分别写作:

战国简中"聞"字上揭两写法混用,单育辰指出,两字分别表示 {闻} 与 {问},①这两个字在同一节的一支简上。李守奎指出这种"上下异写可能是为了有意区别"②。这里"聞"字写法不同主要是因为在文中用法不同。

二、文字的异写及用法

《筮法》与《子产》中文字异写与一词多形现象较频繁,如上文所述,《筮法》中 {是} 字有两种写法,分别作:𠯑(筮法24)与𠯑(筮法57),此外还有如下几例,见表7-6:

表7-6 《筮法》《子产》中文字异写举例

筮法					子产	
{凶}		{享}			{救}	
37	6	1	2	62	17	20
五例	六例	一例	二例	一例	一例	一例

---

① 单育辰:《由清华四〈别卦〉谈上博四〈東大王泊旱〉的"庶"字》,载中国古文字研究会等编《古文字研究》(第三十一辑),中华书局,2016,第312—315页。
② 李守奎:《清华简〈筮法〉文字与文本特点略说》,《深圳大学学报(人文社会科学版)》2014年第1期;又,李守奎:《清华简〈筮法〉文字与文本特点略说》,载《古文字与古史考——清华简整理研究》,中西书局,2015,第335—345页。

由于《筮法》与《子产》为同一抄手所写，我们将两篇中的一字异写情况举例如下：

1. 者

《筮法》与《子产》中"者"字有以下几种写法：

上揭可见，《筮法》中"者"字有两种写法，以 形较为常见，凡十一例；《子产》中"者"字有三种写法，![]与![]差别不大，![]与《筮法》中"者"字的两种写法更接近些。

2. 见

《筮法》与《子产》中"视""见"两字分别写作：

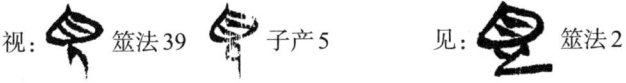

《子产》中"视"字曾被整理者释为"见"[①]，不过对比《筮法》中"见"作![]形，单育辰指出《子产》简5中![]应释为"视"[②]，此说可信，因为该抄手所写一词多形现象也较为频繁。清华九《成人》简10"用物A之妖祥"，A作"![]"形，整理者释A为"见"，读为"现"，但从典籍用词习惯来看，

[①] 李学勤主编《清华大学藏战国竹简（陆）》，中西书局，2016，第137页"《子产》释文"。

[②] "ee"（网名）：《清华六〈子产〉初读》，简帛网"简帛论坛"，访问日期：2016年4月16日，"ee"在2016年4月25日第63楼的发言，http://www.bsm.org.cn/bbs/read.php？tid=3344；又，单育辰：《清华六〈子产〉释文商榷》，载李学勤主编《出土文献》（第十一辑），中西书局，2017，第210—218页。

A应该释读为"视（示）"好。① 虽然从《成人》看，A与同篇的"视"字区别明显，应是"见"字，但从它可释读为"视"来看，也可与《子产》简5之形相参照。在楚文字中，每个书手对"见"与"视"各有不同的书写习惯。

3. 身

《筮法》与《子产》中"身"字分别写作：

[身]子产1　　[身]筮法32

《筮法》与《子产》中通过增加部首或羡符而造成的异写现象也较为常见，如：｜中｜作[字]（筮法32）、[字]（子产4）；｜小｜作[字]（筮法38）、[字]（筮法41）、[字]（子产12）；｜恶｜作[字]（筮法13）、[字]（子产26）；｜易｜作[字]（筮法13）、[字]（筮法11）；｜辰｜作[字]（筮法27）、[字]（筮法56）；｜震｜作[字]（筮法49）、[字]（筮法45）；｜作｜作[字]（筮法61）、[字]（筮法61）；｜邦｜作[字]（筮法61）、[字]（筮法30）、[字]（子产24）；｜去｜作[字]（筮法19）、[字]（筮法30）；｜入｜或｜内｜作[字]（筮法8）、[字]（筮法24）；｜享｜作[字]（筮法1）、[字]（筮法62）；｜谓｜作[字]（筮法47）、[字]（筮法55）、[字]（子产3）；｜乾｜作[字]（筮法27）、[字]（筮法43）；｜勉｜作[字]（子产1）、[字]（子产17）；｜勑｜作[字]（子产7）、[字]（子产23）；｜固｜作[字]（子产2）、[字]（子产26）；｜肆｜作[字]（子产24）、[字]（子产25）；｜危｜作[字]（子产3）、[字]（子产11）；人名"子产"的"产"字作[字]（子产7）、[字]（子产16）等。

---

① "悦园"（网名）：《清华九〈成人〉初读》，简帛网，访问日期：2019年10月28日，"麒麟儿"（网名）2019年11月23日11楼的发言。

因为《筮法》书写格式的特殊性，所以我们在研究《筮法》的一词多形现象时还要注意这些字形在全文的分布情况。现将《筮法》中一词多形现象的分布状况列出：

表7-7 《筮法》中一词多形的分布状况

字形		所在位置	字形	所在位置
{凶}	☒37	二十一①（五例）	☒6	一（四例）、六（一例）、二十一（两例）
{享}	☒1	三	☒2	三（两例）
	☒62	三十		

《筮法》与《子产》中还有用同一写法的字来表示不同的词，如在《筮法》中，简8 ☒ 表示{入}，简42 ☒ 表示{内}；简14 ☒ 表示{入}，简24 ☒ 表示{内}；在《子产》中，简9 ☒ 表示{避}、简19 ☒ 表示{卑}；简20 ☒ 表示{律}，简25 ☒ 表示{肆}；简8 ☒ 表示{少}，简12 ☒ 表示{小}等。

第五节 文字的地域特征

《筮法》与《子产》整体是由楚文字书写的，其中部分字的写法与典型

---

① 由于《筮法》为分栏书写，整理者依据简文内容等方面将释文分为三十节，此处的"二十一"即是指全篇的第二十一节，下同。

楚文字不同，而这些不同很有可能与其所抄写底本的国别或地域有关。关于这些文字，学者多有讨论，①如李守奎认为《筮法》"文中有些字带有三晋文字特征，说明与晋有着比较密切的关系"，"三晋文字羼入是清华简文本中的突出特点……有些篇目整体上看是楚文字，但其中有些字多三晋特点"，并举《筮法》中的"夕""反""祖"等字为证；②裘锡圭针对《筮法》中部分文字写法反映出的国别问题，认为"也许《筮法》的原始底本就来自晋地"③；《子产》的整理者李学勤指出，篇中"信"字写法"是典型的三晋系写法，篇文作者或抄写者可能与郑有一定关系"④；赵平安认为《子产》"文字蕴含着明显的三晋文字风格"⑤。他们的说法是可信的，现将这些明显与楚系文字写法不同的文字列举如下：

1. 蜼

《筮法》与《子产》中均出现了读为"惟"的字，写作：

① 相关讨论见宋亚雯《清华简中的非典型楚文字因素问题研究》，硕士学位论文，复旦大学，2016。
② 李守奎：《清华简〈筮法〉文字与文本特点略说》，《深圳大学学报（人文社会科学版）》2014年第1期；又，李守奎：《楚文献中的教育与清华简〈系年〉性质初探》，载复旦大学出土文献与古文字研究中心编《出土文献与古文字研究》（第六辑），上海古籍出版社，2015，第291—302页。
③ 裘锡圭：《〈战国文字及其文化意义研究〉绪言》，载复旦大学出土文献与古文字研究中心编《出土文献与古文字研究》（第六辑），上海古籍出版社，2015，第219—232页。
④ 李学勤主编《清华大学藏战国竹简（陆）》，中西书局，2016，第136页"《子产》说明"。
⑤ 赵平安：《〈清华简（陆）〉文字补释（六则）》，清华大学出土文献与中国古代文明研究中心网，访问日期：2016年4月16日；又，赵平安：《清华简第六辑文字补释六则》，载李学勤主编《出土文献》（第九辑），中西书局，2016，第183—189页。

赵平安指出，该字与晋公盆（集成10342）中读为"虽"的字写法相同①，如下：

上博四《采风曲目》简2中有字作 ，王挺斌指出此字与《筮法》《子产》中"蜼"字同形，但因此字位于本简最末一句，又因简3上半段残损，无法连读，也就无法明确该字在文中读法。②虽然"蜼"形也见于上博四《采风曲目》简2（《采风曲目》应属楚文字），但对楚文字来说，"蜼"出现的比例极少。而在晋系文字中，"蜼"出现的比例较高。虽然战国文字异形，但并不是说各国的文字写法分野甚明，也会出现渗透、借用的现象。常有甲国文字使用乙国文字写法的例子，不能因为某个字曾为乙国所用，就认为它一定不是甲国文字特有的写法。所以，从"蜼"字出现的比例看，其写法还是可以归入晋系文字的。

2. 卒

《筮法》与《子产》中有"卒"字，《筮法》中读为"萃"，《子产》中读如本字，分别写作：

 筮法28　　 子产29

楚文字中"卒"字常常写作：

---

① 赵平安：《清华简第六辑文字补释六则》，载李学勤主编《出土文献》（第九辑），中西书局，2016，第183—189页。
② 清华大学出土文献读书会：《清华六整理报告补正》，清华大学出土文献研究与保护中心网，访问日期：2016年4月16日。

孺子1　　管仲20

"卒"字作"䘚"是楚文字的标志性特征，而《筮法》《子产》中的"卒"字写法与楚文字不类，黄杰、刘云指出该写法与《唐虞之道》简18"卒"作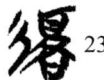相同①，而《唐虞之道》是被认为有齐鲁特征的抄本，晋系与齐鲁文字中"卒"字的写法与楚文字皆有不同。

3. 复

《筮法》有两例"复"字，写作：

23

楚文字中"复"字常写作从"辵"从"复"，如：

子产28

黄杰最早指出，从"彳"的"复"字与楚文字从"辵"的"复"字写法不类②；郭永秉认为，此字字头是"《温县盟书》　　这类写法基础上进一步讹变简省的结果"③；裘锡圭认为，该字右上部与晋系文字"复"字的右旁上部相似，如"《侯马盟书》有时作　　，行气玉铭作　　"，④如下：

---

① "暮四郎"（网名）：《初读清华简（四）笔记》，简帛网"简帛论坛"，访问日期：2014年1月8日；刘云：《释清华简〈筮法〉中的"䘚"字》，复旦大学出土文献与古文字研究中心网，访问日期：2014年1月21日。

② "暮四郎"（网名）：《初读清华简（四）笔记》，简帛网"简帛论坛"，2014年1月8日。

③ 郭永秉：《清华简〈系年〉抄写时代之估测——兼从文字形体角度看战国楚文字区域性特征形成的复杂过程》，载李守奎主编《清华简〈系年〉与古史新探》，中西书局，2016，第272—328页。

④ 裘锡圭：《〈战国文字及其文化意义研究〉绪言》，载复旦大学出土文献与古文字研究中心编《出土文献与古文字研究》（第六辑），上海古籍出版社，2015，第219—232页。

温县盟书WT1K17∶129   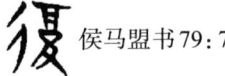侯马盟书79∶7

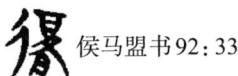侯马盟书92∶33   行气玉铭

4. 返

《筮法》中"返"字写作"彶",如下:

40

楚文字中"返"字常写作从"辵"从"反",如:

新蔡甲一·12

李守奎指出,《筮法》中"返"字写法"带有三晋文字特点",并举中山王𰯼鼎壶中"返"字写法:①

《铭文选》882

5. 夕

《筮法》中"夕"字有四例,写作:

---

① 李守奎:《清华简〈筮法〉文字与文本特点略说》,《深圳大学学报(人文社会科学版)》2014年第1期。

楚文字中"夕"字常写作：

太伯乙8

李守奎指出，《筮法》中"夕"字写法"带有三晋文字特点"，对比如下写法可知，"夕"字下多一羡画的写法与三晋文字相近。

6. 夏

《筮法》中"夏"字凡四例，写作：

18

楚文字中"夏"字常写作：

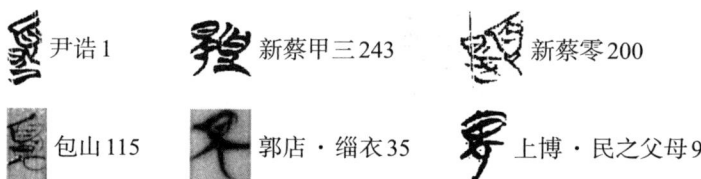

孙合肥指出，《筮法》中的"夏"字"日"下所从"㇆"应为"又"，隶定作"頨"。① 将该字形与三晋文字进行对比，如下：

---

① 孙合肥：《清华简〈筮法〉札记一则》，复旦大学出土文献与古文字研究中心网，访问日期：2014年1月25日。

玺汇 3990　　集成 11864
玺汇 2723　　玺汇 3989

上揭可见，《筮法》中"夏"字"日"下所从"  "的写法与三晋文字最为相似。

7. 台

《子产》中"台"字写作：

子产 7

楚文字中"台"字常写作：

子仪 14　　郭店·老子甲 26

赵平安指出，《子产》中"台"字写法与晋系"三孔布写法几乎无异"，如下：

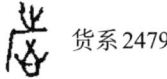

货系 2479

8. 訫

《子产》中"信"字凡八例，均写作：

楚文字中"信"字右部写作 千 形，如：

第七章 《筮法》《子产》字迹研究　　305

 郭店·老子丙2

整理者李学勤已经指出，此写法的"信"字，"常见于战国三晋系文字"①，现对比如下：

9. 达

《子产》中"达"字写作：

楚文字中"达"字常写作：

赵平安指出，《子产》中"达"字此种写法"与《温县盟书》WT1K17：131属于一路"②，如下：

---

① 李学勤主编《清华大学藏战国竹简（陆）》，中西书局，2016，第139页"《子产》注释"。
② 赵平安：《清华简第六辑文字补释六则》，载李学勤主编《出土文献》（第九辑），中西书局，2016，第183—189页。

10. 旃

《筮法》中"旃"字凡两例,在文中写作:

11

该字未见于以往楚文字中,李守奎指出,中山王礜鼎中的"旃"字与此字字形相近,写作:

 铭文选880

此外,《侯马盟书》中也有该写法出现:

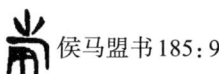

除上述学者指出的几例,笔者也发现有三例文字的写法与晋系文字相合,而与楚文字不合,如下:

1. 因

《子产》中"因"字写作:

14

楚文字中"因"字常写作:

孺子7

楚文字中"因"字"囗"部常写作 形,《子产》中"因"字"囗"部写作 形,这与晋系的中山王方壶及齐系陈侯因𰁻敦中"因"字写法相近,如下:

2. 使

《子产》中"使"字写作:

16

楚文字中"使"字一般用如下字形:

三晋文字中"使"字写作:

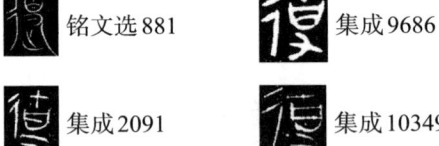

《子产》中"使"字从"彳"的写法应来自三晋文字写法。

3. 眚

《筮法》中"眚"字写作：

已公布的战国简中"眚"字写作：

郭店·老子丙2　　上博·诗论16　　上博·缁衣7

上博·性情4　　上博·志书乃言5　　郭店·唐虞11

"眚"字上部作"生"，或其讹形，下部作 形，仅郭店简《唐虞之道》中"眚"字下部作"田"形。《唐虞之道》被认为是有齐鲁特征的抄本。

三晋文字中的"眚"字写作：

集成2746　　铭文选880

侯马盟书92:39　　温县盟书WT4K6:160

《筮法》中"眚"字下部作 形较为特殊，与楚简中作 形不类，但与三晋"眚"字下部写法相近。

上述《筮法》与《子产》中的这些文字，有几例同时出现在晋系文字与齐系文字中，有的仅在齐系文字中出现，如《筮法》中的"病"及"丙"字分别写作：

两字中"丙"部写法并不相同,"丙"的独体字为楚文字常见写法,而"病"字中"丙"部写作" "形,与常见楚文字不类,楚文字中"病"字常写作从"疒"从"方",如:

已公布的清华简中"病"字写作:

"长沙傅"、刘云指出该字与齐系文字相近①,如下:

但是按照所占比例来看,《筮法》与《子产》中所含晋系文字特征的字更多一些。在东周列国之间,文字字形必然是同大于异,不能过分夸大各系文字之间的差异,并且列国之间文字字形也会有交流融合的现象,所以即使是典型楚系抄本或典型晋系抄本,出现几例齐系文字不足为奇。正如许多学者提到的,《筮法》与《子产》中文字写法具备晋系文字特征,并且这两篇文本

---

① "长沙傅"(网名):《〈筮法〉文字识小》,复旦大学出土文献与古文字研究中心网"学术讨论"论坛,访问日期:2014年1月9日;刘云:《释清华简〈筮法〉中的"正"字》,复旦大学出土文献与古文字研究中心网,访问日期:2014年1月21日。

均由同一抄手所写，这也许是因为其抄写底本的来源与晋系底本有关。①

第六节　数字写法

一、正文数字

《子产》正文中出现的表示数字的文字较少，由于《筮法》文本的内容及性质，正文中出现的表示数字的文字较多，具体写法如下：

表7-8　《筮法》《子产》数字写法

	筮法	子产
弌	弋19　弋47	
二、弍	二48　弋20	
参	彔1	彔24　彔26
四、三	四9	三17
五	五3　乂54	
六	六1　六55	六16

---

① 有关《筮法》《子产》中文字写法所反映出的国别及抄写底本问题，见宋亚雯《清华简中的非典型楚文字因素问题研究》，硕士学位论文，复旦大学，2016。

《筮法》中表示｛一｝的字写作"弋"，表示｛二｝的字写作"二""弍"，表示｛三｝的字写作"叁"，《子产》中也是如此，此种用法战国简中习见。《子产》中表示｛四｝的字作"亖"，此写法在甲骨文、西周金文中习见，楚简中所见较少，如 ☰（封许2）三例、☰（孺子10）。《筮法》中数字"五"作"✕"，"六"作"∧"，这些都是以往战国简正文中的数字较罕见的写法。

二、简序数字

《筮法》每简第三道编绳下均有表示简序的数字，即从"一"到"六十三"，我们仅将部分数字列出（见表7-9）。

表7-9 《筮法》简序数字写法

一	二	三	四	五	六	七
一 11①	二 22	三 23	▱ 14	✕ 5	∧ 6	十 7

八	九	十	二十	三十	四十
八 8	九 9	十 10	廿 20	卅 30	卌 40

相同数字在正文与简序中的写法时有不同，《筮法》正面第三道编绳下写有表示简序的数字，其中个位数"四"作"▱"②、"四十"的"四"写法与正文数字相同，"十九"至"五十九"中的"九"作"⌐"。"九"字的这种写

---

① 由于简1~4的简序符号书写潦草，不能完全代表其数字写法，"一"我们选取简序数字"十一"中的"一"，下文"二""三""四"情况同此。

② 因简4的简序数字左上端编绳磨损，这里选用简序文字"十四"中的"四"的字形。

法在上博简《周易》简22中也曾出现，作 ▨ ，与《筮法》写法同形。①《筮法》简尾处简序数字与正文数字写法虽略有差别，但是两组数字的运笔特征基本一致，对比如下：

表7-10 《筮法》正文数字与简号运笔特征对比

正文	▨ 12	▨ 41	▨ 15	▨ 49	▨ 48
简号	▨	▨	▨	▨	▨
正文	▨ 1	▨ 62	▨ 52	▨ 56	
简号	▨	▨	▨	▨	

由上可见，正文数字与简序数字的横画、竖画、弧笔等笔画形态一致。正文中数字卦画下卦辞的书写工整，运笔方向起伏特征不如没有卦画等格式限定的字迹明显，《筮法》中第二十一、二十二、二十三、二十八、二十九、三十等节的字迹更容易与简序数字字迹特征对应，故《筮法》简尾处简序数字与正文字迹应为同一抄手所写。②

---

① 有关《筮法》中数字书写问题，李守奎做过讨论，见李守奎《清华简〈筮法〉文字与文本特点略说》，《深圳大学学报（人文社会科学版）》2014年第1期。
② 贾连翔在对比简序数字与正文数字后，已经指出"二者在文字字形和用笔的笔势上看，均无明显区别"，并认为两者为同一书手所写。见贾连翔《战国竹书形制及相关问题研究——以清华大学藏战国竹简为中心》，中西书局，2015，第189—191页。

已公布的战国简古书中，竹简正文数字与表示简序的数字写法多有差别，这应该是作为文本内容的数字写法和表示简序的数字写法间的细微差别。标记的数字写法常常更加简化，像《筮法》中数字卦画中的数字写法又有不同，一是因为历史发展的原因，文字逐渐符号化；二是因为即便这些数字卦画分别写于两支简上，只是书写的左右空间宽裕了一些而已，但它仍是作为符号用的，整个数字卦画中的上下空间仍然有限，书写时仍需要压缩空间。李宛庭通过对比《筮法》中"数字爻、繇辞、简序的数字写法"，推估"战国楚地数字写法有所区别，在某些特殊的书籍中，因应使用需求，而有不同的数字写法"。①

第七节　标志符号

　　《筮法》与《子产》中标志符号的用法较为丰富，除常见的表示合文、重文、句读符号及表篇末结束的四种标志符号外，还有表示其他含义的标志符号。现将各篇符号数量及表篇末结束符号的形态列表如下：

表7-11　《筮法》《子产》中标志符号的使用情况

	合文	重文	句读	篇末
筮法	4	5	159	
子产	2	38	114	

---

①　李宛庭：《战国楚简所见成对数字卦——以〈清华四·筮法〉为中心》，载暨南国际大学中国语文学系《第四十七届中区中文所硕博士生论文研讨会论文集》，2015，第131—152页。

一、合文符号

《筮法》中有合文符号四处,《子产》中有合文符号两处,现将其写法列举如下:

表7-12 《筮法》《子产》中的合文

筮法				子产	
![]37	![]39	![]41	![]43	![]2	![]8

由上可知,《筮法》与《子产》中抄手所写的合文符号也是写在文字的右下方,大多不与文字同一空间,《筮法》中的 ![]、![],《子产》中的 ![],这些字的右下方空间十分充足,所以表示合文的符号都是仅有一横画与文字同一空间,反映出该抄手的书写习惯。

二、《筮法》的标志符号使用情况

《筮法》中表示重文与合文的符号均作"="形,文中还有用来标示数字卦画、卦名的符号,以及表示句读的符号。

(一)合文符号

《筮法》中有合文符号四处,分别位于简37、39、41、43(见表7-12)。

(二)重文符号

《筮法》中有重文符号五处,分别位于简2、4、19、63(两处),如下:

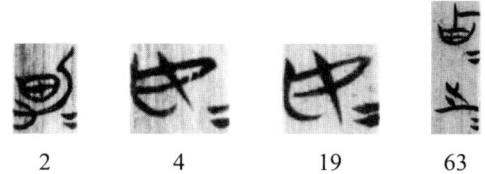

| 2 | 4 | 19 | 63 |

（三）卦画符号

《筮法》中大部分数字卦画下面有"▄"形符号，数字卦画曾在天星观简、包山简、新蔡简中出现，这些数字卦画下面无标志符号（天星观简仅发表少数几支），不过这些数字卦画均书写在同一支简上，《筮法》中的数字卦画均分写于两支简上，所以我们认为《筮法》中这些位于数字卦画下面标志符号，应是起到将两支简上数字的卦归为一组的作用。李宛庭较早注意到《筮法》中这些位于数字卦画下面的标志符号，她认为这些符号是起表明阅读方向作用的：

> 从《筮法》书手标上的句读符号，也可看出阅读方向的端倪。《筮法》每组是卦象由两个经卦组成，每组卦象下方有繇辞说明，繇辞大多整齐写作两行，并列于卦象下方，少数写作三行，书手除了以墨画上线条分格栏位，在繇辞的末句亦会加上句读符号，作为每组卦象说明的结束。而每组数字卦画的左下卦下方，也有与繇辞相同的句读符号。……由句读符号的位置可以知道，卦画的阅读方向亦是由右而左，与简文的阅读方向一致，因此，在解读卦象时，也应将阅读方向列入考量，以免造成错误的解读。①

后来，李宛庭认为数字卦画下面的"▄"形符号表示一组占例的结束，并兼具分隔作用，她对《筮法》中数字卦画下面的"▄"形符号作用做了进一步说明：

> 书手在筮辞的结束处加上墨丁"▄"，这是《筮法》大部分占例共有的特点，可以知道这种墨丁在《筮法》中代表的意义是一组占例的结束，同时表示分隔，这也使《筮法》全篇看起来相当整齐划一；这种墨

---

① 李宛庭：《战国楚简所见成对数字卦——以〈清华四·筮法〉为中心》，载暨南国际大学中国语文学系《第四十七届中区中文所硕博士生论文研讨会论文集》，2015，第131—152页。

丁除了加在每组筮辞之后，同时也加在每组四位卦的左下卦之下，由此可以推知，左下的经卦当为四位卦中的末卦，阅读顺序当为由右而左。①

我们赞同李宛庭有关《筮法》数字卦画下面的"■"形符号表示一组占例结束的作用。

《筮法》中第一、二、八、九、十、十一、十二、十三、十四、十五、十六、十七节中的数字卦画下面均有"■"形符号，而第三、四、五、六、七节的卦画下面没有任何标志符号，并且相应的，第五、六、七节表示句读的符号也没有出现，这种对应性也反映出抄手的当时的抄写状态。第十九节中的两对数字卦画由界栏分隔，也未标有符号。

（四）专有词符号

《筮法》中卦名下也画有符号，应是为了起专有名词标志作用的，如第二十一节"来""巽"，第二十二节下的"乾""巽""艮"等卦名下有标志符号，作"┙"形或"-"形。第二十七节中出现的天干"丙""丁""戊""己""庚""辛"及卦名下也有标志符号。

（五）句读符号

《筮法》中用来表示句读的标志符号共一百五十九处，其书写形态也是作"-"形，或"┙"形。尤其在第二十九、三十节中，许多是在程序语"为某"下标出的，"为某"下的"某"，我们暂按照句读符号计算。

由于《筮法》的书写格式与其他简文不同，阅读顺序也就不是平常的从上到下，从右到左，标志符号的统计也就不能按照每支简统计。整理者已经根据内容将《筮法》分成三十节，我们按照整理者划分的内容，将各节的标志符号详细分析如下：

---

① 李宛庭：《〈清华简（肆）·筮法〉占筮用词》，载中国文字学会编《第二十六届中国文字学国际学术研讨会论文集》，台湾圣环图书股份公司，2015，第429—446页。

第一节卦画九个,卦画标志符号九个,句读符号八个,按该部分加句读符号规律看,似第七个卦画下文字结束应有句读符号,但该抄手未标出(见图7-1方框处)。

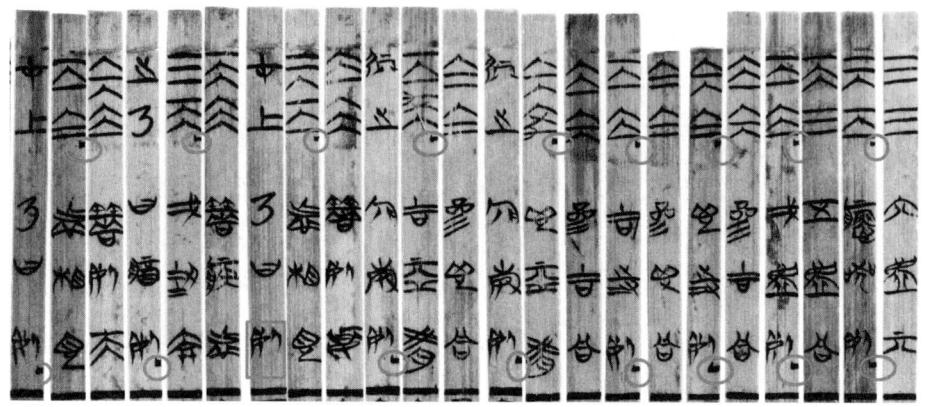

图7-1

第二节卦画十一个,卦画标志符号十一个,句读符号十个,按该部分加句读符号规律看,似第十个卦画下文字结束应有句读符号,但该抄手未标出(见图7-2方框处)。

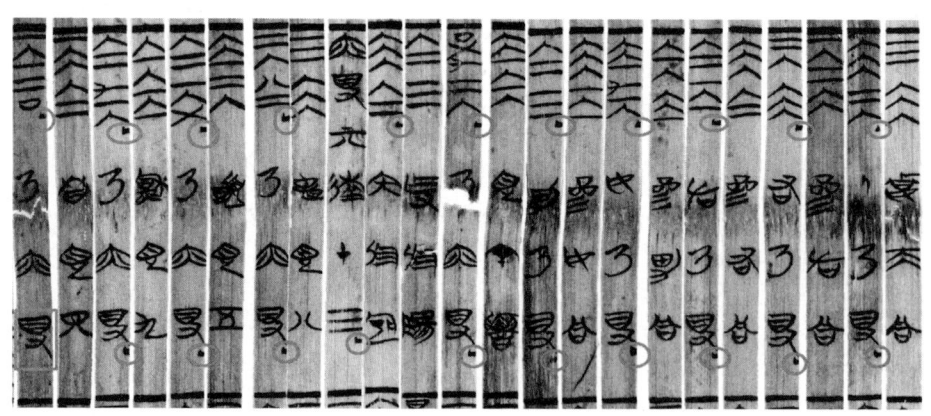

图7-2

第三节卦画两个，卦画下无符号，句读符号一个（见图7-3）。

第四节卦画两个，卦画下无符号，句读符号一个（见图7-4）。

第五至七节均是卦画两个，卦画下无符号，也无句读符号，第七节重文符号一个（见图7-5至图7-7）。

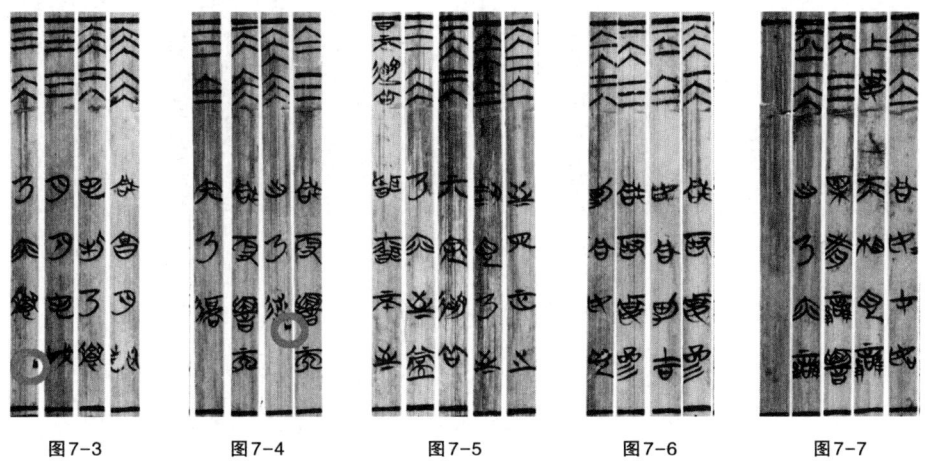

图7-3　　　图7-4　　　图7-5　　　图7-6　　　图7-7

第八节卦画三个，卦画标志符号三个，句读符号三个，重文符号两个（见图7-8）。

第九节卦画一个，卦画标志符号一个，句读符号一个，虽然该符号墨迹很淡，但是仔细观察还是可以发现的（见图7-9）。

第十节卦画一个，卦画标志符号一个，句读符号一个（见图7-10）。

第十一节卦画两个，卦画标志符号两个，句读符号两个，第一处句读并不在第一个卦画下文字完结处，抑或是误置（见图7-11）。①

第十二节分卦画一个，卦画下标志符号一个，句读符号一个（见图7-12）。

---

① 若是误置，可能是抄手在照底本抄写时看错位置，抄于此处，此种情况在《子产》《管仲》中也出现过。

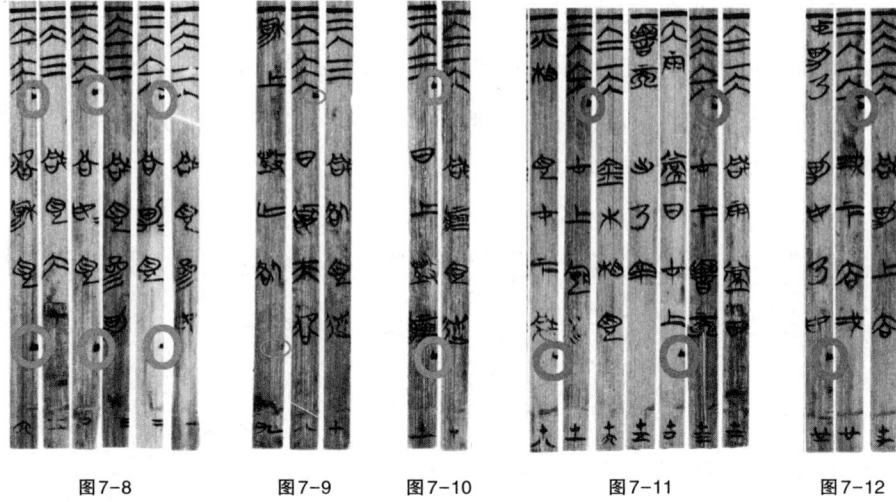

图7-8　　　图7-9　　　图7-10　　　图7-11　　　图7-12

第十三节卦画一个，卦画标志符号一个，句读一个（见图7-13）。

第十四节卦画八个，卦画标志符号八个，句读符号两个（见图7-14）。

第十五节卦画四个，卦画标志符号四个，无句读符号（见图7-15）。

第十六节卦画两个，卦画标志符号两个，句读符号一个（见图7-16）。

第十七节卦画两个，卦画标志符号两个，句读符号两个（见图7-17）。

第十八节无卦画，句读符号三个（见图7-18）。

第十九节卦画两个，无卦画标志符号，句读符号一个（见图7-19）。

第二十节无卦画，无句读符号，但有界栏，每简两字一界栏，"中军之位""次军之位"下并无界栏，因为第二十节位于整简的中部，而第二契口也正在此处，即编绳就在此位置上，所以可以借用编绳形成界栏（见图7-20）。①

---

① 界栏不可能书写在编绳上，因为那样墨迹会沾染到竹简上。

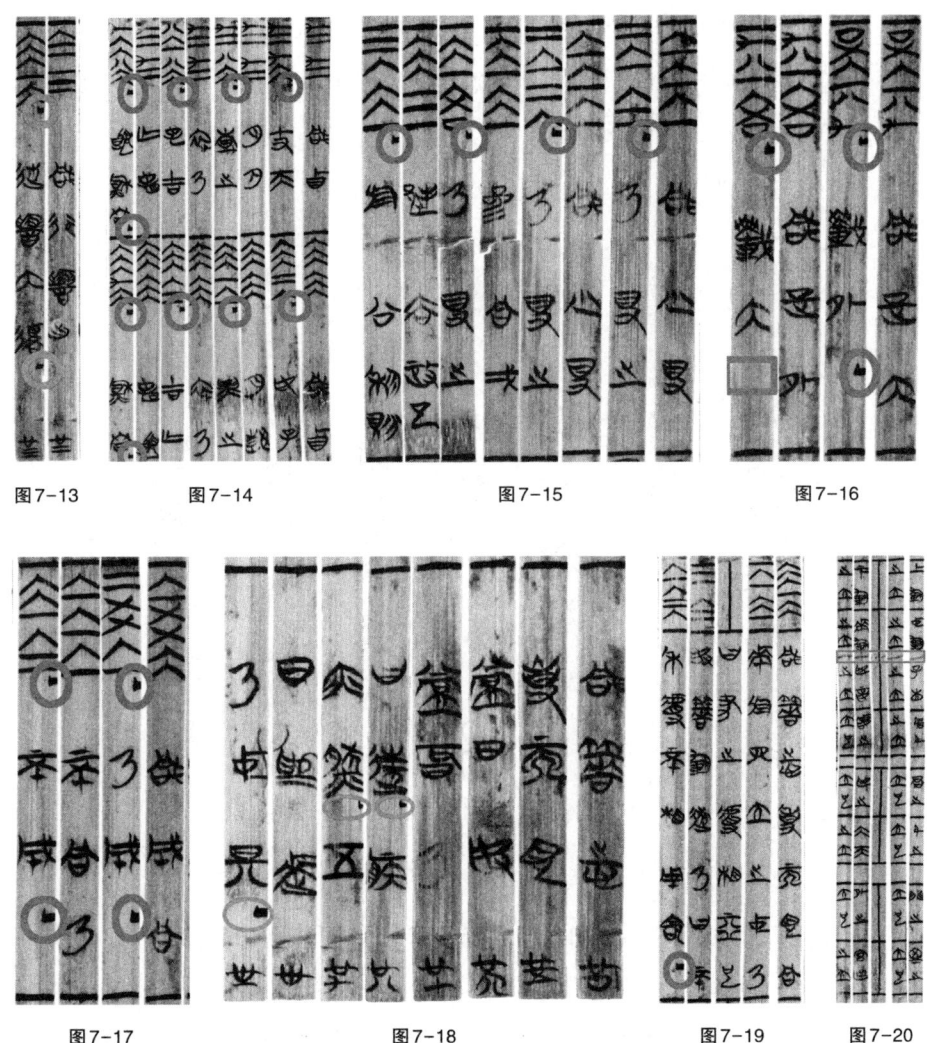

图7-13　　　图7-14　　　　　图7-15　　　　　图7-16

图7-17　　　　图7-18　　　　　图7-19　图7-20

  第二十一节整理者称之为"四季吉凶",此节无卦画,句读符号九个,文中包括"来""巽""劳""艮""罗(离)""兑"六个卦名,但是除开头的"来""巽"两卦下各有一处标志符号外(见图7-21:1),再未出现卦名下的标志符号。文中句读符号多出现在"吉""凶"两字下(见图

7-21），简37"夏季吉凶"中："艮离小凶，兑大凶"一句"小凶"为合文，下有合文符号，故此处未加句读符号（见图7-21:4）；简38"夏季吉凶"中："艮离小吉，劳大凶"一句"吉"字下无句读符号，应是遗漏（见图7-21:5方框处）。

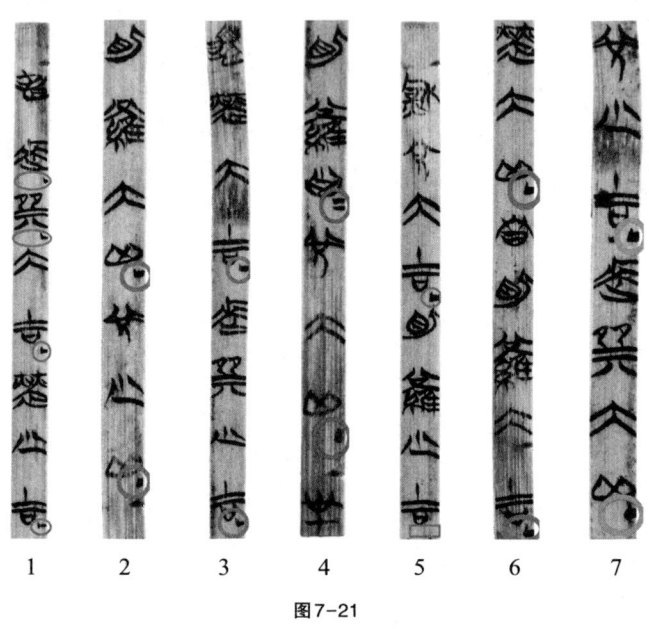

图7-21

第二十二节标志符号共九个（见图7-22），其中合文符号一个，句读符号六个，在"凡乾，月夕吉"与"乾坤当艮"句中，"乾"下均有标志符号（见图7-22:1、4），我们认为这是对卦名"乾"作的标志，可文中"乾"字出现了四处，有两处"乾"下未作标志（见图7-22:2、5）。

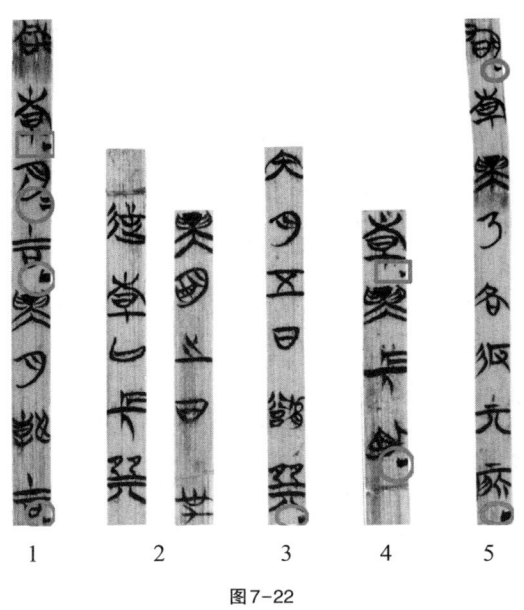

图7-22

第二十三节《果》标志符号共八个(见图7-23),合文符号一个(见图7-23:5),句读符号七个,均写在"果"下。

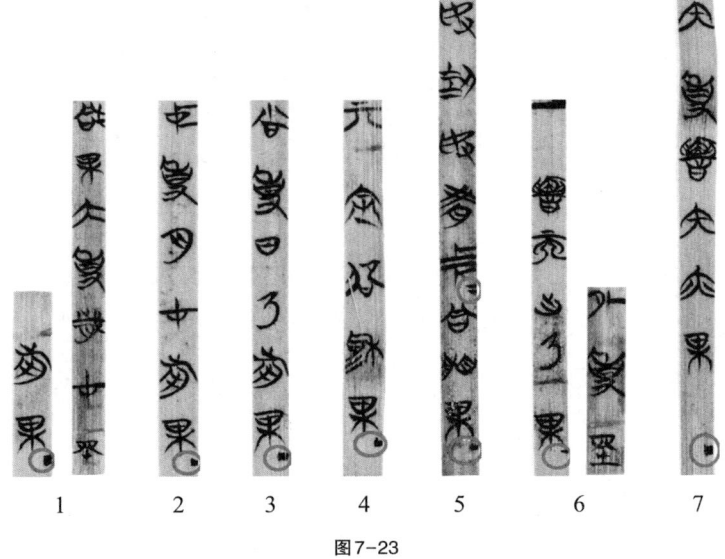

图7-23

第二十四节标志符号共十二个，句读符号四个（见图7-24圆圈处），其余八个符号应该是起界限作用的（见图7-24方框处）。如虽然简48"震""兑"字下的符号正好是本句句末，但是简54两处"古（故）"下的符号却不算句读符号，属专有词下符号；虽然简42、60上"色"字后面的符号正好在本句句末，但是简42、60上"西""东"字右侧的符号却不算句读符号，这些都是在一部分文字起首与结尾处添加的，用来起界栏作用的标志符号（见图7-24）。

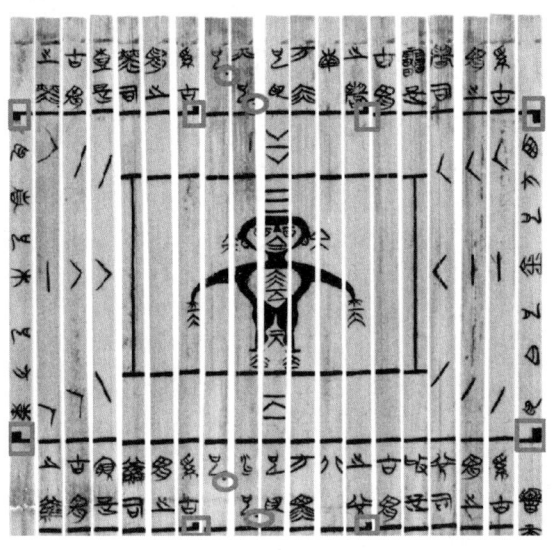

图7-24

第二十五节标志符号共六个，这六个符号分别在"丙""丁""戊""己""庚""辛"六个天干下，而"乾""坤"两卦下配以"甲壬""乙癸"的"壬"与"癸"下未见符号，可能是因为其配以天干，故下不再标记符号（见图7-25）。

第二十六节《祟》中标志符号共三十二个，句读符号三十一个，合文符号一个（见图7-26）。本节分"乾祟""坤祟""艮祟""兑祟""劳祟""离祟"" 震祟"" 巽祟"八个部分，除"坤祟""劳祟"外，各部分句末均有表完结的标志符号。其中"劳祟"书写空间狭小，最后一字已经在编绳处，故无标志符号属正常情况，但是"坤祟"下书写空间充足，也未见标志符号，可能是漏写（见图7-26方框处）。

第二十七节标志符号共六个，这六个符号分别在"震""巽""劳""离""艮""兑"六个卦名下（见图7-27）。

第二十八节全文无标志符号（见图7-28）。

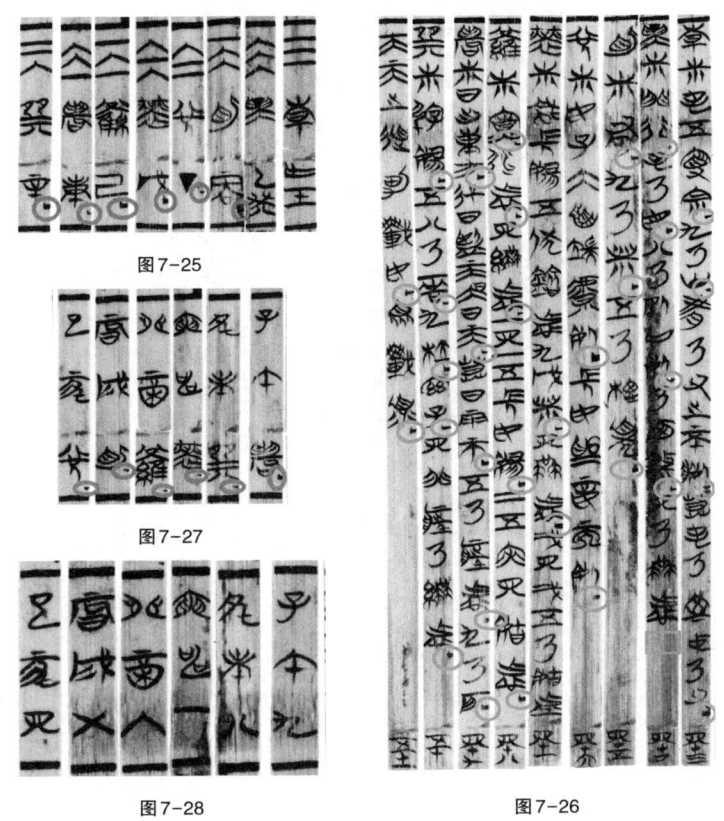

图7-25

图7-27

图7-28

图7-26

第二十九节《爻象》从书写格式及内容上看，可分为三部分：即简52～55、简56～59、简60～61。标志符号四十六个，其中简52～55中标志

第七章 《筮法》《子产》字迹研究 325

符号十七个,均在程序语"为某"下标出,①但有三处"为某"下无标志符号,应是漏标;简56~59中标志符号二十个,均在程序语"为某"下标出,但有一处"为某"下无标志符号,应是漏标(第一、二部分标志符号位置见图7-29:1);简61中标志符号九个(见图7-29:2)。

图7-29

第三十节《十七命》中标志符号二十个,表示句读的符号十八个,重文符号两个(见图7-30:5)。句读符号除位于文首"凡十七命"下与文末完结两处外,其余十六个均在文中程序语"曰某"下标出,仅"曰见"下无标志符号,应是漏标(见图7-30:2)。

---

① "程序语"见李松儒《战国简帛字迹研究——以上博简为中心》,上海古籍出版社,2015,第134—135页。

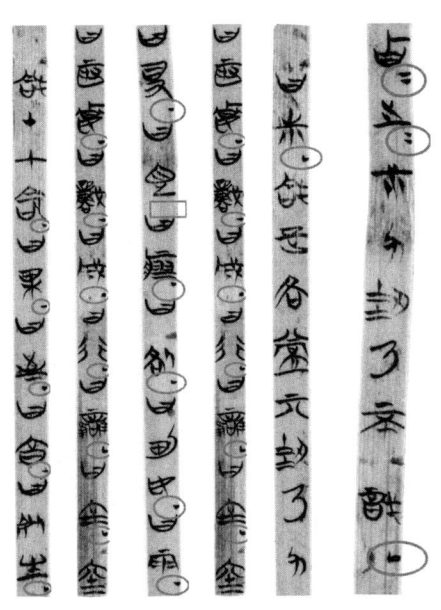

图7-30

表7-13 《筮法》每章节标志符号使用情况

章节	合文	重文	专有词	卦画	卦画符号	句读	边界符
一				9	9	8	
二				11	11	10	
三				2		1	
四				2		1	
五				2			
六				2			
七		1		2			
八		2		3	3	3	
九				1	1	1	
十				1	1	1	

续表

章节	合文	重文	专有词	卦画	卦画符号	句读	边界符
十一				2	2	2	
十二				1	1	1	
十三				1	1	1	
十四				8	8	2	
十五				4	4		
十六				2	2	1	
十七				2	2	2	
十八						3	
十九				2		1	
二十							
二十一	1		2卦名			9	
二十二	1		2卦名			6	
二十三	1					7	
二十四						4	8
二十五			6天干				
二十六	1					31	
二十七			6卦名				
二十八							
二十九						46	
三十		2				18	
总计	4	5	16	57	45	159	8

三、《子产》的标志符号使用情况

（一）合文符号

《子产》中有合文符号两处，分别位于简2与简8，如：

（二）重文符号

《子产》中重文符号有三十八处，分别作"-""=""⊏"三种形式。其中"="形重文符号共二十九处，分别位于简1（四处）、2（三处）、3、4（两处）、6（三处）、8、10、11（六处）、12（两处）、15、17、27、28（三处）；"-"形重文符号共八处，分别位于简5与简28（七处）；"⊏"形重文符号仅一处，位于简2。

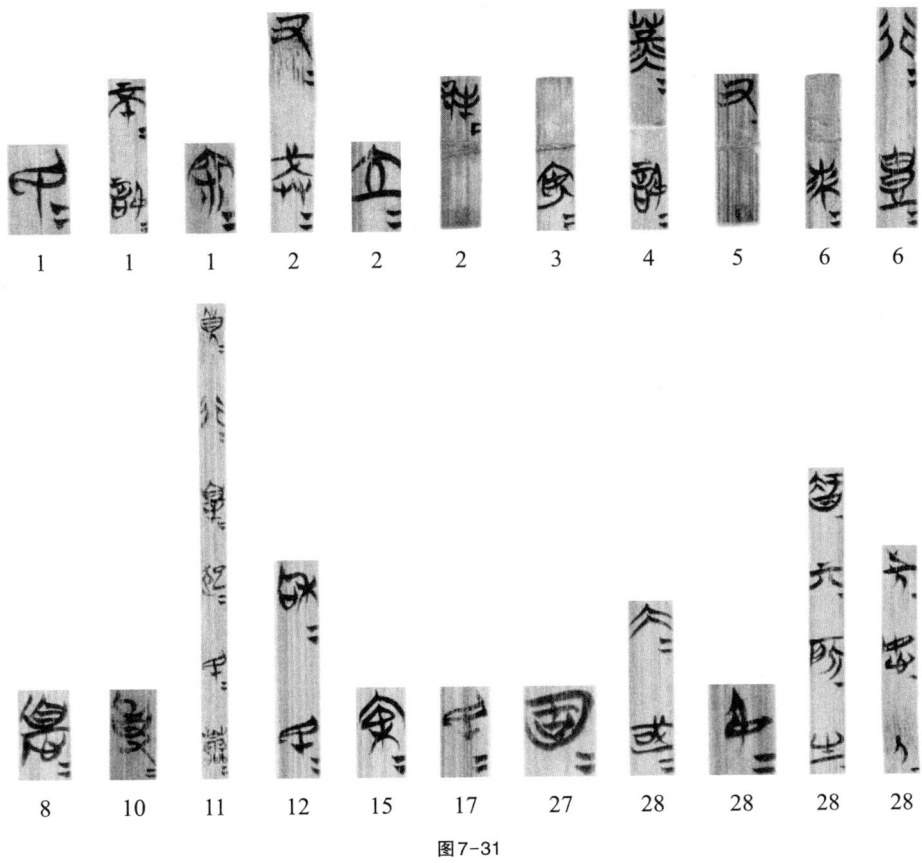

图7-31

有时在同一支简上的重文会用两种符号来表示，如《子产》简28重文十处，其中三处用"="表示，七处用"-"表示（图7-32）。再如简2中重文四处，其中三处用"="表示，一处用"⊏"表示。"⊏"作 ▆▆▆ 形（见图7-33），用来表示重文尚属首次出现。"⊏"位于简末，或许是该抄手笔误，写于此处本想写作常用来表示句读等作用的"⌐"形，后发现应是重文，故添加一小横笔改写，这应该不是重文符的常态。

《子产》中同一词组的重文也会有用不同符号来表示的情况，如《子产》简5+6的"又㭪"一词，位于简5末尾的"又"字下用"-"表示重文，简6首字的"㭪"字下用"="表示重文（见图7-34）。

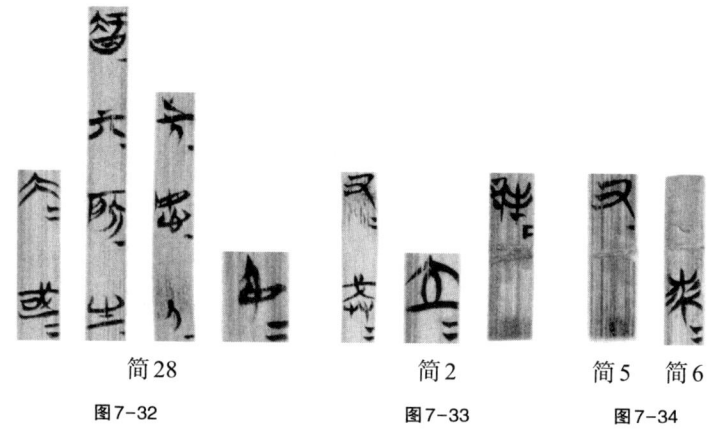

简28　　　　　　　简2　　　　简5　简6

图7-32　　　　　　图7-33　　　图7-34

（三）句读符号

《子产》中用来表示句子停顿的符号共一百零四处，其书写形态也是作"-"形，或"⌐"形，与其人名、官名及词组下标志符号的书写情况类似。每简上均有句读符号，各简所含句读符号数量详见表7-14。简10最末一字"民"字末笔右侧有一处句读符号，该字末笔位于第三道编绳，故整理者也未标出此处句读，如下：

《子产》中的句读有标志错误的地方,如简3+4整理者断为:"子产所嗜欲不可智(知),内君子亡变。官政【3】怀师栗,当事乃进,亡好。""智"字下有一处符号,单育辰认为此处句读符号误置,应改断为:"子产所嗜欲,不可知内,君子亡偏,官政【3】罙师栗当事,乃进亡好。"[①] 故此,简3"智"字下的符号也计入句读符号中。

（四）专有词符号

《子产》中在官名、人名及词组下也标有符号。这些符号在句子中并不用来表示停顿作用,应是起专有标志作用的。一处官名下的标志符号位于简4(见图7-35);在人名下的标志符号共八处,四处位于简21(见图7-36),四处位于简22(见图7-37)。此类符号书写形态也不固定,如简22中表示人名的符号有四处,三处作"乚"形,一处作"-"形。其中"佫之支"下"-"形符号墨迹很淡,但是从放大图版看,该符号墨迹残存。从残存墨迹看该符号的起笔特征,此符号应该作"-"形,并且整理者也在释文中注出此处符号。

词或词组下的标志符号共二十五处,分别位于简2(三处)、4、5(三处)、17、22(四处)、23(三处)、24(两处)、25(五处)、27、29(两处),见图7-38。

---

① 单育辰:《清华六〈子产〉释文商榷》,载李学勤主编《出土文献》(第十一辑),中西书局,2017,第210—218页。

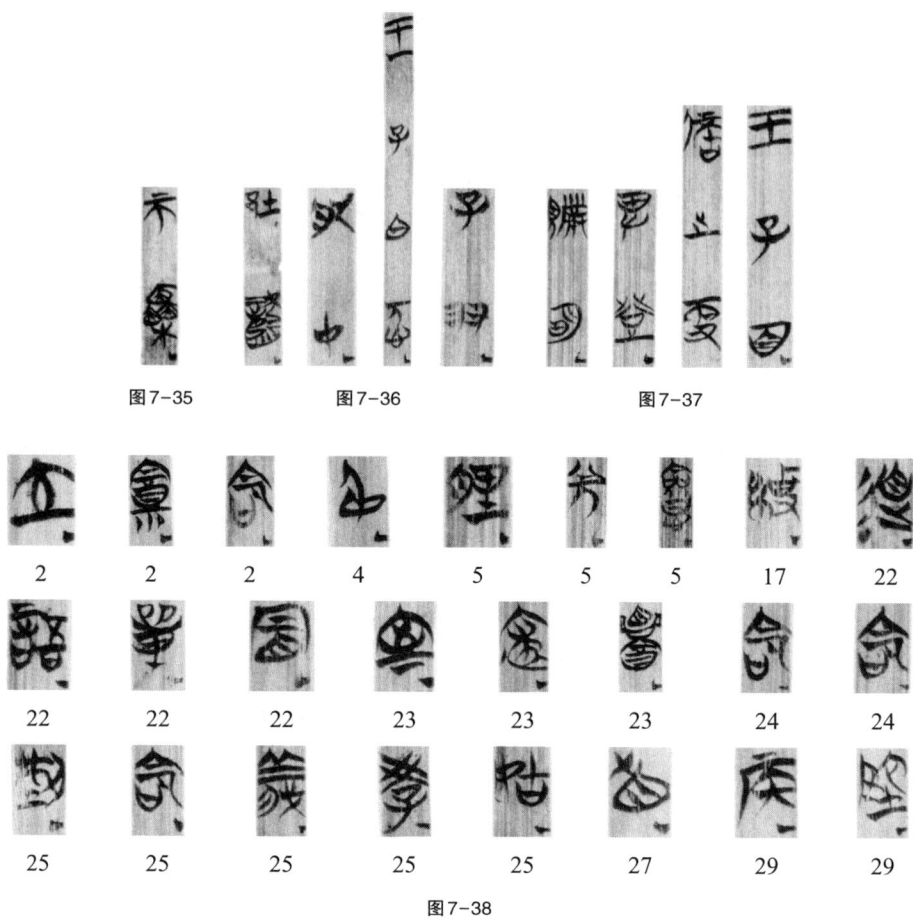

图 7-35　　　图 7-36　　　　　图 7-37

图 7-38

我们将《子产》中每简容字及标志符号使用情况列出,见表 7-14。

表 7-14　《子产》每简容字及标志符号使用情况

简号	容字①	重文			合文	人名、官名	词、词组	句读	篇末
		=	-	⊏	=				
1	29	4						4	

---

①　容字是为了计算每简书写文字所占空间,不含重文与合文所代表的字数。

续表

简号	容字	重文			合文	人名、官名	词、词组	句读	篇末
		=	-	⊏	=				
2	27	3		1	1		3	2	
3	28	1						6	
4	26	2				1官	1	3	
5	26		1				3	3	
6	27	3						4	
7	27							5	
8	28	1			1			6	
9	29							4	
10	28	1						5	
11	26	6						4	
12	28	2						5	
13	27							5	
14	27							4	
15	29	1						5	
16	26							4	
17	27	1					1	3	
18	27							5	
19	28							5	
20	28							3	
21	30					4人		2	
22	28					4人	4	1	
23	28						3	2	
24	30						2	3	

续表

简号	容字	重文			合文	人名、官名	词、词组	句读	篇末
		=	-	⌐	=				
25	29						5①	1	
26	27							5	
27	30	1					1	2	
28	30	3	7					2	
29	14						2	1	1
总计	26～30		38		2	9	25	104	1

第八节　简文的校改

《子产》简15第二道编绳下出现了一道墨色很淡很粗的墨横（见图7-39上方框处），墨横下的文字被正文"求"字遮盖了一部分，但是仍然能看出字的部分墨迹（见图7-39下方框处）。自此开始，下半部分均有墨迹出现。正文"直"字与"不"字中间的残存墨迹应该是"又"字（见图7-40方框处）。简15背面无异常现象，从该简正面的这些墨迹及可识别的"又"字看，应是刮削后残存的墨迹，而不是其他简沾染所致。

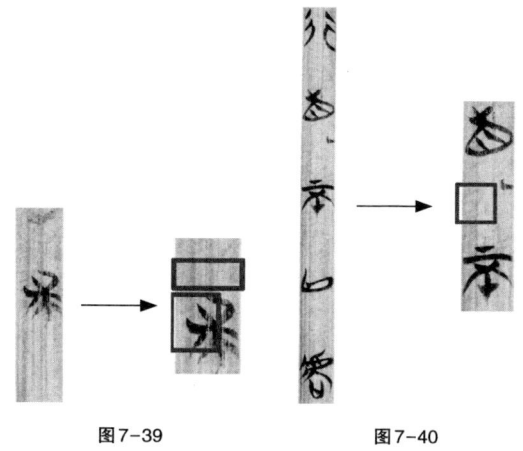

图7-39　　　　　图7-40

---

① 简25中标有符号的词组有"郑型""尊命""裕义""亡教""不姑"五个，其中"裕义""不姑"下的标志符号亦可算作句读符号。

第九节　编联与收卷

一、《筮法》的编联与收卷

（一）编联

《筮法》共63支简，简背有明显划痕（简17～20简背有双道划痕），肖芸晓列出了《筮法》的划痕形态①，我们将其所作图片移录于下（见图7-41）：

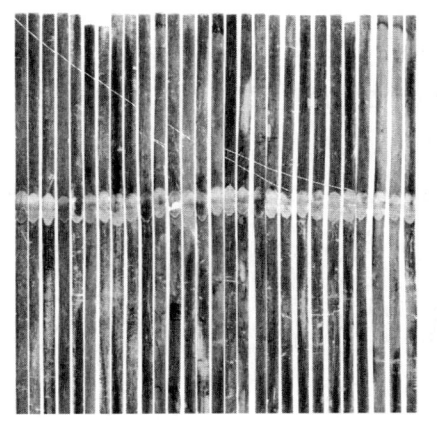
《筮法》简1～28简背划痕

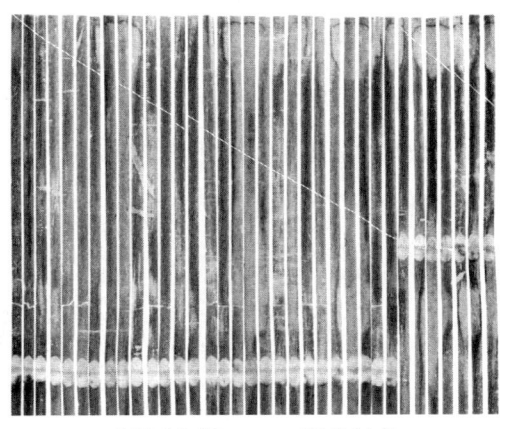
《筮法》简29～63简背划痕

图7-41

根据简背竹节位置可知，简1～28、简29～56、简57～63分别为三截竹筒修治而成（见表7-15）。

---

① 肖芸晓：《清华简简册制度考察》，硕士学位论文，武汉大学，2015。

表7-15 《筮法》竹简使用情况

	竹简 I	竹简 II	竹简 III
简号	1~28	29~56	57~63
简数	28	28	7

《筮法》是先写后编而成的，如简29、30上第一个字的部分笔画被编绳盖住少许，污染了部分字迹（见图7-42）。

此外，简34第二道编绳处的纵向墨线并没有被编绳遮盖住（见图7-43），这更是先写后编的有力证据之一，因为如果《筮法》是先编后写而成的，那么因编绳的残损，写在上面的墨迹也会随着消失。而若是先编后写，此处的墨迹未必会被编绳磨损，遮盖墨迹。这一编联方式向我们展示了，即便是这样一篇含有大量界栏及图画的竹书，也是先写后编而成。

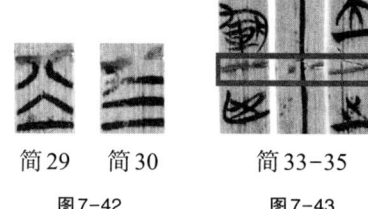

简29 简30   简33-35

图7-42   图7-43

前文已述，我们认为《筮法》的抄写一定是有着一个格式工整的照抄底本，本抄本也是严格按照底本（底本也应是竹简本）格式书写的，因为这样才能保证这篇文本的格式工整、不错乱。从各简上所有界栏保持水平一致的情况看，有界栏的这些竹简应该是在书写正文前事先画好的，这样也能限定其下文字书写的位置。从这些有界栏的简的文字布局看，也应该是有底本竹简比对书写才能保持格式如此整齐。清华简《筮法》中，第二十四节的人形图像及界格部分位于简 42~60，共 19 支简的宽度。从图像连贯、界格较为均匀这些特征看，持简而画是无法实现的，那么这些简应是紧密并列摆放好，再划出界格（见图 7-24）。并且应是在未编联的情况下，将这些竹简合并在一起，而其下面亦应有所依托，不然这些竹简很难固定。以往学者有关竹简书写姿势多有讨论，多认为持简而书当属简牍书写常态，① 清华简《筮法》书写格式的出现，丰富了我们对简牍书写方式的认识。再如，周家寨 M8 出土竹简 "禹汤生子占" 篇中出现两个人形图画，每个人形画占 5 支竹简的宽度。从整理者给出的图版可以看出，这两个人形图画应是将竹简拼在一起再画出来的，这同时也为清华简《筮法》中人形画先画后编联提供了依据。② 此外，周家寨 M8 出土竹简 "死失" 篇与 "根山禹之离日" 中的界格间距不一，可以看出应该是在持简画线书写后再编联的，栏线并不整齐，这与清华简《筮法》第二十四节图画外层的界格画法不同。③《筮法》图像外圈的 "劳" "离" 两卦书写在同一支简上，字迹工整，其余六卦 "坤" "兑" "乾" "巽" "震" "艮" 书写结构松散，笔画长度不一，与同简上其他字迹风格不一，应非同一时间段内书写（见图 7-24）。这是由六卦的书写位置造成的。

---

① 有关书写姿势的讨论见张朋川《中国古代书写姿势演变略考》，《文物》2002 年第 3 期；扬之水《古诗文名物新证·二》，紫禁城出版社，2004，第 386—387 页；马怡《汉画所见中国古人书写方式探源》，"甘肃省第二届简牍学国际学术研讨会" 会议论文，兰州，2011；马怡《简牍时代的书写》，"中国汉画学会第十四届年会" 会议论文，济宁，2013；马怡《中国古代书写方式探源》，《文史》二○一三年第三辑；马怡《从 "握卷写" 到 "伏纸写" ——图像所见中国古人的书写姿势及其变迁》，载中国社会科学院历史研究所文化史研究室编《形象史学研究（2013）》，人民出版社，2014，第 72—102 页；马怡《简牍时代的书写——以视觉数据为中心的考察》，简帛网，访问日期：2014 年 3 月 7 日；邢义田《伏几案而书：再论中国古代的书写姿势》，《故宫学术季刊》2015 年第三十三卷第一期。
② 罗运兵、史德勇等：《湖北随州市周家寨墓地 M8 发掘简报》，《考古》2017 年第 8 期。
③ 罗运兵、史德勇等：《湖北随州市周家寨墓地 M8 发掘简报》，《考古》2017 年第 8 期。

（二）收卷

关于《筮法》的收卷方式，可参看整理者介绍：

  《筮法》是清华简中唯一大体保持成卷状态的竹简，但有一端稍松散，故有少量竹简已散落它处。经清理，《筮法》全册凡六十三枚，成卷者五十二枚，另有十一枚散混在其他内容的竹简里。保持成卷状态的原因是原卷册缠绕有不规则的丝织品残迹：其中最外层残迹较多，推测为盛装竹简的囊橐腐烂后留下的，故漫布于卷册周围；里层则存有两条不甚规则的带状残迹，当为粘贴在册背的丝带留下的……里层的丝带残迹宽约四厘米，分别位于竹简的上半段及下半段中间位置，其用途当系于编绳之外，起着加固简册的作用。①

从整理者公布的《筮法》揭取前照片可知，该篇是从末简开始折叠卷起的（见图7-44）。肖芸晓也对《筮法》进行模拟复原，根据简6、7、24三支简简首略残损的情况猜测，"若这三处竹简残损是在竹书成卷时而非是在打开竹书后产生，那么由于这三支残损竹简在竹书中的位置靠前，且后半段竹书保存更加完整，《筮法》更可能是以末简为中轴、向首简卷起的收卷方式"②。贾连翔又根据《筮法》简37～39背面有磨损痕迹的情况，认为这应该是散落在外时磨损造成的。③

---

  ① 李学勤主编《清华大学藏战国竹简（肆）》，中西书局，2013，第126页"附三：《筮法》揭取说明"。
  ② 肖芸晓：《清华简简册制度考察》，硕士学位论文，武汉大学，2015。
  ③ 贾连翔：《战国竹书形制及相关问题研究——以清华大学藏战国竹简为中心》，中西书局，2015，第234页。

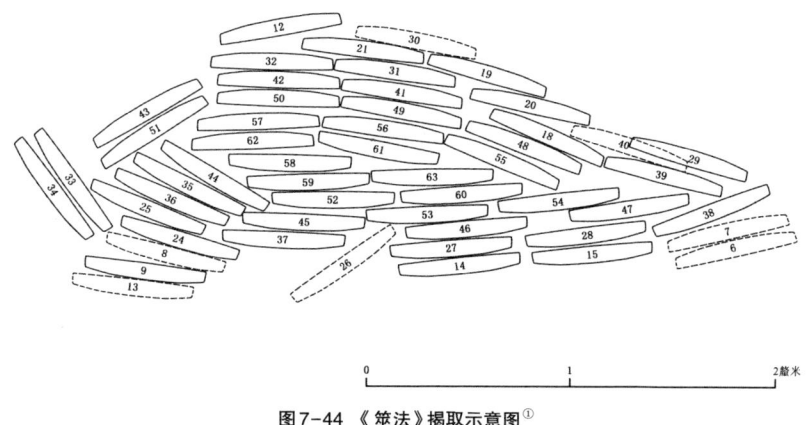

图 7-44 《筮法》揭取示意图[①]

《筮法》虽然是以末简为中轴,向首简卷起,但是末尾一些简上却有字迹磨损的痕迹,如简58、59、62形同位置上均有这种情况的出现,如下:

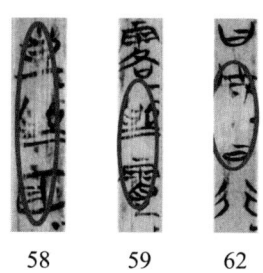

　58　　59　　62

卷在里面的竹简如何形成这些磨损痕迹,还有待进一步观察。

---

① 图片源自李学勤主编《清华大学藏战国竹简(肆)》,中西书局,2013,第125页"附二:《筮法》揭取示意图"。

第七章 《筮法》《子产》字迹研究　339

二、《子产》的编联

《子产》共29支简,简22～25四支简背有明显划痕,根据简背竹节位置可知,简1～21与22～29分别为两截不同的竹筒修治而成。

表7-16 《子产》竹筒使用情况

	竹筒Ⅳ	竹筒Ⅴ
简号	1～21	22～29
所用简数	21	8

《子产》契口在右侧,其契口形态见图7-45。

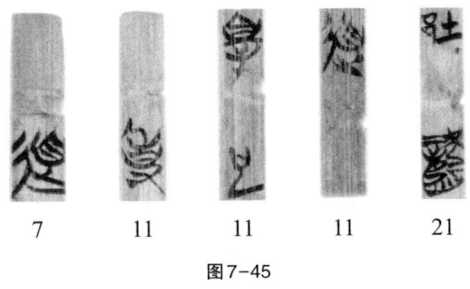

图7-45

从简9、10、17、24、29上文字被编痕遮盖的痕迹看,《子产》是先写后编而成的(见图7-46)。

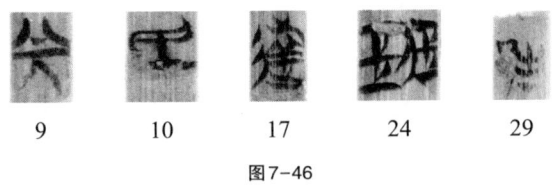

图7-46

《子产》末简简29第一编绳上端残损,首字"邦"字也有污染,应是被编绳磨损留下的痕迹，如 ，这说明该篇竹简是自右侧简首开始按顺序编联，在末简编绳打结后留下绳头，绳头磨损了末简上的字迹。

《子产》的每道编绳是由两股编绳编联而成，所以在除契口处存在一道编痕外，距契口不远处还有一道编痕存在（见图7-47、图7-48、图7-49）。该抄手在书写文字时虽然有意避开契口，但是一些字迹还是会被第二股编绳遮盖（如上示简24契口处文字）。现将《子产》竹简上各段编绳留下的痕迹列举如下：

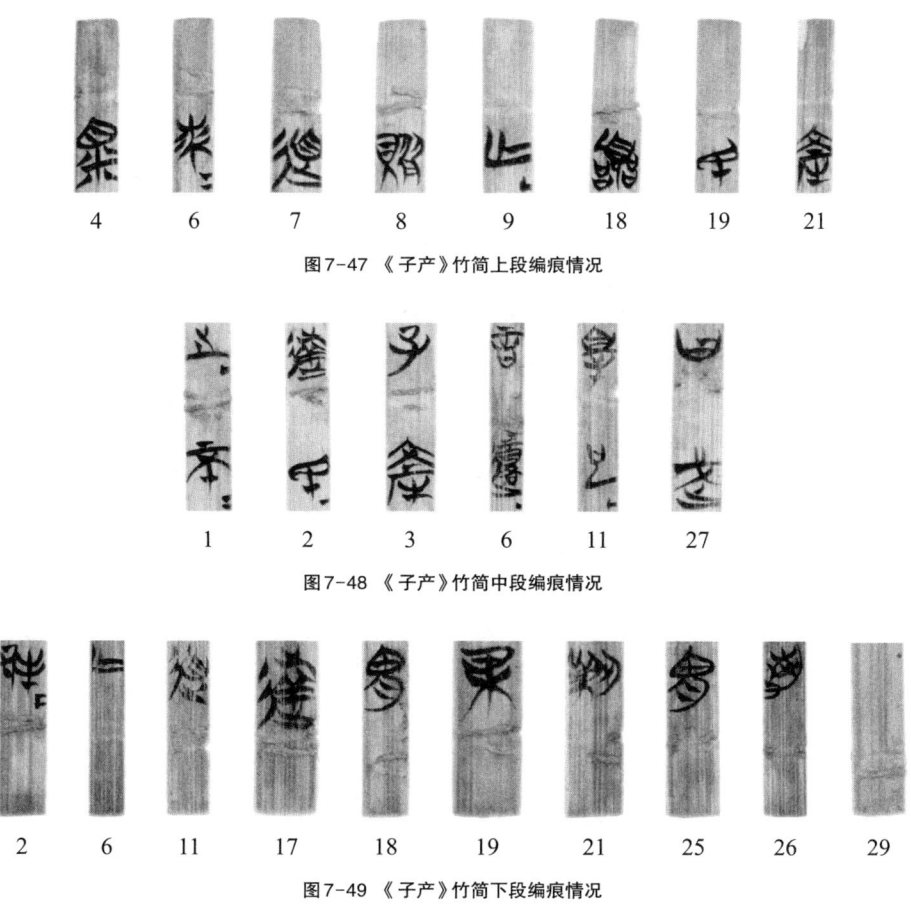

图7-47 《子产》竹简上段编痕情况

图7-48 《子产》竹简中段编痕情况

图7-49 《子产》竹简下段编痕情况

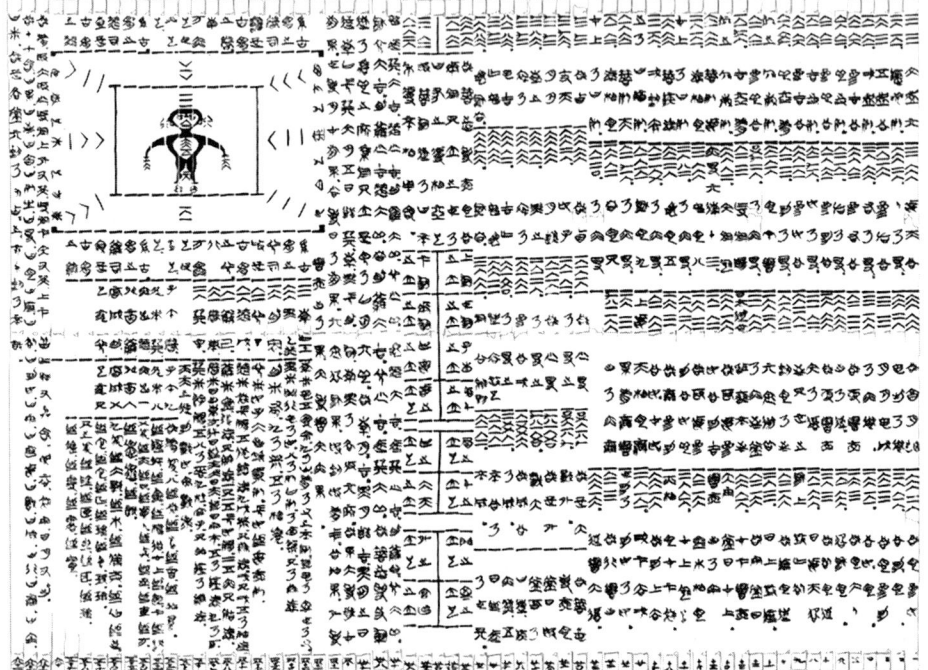

图7-50

第八章 《汤处于汤丘》《汤在啻门》《管仲》字迹研究

《汤处于汤丘》《汤在啻门》两篇竹简发表于《清华大学藏战国竹简》第五册，整理者已经指出《汤处于汤丘》"与清华简《汤在啻门》形制、字迹相同，内容相关，为同一抄手所写"①。《清华大学藏战国竹简》第六册公布后，我们发现其中《管仲》一篇与《汤处于汤丘》《汤在啻门》两篇为同一抄手所写。本章将对这三篇竹简的字迹及竹简制作、书写情况做全面的研究。

第一节 竹简形制

《汤处于汤丘》全篇19支竹简，简长44.4厘米；《汤在啻门》全篇21支竹简，整理者介绍简长44.5厘米②，笔者据图版测量为44.4厘米。这两篇竹

---

① 李学勤主编《清华大学藏战国竹简（伍）》，中西书局，2015，第134页"《汤处于汤丘》说明"。
② 李学勤主编《清华大学藏战国竹简（伍）》，中西书局，2015，第140页"《汤在啻门》说明"。

简均保存完整。

《管仲》共30支简，简长44.5厘米，据整理者介绍，"竹简保存大体完好，但简28下半段缺失，简29的上半段亦不存；这两支简之间是否还有缺失的竹简，尚不易断定；此外，简29与30之间亦应该有缺简。全篇原无篇题，每支简的简背亦无次序编号"[①]。

《汤处于汤丘》《汤在啻门》《管仲》这三篇竹简均是三道编绳，但是各篇编绳间距均有不同，见表8-1。

表8-1 《汤处于汤丘》《汤在啻门》《管仲》形制表（单位：厘米）[②]

篇名	介绍简长	测量简长	简宽	简首至一契	一契至二契	二契至三契	三契至简尾	简背划痕	简号
汤处于汤丘	44.4	44.4	0.6	1.4	20.9	20.6	1.5	无	无
汤在啻门	44.5	44.4	0.6	1.4	20.7	20.8	1.5	无	无
管仲	44.5	44.5	0.6	1.3	21.6	20.4	1.2	无	无

第二节 概貌及运笔特征

一、概貌特征

《汤处于汤丘》《汤在啻门》两篇文字书写于一、三编绳间，布局较疏朗，笔画较粗，侧锋入笔，运笔速度较快，故笔画起笔处均呈钉头。横画起笔处呈墨钉状，或一墨点，如下字例8-1至8-5；点画短小，笔画多呈三角

[①] 李学勤主编《清华大学藏战国竹简（陆）》，中西书局，2016，第110页"《管仲》说明"。

[②] 本表数据依据图版《汤处于汤丘》简5、《汤在啻门》简2、《管仲》简26测量所得。

状，如字例8-5至8-7。

8-1	8-2	8-3	8-4	8-5	8-6	8-7
（汤丘15）	（啻门18）	（汤丘8）	（汤丘4）	（啻门8）	（啻门9）	（汤丘5）

《管仲》除前几支简外，其余各简文字布局较为紧凑，每简字数分布不均。该篇书写速度较快，字迹略显潦草，文字均书写在首尾两契口间，字间距约一字左右。《管仲》文字布局较《汤处于汤丘》《汤在啻门》紧凑。从文字结构、笔画线条的稳定性等方面看，《汤处于汤丘》《汤在啻门》《管仲》三篇与清华简其他篇相比，书写水平偏低。

二、运笔特征

《管仲》《汤处于汤丘》《汤在啻门》三篇文字笔画起笔处顿压痕迹明显，如 ■（管仲1）、■（管仲3）、■（管仲6）等，均是侧锋入笔，运笔速度较快，直锋收笔。其中横画顿压起笔，起笔处多呈墨钉状或墨点，如 ■（管仲22）、■（管仲23）等，起笔后略提，顺势向右上方行笔，行至收尾处略向下行，直锋收笔，作 ■ 形，《管仲》中横画的这种运笔方法也是较为有特色的。现将《管仲》与《汤处于汤丘》《汤在啻门》中的横画举例对比如下：

表8-2 《汤处于汤丘》《汤在啻门》《管仲》横画形态对比

汤丘	13	3	3	6	16	9

续表

啻门	[图]6	[图]6	[图]17	[图]3	[图]20	[图]9
管仲	[图]22	[图]8	[图]13	[图]5	[图]13	[图]19

《管仲》与《汤处于汤丘》《汤在啻门》中的纵向笔画先是侧锋顿压起笔，起笔处多呈尖角楔形，作 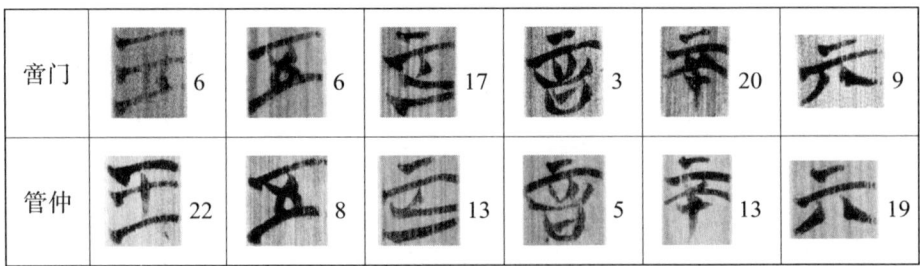 形，起笔后运笔速度较快，直接行笔出锋，收笔处或尖尾，或有明显笔锋痕迹，如 [图]（管仲7）。这种收笔出锋的现象也是由于该抄手的书写水平较低造成的。我们将《管仲》与《汤处于汤丘》《汤在啻门》中的竖画举例对比如下：

表8-3 《汤处于汤丘》《汤在啻门》《管仲》竖画形态对比

汤丘	[图]9	[图]7	[图]11	[图]13	[图]15	[图]3
啻门	[图]1	[图]16	[图]16	[图]19	[图]7	[图]20
管仲	[图]2	[图]4	[图]18	[图]12	[图]8	[图]13

虽然《管仲》与《汤处于汤丘》《汤在啻门》三篇的运笔特征大多一致，但也有细微差别。由于该抄手的书写水平较低，所以书写过程中会呈现运笔不稳定的现象，《管仲》篇是这三篇中书写变化较大的一篇，如横画侧锋行

笔时，横画的一侧呈锯齿状（见图8-1：1、2），竖画的书写也常常不稳定，出现笔画不垂直等现象（见图8-1：3、4），或是上文所说收笔处笔锋明显，如刷出的痕迹（见图8-1：5）。抄手书写不稳定的特征不仅体现在运笔过程中，还体现在笔画搭配、文字写法等方面，而这种现象在《汤处于汤丘》与《汤在啻门》两篇中表现得就不这么严重了。

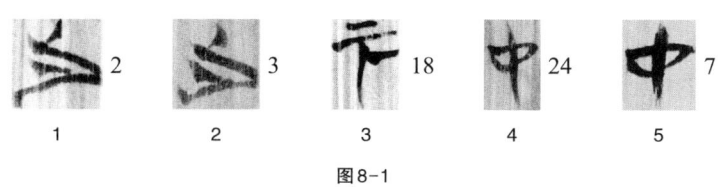

图8-1

第三节　搭配比例特征

我们以"之"字与"辵"旁为例，来看《管仲》与《汤处于汤丘》《汤在啻门》这三篇中的笔画搭配特征。

1. 之

"之"字由α、β、γ、δ四笔构成，各笔画间相交接位置及笔画运行方向是大体一致的。如α与γ相交点作A，A一般在α约三分之一处；β与δ相交点作B，B一般在δ二分之一处偏右；α与δ相交点作C，C在δ末尾处。并且α与β笔画的运行方向大多平行，如下：

2. "辵"旁

"辵"旁的笔画搭配也是比较能够体现这三篇字迹特征的一例。"辵"旁是由"彳"与"止"两个字部构成的,其中"彳"部上面两撇笔平行,最下面的长撇笔较竖直,比上面两个撇笔与平面所呈角度略大。"止"部由α、β、γ三笔构成,如 ![glyph], 其中α与β相交点一般在β约三分之一处;β与γ常接近平行,即便不平行,末笔也不相交,如 ![glyph], 参下:

《管仲》与《汤处于汤丘》《汤在啻门》三篇中"辵"旁的"止"部各笔画搭配情况,在含"止"部的其他字中也有所体现,如"是""正"等字中"止"部的β与γ大多不相交,作 ![glyph] 形,如下:

《管仲》与《汤处于汤丘》《汤在啻门》三篇中"止"部各笔画间的这种搭配特征是较为稳定的,不过也偶有例外,如《汤处于汤丘》简8"是"字作 ![glyph] 形,《汤在啻门》简9"老"字作 ![glyph] 形,这两例"止"部的β与γ末笔相交。

此外,《管仲》较《汤处于汤丘》《汤在啻门》两篇中字迹笔画交接痕迹明显,如下所示:

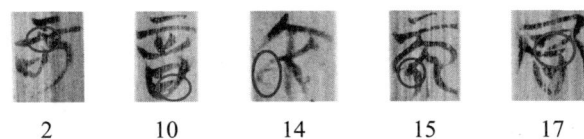

《管仲》中笔画交接处十分明显，这也与该抄手书写水平低，不能书写较长笔画，并且不能处理好笔画交接关系等方面有关。

第四节 文字写法及用法

一、特征字

现将清华简中出现频率较高的文字在《汤处于汤丘》《汤在啻门》中的写法列出：

表8-4 《汤处于汤丘》《汤在啻门》特征字

之	则	於	女	而	方	民
丘1	啻2	啻1	丘17	丘9	丘9	丘18
人	若	弗	余	不	是	受
丘13	丘17	丘8	丘11	丘3	丘6	丘19

《管仲》与《汤处于汤丘》《汤在啻门》的文字写法较为一致，我们将同时出现在这些篇中且能够代表这类字迹的特征字列举如下：

表8-5 《管仲》与《汤处于汤丘》《汤在啻门》特征字对比

	若	则	旻	成	也	䚻
管仲	23	3	13	25	21	3

续表

	若	则	旻	成	也	䜈
汤丘	[图]17	[图]12	[图]6	[图]3	[图]16	[图]4
啻门	[图]13	[图]	[图]5	[图]2	[图]19	[图]19

上举"若"字"口"旁边的字部作[图]形,其中"㇏"画是一笔书写完成,并且最右侧有羡画一斜点;"则"字左侧字部作[图]形,"目"画下分六笔完成;"旻"字上部"目"画下有两点羡画;"成"字中间的字部作[图]形,竖画贯穿两短横等。这些都是能够明显区别其他篇文字的写法,再如以下诸字:

1. "虍"旁

《管仲》与《汤处于汤丘》《汤在啻门》三篇中"虍"旁作[图]形,中间部分一笔写成,作[图]形,这种写法及笔顺较为特别,是以往不曾出现的,相关诸字如下:

[图]管仲3　[图]管仲19　[图]汤丘8　[图]汤丘8　[图]汤丘3　[图]啻门1

2. "心"旁

《管仲》与《汤处于汤丘》《汤在啻门》三篇中,"心"字独体字作[图](管仲3)或[图](管仲4),"心"旁除一例作[图](管仲22)外,其余作[图]形,相关诸字如下:

管仲:[图]9　[图]13　[图]18　[图]19　[图]20　[图]23

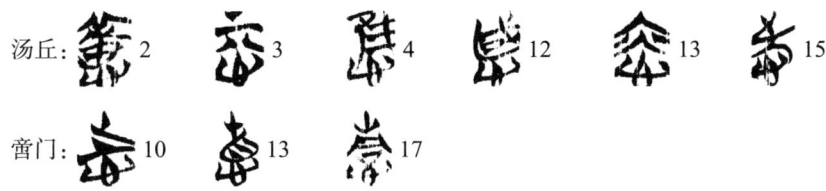

该抄手将"少"字写作 （汤丘3）形，"时"字写作""（汤丘8）、（管仲13）形，"文"字写作 （管仲10）、（汤丘16）形，"上"字作 （管仲13）形等，这些文字写法都是能反映其书写习惯的。

当然，该抄手的文字写法并非完全固定，如上举"文"字在《管仲》简10中就有两种写法：、；再如读为"闻"的字，多写作"聶"，作 （汤丘4）形，但有一例写作"昏耳"，作 （汤丘15）形。

3. 而

"而"字在《汤处于汤丘》《汤在啻门》中均写作 形；在《管仲》中有两种写法，即 画下的笔画或呈折笔作 形，或呈弯笔作 形，如下：

表8-6 《管仲》中"而"字的两种写法

	![15]	![15]	![17]	![20]	![23]
	![16]	![17]	![19]	![21]	![23]
	![24]	![25]	![29]	![30]	

《管仲》中"而"字写作 形，有五例，作形 形，有九例。该抄

手在《管仲》篇中应该是习惯于写成 形的，这一点从简23"而"字的改动上可以看出：

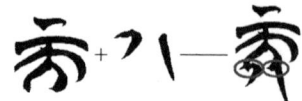

"而"字的这种改写可能是该抄手习惯了书写弯笔的 形，后有意追求变化才改写作 形，这种并不是因为误写错字而有意改变文字写法的情况是值得关注的。

4. 者

《管仲》中"者"字及含"者"部的字分别写作：

这些"者"的写法大多作 形，而《管仲》简4"煮"字中的"者"部写成 形。

5. 我

《汤处于汤丘》与《汤在啻门》中"我""义"两字分别写作：

"义"字中所从"我"部即写作 形。

二、文字的异写及用法

《管仲》与《汤处于汤丘》《汤在啻门》的抄手在用字习惯方面也有自己

的特征，并且还有些是同一词用多形表示的。如下诸字：

1. {夏}——鄹、顕、罍

《汤处于汤丘》中表示"夏""商""周"的{夏}写作"鄹""顕"，或"罍"三形：

其中，"鄹"仅一例，"顕"有两例，"罍"有三例：

乃与小臣恭谋鄹（夏）邦（简3）；有顕（夏）之德何若哉？小臣答"有顕（夏）之德，使过以惑"（简12）；罍（夏）王不得其图（简13）吾戡罍（夏）如台（简13）；桀之疾，后将君有罍（夏）哉（简14）。

《汤在啻门》中也有一例写作"顕"的字，用作四季中的{夏}：

六以行之，昼、夜、春、顕（夏）、秋、冬（简20）。

2. {春}——菅、芚

《汤处于汤丘》与《汤在啻门》中表示四季中的{春}分别写作"菅"或"芚"：

汤丘12　　啻门20

《汤处于汤丘》中用"菅"表示{春}仅一例：

菅（春）秋改则，民人趣忎（简12）。

《汤在啻门》中用"芚"表示{春}也有一例：

六以行之，昼、夜、芚（春）、夏、秋、冬（简20）。

3. {使}——思、叓

《汤处于汤丘》中的{使}写作"思"，或"叓"：

用"思"来表示｛使｝有两例：

如思（使）召（简4）；必思（使）事与食相当（简7）。

文中还有一例用"思"来表示"休息"之义的｛息｝，其辞例作：

远有所巫，劳有所思（息）（简17+18）。

全文用"吏"表示｛使｝有三例：

有夏之德，吏（使）过以惑（简12）；淑慈我民，若自吏（使）朕身也（简14）；古先之先圣人所以自爱，不吏（使）昏，不居疑（简15）。

4.｛相｝——相、楃

《汤在啻门》中表示"辅佐"等义的｛相｝字有两种写法：

楃：啻门10 相：啻门11

这两种写法在文中各一例，如下：

五以相之：德、事、役、政、刑（简14）；夫四以成邦，五以楃（相）之（简10）。

5.｛保｝——寚、葆

《管仲》《汤在啻门》中表示"保佑""保护"等义的｛保｝有两种写法，分别写作"寚""葆"：

寚：管仲14 管仲14   葆：管仲22 啻门14

其在《管仲》《汤在啻门》中辞例如下：

前有道之君何以寚（保）邦（管仲14）；前有道之君所以寚（保）邦

（管仲14）；四国和同，邦以安宁，民乃葆（保）昌（管仲22）；此谓美德，可以葆（保）成（訽门13+14）。

另外，文中"事"字作"🗚（汤丘6）""🗚（汤丘9）"；"噬"字作"🗚（汤丘16）""🗚（訽门17）"等不再举例。

第五节　数字写法

《汤处于汤丘》《汤在訽门》《管仲》均无表简序的数字，正文中出现的表示数字{一}{二}{三}{四}{五}{六}{七}{九}的字，其写法如下：

表8-7　《汤处于汤丘》《汤在訽门》《管仲》正文数字写法

数字	写法	所在位置
罷	訽门6	訽门6（两例）
鼠	訽门6	訽门6
二	訽门7	訽门7，管仲16
三	汤丘3	汤丘3，訽门7，管仲15、16、30（两例）
参	管仲8	管仲8（两例）

续表

数字	写法	所在位置
参	品 管仲11	管仲11
四	四 嗇门4	汤丘8，嗇门4、7、10、11（两例），管仲10、15（两例）、22
五	五 汤丘15	汤丘15，嗇门4（三例）、6、7、10、11、18（两例）、19（两例），管仲8（两例）、10（两例）、11、13、15
六	六 嗇门7	嗇门4、7、19、20，管仲10、13
七	七 嗇门7	嗇门7
九	九 嗇门18	汤丘2、8，嗇门8、4（两例）、18（两例）、19、20（两例）

1. ｛一｝——鼠、芈

表示｛一｝的字仅在《汤在嗇门》中出现，有"鼠""芈"两形，分别作：

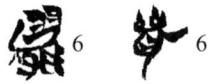

用"鼠"表示｛一｝的辞例有两例：

胡犹是人，而鼠（一）恶鼠（一）好（嗇门5+6）。

《汤在嗇门》中用"芈"表示月份"一月"的｛一｝，文中仅一例：

芈（一）月始扬（嗇门6+7）。

2. {三}——三、厽

表示{三}的字在《汤处于汤丘》《汤在啻门》《管仲》中均有出现，其中《汤处于汤丘》《汤在啻门》中仅一种形体，作"三"，表示数量"三个月"的{三}：

小臣有疾，三月不出（汤丘3）；二月乃裹，三月乃形，四月乃固（啻门7）。

《管仲》中有三种形体表示{三}，一种作"三"，其辞例有：

能得仆三人同心，而己四焉（管仲15）；能得仆二人同心，而己三焉（管仲15+16）；余日三怵之，夕三怵之，为君不劳而为臣劳乎？（管仲30）。

一种写作"厽"，作 形，其辞例有：

敛之厽（叁），敷之以五，其阴则厽（叁），其阳则五（管仲8）。

还有一种写作 形的"厽"，其辞例有：

修六政，文之以色，均之以音，和之以味，行之以行，匡之以厽（叁），度之以五（管仲10+11）。

第六节　标志符号

《汤处于汤丘》与《汤在啻门》中有"="与"–"两种标志符号，"="用作合文及重文符号，"–"作句读符号及篇末结束符号。

一、《汤处于汤丘》与《汤在啻门》的标志符号

《汤处于汤丘》与《汤在啻门》中有合文、重文符号，均作"="形，句读符号作"–"形，及表篇末结束的符号。

1. 合文符号

《汤处于汤丘》中有合文四处，分别位于简6、11、15（两处），均有合文符号，合文符写在合文外，其中"先人"的合文与"之先"的合文写法一样，从字形上无法判断，只能依据文意判断是"先人"还是"之先"两字。

《汤在啻门》中有合文符号一处，位于简21，是"之先"两字的合文。

表8-8 《汤处于汤丘》《汤在啻门》合文

先人	之先			上下
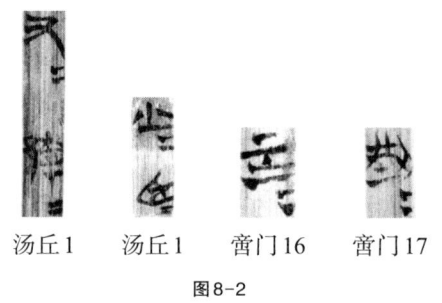汤丘6	汤丘15	汤丘15	啻门21①	汤丘11

2. 重文符号

《汤处于汤丘》中有重文符号四处，均位于简1。《汤在啻门》中有重文符号两处，分别位于简16、17。（见图8-2）

汤丘1　汤丘1　啻门16　啻门17

图8-2

3. 句读符号

《汤处于汤丘》中表句读的符号共十八处，分别位于简2、4、6、7（两

---

① 从墨色及重文符位置可见，此处"之先"合文中的"人"部应是在"之"部下后补写的。

处）、9、10（三处）、11、13（两处）、14、15（三处）、16、18。

《汤在啻门》中用"-"表句读四十四处，分别位于简2（三处）、3（五处）、4（三处）、5（三处）、6、7（三处）、8（五处）、9、10、11（两处）、12（三处）、13（两处）、14（两处）、15（两处）、16（两处）、17（两处）、18、19（两处）、21。

4. 衍符

《汤在啻门》简2中有一处符号应该是衍符（见图8-3）。

5. 篇末结束符号

《汤处于汤丘》末简19表篇末结束的符号作 ▇ 形，《汤在啻门》末简21表篇末结束的符号作 ▇ 形。

图8-3

二、《管仲》的标志符号

1. 合文符号

《管仲》中有合文符号四处，分别位于简7、9、12、15。

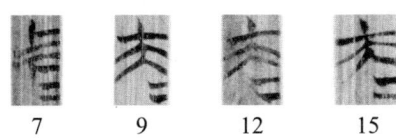

| 7 | 9 | 12 | 15 |

2. 重文符号

《管仲》中有重文符号四处，分别位于简5（三处）、29。

5　29

3. 句读符号

《管仲》表句读的符号共有三十五处，分别位于简2、3、4（六处）、5（两处）、6、7、8、10、11、13、14、15（两处）、16、17、18、20、21、23、24（两处）、25（两处）、26、27、29、30（三处）。

4. 专有词

《管仲》简9有"夫=（大夫）叚（假）事支（便）俾（嬖）智（知）官事长"一句，整理者断读为"大夫假事便嬖知，官事长"①，该句"智"字下有标志符号（见图8-4），马楠断读为"大夫假事，便嬖知官事长"②。由于该符号与上下句应断读的位置相差三个字，该符号可能是词下标志符号。

图8-4

5. 篇末结束符号

《管仲》末简20表篇末结束的符号作 形。

6. 衍符

《管仲》简24有处墨点，应为衍符（见图8-5）。

图8-5

第七节　简文的校补

一、脱文

《汤在啻门》全篇有一处脱文，简4有"九以成地，五以将之"，其中"之"字为脱文，而简文未补入。③

---

① 李学勤主编《清华大学藏战国竹简（陆）》，中西书局，2016，第111页"《管仲》释文"。
② 清华大学出土文献读书会：《清华六整理报告补正》，清华大学出土文献研究与保护中心网，访问日期：2016年4月16日。
③ 李学勤主编《清华大学藏战国竹简（伍）》，中西书局，2015，第142页"《汤在啻门》释文"。

二、补文

1. 《汤处于汤丘》与《汤在啻门》补文

《汤处于汤丘》全篇补文四处,《汤在啻门》全篇补文三处。前文说过,该类字迹书写速度较快,从竹简内容上看,不仅书写速度快,还时常漏抄文字,但是都能及时补入。补文均为正文抄手所写。这些补文在各简中位置如下所示:

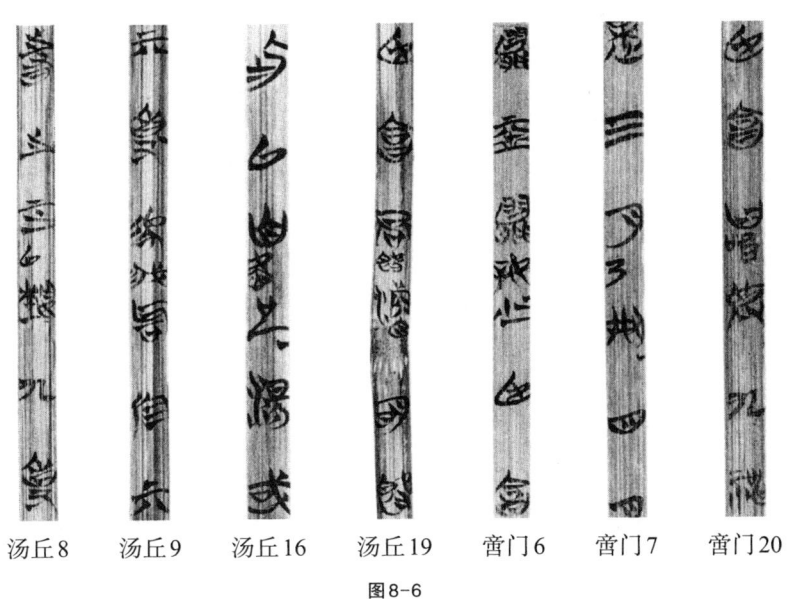

汤丘8　汤丘9　汤丘16　汤丘19　啻门6　啻门7　啻门20

图8-6

2. 《管仲》补文

《管仲》中出现了五处补文,现将各简补文标出,其位置如下:

清华简字迹研究

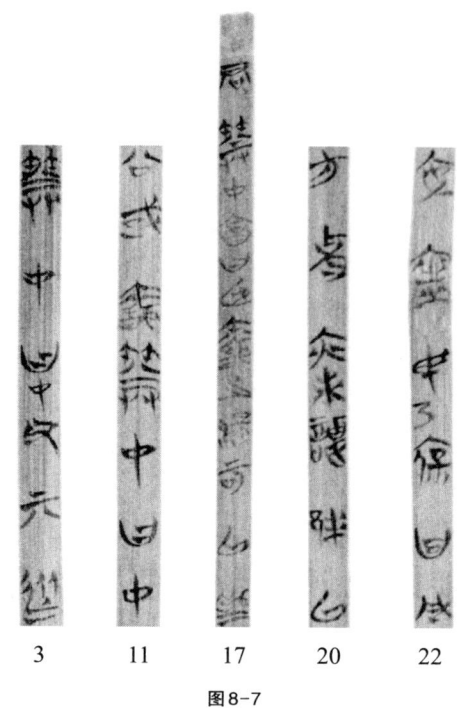

　　　3　　　11　　　17　　　20　　　22

图8-7

　　除文字布局紧凑是补文的特点外，补文还常常与正文墨色不一致。如《管仲》简17除前两个字墨色浓重外，下面七个字墨色较淡，直至第十字"可"字开始又逐渐恢复墨色，我们认为这些文字都是该抄手在抄写后补写的，现将补文与正文字迹做以下对比：

表8-9　《管仲》正文与补文字迹对比

补文	中3、中17	11、17	20	22
正文	中3	12	汤丘3	啻门7

362

续表

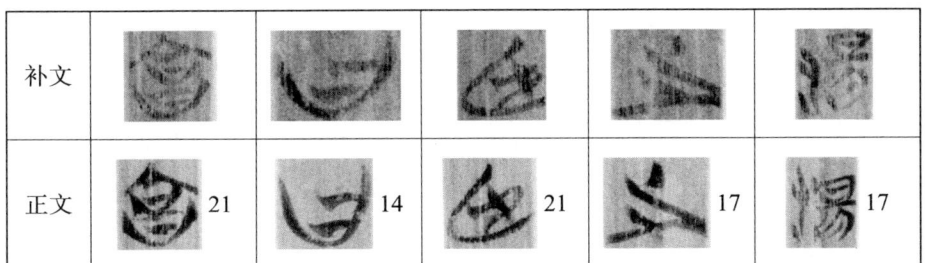

该抄手在《汤处于汤丘》中补写了四处，在《汤在啻门》中补写了三处（见图8-6），在《管仲》中有又有五处补写（见图8-7），这些补文均是该抄手在抄写后自己补写的。这三篇出现较高补写频率，也是由于该抄手书写速度较快，在奋笔疾书时常常落下几字。

第八节　编联

一、《汤处于汤丘》与《汤在啻门》的编联

《汤处于汤丘》使用了两种不同形制的竹简，简1～17为一组，简18～19为一组。《汤在啻门》也使用了两种不同形制的竹简，简1～20为一组，简21竹节位置与简1～20竹节位置不同。贾连翔"从竹简长度、宽度以及简背竹节位置和形状"观察，认为"《汤在啻门》简21与《汤处于汤丘》第一组的17支简应同属一段'竹筒'辟削而成，若据此顺序，似乎将《汤在啻门》排在《汤处于汤丘》之前更为妥当，且从编痕位置看，两篇当时很可能编连在一册"[①]。

[①]　清华大学出土文献读书会：《清华简第五册整理报告补正》，清华大学出土文献研究与保护中心网，访问日期：2015年4月8日。

《汤处于汤丘》简1、6、18上都有字被编绳遮盖的痕迹（见图8-8），《汤处于汤丘》应是先写后编的。《汤在啻门》简13、16、17上都有字被编绳遮盖的痕迹（见图8-9），也应是先写后编的。

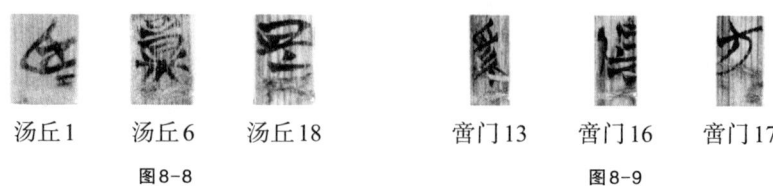

汤丘1　　汤丘6　　汤丘18　　　　啻门13　　啻门16　　啻门17

图8-8　　　　　　　　　　　　　　　图8-9

此外，《汤处于汤丘》与《汤在啻门》是由两股编绳编联而成的，所以在除契口处存在一道编痕外，距契口不远处还有一道编痕存在（见图8-10至8-15）。

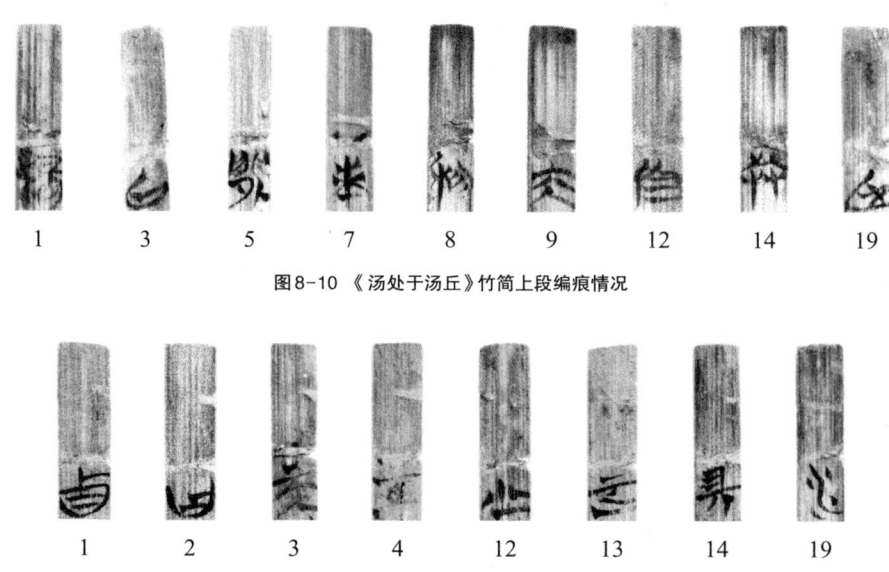

1　　3　　5　　7　　8　　9　　12　　14　　19

图8-10　《汤处于汤丘》竹简上段编痕情况

1　　2　　3　　4　　12　　13　　14　　19

图8-11　《汤在啻门》竹简上段编痕情况

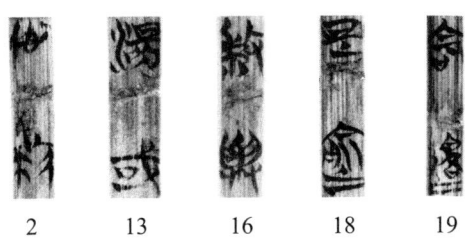

图8-12 《汤处于汤丘》竹简中段编痕情况

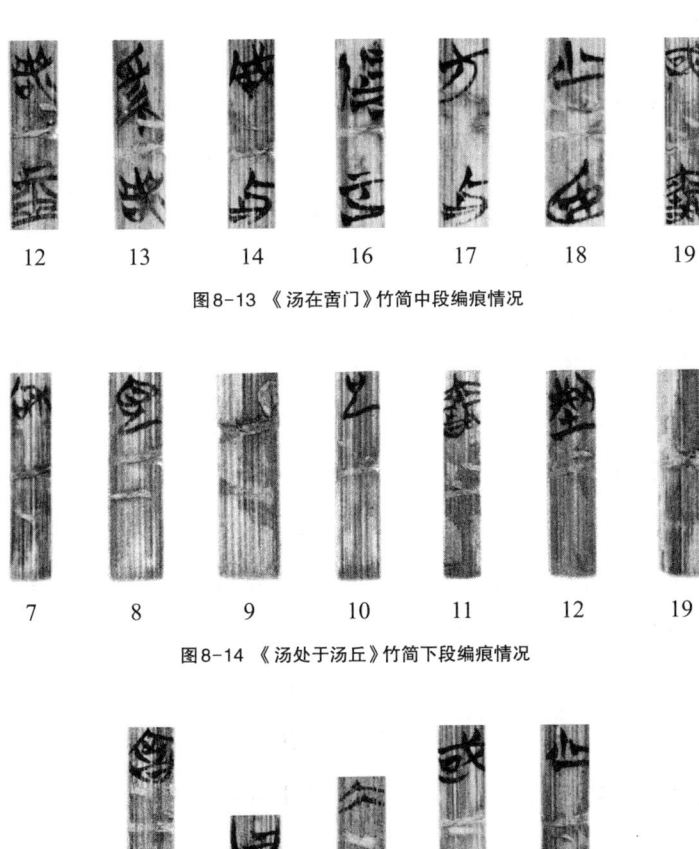

图8-13 《汤在啻门》竹简中段编痕情况

图8-14 《汤处于汤丘》竹简下段编痕情况

图8-15 《汤在啻门》竹简下段编痕情况

第八章 《汤处于汤丘》《汤在啻门》《管仲》字迹研究 365

《汤处于汤丘》简7与《汤在啻门》简20第一道编绳下均有墨迹，如下：

汤丘7　　啻门20

二、《管仲》的编联

从《管仲》简背竹节位置来看，简1~21应为同一段竹筒修治而成（暂名为竹筒Ⅰ），简22~30属另一段竹筒（暂名为竹筒Ⅳ），而这组简又与《汤处于汤丘》简18~19背竹节位置大致相当，这两组很可能为同一竹筒修治而成。《汤在啻门》简1~20属同一段竹筒（暂名为竹筒Ⅱ），《汤在啻门》简21与《汤处于汤丘》简1~17属同一段竹筒（暂名为竹筒Ⅲ）。我们赞同贾连翔关于《汤处于汤丘》排在《汤在啻门》后面的编排意见。[①] 前文根据《管仲》运笔特征中笔画书写不平稳、文字写法不一致，并且书写水平较《汤处于汤丘》《汤在啻门》两篇低的特征判断，《管仲》的书写时间较《汤在啻门》《汤处于汤丘》两篇早。据此，可以继续补充的是：我们推测该抄手在抄写《管仲》用了同一竹筒Ⅰ修治的21支简书后，从另一竹筒Ⅳ修治的竹筒中取出9支简继续抄写完成该篇；之后，该抄手开始抄写《汤在啻门》，用了同一竹筒Ⅱ修治的20支简后，从另一竹筒Ⅲ修治的竹筒中取出一支简完成该篇；再后，该抄手开始抄写《汤处于汤丘》，先

---

① 清华大学出土文献读书会：《清华简第五册整理报告补正》，清华大学出土文献研究与保护中心，访问日期：2015年4月8日；又，贾连翔《战国竹书整理的一点反思——从〈天下之道〉〈八气五味五祀五行之属〉〈虞夏殷周之治〉三篇的编联谈起》，载李学勤主编《出土文献》（第十三辑），中西书局，2018，第150页。

用了同一竹简Ⅲ修治的17支简后,从写《管仲》所用的竹简Ⅳ修治的剩余竹简中取出两支简完成该篇(见表8-10)。

表8-10 《汤处于汤丘》《汤在啻门》《管仲》竹简使用情况

	竹简Ⅰ	竹简Ⅱ	竹简Ⅲ	竹简Ⅳ
管仲	1~21			22~30
汤丘			1~17	18~19
啻门		1~20	21	
简数	21	20	18	11

尽管竹简长度及竹节位置相同,但《管仲》与《汤处于汤丘》《汤在啻门》各编绳间距离并不相同,也不具备合编的可能。这种竹简长度及竹节位置相同的情况还出现在《厚父》与《封许之命》中,但是《厚父》与《封许之命》这两篇为不同书手所写,与《管仲》等三篇为同一书手所写的情况不同,相关讨论参看本书第十五章"《封许之命》字迹研究"。

《管仲》契口在右侧,契口形态见图8-16。

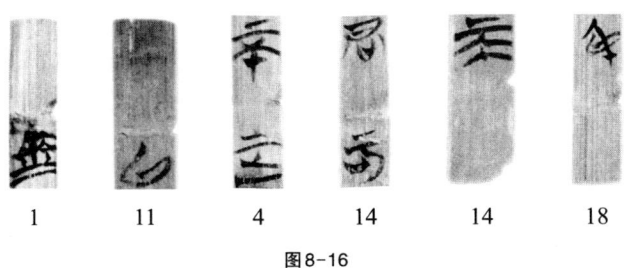

　1　　11　　4　　14　　14　　18

图8-16

《管仲》首字有编绳痕迹的是简1、2、3、5、6、14、16、23、25、26、27,存在第二道编绳遮盖文字的是简6、10、14、25,简末字有编绳痕迹的是简5、6、21。由此可知,《管仲》也是先写后编而成的。

《管仲》每道编绳是由两股编绳编联成的,所以在除契口处存在一道编痕外,距契口不远处还有一道编痕存在。这些篇的抄手在书写文字时虽然有意避让开契口,但是许多字迹也会被第二股编绳遮盖(见图8-17、图8-18、图8-19)。

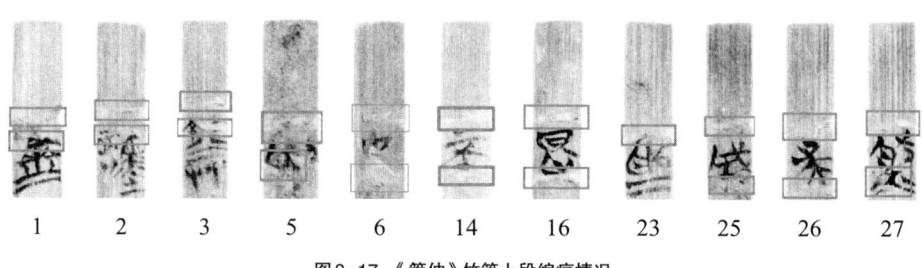

图8-17 《管仲》竹简上段编痕情况

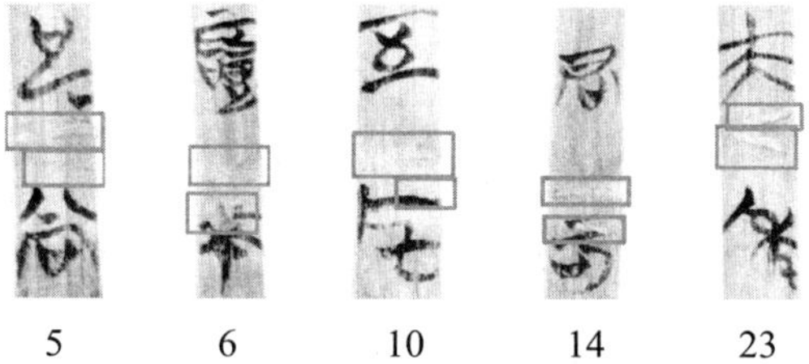

图8-18 《管仲》竹简中段编痕情况

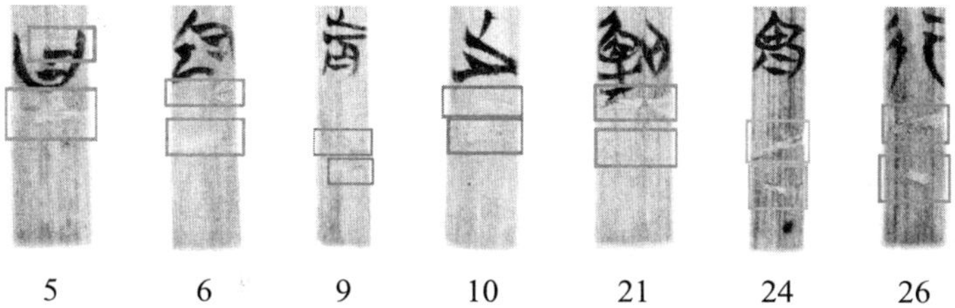

图8-19 《管仲》竹简下段编痕情况

第九章 《程寤》字迹研究

《程寤》发表于《清华大学藏战国竹简》第一册，全篇字迹为同一书手书写，目前该书手字迹仅见于这一篇竹简。

第一节 竹简形制

《程寤》全篇9支竹简，据整理者介绍该篇完简简长约45厘米，李均明介绍竹简宽0.6~0.7厘米，[①]不过，笔者根据图版测量简长应是44.5厘米左右，除简2与简9简宽约0.6厘米外，其余皆为0.7厘米。全篇简2、3上部略残[②]，简2第一编绳处残，首字略残，简3简首略残，不影响首字，其余简皆为完简。竹简两端平齐，三段编绳。

---

① 李学勤主编《清华大学藏战国竹简（壹）》，中西书局，2010，第135页"《程寤》说明"；李均明：《清华简首集简册文本解析》，载清华大学出土文献研究与保护中心编《清华简研究》（第一辑），中西书局，2012，第373—374页。

② 简5上端虽不平齐，但是简顶较为圆滑，应是修治后未残损的状态。

表9-1 《程寤》竹简形制表（单位：厘米）

简数	介绍简长	测量简长	简宽	简首至一契	一契至二契	二契至三契	三契至简尾	划痕
9	45	44.5	0.6～0.7	1.1	20.7	21.6	1.1	有

《程寤》无次序编号，简背有连续划痕，无篇题，正文篇末有表示结尾的符号。

第二节 概貌及运笔特征

《程寤》正文书于第一、三道编绳之间，文字布局疏朗，字迹较为工整，与《尹至》类字迹风格相近。但《程寤》的起笔方式较为明显，顿压起笔呈钉头状。如下字例9-1至9-7，横画常向右上方运笔，快收笔时突然再向右下方顿压，使笔画的运行方向发生明显的变化，部分横画收笔处常有回锋，如字例9-1至9-5。线条弯转流畅，书写"口"旁或"心"旁时笔画交接的痕迹较为明显，如字例9-4至9-7。

9-1（1）

9-2（1）

9-3（4）

9-4（8）

9-5（2）

9-6（9）

9-7（9）

第三节 文字写法

一、特征字

我们将清华简中出现频率较高的文字在《程寤》中的写法列出：

表9-2 《程寤》特征字

於	于		天	女	虐
(图)4	(图)3	(图)3	(图)5	(图)6	(图)6
毕	民	人	弗	受	柞
(图)1	(图)8	(图)9	(图)2	(图)3	(图)4

《程寤》中"喦"字写作 (简2)形；"恶"字写作 (简8)形①；"文"字写作"达"，作 (简8)形；"命"字下面有两个横笔羡画，作 (简3)形；"后"字加羡画"口"，作 (简9)形等。这些写法也是清华简其他篇所未见的。

二、数字写法

《程寤》无表示简序的数字，正文中有表示数字｛二｝的"弍"和表示数字｛六｝的"六"，分别写作：

第四节　标志符号

《程寤》中有合文、重文、专有名词符号及表篇末结束的符号。

---

① 李学勤主编《清华大学藏战国竹简（壹）》，中西书局，2010，第138页"《程寤》注释注三六引或说"。

一、合文符号

《程寤》中有合文符号三处，均作"="形，分别在简1（两处）与简4（两处）上，如下：

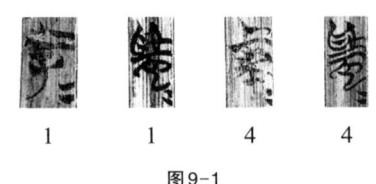

图9-1

二、重文符号

《程寤》中有重文九处，表重文的符号八处，重文符号分别在简2、4（三处）、5、7、9（三处）上，其中简9"后戒"中"后"字下有"="形符号，"戒"字下无符号。

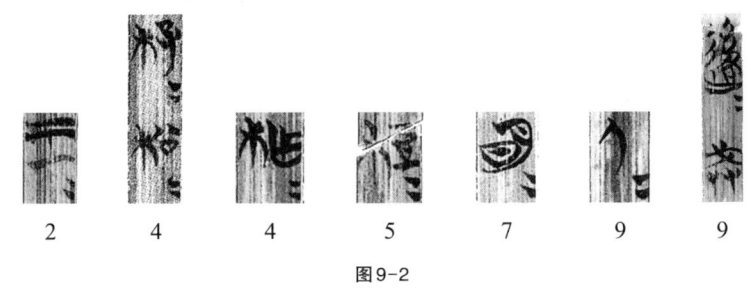

图9-2

三、专有词符号

《程寤》简6"秌（秋—肃）明武威"中"秌（秋—肃）"下有一墨点，作：

四、篇末结束符号

《程寤》篇末有表示全篇结束的符号，作 形。

第五节　编联

《程寤》简 1~9 背面竹节位置一致，应为同一竹筒制成。图版上简 1、3、4 背面情况不太清楚，介绍的位置上似有划痕。简 7 有处断裂，其碴口边缘形态与划痕相似，不知道是否为划痕。复旦大学读书会根据简背划痕及文意，将简 6 调整至简 7 之后，即简 5+7+6，则简背划痕可以贯连。①

《程寤》竹简契口在右侧，从简 7 第二契口上"乂"字被编绳遮盖的痕迹看，该篇应是先写后编而成。

表9-3　《程寤》契品形态与编痕

契口形态	编痕
4	7

《程寤》有两道编痕，每道编痕上都呈现出并非一股编绳，而简 1、3、4 三支简距第一契口下 1.2 厘米又有一道编痕。我们将《程寤》竹简上各段编痕能明显看出是两道或两股编绳的地方列出，见图 9-3 至 9-5。

---

① 复旦大学出土文献与古文字研究中心研究生读书会：《清华简〈程寤〉简序调整一则》，复旦大学出土文献与古文字研究中心网，访问日期：2011 年 1 月 5 日。

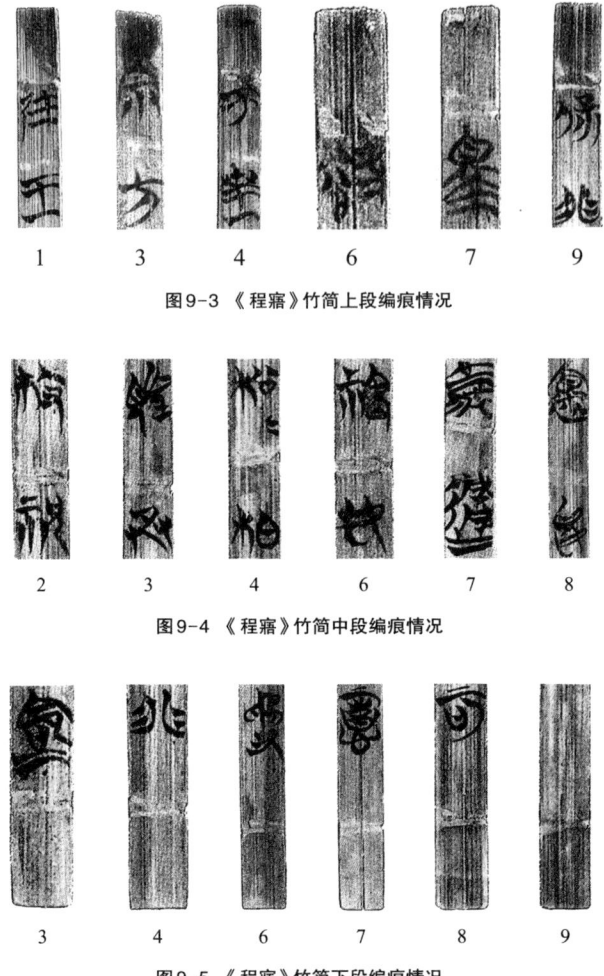

图 9-3 《程寤》竹简上段编痕情况

图 9-4 《程寤》竹简中段编痕情况

图 9-5 《程寤》竹简下段编痕情况

第十章 《保训》字迹研究

《保训》发表于《清华大学藏战国竹简》第一册，全篇为同一书手书写，目前该书手字迹仅见于这一篇竹简。

第一节 竹简形制

《保训》全篇11支竹简，简长28.5厘米，简宽0.5厘米，除简2残失上半段，"残失约十一字"[①]，其余简皆为完简。竹简两端平齐，有两道编绳。简背无划痕，竹简无次序编号，无篇题，无句读符号，篇末无表示结尾的符号。我们将《保训》竹简形制列出，见表10-1。

---

① 李学勤主编《清华大学藏战国竹简（壹）》，中西书局，2010，第142页"《保训》说明"。

表10-1 《保训》竹简形制表（单位：厘米）

简数	简长	简宽	简首至一契	一契至二契	二契至简尾	划痕
11	28.5	0.5	6.9	15.4	6.2	有

第二节　概貌及运笔特征

其中该字迹与其他篇字迹最大的区别在于书写风格。该篇字迹布局疏朗，简文顶头书写，简尾大都留有一个字距的空白。每简容字22～24字，字间距为一字左右。字迹较为工整，书写速度较慢，下笔力度较其他篇重，横竖画运笔较为平直，横画偶尔略向右下方倾斜，如字例10-1至10-3；其他笔画故作弯曲，如字例10-3、10-7、10-8；斜向右的笔画收尾处向右横向拖延，如字例10-2、10-4至10-7。这是《保训》特殊的书写风格造成的。《保训》在最初发表时，李学勤就指出其"字体也有点特别"①，他还在《论清华简〈保训〉的几个问题》一文中指出，"简上文字书写风格与众不同"②。冯师胜君就曾提出《保训》的书法风格接近三体石经。一般认为三体石经源于战国齐鲁地区，故《保训》的书法风格具有齐鲁地区特征。③福田哲之认为，《保训》的"字体"特色、书法风格等方面与三体石经具有共同性。④

---

① 李学勤：《周文王遗言》，《光明日报》，2009年4月13日。
② 李学勤：《论清华简〈保训〉的几个问题》，《文物》2009年第6期。
③ 冯胜君：《试论清华简〈保训〉篇书法风格与三体石经的关系》，载清华大学出土文献研究与保护中心编《清华简研究》（第一辑），中西书局，2012，第92—97页。
④ ［日］福田哲之：《清华简〈保训〉与三体石经古文》，载中国文化遗产研究院编《出土文献研究》（第十三辑），中西书局，2014，第47—61页。

《保训》所表现出的独特书写风格是自战国简公布以来首次出现的,也是十分难得的战国简帛书写作品。

10-1(1)　10-2(9)　10-3(5)　10-4(10)　10-5(3)　10-6(7)　10-7(6)　10-8(4)

《保训》书写速度较慢,笔画弯曲但是线条滞顿,说明该抄手书写水平不是很高。"之""女""不"等字是战国简中常见的文字,但是《保训》抄手对这些常见字的写法似乎不太熟悉(如字例10-1、10-4、10-3),所写字迹的线条也不是很流畅。

一些学者提出,《保训》中部分文字有"美术化"或者"装饰性"特征。如李守奎指出,"弁"字作 形,"隹"字作 形等,这些字都带有鸟虫书的特征;①李均明认为,"隹"旁"皆做形象的鸟形修饰,甚至点上眼睛"②。笔者认为,仅就一两个字的写法分析该篇的书写风格是不具备普遍性的,笔画弯曲只是该篇风格,但是这与全篇字迹具有装饰性特征并不一样。楚墨书文字的笔画以弧笔居多,弯曲笔画的如郭店简《尊德义》《六德》《性自命出》《成之闻之》之类的在楚简中较为少见,至少目前我们还没有看到整篇具有装饰性的墨书字迹。

---

① 李守奎:《〈保训〉二题》,载清华大学出土文献研究与保护中心编《出土文献》(第一辑),中西书局,2010,第84页;李守奎:《〈保训〉二题》,载《古文字与古史考——清华简整理研究》,中西书局,2015,第26—39页。

② 李均明:《清华简首集简册文本解析》,载清华大学出土文献研究与保护中心编《清华简研究》(第一辑),中西书局,2012,第375—376页。

第三节 文字写法

一、特征字

我们将清华简中出现频率较高的文字在《保训》中的写法列出：

表10-2 《保训》特征字

之	复	於	于	女
(3)	(4)	(9)	(8)	(10)
虘	乎	弗	人	受
(9)	(8)	(9)	(3)	(7)

二、地域特征

《保训》除文字风格与常见楚文字不同，其文字写法也与楚文字迥异。"公子小白"（网名）依据《保训》中的"隹""旧""日""昔"等字的写法，最先指出《保训》与传抄古文的关系密切，随后学者们纷纷指出《保训》中其他的非楚因素字。宋亚雯在其硕士学位论文《清华简中的非典型楚文字因素问题研究》中，专列一节"《保训》中的非典型楚文字因素考察"，对各学者的观点进行了总结。我们将诸家所举例子转引于下：

《保训》中"隹"字有三例，分别在简1、6、11上，写作 ▨（简6）形，"公子小白"指出"这种写法的'隹'也只见于三体石经古文"，如 ▨（三体石经）；"旧"字两例，分别在简4与简10上，写作 ▨（简4）形，"雨无正"（网名）指出该字与《汗简》"旧"字的写法相合，如 ▨

(《汗简》3.37）；《保训》中"日"字有两例，分别在简1、11上，写作 ▨（简1）与 ▨（简11）形，"雨无正"指出"日"字中间缀圆点的写法一般不见于典型楚文字，如 ▨（三体石经）；"昔"字三例，分别在简3、4、8上，作 ▨（简3）、▨（简4）形，"公子小白""雨无正"都指出"昔"字中"日"旁加圆点的写法与传抄古文同，如 ▨（三体石经）；含"心"旁的"念"字作 ▨（简1），"忘"字作 ▨（简9），"惪"字作 ▨（简7），"志"字作 ▨（简4），"恐"字作 ▨（简4），"雨无正"指出"心"旁的写法见于传抄古文，如 ▨（汗简4.59）；"保"字有两例，分别在简1与简3上，写作 ▨（简1）形，"公子小白""雨无正"指出其"'人'旁写法类似'尸'形，也与三体石经相近"，如 ▨（三体石经）；"今"字两例，分别在简3与简4上，作 ▨（简10）形，含"今"部的"念"字两例，均在简1上，作 ▨（简1）形，"雨无正"指出"简文'今'字写法与典型的楚文字区别明显，已见前'念'字，与传抄古文形同"，如 ▨（三体石经）、▨（《汗简》4.59）；"及"字两例，分别在简2与简11上，写作 ▨（简11）形，"海天"指出该字"与具有齐系文字特征的郭店《唐虞之道》和《语丛二》篇中的形体相近"，如 ▨（郭店·唐虞之道15）；等等。①

单育辰把《保训》"假设为具有鲁国文字抄写特征的抄本"，他指出：

> 特别需要说明的是，由于鲁国文字标本过少，我们目前尚无法把三体石经古文、《保训》与已确知的鲁国文字在字形上加以一一对应。但在现有研究的基础上，我们还是可以发现，在齐系文字范围内，《保训》的字体更多的是与鲁国文字相近，而与齐国文字常有不合。当然此假设还要靠将来鲁国文字的大量发现进行验证，不过这种说法却能解释众多学者把三体石经古文、《保训》字体笼统地归入齐系文字，但又

---

① 宋亚雯：《清华简中的非典型楚文字因素问题研究》，硕士学位论文，复旦大学，2016。

与典型齐系文字（齐国文字）多有不同这样令人迷惑的现实。①

笔者赞同单育辰的说法。笔者在第一章"清华简字迹特征分类"中即说明文字属某系与国别的关系，许多文字不仅可以归为某系，更可以进一步归为某国文字。

上文就指出《保训》书写速度较慢，笔画弯曲但线条滞顿。该抄手书写水平虽然较低，但是书写工整谨慎，可以看得出其认真抄写的态度。这些字迹特征反映出，该抄手对抄写的底本文字不熟悉，所以抄写速度会很慢，而抄写的字体也应该是其不常用的，所以才会笔画线条滞顿。据此我们推断，《保训》所依据的底本就是一个具有鲁国文字抄写特征的抄本，甚至很可能就是一个用鲁国文字所写的抄本。

第四节　标志符号

《保训》中有合文、重文两种符号，全文无表句读的符号，也无表示篇末结束的符号。

一、合文符号

《保训》中合文符号有四处，均写作"="形，分别位于简1（两处）、4、9（见图10-1）。

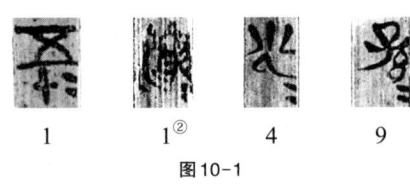

图10-1

---

① 单育辰：《"蝌蚪文"谭》，载中国文化遗产研究院编《出土文献研究》（第十三辑），中西书局，2014，第90—96页。

② 单育辰：《楚地战国简帛与传世文献对读之研究》，中华书局，2014，第125页。

二、重文符号

《保训》中重文符号有三处，写作"="或"-"形。简7"翼"下重文符号作"="；简8"又（有）易"这一重文中，"又"下重文符号作"-"，"易"下重文符号作"="。（见图10-2）

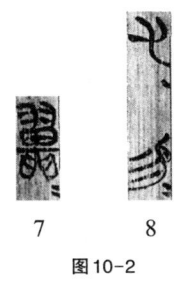

图10-2

三、墨迹符号

简7第十七个字"乓"下，简8第二个字"昔"下，简11第十二个字"不"下均有一处墨迹（见图10-3）。

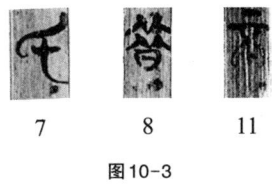

图10-3

第五节　简文的校补

《保训》全篇有一处补文位于简1，从字间距看，应是"之"字（见图10-4）。

图 10-4

第六节　编联

《保训》简背无竹节，简4与10、简7与11为连续划痕。竹简契口在右侧，从简3第二契口上"念"字被编绳遮盖的痕迹，以及各编痕附近的文字距编痕较近的情况看，《保训》应是先写后编的。另外，从各简编痕高度测量结果约0.3厘米看，《保训》所用编绳应该较粗。

表10-3　《保训》契口形态与编痕

契口形态	编痕
6	3

第十一章 《楚居》字迹研究

《楚居》发表于《清华大学藏战国竹简》第一册，全篇字迹为同一书手书写，目前该书手字迹仅见于这一篇竹简。

第一节 竹简形制

《楚居》全篇16支竹简，简长47.5厘米，简宽0.6厘米，三道编绳，其中简6在第三道编绳处残损，简7、9～11下残三至四字空间，其余简保存较为完整。竹简形制如下：

表11-1 《楚居》形制表（单位：厘米）

简数	简长	简宽	简首至一契	一契至二契	二契至三契	三契至简尾	划痕
16	47.5	0.6	1.2	22.5	22.7	1.1	有

《楚居》简背有划痕，无次序编号，无篇题，正文无句读，有表示篇末结尾的符号。

第二节　概貌及运笔特征

《楚居》正文书于第一、三道编绳之间，文字布局疏朗，完简书写三十七至四十八字不等，文字书写整齐，多直锋入笔，纵向笔画起笔处常形成尖头，运笔较为均匀。如字例11-1、11-2、11-5，长横笔起笔时直锋、侧锋并用，故起笔处呈圆头状或三角状，运笔时略向右上方推进，转而再顿压收笔，形成一道弧线。但从视觉上看，弧度又不十分明显。该篇字迹横画较纵向笔画粗，如字例11-1至11-4；短横或长点斜锋入笔，使起笔处呈三角状，如字例11-6、11-7；笔画转折处较为明显，较清华简其他篇而言，文字形体显得略扁。该篇字迹书写工整，文字结构紧凑，运笔流畅，笔画间呼应可见。

11-1（12）　11-2（12）　11-3（9）　11-4（2）　11-5（8）　11-6（11）　11-7（10）

第三节　文字写法

一、特征字

我们将在清华简中出现频率较高的文字在《楚居》中的写法列出：

表11-2　《楚居》特征字

之	于	於	天	女	而
8	1	1	3	1	8

续表

若	乎	人	为	庞	"余"部
![]4	![]3	![]4	![]4	![]12	![]16

其中"聿"字作形,"祸"字作形,"逆"字作形,"罪"字写作"辠",作形,"执"字写作"埶",作形,"远"字作形等,都是与其他篇写法不同的。

《楚居》中"之"字多作![]形,简1中的"之"字写法特别,作:

整理者将其摹作![]形①,我们仔细查看原简图版,"之"字最右边撇画上的横道![]非笔画,而是墨迹污染至竹简纹理处。一般来说,墨迹容易在纵向纹理处污染,这类墨迹在横向污染的情况较为少见。

二、数字写法

《楚居》无表示简序的数字,正文中仅一个表数字的字出现,即简2的"四"字,写作![]。

---

① 李学勤主编《清华大学藏战国竹简(壹)》,中西书局,2010,第227页"字形表"。

第四节　标志符号

《楚居》中有合文、重文符号，均用"="形符号表示，无句读符号，有表示篇末结束的符号，作"└"形。

一、合文符号

《楚居》中合文符号仅出现一处，位于简11，写作：

二、重文符号

《楚居》中重文共三十三处，分别位于简4、5、8（八处）、9（两处）、10（五处）、12（四处）、13（四处）、14（四处）、15（四处）（见图11-1）。

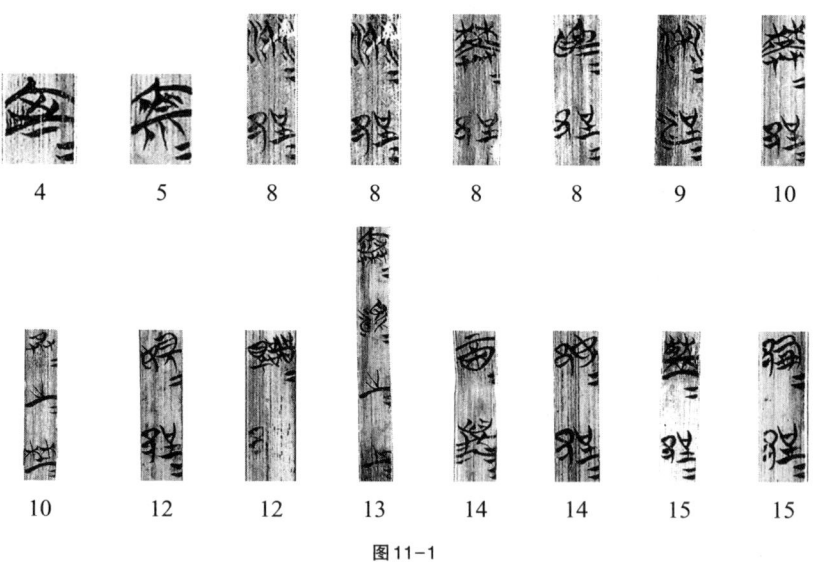

图11-1

三、篇末结束符号

《楚居》篇末有表示全篇结束的符号，作 ▬▬▬ 形。

四、墨迹

《楚居》全文无表句读的符号，一些字迹下有墨迹，但并非标志符号，如下：

第五节　编联

《楚居》简2～9及12背面可见划痕。从简背竹节位置看，《楚居》全篇使用了两种不同形制的竹简：简1～14为一组，有两处竹节；简15～16为一组，仅一处竹简。

在编联方式上，竹简契口在右侧，从简6第二契口下"及"字被编绳遮盖的痕迹看，《楚居》应是先写后编的。另外，从各简编痕高度测量结果约为0.2厘米看，《楚居》所用编绳应该较粗。

表11-3　《楚居》契口形态与编痕

契口形态					编痕
2	4	11	12	14	6

《楚居》的一些编痕上呈现出两股编绳，现将《楚居》竹简上各段编痕能明显看出是两股编绳的地方列出，见图11-2至图11-4。

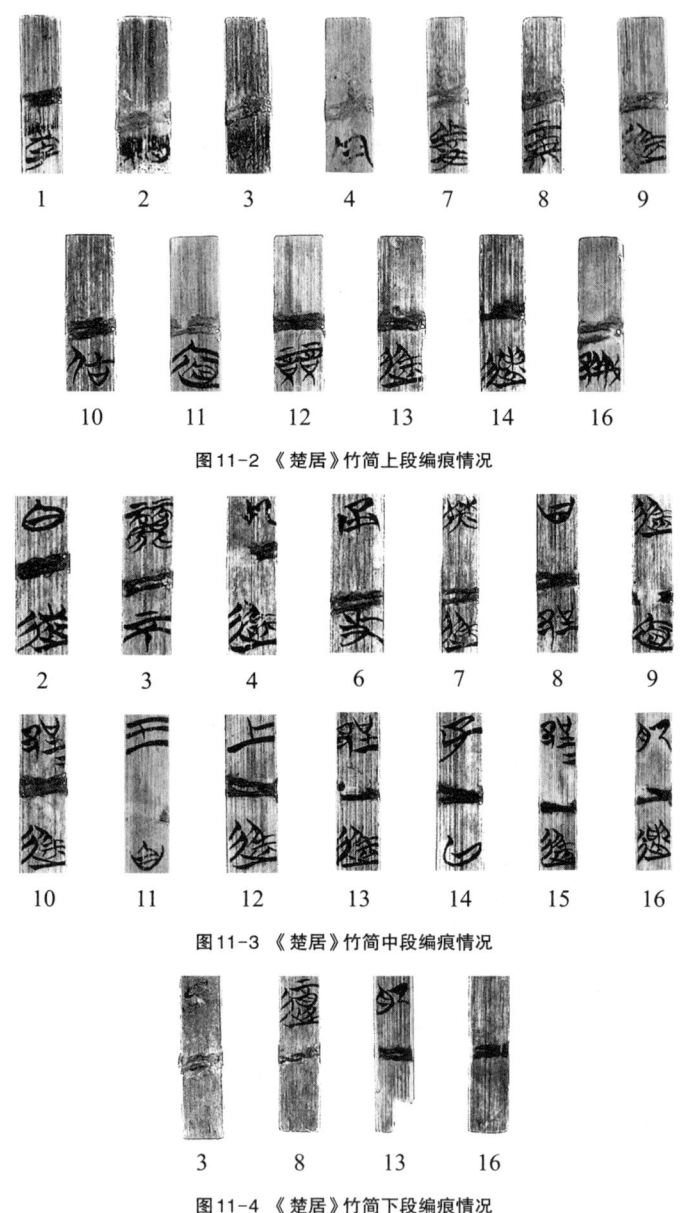

图11-2 《楚居》竹简上段编痕情况

图11-3 《楚居》竹简中段编痕情况

图11-4 《楚居》竹简下段编痕情况

第十二章 《系年》字迹研究

《清华大学藏战国竹简》第二册仅公布一篇竹简——《系年》。《系年》是一部类似于编年体的史书，记载了从周初到战国前期（楚悼王时期）的重要历史事件。李学勤认为《系年》的写作时间大约在楚肃王时期（或楚宣王时期）。①

在已出土的战国简中，这样一部长篇史书尚属首见。文中记载了晋、楚、郑、秦、卫等诸侯国的史事，可以想象编纂这样一部长篇的史书要经历较长时间。《系年》全篇均为同一书手书写，目前该书手字迹仅见于这一篇竹简。从字迹情况看，全文二十三章是在同一时间段内书写而成。本章将对《系年》的形制及书写情况做全面研究。

---

① 李学勤：《清华简〈系年〉及有关古史问题》，《文物》2011年第3期。

第一节　竹简形制

《系年》全篇138支竹简，简长约45厘米，简宽0.5厘米，基本完整。简64残上半段，简65残下半段，简90、91、109、110、112、114、126～133、135第一契口上残，111、115第三契口下残，但不影响文字，简105、113残一个字，其余简皆为完简。竹简两端平齐，有三段编绳。

表12-1　《系年》形制表（单位：厘米）

简数	简长	简宽	简首至一契	一契至二契	二契至三契	三契至简尾	划痕	简号
138	45	0.5	0.9	22	21.1	1	有	有

《系年》简背有划痕与次序编号，无篇题，有表示篇末结束的符号。

第二节　概貌及运笔特征

《系年》正文书于第一、三道编绳之间，全篇文字布局疏朗，书写工整、速度较快，下笔干净利落。顿压起笔，运笔短促干脆，收笔处出锋明显，故造成笔画中弯转较少，如字例12-1至12-6。这类字迹的横画起笔后向右上方运笔，运笔到三分之二处，再向右下方收笔，成弧线。笔画较为均匀，起笔倾斜度不高，使得这种写法的横画看起来很平稳，如字例12-8至12-12。许多横画的运笔方法与其他斜画或者短点画相似，都是顿压起笔后，顺势直锋出笔，收笔处快速提笔，所以一些短小的笔画就呈钉头状，如字例12-13、12-14。《系年》全篇体现出的这类书写风格与其文章内容也是不可分开的，全文138支简，内容为史书类，十分丰富，文字较多，这样就使得该篇抄手在书写过程中必须提高书写效率，所以本篇文字书写干净利落，整体看起来提按分明，简洁明快。

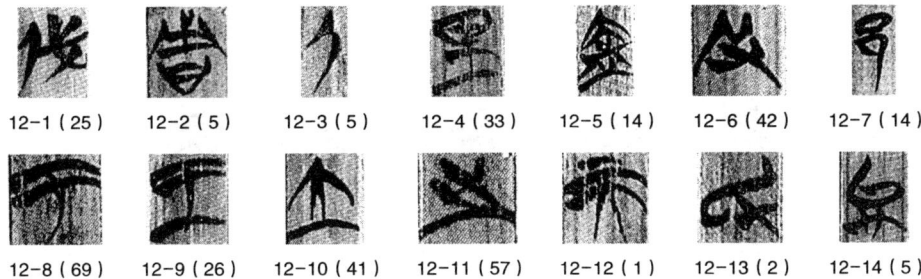

12-1（25）　12-2（5）　12-3（5）　12-4（33）　12-5（14）　12-6（42）　12-7（14）

12-8（69）　12-9（26）　12-10（41）　12-11（57）　12-12（1）　12-13（2）　12-14（5）

第三节　文字写法

我们将清华简中出现频率较高的文字在《系年》中的写法列出：

表12-2　《系年》特征字

之	于	於	而	毌	女
5	4	23	13	2	67
人	緒	弗	余	民	乍
21	39	4	76	2	15

《系年》中"元"字作 （简56）形，以往未见该形；"旻"字作 （简87）形；"我"字作 （简52）形，证实了我们将上博七《郑子家丧》

甲本简4中""释作"我"字的结论。①

还有一些特征字（或字部）有多种写法，如下所示：

1. 者

《系年》中"者"字写法有五种，如下：

其中"𠬝"与"𠭥"两种字形较为常见，如下：

表12-3 《系年》"者"字常见的两种写法

字形	位置
𠬝 2	2、7、8、10、11、41、44、56、61、62、66、67、69、70、89、94、98、101、109
𠭥 103	20、85、91、92、96、97、103、110、119

其他三形仅四例，如：

2. "虍"旁

《系年》中"虍"旁有两种写法，一种写作形，该形较为常见，如下：

---

① 李松儒：《〈郑子家丧〉甲乙本字迹研究》，载中国文字编辑委员会编《中国文字》（新三十六期），台湾艺文印书馆，2011，第67—80页；又，李松儒：《战国简帛字迹研究——以上博简为中心》，上海古籍出版社，2015，第492—492页。

虔： 119  124　　虗： 15

虎： 105　　虏： 84  109  110

䖒： 51　　虘： 52

虩： 98　　虢： 97  102

另一种写作形，如下：

䖒： 19　　虘： 99

虩： 7  8  109　　虢： 89

其中，“䖒”“虘”“虩”“虢”字的“虍”旁均有两种写法。

3．天

《系年》中“天”字也有两种写法，分别作：

 1  97

一般第一种写法的“天”字较为少见，第二种写法常见。

4．乎

《系年》中“乎”字仅一例，写作：

 2

"氏"字写作：

由上可见，《系年》中"𢘓"字与"氏"字写法相近，尤其与简102中第二个"氏"字写法基本一致。

由于《系年》篇幅较长，其中的一词多形现象较为频繁，笔者将在本章末附上关于"《系年》中的一词多形现象"的专题研究。

第四节　数字写法

一、正文数字

《系年》正文中出现了数字｛一｝至｛七｝，以及｛九｝｛二十｝｛三十｝，其中表示数字｛三｝｛四｝的字均有两种写法，如下：

表12-4　《系年》正文数字写法

数字	一	二	三		四	
写法	一86	二39	三13	叕121	四96	罒3
所在位置	8、86、101、106、109、111	36、39、96、108、116	9、13（两例）、47、63、69、123、135	121	92、96、112、126	3、41、61、131、132
数字	五	六	七	九	二十	三十
写法	五81	六34	七85	九4	廿8	卅4

394

续表

数字	五	六	七	九	二十	三十
所在位置	42、74、81（三例）、83、93、108、109	34、55	19、45、85、102、114	4、8、59	8	4

二、简序数字

《系年》正文中出现的简序数字也有，为同一书手所写。简序数字中，除可见正文中没有的"八""十"外，简背数字中的"四""五""六"与正文写法有所不同（见表12-5）。

表12-5 《系年》部分简序数字写法

数字	四	五	六	八	十
写法	4背	5背	6背	28背	10背

第五节 标志符号

《系年》中有合文、重文符号，均作"="形，句读符号作"-"或"⌐"形，章末符号主要作"⌐"形，还有一处衍符。

一、合文符号

《系年》中合文共二十一处，均有"="形合文符号，分别位于简1（两处）、2、4、8、11、15、23、27、32、50、52、69、89、90、96、97（两处）、98、111、123（见图12-1）。

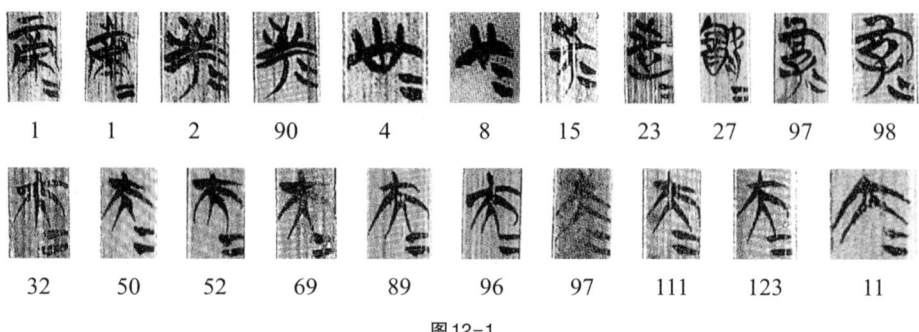

图 12-1

《系年》全文共十处"大夫"合文,均写作"夫"加合文符号,但简 11 出现了一次"大"下加合文符号的合文形式。

二、重文符号

《系年》中重文七十四处,均有"="形重文符号,分别位于简 2(两处)、简 3(两处)、简 5(两处)、6(三处)、7(两处)、19、21(两处)、23(三处)、24、25(三处)、32(两处)、35、36(三处)、37(两处)、38、43(两处)、45(五处)、46(三处)、56、59、67(三处)、70、80(两处)、84、85、86(两处)、93(三处)、97(两处)、100、103、106、108(两处)、112、120、121(三处)、129(两处)、130(四处)、132(见图12-2)。这些重文多为谥号、国名等。

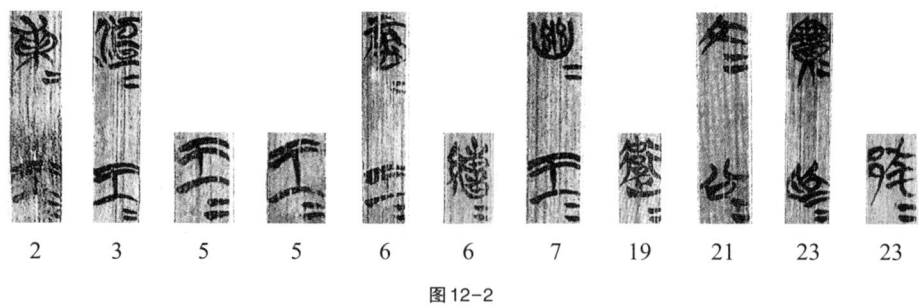

图 12-2

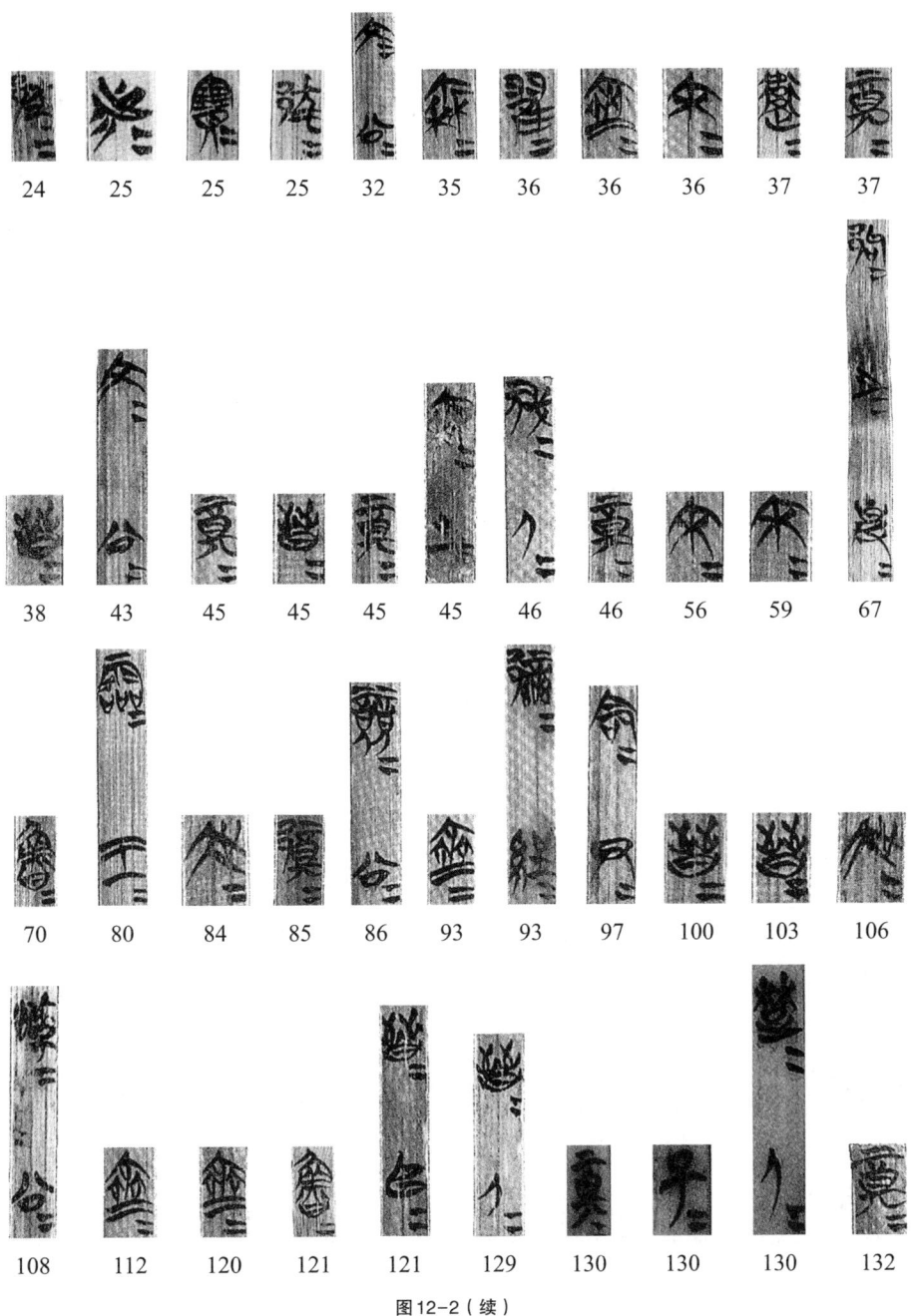

图12-2（续）

第十二章 《系年》字迹研究

三、衍符

《系年》简23有句"赛（息）侯亦取妻于陈"，其中"赛"字下有"="形符号（见图12-3）。参照文意可知，该"="形符号为衍符。

图12-3

四、句读符号

《系年》中句读符号共七处，分别在简3、26、29、39、73、121、136上。

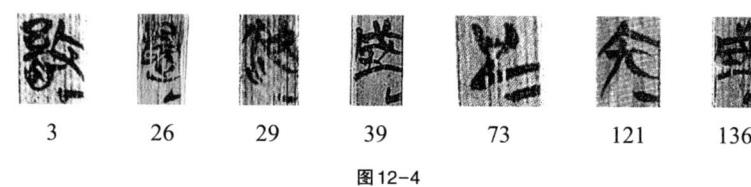

图12-4

简73最后一字"也"下既有句读符号"-"，又有表示章末完结的符号"▇"，作：

五、章末符号

《系年》书写者有意将其分为二十三个段落，大多数段落下是有标志符号的，笔者将其划为二十三章，便姑且称这些符号为章末符号。现将这些章末符号及其所在位置列举如下：

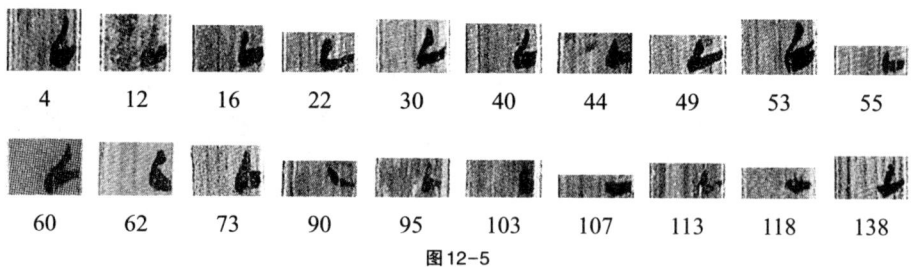

图12-5

这些章末符号多作"㇄"形。第十六章末简90末字下作▆▆▆形,写法与其他符号略有不同;第十九章末简107正好在中间编绳上方,空间局限,故仅作墨节▆▆▆形;第十五章末简84、第二十二章末简125下空间充足,但未见符号。

六、墨迹

《系年》中有几处字迹下有圆点墨迹,并非标志符号,如下:

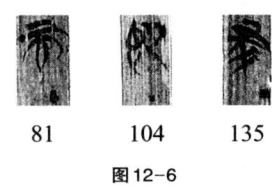

81　　104　　135

图12-6

第六节　简文的校补

一、刮削

简20有"罨(迁)于曹,立惪(戴)公申"一句,"立"字前有残存字迹(见图12-7)。该字刮削痕迹明显,整理者补"女(焉)"。据整理者李守奎告知,此系书写后刮削者。①此处是清华简唯一所见刮削后未补入文字的一处,应该是写定之后校定删改所致。

图12-7

二、校改

《系年》简8有污损,但有红外图版可比对。简文中有"晋文侯仇

---

① 李松儒:《清华简〈系年〉集释》,中西书局,2015,第103—104页。

乃杀惠王于虢"一句，"惠"字原图版模糊（见图12-8:1），由红外图版可见（见图12-8:2），该字覆盖下有其他笔画痕迹，该字应该是刮削后所写。

1 原图　　2 红外图版

图 12-8

三、补文

《系年》中补文共六处，分别在简13、15、89、106、116、127上，①文中补文具体位置如下：

13　　15　　89　　106　　116　　127

图 12-9

---

① 贾连翔仅指出简15、89、116三处补文。见贾连翔《战国竹书形制及相关问题研究——以清华大学藏战国竹简为中心》，中西书局，2015，第174—175页。

其中简13中"三"字是补文,在其他简中这类仅有横画且笔画少的字占位空间较少,但是在《系年》中并不如此。如简113的"三监"一词,"三"字与其他笔画多的字一样,占独立一个纵向空间(见图12-10)。再如简106"十又一年"中的"一"与"又"字很近(见图12-9),这个现象在简109"十又一年"中也有出现,但是中间距离较宽(见图12-11),简111"十又一年"中,"又"与"一"又各自独立占一个纵向空间(见图12-12)。简106"十又一年"中的"年"字的墨色也较相邻文字淡许多,所以"年"字也为后补入的文字(见图12-9)。

113　　　109　　　111
图12-10　图12-11　图12-12

四、脱文

《系年》中虽对简文进行了刮削、重写、补写等校补缮写工作,但仍有一处脱文。简111"赵桓子会 者 侯之大夫"一句,其中"者(诸)"字为脱文,整理者已言"简文夺'者(诸)侯'之'者'字"。①

---

① 李学勤主编《清华大学藏战国竹简(贰)》,中西书局,2011,第187—188页"《系年》注释"。

第七节　编联

《系年》简背竹节处有表示简序的数字，简53背面误写成"五十二"，之后一直到简89背面才改成正确计数。[①]这也说明该篇的简序数字是在正文书写完毕后书写的。

全篇使用了七种不同形制的竹简，各简均为一处竹节。简1～44竹节位置大致相等，但是从简背划痕看，简1～25为连续划痕，用简25支；简26～44为另一段连续划痕[②]，用简19支，所以简1～44应为两组竹简所制；简45～69为一组（简65残下部，无法看到竹节位置，姑且计入其中），有连续划痕（简45距简首12.3厘米处也有一道痕迹类似划痕，简63、64残上半部分无法看到划痕，姑且计入其中），用简25支；简70～95为一组，有连续划痕（简70距简首13.2厘米处，简71距简首13.5厘米处，存在第二道划痕），用简26支；简96～120为一组，有连续划痕（96距简首10.7厘米处，97距简首11厘米处，存在第二道划痕），用简25支；121～134为一组，有连续划痕，用简14支；135～138为一组，有连续划痕（简135第一契口处以上残损，距残首7.6厘米处，存在一道划痕），用简4支。[③]

[①] 李学勤主编《清华大学藏战国竹简（贰）》，中西书局，2011，第135页"《系年》说明"。
[②] 图版上简44上未见划痕，此处是依整理者所言。见贾连翔《战国竹书形制及相关问题研究——以清华大学藏战国竹简为中心》，中西书局，2015，第87页。
[③] 李均明、赵桂芳认为依据划痕应分为如下七组：简1～22、23～44、45～70、71～95、96～120、121～134、135～138。从图版看，他们对前四组的划分有误。见李均明、赵桂芳《清华简文本复原——以〈清华大学藏战国竹简〉第一、二辑为例》，载李学勤主编《出土文献》（第三辑），中西书局，2012，第67—69页。本文依据肖芸晓、贾连翔的划分。见肖芸晓《清华简简册制度考察》，硕士学位论文，武汉大学，2015；又，贾连翔《战国竹书形制及相关问题研究——以清华大学藏战国竹简为中心》，中西书局，2015，第92—95页。此外我们据图版所能观察到的简背划痕并不清楚，未必是简背划痕的实际情况，具体情况参看贾连翔一书所示。

表12-6 《系年》竹简使用情况

简号	1～25	26～44	45～69	70～95	96～120	121～134	135～138
划痕	连续划痕	连续划痕	连续划痕	连续划痕	连续划痕	连续划痕	连续划痕
用简数量	25	19	25	26	25	14	4

在编联方式上，从诸多契口处文字被编绳遮盖的痕迹看，《系年》应是先写后编的，现将各简被编痕遮盖的文字列出，见图12-13、12-14。

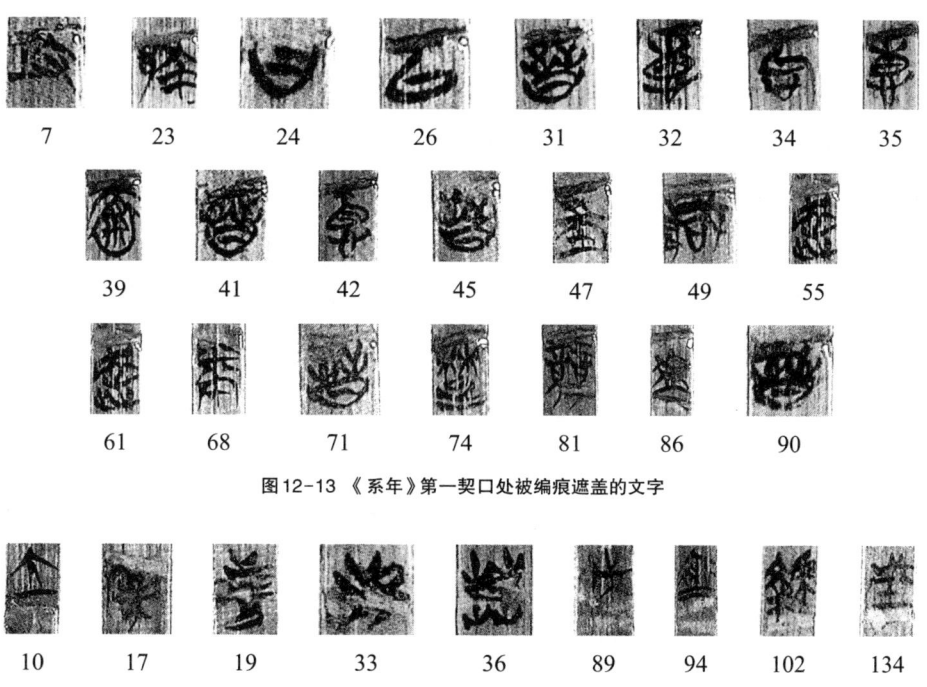

图12-13 《系年》第一契口处被编痕遮盖的文字

图12-14 《系年》第三契口处被编痕遮盖的文字

《系年》竹简的契口在右侧，刻于竹面较浅处，如下：

24

《系年》中的编痕并不是完全在契口处，而是在距契口约0.1厘米处，一些竹简契口附近的编痕处又有一道编痕。我们将《系年》竹简上各段编痕能明显看出是两股编绳的地方列出。

上段编痕：第一契口距简首约0.9厘米，第一至六、十一至十四、十七、十八章上段仅见第一契口处编痕。除此之外，第七章的简41~44距简顶约0.2厘米处有一道编痕；第八章的简45~49距简顶约0.5厘米处有一道编痕；第九章的简50~53距简顶约0.6厘米处有一道编痕；第十章的简54~55距简顶约0.8厘米处有一道编痕；第十五章的简81~84距简顶约1.5厘米处有一道编痕；第十六章的简85、86距简顶约1.7厘米处有一道编痕，简88、89在第一契口上又有一道编痕；第十九章的简104、106、107距简顶约1.7厘米处有一道编痕，简105是在此位置残断的；第二十章的简108~111、113距第一契口约1厘米处有一道编痕；第二十一章的简114、116~118距第一契口约1厘米处有一道编痕；第二十二章的简120~122、124、125距第一契口约1.1厘米处有一道编痕；第二十三章的简130~132距第一契口约1.3厘米处有一道编痕，简136距第一契口约2.2厘米有一道编痕。由于竹简数量太多，每简上段编痕我们仅按章选几支编痕位置相同的举例列出，见图12-15。

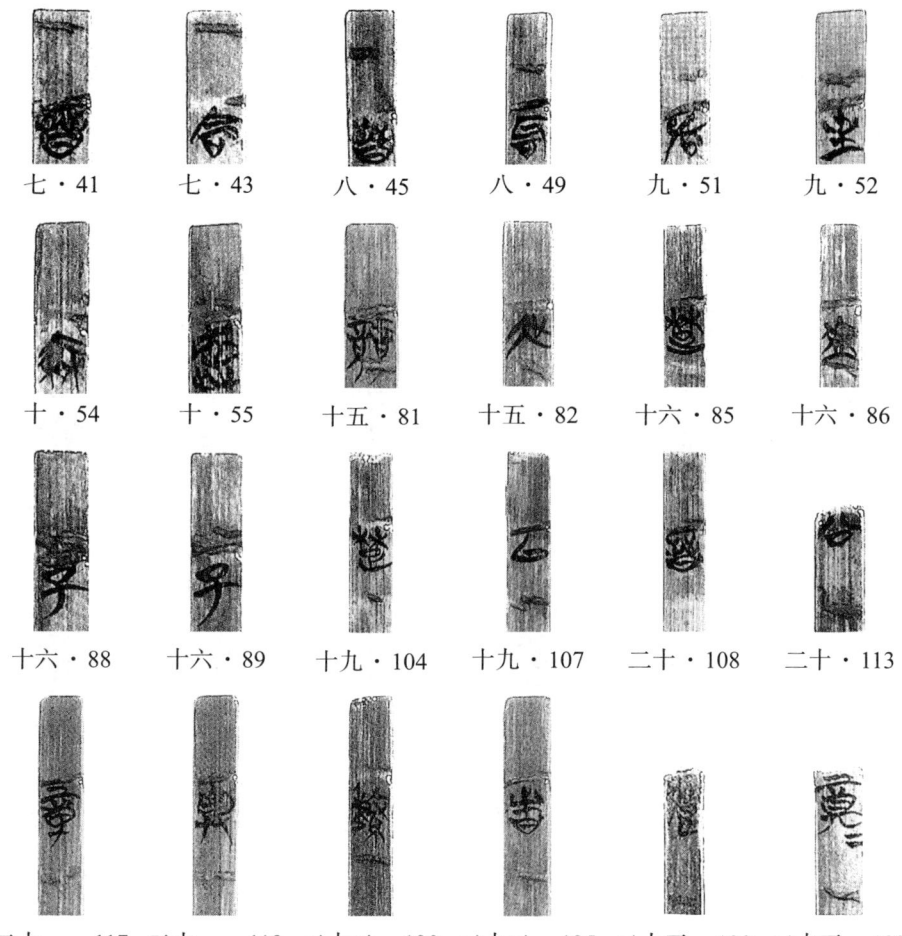

图12-15 《系年》竹简上段编痕情况

中段编痕：第二契口距第一契口约22厘米，中段编痕中契口附近出现另一道编痕的情况较上下两契口附近出现另一道编痕的情况少。如第六章的简32距第二契口上约0.5厘米处，简35距第二契口上约0.3厘米处，简37距第二契口上约0.2厘米处，均又有一道编痕；第九章的简51第二契口处分出两道编痕；第二十章的简108、109距第二契口下约0.4厘米处又有一道编痕；第二十一章的简116距第二契口下约0.3厘米处又有一道编痕；第二十二章的简119第二契口处分出两道编痕；第二十二章的简125距第二契口下约0.2厘米处有一道编痕；第二十三章的简135、136第二契口处分出两道编痕，末简138距第二契口上约1.7厘米处又有一契口，并有另一道编痕，距第二契口下约4.9厘米有编联用丝线，该丝线的粗细约0.1厘米（见图12-16）。

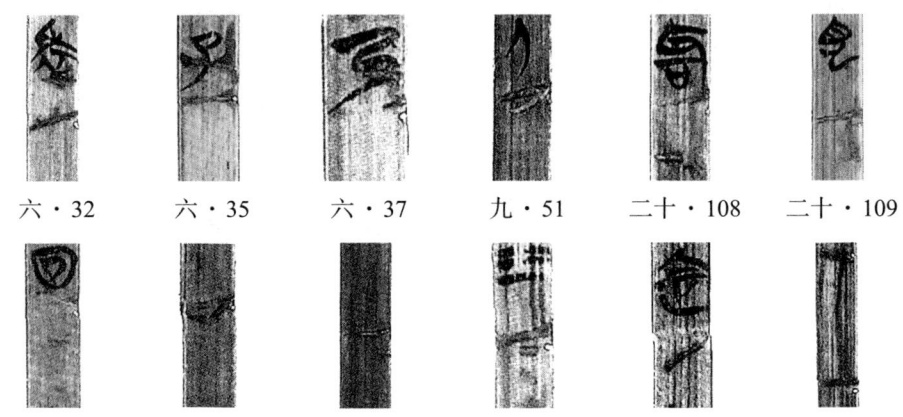

图12-16 《系年》竹简中段编痕情况

下段编痕：第三契口距简尾约1厘米，第十、十三、十九至二十三章下端编痕仅一道。除此之外，第一章的简2～4在末字上距简尾2厘米处有一道编痕；第二章的简5、8、9、11距简尾2厘米处有一道编痕；第三章的简14、16距简尾约1.7厘米处有一道编痕；第四章的简17～19、21距简尾约1.7厘米处有一道编痕；第五章的简23～29距简尾约1.7厘米处有一道编痕；第六章的简31～34距简尾约1.7厘米处有一道编痕；简35～40距简尾约1.5厘米处有一道编痕；第七章简41～44第三契口处分出两股编痕；第八章的简45～49距简尾约1.3厘米处有一道编痕；第九章的简50～52距简尾约1.3厘米处有一道编痕；第十一章的简58、59第三契口处分出两股编痕；第十二章简61在第三契口上还有一道编痕；第十四章的简69第三契口左侧分出两股编痕；第十五章的简74～84距简尾约0.5厘米处有一道编痕；第十六章的简85～89距简尾约0.7厘米处有一道编痕；第十七章简92～95距简尾约0.7厘米处有一道编痕；第十八章的简96～103距简尾底端还有一道编痕（见图12-17）。

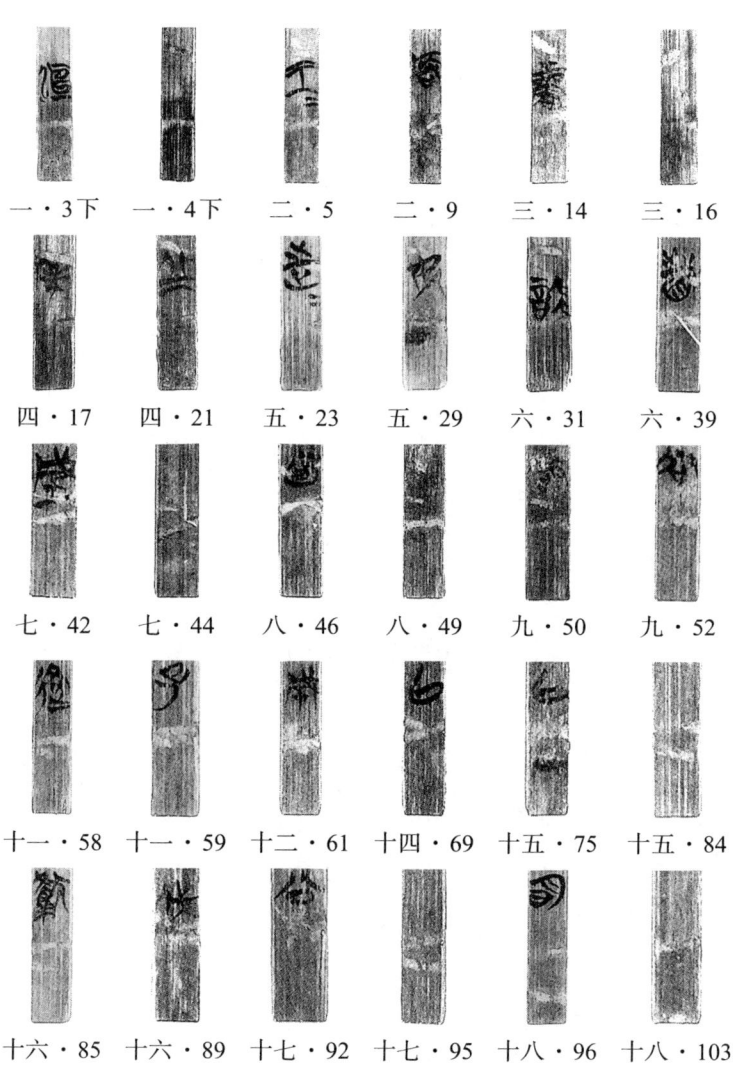

图12-17 《系年》竹简下段编痕情况

肖芸晓通过对《系年》竹节、简背划痕、编痕等方面的分析，得出以下结论：

> 根据竹节组与划线组吻合，竹节与划线的距离不一，说明每一条划线对应一根竹筒，"竹筒首简"下部划线可与"竹筒尾简"划线接续三点，《系年》划线当出现在劈筒制简之前。这与清华简《耆夜》《金縢》，北大简《老子》相同。根据"竹筒首简"在简文中的位置以及"竹筒首简"前后的编绳情况，《系年》当分为三个组别编联，同《永元器物簿》相仿（《永元器物簿》为四个），先分别编联，再连接到一起。每个组别以"竹筒首简"开始，一筒竹简使用完毕后再取它筒竹简使用，他筒竹简不必以"竹筒首简"开始，但亦按划线顺序排列使用。清华简《系年》的制简顺序或是：简背修治→在竹筒上划线→破筒制简→分组、整齐排列（以"竹筒首简"为编联组别之首）→书写正文→书写编号→编联。①

肖芸晓还通过观察《系年》竹简的受损情况发现，其"越靠近竹书尾部残损竹简越多"，从而推断《系年》的收卷方式为"卷轴型"，是"以简首为轴卷成一卷"，"收卷后的竹卷直径约6厘米"。②

附：《系年》中的一词多形现象

《系年》全篇同一词用多形表示的现象比较突出，这在已经发表过的竹书中很有特色。在战国简中，同一抄手抄写一篇简文时，用多形表示同一词的情况是较为常见的，如上博四《曹沫之阵》中{曹沫}可有"敚穆""敚堇""敚敚""敚蔑""敯穆""敚箋"等不同写法，在上博二

---

① 肖芸晓:《清华简简册制度考察》，硕士学位论文，武汉大学，2015。
② 肖芸晓:《清华简简册制度考察》，硕士学位论文，武汉大学，2015；又，肖芸晓:《清华简收卷研究举例》，载李学勤主编《出土文献》（第七辑），中西书局，2015，第172—176页。

《容成氏》中也存在很多一词多形的现象，这种现象应是抄手有意变化文字写法或避复所致。

但是《系年》中同一词用多形表示的情况与上述《曹沫之阵》《容成氏》等篇不太一样，本文即对此现象进行揭示与探讨。《系年》中同一词用多形表示的情况比较复杂，有的是文字写法上的细小差别，有的是文字写法差异较大，有的则是所用假借字的不同。陈美兰对此现象有过比较详细的讨论①，本文试着从不同的视角对其进行重新整理，并对产生此现象的原因略作推测。②

一、同一词用多形表示，文字写法差别较小

《系年》中有一些一词多形的字在写法上差别不明显，主要是更改偏旁所致，这种现象在文中比较突出，现举例如下：

1. ｛起｝——起、迟

《系年》中表示"兴起""引动"等义的｛起｝写作"起"，或"迟"。

起: [图] 28   迟: [图] 54

简文中｛起｝可写作"起"，如：

幽王起师（简6，第二章）；起师伐息（简28，第五章）；厉公先起兵（简89，第十六章）；灵王先起兵（简98，第十八章）。

还可以写作"迟"，如：

---

① 陈美兰：《〈清华大学藏战国竹简（贰）·系年〉用字现象考察——以同词异字为例》，载中国文学学会、中国文化大学中国文学系《第二十五届中国文字学国际学术研讨会论文集》，2014，第393—424页。

② 本文中所涉及的字词考释可见李松儒《清华简〈系年〉集释》，中西书局，2015。

赤翟王峚虐迟（起）师伐卫（简19，第四章）；文王迟（起）师伐息（简25，第五章）；秦人迟（起）师以内文公于晋（简38，第六章）；晋人迟（起）师（简54，第十章）；吴王子晨将迟（起）祸于吴（简84，第十五章）；郑大宰欣亦迟（起）祸于【131】郑（简131+132，第二十三章）。

2. ｛归｝——归、歸、䢜

《系年》中用为｛归｝的字有三种写法，分别作：

归：　3　　歸：　46　　䢜：　86

文中表示"返回"等义的｛归｝可写作"归"，如：

乃归厉王于彘（简3，第一章）；共伯和归于宋（简3，第一章）；息妫将归于息（简23，第五章）；获哀侯以归（简26，第五章）；取【28】息妫以归（简29，第五章）；止惠公以归（简35，第六章）；怀公自秦逃归（简37，第六章）；止【39】申公子仪以归（简39+40，第六章）；楚王舍围归（简42，第七章）；郑成公自厉逃归（简61，第十二章）；遄遇而归之【115】于楚（简115+116，第二十一章）。

文中｛归｝也可写作省略"止"旁的"歸"，如：

秦之戍人使人歸（归）告曰（简46，第八章）；使歸（归）求成（简48，第八章）；左行蔑、随会不敢歸（归）（简54，第十章）；乃先【68】歸（归），（简68+69，第十四章）；驹之克乃执南郭子、蔡子、晏子以歸（归）（简70，第十四章）；其子伍员与伍之鸡逃歸（归）吴（简81，第十五章）；昭王歸（归）【83】随（简83+84，第十五章）；吴王阖卢乃歸（归）（简84，第十五章）；使歸（归）求成（简86，第十六章）；齐高厚【91】自师逃歸（归）（简92，第十七章）；自歸（归）于吴（简106，第十九章）；以歸（归）于鄟（简131，第二十三章）；楚人歸（归）郑之四将军与其万民于郑（简132，第二十三章）；止郲公涉綢以歸（归）（简133，第二十三章）。

文中｛归｝或添"彳"旁作"徣"，仅为一例：

献【85】诸竞景公，景公以徣（归）。（简85+86，第十六章）

3．｛犊｝——贕、㥾、犊

《系年》中用来表示"犊关"这一地名的"犊"字有如下三种写法：

这三种写法的差异是由所加形旁不同造成的，其辞例为：

王衍（率）宋公以城贕关（简126，第二十三章）；郑人侵㥾关（简127，第二十三章）；阳城桓定君率【127】犊关之师与上国之师以邀之（简127+128，第二十三章）。

4．｛阳｝——旸、易

《系年》中读为｛阳｝的字有两种写法：

"旸"字在文中用作地名或者人名，其辞例如下：

楚文王以启于汉旸（阳）（简12，第二章）；寘武旸（阳）（简126，第二十三章）；旸（阳）城桓定君率【127】犊关之师与上国之师以邀之（简128，第二十三章）；郑子旸（阳）用灭（简132，第二十三章）；韩【133】取、魏击率师围武旸（阳）（简133+134，第二十三章）。

《系年》中的"昜"字也是表示人名或地名的,如:

晋人罗城汝昜(阳)(简100,第十八章);王命莫敖昜(阳)为率【114】师以定公室(简114+115,第二十一章);王命莫敖昜(阳)为率师侵晋,夺宜昜(阳)(简116,第二十一章);以建昜(阳)、郚陵之田(简120,第二十二章);鲁昜(阳)公率师救武昜(阳),与晋师战于武昜(阳)之城【134】下,楚师大败,鲁昜(阳)公、平夜悼武君、昜(阳)城桓定君(简134+135,第二十三章);楚师将救武昜(阳)(简136,第二十三章);以从楚师于武昜(阳)(简137,第二十三章)。

5. {陈}

《系年》中用为国名或地名{陈}的字有两种写法:

陈:

文中第一种写法的"陈"字多见,如:

蔡哀侯取妻于陈,息{=}侯亦取妻于陈(简23,第五章);改遞于陈,焉【29】取顿以恐陈侯【30】(简29+30,第五章);令尹子玉遂率郑、卫、陈、蔡及群蛮夷之师以邀文公(简43,第七章);陈公子征舒取妻于郑穆公(简74,第十五章);陈公子征舒杀其君灵公,庄王率师围陈(简75,第十五章);王入陈(简75,第十五章);县陈、蔡(简99,第十八章);既县陈、蔡(简104,第十九章);陈、蔡、胡反楚(简105,第十九章);齐人且有陈麕子牛之祸(简122,第二十二章);盟陈和与陈淏于溫门之外(简123,第二十二章);陈人焉反,而入王子定于陈(简136,第二十三章);王命平夜悼武君使人于齐陈淏求师,陈疾目率车千乘(简138,第二十三章)。

第二种写法的"陈"仅省去了"阜"旁,写法仅一例,如:

改封陈、蔡之君(简104,第十九章)。

6. {洛}——洛、萗

《系年》中读为{洛}的字有两种写法:

洛: 17　萗: 127

"洛"在文中用作地名,读为"洛",其相关辞例作:

周成王、周公既迁殷民于洛邑(简17,第四章);楚王侵伊、洛以报方城之𠂤(师)(简102,第十八章)。

文中用作地名读为"洛"的字也可写作从"艹"的"萗",如:

秦人【126】败晋师于萗(洛)阴(简127,第二十三章)。

7. {舒}——䣄、余

《系年》中读为{舒}的字有两种写法:

䣄: 74　余: 75

"䣄"用在人名"陈公子徵䣄(舒)"中,读为"舒",如:

陈公子徵䣄(舒)取妻于郑穆公(简74,第十五章)。

"陈公子徵舒"之"舒"还可以写作"余",应是"䣄"省略"邑"旁所致,如:

陈公子徵余(舒)杀其君灵公(简75,第十五章);杀徵余(舒)(简76,第十五章)。

8. {定}——定、㦎

《系年》中读为"定"的字有两种写法:

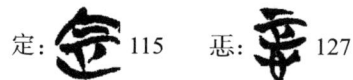

"定"字在《系年》用为"安定"之义,及用作人名"王子定",其辞例如下:

王命莫敖阳为率【114】师以定公室(简114+115,第二十一章);晋㑒余率晋师与郑师以入王子定(简129,第二十三章);而入王子定于陈(简136,第二十三章)。

"悹"在文中表示"阳城桓定君"的谥号,亦可读为"定",如:

阳城桓悹(定)君率【127】犼关之师与上国之师以邀之(简127+128,第二十三章);鲁阳公、平夜悼武君、阳城桓悹(定)君(简135,第二十三章)。

9. {堇}——䩦、聅

《系年》里地名"堇阴"中读为"堇"的字有两种写法:

"堇"写作从"牙"的"䩦"字,其辞例如下:

败之于䩦(堇)阴(简54,第十章)。

"堇"还可以写作从"耳"的"聅"字,如:

秦公以战于聅(堇)阴之故(简55,第十章)。

10. {得}——曼

《系年》中表"得到"等义的{得}写作"曼",有两种写法:

414

第一种写法的"旻"字所从"贝"旁省略,该写法在楚简中常见,文中辞例为:

我既旻(得)郑之门管已(简46,第八章)。

第二种写法的"旻"字所从"贝"旁亦有省略,并讹为"且"形,从辞例可见是{得}无疑,如:

旻(得)师以【75】来(简75,第十五章)。

另外,文中因增减或改变偏旁而造成的一词多形字频见,如{余}字作"余"或"舍",{寿}字作"寿"或"䛐",{迁}字作"䢃"或"䢃",{道}字作"道"或"衟",{徙}字作"遑"或"䢓",{率}字作"衛"或"衕",{卫}字作"衛"或"卫",{栾}字作"繎"或"繎",{脱}字作"敓"或"繁",{申}字作"䌺""䌺""䌺",等等。因为这种现象在其他篇战国简中也是十分常见的,且用例极多,故本文对这类现象不再做详细举例。

二、同一词用多形表示,文字写法差别较大

《系年》中还有的一词多形现象是用两个或多个字形表示,且字形差别较大。关于此类现象,肖攀、沈培等学者的论文都有所涉及,但均较简略,且存在问题。①现在笔者对《系年》全篇重新考察,并将这些现象详细举出。

1. {取}——取、叙

《系年》中用作"取"的字有两种写法,分别作:

---

① 肖攀:《清华简〈系年〉文字研究》,博士学位论文,吉林大学,2013;沈培:《再说两个楚墓竹简中读为"一"的用例》,载何志华、冯胜利主编《承继与拓新:汉语语言文字学研究》(上卷),香港商务印书馆,2014,第343页。

简文中｛取｝写作"取"常见，用来表示"娶妻"等义，如：

周幽王取妻于西申（简5，第二章）；亦取妻于陈（简23，第五章）；取【28】息妫以归（简28+29，第五章）；取妻于郑穆公（简74，第十五章）；取以为妻（简78，第十五章）。

"取"也表示"夺取""取得"之义，如：

取顿以恐陈侯（简30，第五章）；伐滑，取之（简47，第八章）；取其室以予申公（简76，第十五章）。

简文中唯有一处写作"叡"来表"娶妻"义的，如：

王又叡（取）褒人之女（简5，第二章）。

2. ｛使｝——叟、吏、囟、思、挚

《系年》中作"命""让"等义的｛使｝分别用"叟""吏""囟""思""挚"来表示：

《系年》中"叟"多写作 形，分别见于以下诸简：

叟（使）人归告曰（简46，第八章）；叟（使）申伯无畏聘于齐（简58，第十一章）；共王叟（使）鄎公聘于【86】晋（简86+87，第十六章）；景公叟（使）余之茷聘于楚（简87，第十六章）。

"叟"又可写作 ，与以上写法略有不同，该写法仅出现一次：

乃叟（使）人于楚文王【24】曰（简24，第五章）。

《系年》中｛使｝还可以用"吏"表示，读作"使"，如：

共王吏（使）王【87】子辰聘于晋（简87+88，第十六章）；王又吏（使）宋右师华孙元行晋楚之成（简88，第十六章）。

《系年》的｛使｝还可以用"囟"表示，读作"使"，如：

囟（使）君涉河（简34，第六章）；囟（使）袭怀公之室（简38，第六章）；囟（使）归求成（简48，第八章）；齐顷公囟（使）其女子自房中观驹之克（简67，第十四章）；囟（使）归求成（简86，第十六章）；囟（使）各复其邦（简104，第十九章）。

《系年》中有一例用"思"来表示｛使｝，读作"使"，如：

穆王思（使）驱孟诸之麋（简57，第十一章）。

《系年》中还有一例用"夅"来表示｛使｝，如：

王命平夜悼武君夅（使）人于齐陈淏求师（简137，第二十三章）。

3. ｛乱｝——𤔔、𤕟

《系年》中表"紊乱""叛乱"等义的｛乱｝分别写作：

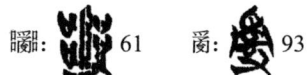

简文中｛乱｝字写作"𤔔"仅一例：

庄王遂加郑𤔔（乱）（简61，第十二章）。

简文中｛乱｝字写作"𤕟"有两例：

晋𤕟（乱），栾盈出奔齐（简93，第十七章）；许人𤕟（乱），许公佗出奔晋（简100，第十八章）。

4. ｛执｝——执、敦

《系年》中表示"执"的字有两种写法：

写作"执"的字在文中用来表示"人质"的"质"及"捕持"之义,如:

惠公焉以其子怀公为执(质)于秦(简35,第六章);执吴王子蹶由(简80,第十五章);三执珪之君与右尹昭之竢死焉(简135,第二十三章)。

"敓"在文中也表"人质"的"质"或"捕持"之义,如:

始与晋敓(执)戲(简49,第八章);以华孙元为敓(质)(简60,第十一章);驹之克乃敓(执)南郭子、蔡子、晏子以归(简70,第十四章);敓(执)徐公(简98,第十八章)。

5. ｛弃｝——弃、厶

《系年》中读为"弃"的字有两种写法:

"弃"字在文中表"丢弃""放弃"之义,该写法仅出现一例:

宣【3】王是始弃帝籍弗田(简3+4,第一章)。

文中表"丢弃"之义还用"厶"字表示,"厶"应该是在"弃"字基础上简化而成,不过楚简中"弃"写作"厶"还是首次出现,其辞例如下:

多厶(弃)旆、幕(简117,第二十一章);楚人尽厶(弃)其【135】旆、幕、车、兵(简135,第二十三章)。

6. ｛夺｝——貯、敚、墢

《系年》中用来表示"夺取"之义的｛夺｝,有三种写法:

文中｛夺｝可以写作"貯",如:

貤(夺)其玉帛(简59,第十一章)。

{夺}还可以写作"敓",如:

敓之少盐(简75,第十五章)。

文中"墢"也可表示{夺},如:

墢(夺)宜阳(简116,第二十一章)。

不过,"墢"也有可能是专为夺取土地之义而造的一个字。

7. {败}——败、贱

《系年》中读为"败"的字有两种写法:

"击败"的{败}写作"败"较为常见,如:

戎乃大败周师于千亩(简4,第一章);大败卫师于睘(简19,第四章);君焉败之(简25,第五章);文王败之于莘(简26,第五章);文公率秦、齐、宋及群戎【43】之师以败楚师于城濮(简43+44,第七章);大败之(简48,第八章);败之于堇阴(简54,第十章);遂败晋师于河上(简65,第十三章);败齐师于靡笄(简71,第十四章);以败楚师(简82,第十五章);以败楚师于柏举(简83,第十五章);败楚师于鄢(简90,第十六章);越公、宋公败齐师于襄平(简113,第二十章);秦人【126】败晋师于洛阴(简126+127,第二十三章);楚师大败(简135,第二十三章)。

文中有一处用"贱"来表示{败}的,如:

晋师大贱(败)【121】齐师(简121+122,第二十二章)。

8. {赵}——邹、㔻、灼

《系年》中表示姓氏"赵"的字有三种写法:

刍阝:【图】96　邿:【图】97　灼:【图】111

"刍阝"在《系年》出现两次,均是用为"赵"氏的,即"刍阝(赵)文子"及"刍阝(赵)旃",如:

刍阝(赵)旃不欲成(简64,第十三章);令尹子木会刍阝(赵)文子武及诸侯之大夫(简96,第十八章)。

"邿"在《系年》出现一次,也是用作"邿(赵)文子"的"赵":

令尹会邿(赵)文子及诸侯之大夫(简97,第十八章)。

"灼"在《系年》出现五次,分别是用在人名"灼(赵)桓子""灼(赵)狗""灼(赵)浣""灼(赵)籍"中的"赵",如:

灼(赵)桓子会诸侯之大夫(简111,第二十章);灼(赵)狗率师与越【112】公朱句伐齐(简112+113,第二十章);晋魏駒、灼(赵)浣、韩启章率师围黄池(简115,第二十一章);魏斯、灼(赵)浣、韩启【116】章率师救赤壤(简116,第二十一章);韩虔、灼(赵)籍、魏【119】击率师与越公翳伐齐(简119,第二十二章)。

9. {悼}——悼、殚、刎、恳

《系年》中表示{悼}的字有四种写法:

悼:【图】33　殚:【图】119　刎:【图】127　恳:【图】135

"悼"字在文中出现三次,分别表示"悼子""悼公",如:

而立其弟悼子,里之克又杀悼子(简33,第六章);以至晋悼公(简108,第二十章);宋悼公朝于楚(简114,第二十一章)。

"殚"字在文中出现一次,用于表示"宋悼公"的谥号,如:

宋殚(悼)公将会晋公(简119,第二十二章)。

"刿"字在文中出现一次,用于表示"楚悼哲王"的谥号,读为"悼",如:

刿(悼)哲王即位(简127,第二十三章)。

"悥"字在文中出现一次,用于表示"平夜悼武君"的谥号,如:

鲁阳公、平夜悥(悼)武君、阳城桓定君(简135,第二十三章)。

10. {召}——訋、卲

《系年》中表示"召唤""召请""征召"等义的{召}分别用"訋""卲"表示:

訋: 37   卲: 64

"訋"所表示的{召},在文中仅一例,读为"召",如:

秦穆公乃訋(召)【37】文公于楚(简37,第六章)。

"卲"字除表示谥号"昭"外,还用作{召},读为"召",如:

乃命【50】左行蔑与随会卲(召)襄公之弟雍也于秦(简51,第九章);而卲(召)人于外(简52,第九章);我莫命卲(召)【52】之(简52+53,第九章);弗卲(召)(简64,第十三章);且卲(召)高之固曰(简66,第十四章)。

11. {海}——洰、畣

《系年》中用为{海}的字有两种写法:

洰: 112   畣: 92

文中{海}可以用"洰"表示,用作地名"北海",如:

自南山属之北洰(海)(简112,第二十章)。

文中{海}还可以用"畣"表示,用作地名"东海",如:

驱车至于东疆（海）（简92，第十七章）。

陈伟将"疆"读为"海"①。"疆"字在本篇其他简中则用为"亩"，如：

名之曰【1】千疆（亩）（简1+2，第一章）；戎乃大败周师于千疆（亩）（简4，第一章）。

12. {戴}——䒤、惪

《系年》中读为"戴"的字有两种写法：

"䒤"字在文中用在谥号"戴公"中，读为"戴"：

䒤（戴）公卒（简20，第四章）。

在同简中，"戴公"之"戴"还可以用"惪"表示，读为"戴"：

立惪（戴）公申（简20，第四章）。

13. {共}——龙、䉺、靓、䙴

《系年》中读为"共"的字有四种写法：

"龙"字在文中均用作人名或谥号，读为"共"，如：

龙（共）伯和立十又四年（简3，第一章）；乃谏太子龙（共）君而杀之（简31，第六章）；楚龙（共）王立七年（简85，第十六章）；龙（共）王使郧公聘于【86】晋（简86+87，第十六章）。

"䉺"字在文中也用作人名"共伯和"及"楚共王"谥号，均读为"共"：

---

① 陈伟：《读清华简〈系年〉札记》，《江汉考古》2012年第3期。

龏（共）伯和归于宋（简3，第一章）；龏（共）王即位（简77，第十五章）。

"楚共王"的"共"还可用"䣈"字表示：

䣈（共）王使王【87】子辰聘于晋（简87+88，第十六章）。

"楚共王"的"共"还可用"㝬"字表示：

㝬（共）王亦率师围郑（简90，第十六章）。

14. ｛师｝——𠂤、㠯、帀

《系年》中读为"师"的字有以下几种写法：

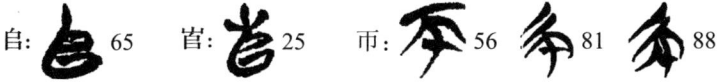

用来表示"军队"之义的｛师｝在文中多写作"𠂤"，读为"师"，如：

戎乃大败周𠂤（师）于千亩（简4，第一章）；幽王起𠂤（师）（简5，第二章）；秦公率𠂤（师）与【34】惠公战于韩（简34+35，第六章）；秦人起𠂤（师）以内文公于晋（简38，第六章）；乃及秦（师）围曹及五鹿（简42，第七章）；令尹子玉遂率郑、卫、陈、蔡及群里蛮夷之𠂤（师）以邀文公（简43，第七章）；文公率秦、齐、宋及群戎【43】之𠂤（师）以败楚𠂤（师）于城濮（简44，第七章）；秦𠂤（师）将东袭郑（简46，第八章）；襄公亲【47】率𠂤（师）御秦𠂤（师）于崤（简47+48，第八章）；秦康公率𠂤（师）以送雍子，晋人起𠂤（师）（简54，第十章）；率𠂤（师）为河曲之战（简55，第十章）；庄王率𠂤（师）围宋九月（简60，第十一章）；楚𠂤（师）未还（简62，第十二章）；晋中行林父率𠂤（师）救郑（简63，第十三章）；遂败晋𠂤（师）于河上（简65，第十三章）；随会率𠂤（师）（简66，第十四章）；齐三壁大夫南郭子、蔡子、晏子率𠂤（师）以【69】会于断道（简69，第十四章）；驹之克率𠂤(师)救鲁,败齐𠂤(师)于靡笄(简71,第十四章);庄王率𠂤(师)围陈(简75,第十五章);王命申公屈巫之秦求𠂤(师),得𠂤(师)以【75】来(简75+76,第十五章);以败楚𠂤(师)(简82,第十五章);以败楚𠂤(师)于柏举(简83,第十五章);为沃之𠂤(师)(简85,第十六章);率𠂤(师)会诸侯以伐【89】秦(简89+90,第十六章);共王亦率𠂤(师)围郑,厉公救郑,败楚𠂤(师)于鄢(简90,第十六章);𠂤(师)造于方城,齐高厚【91】自𠂤(师)逃归(简91,第十七章);平公率𠂤(师)会诸侯,为平阴之𠂤(师)以围齐(简92,第十七章);齐庄公光率𠂤(师)以随栾盈(简93,第十七章);以报平阴之𠂤(师)(简94,第十七章);平公率𠂤(师)会诸侯,伐齐,【94】以报朝歌之𠂤(师)(简94、95,第十七章);晋𠂤(师)大疫【101】且饥(简101+102,第十八章);楚王侵伊、洛以报方城之𠂤(师)(简102,第十八章);秦异公命子蒲、子虎率𠂤(师)救楚,与楚𠂤(师)会伐唐(简105,第十九章);吴泄庸【106】以𠂤(师)逆蔡昭侯(简106+107,第十九章);赵狗率𠂤(师)与越【112】公朱句伐齐,晋𠂤(师)门长城句俞之门(简112,第二十章);越公、宋公败齐𠂤(师)于襄平(简113,第二十一章);王命莫敖阳为率【114】𠂤(师)以定公室(简114+115,第二十一章);晋魏畀、赵浣、韩启章率𠂤(师)围黄池(简115,第二十一章);王命莫敖阳为率𠂤(师)侵晋(简116,第二十一章);以报黄池之𠂤(师)(简116,第二十一章);魏斯、赵浣、韩启【116】章率𠂤(师)救赤壤(简117,第二十一章);与晋𠂤(师)战于长城。楚𠂤(师)亡功(简117,第二十一章);韩虔、赵籍、魏【119】击率𠂤(师)与越公翳伐齐(简120,第二十二章);晋魏文侯畀从晋=𠂤(师)=(晋师,晋师)大败【121】齐𠂤(师),齐𠂤(师)北,晋𠂤(师)逐之(简121+122,第二十二章);秦人【126】败晋𠂤

（师）于洛阴（简126+127，第二十三章）；阳城桓定君率【127】狄关之**𠂤**（师）与上国之**𠂤**（师）以邀之，与之战于桂陵，楚**𠂤**（师）亡功（简127+128，第二十三章）；晋瑓余率晋**𠂤**（师）与郑**𠂤**（师）以入王子定（简129，第二十三章）；鲁易公率**𠂤**（师）以邀晋人（简129，第二十三章）；郎庄平君率**𠂤**（师）侵郑，郑皇子、子马、子池、子封子率**𠂤**（师）以邀楚人（简130，第二十三章）；郑**𠂤**（师）逃【130】入于蔑（简130+131，第二十三章）；楚**𠂤**（师）围之于鄸，尽降郑**𠂤**（师）与其四将军（简131，第二十三章）；王命平夜悼武君率**𠂤**（师）侵晋（简133，第二十三章）；以报长陵之**𠂤**（师）（简133，第二十三章）；韩【133】取、魏击率**𠂤**（师）围武阳，以报部之**𠂤**（师）（简134，第二十三章）；鲁易公率**𠂤**（师）救武阳，与晋**𠂤**（师）战于武阳之城【134】下，楚**𠂤**（师）大败（简134+135，第二十三章）；楚**𠂤**（师）将救武阳，【136】王命平夜悼武君使人于齐陈淏求**𠂤**（师）（简136、137，第二十三章）；以从楚**𠂤**（师）于武阳（简137，第二十三章）；齐**𠂤**（师）至喦（简138，第二十三章）。

"**𠂤**"字在文中亦用在地名"京师"中，读为"师"，如：

立之于京**𠂤**（师）（简9，第二章）；晋人焉始启【9】于京**𠂤**（师）（简9+10，第二章）。

{师}还可以用"**帀**"来表示，如：

赤翟王峁虐起**帀**（师）伐卫，大败卫**帀**（师）于睘（简19，第四章）；文王起**帀**（师）伐息（简25，第五章）；起**帀**（师）伐息（简28，第五章）；秦**帀**（师）乃复（简47，第八章）。

{师}还可以用"帀"来表示，除有"军队"等义外，还用于专有名词"右师""少师"中，均读为"师"。

写作"帀"形的"帀"相关辞例作：

蔡哀侯率帀（师）【25】以救息（简25+26，第五章）；宋右帀（师）华孙元欲劳楚帀（师）（简56，第十一章）。

写作"𠂤"形的"帀"相关辞例作：

宋右帀（师）华孙元欲劳楚帀（师）（简56，第十一章）；少帀（师）无忌谗连尹奢而杀之（简81，第十五章）。

写作"𠂤"形的"帀"相关辞例作：

王又使宋右帀（师）华孙元行晋楚之成（简88，第十六章）。

由上可见，似表示"军队"的"帀"写作"𠂤"形，用在专有名词"右师""少师"中的"帀"写作"𠂤"或"𠂤"形，这两种字形写法也十分形近。

15. ｛追｝——𠂤、𠂤

文中用来表示"追击"的｛追｝可写作"𠂤"，如：

楚人【64】被驾以𠂤（追）之（简64+65，第十三章）。

表示"追忆"｛追｝还可用"𠂤"表示，如：

乃𠂤（追）念夏商之亡由（简17，第四章）。

16. ｛显｝——俔、羴

《系年》中用在"鲁侯显"中，读为"显"的字分别用"俔"与"羴"表示：

"鲁侯显"中的｛显｝可用"俔"表示，读为"显"，如：

越公与齐侯贷、鲁侯俔（显）【120】盟于鲁稷门之外（简120+121，第二十二章）。

｛显｝还可用"羴"表示，亦读为"显"，如：

遂以齐侯贷、鲁侯羴（显）、宋公田、卫侯虔、郑伯骀朝【124】

周王于周（简124+125，第二十二章）。

17. {寘}——宜、是

文中用来表示"安置""设置"的{寘}有两种写法，分别写作：

宜: 52 是: 126

{寘}可用"宜"表示，如：

而焉将宜（寘）此子也（简52，第九章）。

{寘}还可用"是"表示，如：

是（寘）武阳（简126，第二十二章）。

18. {是}——氏、是

文中用来表示"肯定判断""此"等义的{是}有两种写法，分别写作：

是: 4 氏: 78

{是}用"是"表示常见，如：

宣【3】王是始弃帝籍弗田（简3+4，第一章）；是孚褒姒（简5，第二章）；是携惠王（简7，第二章）；是秦之先（简15，第三章）；是文公（简21，第四章）；是息妫（简23，第五章）；是生堵敖及成王（简29，第五章）；宋人是故杀申伯无畏（简59，第十一章）；是少孤（简74，第十五章）；是鸡父之埅（简82，第十五章）；是教吴人反楚邦之诸侯（简82，第十五章）；是下蔡（简107，第十九章）。

{是}也可用"氏"表示，如：

氏（是）余受妻也（简78，第十五章）。

19. {且}——旻、虘

《系年》中用作"且"的字有两种写法,分别作:

简文中{且}写作"旻"形较为常见,用作连词,表"而且"义,如:

旻(且)召高之固曰(简66,第十四章);旻(且)许成(简87,第十六章);晋人旻(且)有范氏与中行氏之祸(简102,第十八章);旻(且)男女服(简120,第二十二章);齐人旻(且)有陈鳌子牛之祸(简122,第二十二章)。

简文还有两处表"而且"之义的{且}则写作"虘",如:

虘(且)修成(简87,第十六章);晋师大疫【101】虘(且)饥(简102,第十八章)。

20. {逐}——述

《系年》中表示"追逐""放逐"等义的{逐}有两种写法,分别写作:

{逐}可用"述"字表示,如:

褢姒嬖于王,王【5】与伯盘逐平王(简6,第二章);齐师北,晋师述(逐)之(简122,第二十二章)。

简122的"述"字写法常见,简6的"述"字写法与简122有所不同,主要差别在"犬"旁的写法上,不过从简68中"笑"字写作" "可见,简6相关字确从"犬"。

21. {逆}——逆

《系年》中表示"迎接"等义的{逆}有两种写法，分别写作：

[字形]9　[字形]107

简107中"逆"字的写法尚属首次出现，这两个"逆"字均仅有一例，其所在辞例为：

晋文侯乃逆平王于少鄂（简9，第二章）；吴泄庸【106】以师逆蔡昭侯（简106+107，第十九章）。

另外，《系年》中的用字还有一种情况，即虽然现代汉字可以用同一个字形表示某几个意义，但在楚文字中，却是有意地用不同字形把现代汉字的同一个字的不同词义区分开来。那么，这种情况就不能算作一词多形，比如：

1. {将}——牆、遹、迖

《系年》中用来表示现代汉语中{将}的字有三种写法：

牆：[字形]25　遹：[字形]131　迖：[字形]81

简文中{将}写作"牆"常见，用来表示"将要"之义，如：

息妫牆（将）归于息（简23，第五章）；我牆（将）求救于蔡（简25，第五章）；牆（将）东袭郑，郑之贾人弦高牆（将）西【46】市（简46+47，第八章）；而焉牆（将）寘此子也（简52，第九章）；牆（将）以伐宋（简56，第十一章）；驹之克牆（将）受齐侯【67】币（简67+77，第十四章）；吴王子晨牆（将）起于吴（简84，第十五章）；宋悼公牆（将）会晋公（简119，第二十二章）；牆（将）与之战（简130，

第二十三章);楚师牂(将)救武阳(简136,第二十三章)。

"牂"字有一例是用为"将军"的{将},如:

楚人归之四牂(将)军与其万民于郑(简132,第二十三章)。

《系年》中用为"将军"的{将}有一例作"遞",较本章简132表"将军"之"将"字多"辵"旁,其辞例作:

尽降郑师与其四遞(将)军(简131,第二十三章)。

《系年》中表"率领"之义的{将},写作"迭",其辞例作:

伍鸡迭(将)【81】吴人以围州来(简81,第十五章)。

可以看出,现代汉字中表示将要、将军、率领之义的{将},楚简中有意用"牂""遞""迭"这三个字形进行区分(但是作"将军"之义时,还是有一例用"牂"表示的),与本文所述的一词多形并无关系。

2. {齐}——齐、脊

《系年》中用来表示现代汉语中{齐}的字有三种写法:

齐

"齐"字在文中均表示"齐国"的"齐",如:

齐襄公会诸侯于首止(简11,第十二章);公子启方奔齐(简20,第四章);齐桓公会诸侯以城楚丘(20,第四章);乃之齐(简36,第六章);楚成王率诸侯以围宋伐齐(简41,第七章);晋文公思齐及宋之【41】德(简41+42,第七章);伐卫以脱齐之戍及宋之围(简42,第七章);文公率秦、齐、宋及群戎【43】之师以败楚师于城濮(简43+44,第七章);使申伯无畏聘于齐(简58,第二十一章);公命驹之克先聘于齐(简66,第十四章);齐顷公使其女子自房中观驹之克,驹之克将受齐侯【67】币(简67+68,第十四章);所不复仇于齐(简

68，第十四章）；齐三壁大夫南郭子、蔡子、晏子率师以【69】会于断道（简69+70，第十四章）；齐顷公围鲁【70】晋求援（简70+71，第十四章）；败齐师于靡笄。齐人为成（简71，第十四章）；齐顷公朝于晋景公，驹之克走援齐侯之带（简72，第十四章）；齐侯之来（简72，第十四章）；王命申公聘于齐（简78，第十五章）；自齐遂逃之晋（简79，第十五章）；齐高厚【91】自师逃归（简91+92，第十七章）；为平阴之师以围齐（简92，第十七章）；栾盈出奔齐（简93，第十七章）；齐【93】庄公涉河袭朝歌（简93+94，第十七章）；伐齐（简94，第十七章）；齐崔杼杀其君庄公（简95，第十七章）；至今齐人以不服于晋（简103，第十八章）；遂以伐齐（简112，第二十章）；赵狗率师与越【112】公朱句伐齐（简112+113，第二十章）；越公、宋公败齐师于襄平（简113，第二十章）；韩虔、赵籍、魏【119】击率师与越公翳伐齐（简119+120，第二十二章）；越公与齐侯贷、鲁侯显【120】盟于鲁稷门之外（简120+121，第二十二章）；齐侯参乘以入（简121，第二十二章）；晋师大败【121】齐师，齐师北（简121+122，第二十二章）；齐人且有陈瘭子牛之祸，齐与晋成，齐侯【122】盟于晋军。晋三子之大夫入齐（简122+123，第二十二章）；晋公献齐俘馘于周王，遂以齐侯贷、鲁侯显、宋公田、卫侯虔、郑伯骀朝【124】周王于周（简124+125，第二十二章）；王命平夜悼武君使人于齐陈淏求师（简137，第二十三章）；齐师至嵒（简138，第二十三章）。

"𣄴"字用在人名"奚𣄴"中，与传世典籍用字习惯相比，可读为{齐}，如：

欲其子奚𣄴（齐）之为君也（简31，第六章）；乃立奚𣄴（齐）。其大夫里之克乃杀奚𣄴（齐）【32】而立其弟悼子（简32+33，第六章）。

其中简31的"𣄴"与简32的"𣄴"写法略有不同，主要是"欠"旁写法的差异，在楚简中常见。虽然"膂"字在现代汉字中也可以用"齐"表示，但并不是用作"齐国"的{齐}，而是用为人名的{齐}。在楚文字中，这两个意义上的{齐}字也是被有意区分的。

3. {蔡}——鄈、䣂

《系年》中读为"蔡"的字有两种写法：

文中用"鄈"表蔡国、蔡地常见，如：

鄈（蔡）哀侯取妻于陈（简23，第五章）；过鄈（简23，第五章）；息妫乃入于鄈（简24，第五章）；我将求救于鄈（蔡）（简25，第五章）；息侯求救于鄈（简25，第五章）；鄈（蔡）侯与从（简26，第五章）；鄈（蔡）侯知息侯之诱己也（简27，第五章）；令子玉遂率郑、卫、陈、鄈（蔡）及群蛮夷之师以邀文公（简43，第七章）；县陈、鄈（蔡），杀鄈（蔡）灵侯（简99，第十八章）；既县陈、鄈（蔡）（简104，第十九章）；改封陈、鄈（蔡）之君（简104，第十九章）；陈、鄈（蔡）、胡反楚（简105，第十九章）；焉克胡、围鄈（蔡）（简106，第十九章）；鄈（蔡）昭侯申惧（简106，第十九章）；吴泄庸【106】以师逆鄈（蔡）昭侯，居于州来，是下鄈（蔡）。楚人焉县鄈（蔡）【107】于吴（简106+107+108，第十九章）。

文中用来表示"姓氏"的"蔡"写作"䣂"，如：

齐三嬖大夫南郭子、䣂（蔡）子、晏子率师以【69】会于断道（简69+70，第十四章）；驹之克乃执南郭子、䣂（蔡）子、晏子以归（简70，第十四章）。

整理者指出，文中"䣂子"可与《左传·宣公十七年》的"蔡朝"对应[1],"海天"认为,"或因为'蔡朝'是齐国人,所以写为'鄁'以与'郜'(儒按:即本文隶定的"鄭")有所区隔。当然一种可能是《包山》的'鄁'是指上蔡,……可能暗示'蔡朝'的族氏来源"[2]。

4. {蔑}——蔑、鄸、癳

《系年》中读为"蔑"的字有三种写法:

蔑: 131　　鄸: 131　　癳: 54

其中,"蔑""鄸"在简文中表示的是地名,而"癳"在简文中表示的是人名。

"蔑"在文中用为地名,其辞例如下:

郑师逃【130】入于蔑(简131,第二十三章)。

用为地名"蔑"的字还可以加"邑"旁,写作"鄸":

楚师围之于鄸(简131,第二十三章)。

"癳"在文中用在人名"左行癳(蔑)"中,与《左传·僖公二十八年》对比,即"先蔑",故知亦可读为"蔑":

乃命【50】左行癳(蔑)与随会召襄公之弟雍也于秦(简50+51,第九章);左行癳(蔑)、随会不敢归(简54,第十章)。

5. {怀}——褱、渶

《系年》中读为"怀"的字有两种写法:

---

[1] 李学勤主编《清华大学藏战国竹简(贰)》,中西书局,2011,第168页"《系年》注释"。

[2] "海天"(网名):《〈系年〉的"蔡"字》,复旦大学出土文献与古文字研究中心网,"学术讨论"论坛,访问日期:2011年12月24日。

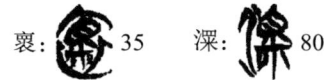

"褱"在文中表谥号,用在"晋怀公"中,如:

惠公焉以其子褱(怀)公为质于秦(简35,第六章);褱(怀)公自秦逃归(简37,第六章);使衺褱(怀)公之室(简38,第六章);褱(怀)公即位(简39,第六章);晋人杀【38】褱(怀)公而立文公(简38+39,第六章)。

"渼"在文中表地名,用在"南怀"中,如:

为南渼(怀)之行(简80,第十五章);为南渼(怀)之行(简99,第十八章)。

虽然在现代汉字中,"褱""渼"都可用{怀}来表示,但在楚简中,一为谥号,一为当时地名,不能算是一词多形。

可以看出,《系年》中的文字异形现象比较突出,虽然一些一词多形现象出现在同一章,可以看作是抄手有意避免重复或变化文字写法,但也有不少一词多形现象分布在不同篇章中,且出现的位置很有规律,如{乱}作"矖""矞"两种写法,前者出现在第十二章,后者出现在第十七、十八章;{执}作"执""敎"两种写法,前者出现在第六、十五、二十三章,后者出现在第八、十一、十四、十八章;{弃}作"弃""厷"两种写法,前者出现在第一章,后者出现在第二十一、二十三章;{夺}作"貯""敓""垁"三种写法,三者各出现一次,分别在第十一、十五、二十一章;{败}作"败""賊"两种写法,前者出现在第一、四、五、七、八、十、十三、十四、十五、十六、二十、二十三章,后者出现在第二十二章;{召}作"訋""卲"两种写法,前者出现在第六章,后者出现在第九、十三、十四章;{海}作"海""晦"两种写法,前者出现在第二十章,后者出现在第十七章;{实}作"寘""是"两种写法,前者出现在第九章,后者出现在第二十二章;

{逐}作"㞠""㲋"两种写法，前者出现在第二章，后者出现在第二十二章；{逆}作"㦰""㦰"两种写法，前者出现在第二章，后者出现在第十九章；等等。再如，"𠂤"与"𨙨"都可以表示{师}或{追}："𠂤"表示{追}例出现在第十三章，同章中{师}也用"𠂤"表示；"𨙨"表示{追}例出现在第四章，同章中{师}也用"𨙨"表示。这种较为稳定的用字搭配似乎与底本的传抄关系更大，并与有意避免重复的情况并不一样。

上文已述，《系年》的内容丰富，所记载事件的时间跨度很大，涉及的诸侯国也很多，编辑这样的一部史书，一定不是在短时间内完成的，而其写作所需参照的底本来源也一定很复杂。从字迹形态看，《系年》全篇是用楚文字书写，并由同一抄手在同一时间段内书写完成。但是从文字写法特征上看，文中较为普遍地出现一词多形的现象，这正反映出《系年》所抄写的底本来源复杂的情况，这个底本应该是已经完全转化为楚文字的抄本，但是该底本的形成也累积了不同时间及空间的痕迹。《系年》编纂者或抄手虽然努力把各种不同底本的文字异形情况统一起来，但由于《系年》篇幅过大，编纂者或抄手也不可避免地留下了很多不同底本的文字异形的痕迹。

文末附《系年》中一词多形现象分布状况表。

表12-7 《系年》中一词多形现象分布状况表

		一	二	三	四	五	六	七	八	九	十	十一	十二	十三	十四	十五	十六	十七	十八	十九	二十	二一	二二	二三
{取}	取		●			●										●								
	叙			●																				
{使}	𤇻							●		●						●								
	豆					●																		

续表

		一	二	三	四	五	六	七	八	九	十	十一	十二	十三	十四	十五	十六	十七	十八	十九	二十	二十一	二十二	二十三
{使}	貞																●							
	囟(白)						●		●						●	●		●						
	思(𢖧)									●														
	㚔(𢀏)																								●
{乱}	䚟													●											
	䚟															●	●								
{执}	执					●											●							●
	敦							●		●						●			●					
{弃}	弃	●																							
	厷																					●		●
{夺}	貤													●											
	敓															●									
	埭																					●			
{败}	败	●			●	●		●		●				●	● ●		●				●			●
	賎																			●					
{赵}	邟								●									●							
	邲																	●							
	灼																				●	●	●		
{悼}	悼					●															●	●			
	殢																					●			
	刎																								●
	恕																								●

续表

		一	二	三	四	五	六	七	八	九	十	十一	十二	十三	十四	十五	十六	十七	十八	十九	二十	二一	二二	二三
{召}	訋						●																	
{召}	卲								●					●	●									
{海}	洢																				●			
{海}	𩂣																	●						
{戴}	瞀				●																			
{戴}	悥				●																			
{共}	龙	●					●										●							
{共}	龏		●											●										
{共}	龓																●							
{共}	龒																●							
{显}	侃																					●		
{显}	羴																					●		
{是}	氏													●										
{是}	是	●	●	●	●	●			●					●				●						
{師}	自	●	●			●	●	●	●	●	●	●	●	●	●	●	●	●	●	●	●	●	●	
{師}	𠂤				●	●		●																
{師}	(符1)				●							●												
{師}	(符2)											●				●								
{師}	(符3)																●							
{追}	自												●											
{追}	𠂤				●																			
{寅}	𡭔							●																
{寅}	是																					●		

第十二章　《系年》字迹研究　　437

续表

		一	二	三	四	五	六	七	八	九	十	十一	十二	十三	十四	十五	十六	十七	十八	十九	二十	二一	二二	二三
逐	逐		●																				●	
	逐																							
逆	逆		●																					
	逆																		●					
且	旦														●		●		●				●	
	虞																●		●					

第十三章 《别卦》字迹研究

《别卦》发表于《清华大学藏战国竹简》第四册，该篇由卦画与卦名组成。全篇字迹为同一书手书写，从已公布的清华简看，该书手字迹仅见于这一篇竹简。

第一节 竹简形制

《别卦》全篇8支竹简，存简7支，简长16厘米，目前是清华简中篇幅最短的一篇。整理者介绍其简宽1.1厘米[①]，据笔者测量，该篇简宽约0.5厘米[②]，简64残上半段，第3支简缺失。竹简两端平齐，右侧有两处契口，两道编绳。简1背面有划痕，无次序编号，无篇题，篇末无表示结尾的符号。竹简形制见表13-1。

[①] 李学勤主编《清华大学藏战国竹简（肆）》，中西书局，2013，第128页"《别卦》说明"。
[②] 从整理者给出的16厘米长度看，图版比例应无问题，我们据图版测量简宽约0.5厘米。贾连翔给出的简宽数据也是0.5厘米，见贾连翔《战国竹书形制及相关问题研究——以清华大学藏战国竹简为中心》，中西书局，2015，第111页。

表13-1 《别卦》形制表（单位：厘米）

简数	简长	简宽	简首至一契	一契至二契	二契至简尾	划痕
7/8	16	0.5	4.2	7.3	4.5	有

第二节　概貌及运笔特征

《别卦》字迹在楚简中常见，全文顶格书写，字间距疏朗，文字大多侧锋而入，使起笔处略现顿头，如字例13-2、13-6、13-7；向左撇的笔画收笔处呈尖头，如字例13-1至13-3、13-5；而向右下行的斜笔较为用力，笔画较左撇粗，较为平直，如字例13-1、13-3、13-5、13-6。其书写风格从整体上看，书法端正，下笔用心，抄写工整。

13-1（2）　13-2（4）　13-3（7）　13-4（7）　13-5（5）　13-6（5）　13-7（8）

第三节　文字写法

一、特征字

《别卦》中没有出现在其他篇竹简中使用频率较高的文字，除卦画与合文外，字数较少，也无表示数字的文字出现。不过这些字中仍旧可以反映出常见偏旁字部的写法，我们将一些特征字列举如下：

表 13-2 《别卦》特征字

介	逡	仆	讼	睪	敓	斀	悳	怨	帀
4	5	2	1	6	1	2	6	4	5

二、卦画

《别卦》中出现了七种卦画,写法如下：

表 13-3 《别卦》卦画写法

☰	☷	☶	☵	☱	☳	☴
1	5	4	8	7	2	6

这些卦画的横画起笔处有顿笔痕迹,收笔处略向右下顿压；左撇画顿压起笔,直锋收笔,呈尖锐状；右斜画直锋入笔,收笔处也偶有略向右下顿压的痕迹。这些卦画与文字书写的运笔特征大多一致,而不是有意修整写成直线笔画。

第四节　标志符号

《别卦》中除有合文符号外,无其他标志符号。

一、合文符号

全篇有合文十处,均有"="形合文符号,分别位于简1（两处）、2、4

（三处）、5、6、7、8上（见图13-1）。

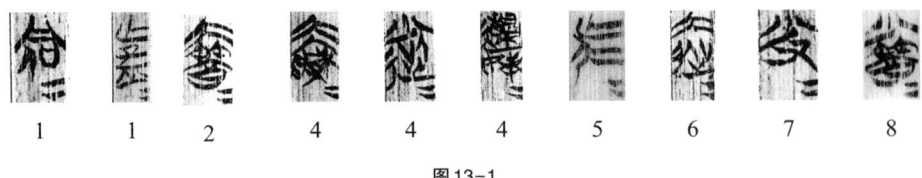

图13-1

二、墨迹

《别卦》中除有合文符号外，简7上有一处墨迹，如下：

第五节　编联

清华四《别卦》所存7支竹简无竹节，简背无表简序的数字，简1背面有划痕，简4距简尾5.6厘米处似有划痕。竹简正面文字并无被编痕覆盖的情况，右侧有两处契口，其契口形态如下：

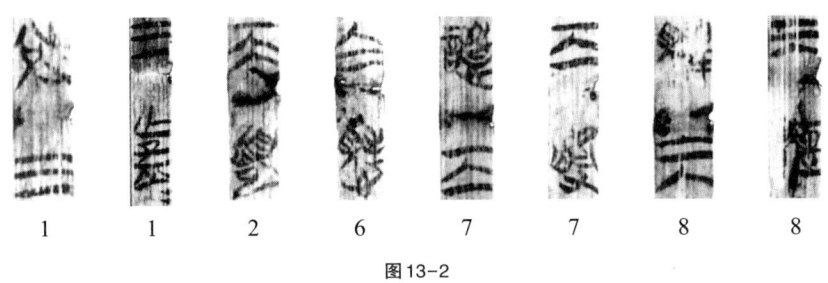

图13-2

《别卦》中有两道编绳，第一道编绳常分出两股编痕，见图13-3。

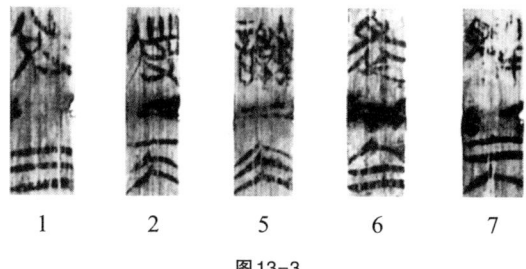

图13-3

第十四章 《算表》字迹研究

《算表》发表于《清华大学藏战国竹简》第四册,是当时的数学运算工具书,也是战国楚简中首次出现的与算数相关的古书,各简上均用墨线事先画好了界格,再用朱砂涂以"朱丝栏"。全篇为同一书手书写,从已公布的清华简情况看,该抄手字迹仅见于这一篇竹简。

第一节 竹简形制

《算表》全篇竹简共21支,其中有17支完简,简8、9距简首约1.5厘米处残损,简16、17距简首约6厘米处、第三道朱色栏线上部残损。据整理者介绍,该篇简长43.5～43.7厘米,简宽约1.2厘米,厚约0.13厘米。有三道编绳,第一道编痕距简顶2厘米,中编痕居中,下编痕距简尾2厘米。① 但是我们据图版测量,该篇除简13长度约为43.5厘米外,其他简大多约长43.3

---

① 李学勤主编《清华大学藏战国竹简(肆)》,中西书局,2013,第135页"《算表》说明"。

厘米，各编痕间距离参看下表：

表14-1 《算表》形制表（单位：厘米）

简数	介绍简长	测量简长	简宽	简首至一契	一契至二契	二契至三契	三契至简尾	划痕
21	43.5～43.7	43.3	1.2	2	19.8	19.5	2	有

《算表》简背有划痕，无次序编号，无篇题，正文无表示句读及结尾的符号。

第二节　概貌及运笔特征

《算表》的文字布局较为特殊，由朱色、黑色栏线、三道编绳做成界格，将数字进行分隔，据整理者介绍：

> 《算表》构成一表格形态，表格应有的行、列、单元格三要素皆具备。十八条朱色栏线横穿于二十一支竹简之简面，而三道编绳亦作为栏线使用，与朱色栏线一起，构成表格之横"列"，全表凡二十列。按内容功能划分，其中首列据所见项目可分为上半列与下半列两部分。每一支竹简自然构成表格纵向之竖"行"，全表凡二十一行。行、列交叉组成四百二十个长方形，构成此表之"单元格"，用于分隔构成项目的数字、引绳圆孔等。其中右起第一、第二行之首格上半空白，未设项目。①

---

① 李学勤主编《清华大学藏战国竹简（肆）》，中西书局，2013，第135—136页"《算表》说明"。

从文字布局上看，《算表》这种表格形式的算数类文献布局疏朗、清晰，界格内固定模式的排序如同固定排版。

《算表》的抄写者使用较随意的手写书体，格式工整，风格更加率意而为。除第一简外，其余每简文字大小小于竹简宽度的二分之一，故字迹形体较小，笔画也较短。该类字迹的横向笔画顿压起笔，呈钉头，如字例14-1至14-5；纵向笔画顺势起笔，快速提笔，起收笔处呈尖头，如字例14-1、14-6；左右斜画也是简尾收笔，如字例14-7。全篇下笔重压轻提，书写急促。

 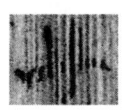   

14-1（1）　14-2（1）　14-3（1）　14-4（1）　14-5（9）　14-6（8）　14-7（19）

贾连翔认为，《算表》与《汤处于汤丘》《汤在啻门》为同一种字迹[①]。本书第八章已对《管仲》等三篇的字迹进行过研究，得出这三篇字迹书写水平较低的结论。虽然《算表》中文字较少见，但是通过占据整简宽度的文字的书写状况来看，其书写水平较高，其长横等笔画运笔稳定、力度稳健。所以，笔者认为应将《算表》的书手与《管仲》等篇的书手区分开来。有关《算表》与《管仲》等篇的运笔特征，已经在本书第一章《清华简字迹特征分类》中进行了说明，兹不赘述。

---

① 贾连翔：《战国竹书形制及相关问题研究——以清华大学藏战国竹简为中心》，中西书局，2015，第171—172页；又，贾连翔：《谈清华简所见书手字迹和文字修改现象》，载杨振红、邬文玲主编《简帛研究·二〇一五》（秋冬卷），广西师范大学出版社，2015，第38—52页。

第三节 文字写法

《算表》中大都是数字,从｛一｝到｛十｝均有。其中,｛一｝｛二｝｛三｝｛四｝均有两种写法,表示｛一｝的数字写作"弌"与"一",表示｛二｝的数字写作"弍"与"二",表示｛三｝的数字写作"弎"与"三",表示｛四｝的数字写作 ▨（简1）与 ▨（简20）。这主要是简1上表示｛一｝到｛四｝的这些数字写法与其他支简不同。《算表》整篇都是数字,所以我们选取一些单独的个位数字,并且不再列出各简所写数字的具体位置:

表14-2 《算表》数字写法

弌	一	弍	二	弎	三	四
1	20	1	20	1	18	1
四	五	六	七	八	九	十
20	16	1	14	1	1	11

《算表》简10"千六百"中的"六"在《字形表》中摹写作 ▨ 形。再仔细核对原简上的该字形应无污染,上面的两个笔画还是相交的,应与其他简上"六"字写法无区别(见图14-1)。

《算表》中有"百""千",还有读为"半",表示"二分之一"之意的"剖"(或作"刵"),以及读为"锱",表

图14-1

示"四分之一"的"釱"字。①

表14-3 《算表》其他表数字的文字写法

百	千	剞	刵	釱
11	10	1	20	21
7、10、11、16、19	7、10	1	12、14、16、18、20、21（6例）	21

《算表》中一些数字称法与常见的略有不同，如"十"这一数字计数时往往作"十"，不作"一十"。简3作"八百一十"与简12作"八百十"，简5作"二百一十"与简9、14、18作"二百十"称法不一，如下：

表14-4 《算表》含"十"数字称法

八百一十	八百十	二百一十	二百十		
3	12	5	9	14	18

"一百"这一数字计数时往往作"百"，不作"一百"。但在《算表》中若前面有"千"计数，则称为"一百"，如简3有"八千一百"不作"八千百"，简5、9有"二千一百"不作"二千百"，如下：

---

① 李学勤主编《清华大学藏战国竹简（肆）》，中西书局，2013，第142—143页"《算表》注释"。

表14-5 《算表》含"一百"数字称法

八千一百	二千一百	
3	5	9

《算表》中的两位数如"十二""二十""三十""四十""五十""六十","七十"存在合文与非合文形式两种,除数字"十二"外,"二十""三十""四十""五十""六十""七十"的合文形式也有不加合文符号的。如简19"十二"为非合文形式,简17"十二"为合文形式,但是不加合文符号。再如简12"五十"的合文就同时有不加合文符号与加合文符号两种,而数字"八十""九十"均是以合文形式出现的,但是有的也不加合文符号。如简13"七十"的合文就同时有不加合文符号与加合文符号两种。《算表》中"十四""十五""十六""十八"等数字也未写成合文格式。

第四节　标志符号

《算表》全篇除合文符号无其他符号。全篇合文共一百五十三处,其中一百三十一处有合文符号,我们将这些带有合文符号的数字及其所在位置列举如下:

表14-6 《算表》中的合文符号

数字	二十=	三十=	三十=	四十=	四十=
写法	10	12	5	1	4

续表

数字	二十=	三十=	三十=	四十=	四十=
位置	1、6（两例）、7、8（两例）、10（三例）、11、12（两例）、13（三例）、14、16（两例）、17（两例）、18（四例）、19（两例）、20、21（两例）	12	1、3、5（两例）、6、11、12、13、14、16（两例）、18（四例）、20、21（两例）	1	3、4、8、11、13、15

数字	五十=	六十=	七十=	八十=	九十=
写法	1	1	1	1	1
位置	1、5、7（六例）、11、12、15、16（三例）、18、20	1、5、6（三例）、8、9、10（两例）、11、13、14（两例）、15（两例）、17、18、19（两例）、20	1、5（两例）、9、11、13、20	1、3、4（两例）、5、6（两例）、8（两例）、9、10（两例）、11、12（两例）、13、14、15、17（两例）、18、19（两例）、20	1、3（两例）、9、11、12、14、18、20

《算表》简8首"四十"合文右侧残（见图14-2），整理者给出释文为"卌"①。"四十"有合文符号，这应该是根据其他简简首合文均有合文符号而推测的。这里，我们按照整理者将"四十"计作有合文符号。

简文中的两位数既有合文形式，也有非合文形式，还有一些合文下并不写合文符号，这类情况共二十二例。我们将这些没有合文符号的合文列举如下：

图14-2

---

① 李学勤主编《清华大学藏战国竹简（肆）》，中西书局，2013，第140页。

表 14-7 《算法》中无合文符号的合文

数字	十二	二十	二十	三十	四十	五十
写法	17	15	4	9	15	12
位置	17	15	4、5	9	4、8、12、15（两处）	12、16
数字	六十	七十	八十	九十	八千	
写法	4	14	4	5	3	
位置	4、12、13（两处）	12、14	4、13	5	3	

第五节　脱文

《算表》中有一处脱文。简6有"四千二百"，其中"百"字为脱文（见图14-3）。整理者已云："原简脱'百'字，今据上下文补，供参考。"①

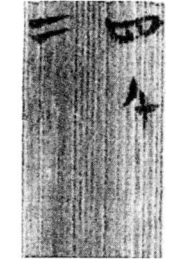

图 14-3

---

① 李学勤主编《清华大学藏战国竹简（肆）》，中西书局，2013，第142页"《算表》注释"。

第六节 编联与收卷

一、编联

《算表》各简仅一处竹节。从各简竹节位置看，全篇使用了两种不同形制的竹简，简1~10为一组，简11~21为另一组。简1、4~10为连续划痕，简11~21为连续划痕，但简2划痕较连续划痕位置低很多，简3划痕较连续划痕位置高很多。

表14-8 《算表》竹筒使用情况

竹筒	简1~10	简11~21
划痕形态	均有划痕，简1、4~10为连续划痕	连续划痕

肖芸晓通过对简背划痕的观察，认为简2与简3间划痕不连贯，而简1与简3间划痕连贯。若将简1与简2调整顺序，则不仅简1与简3背部划痕连贯，"竹简上部几条丝线痕迹也由混乱变得连贯"。再结合简2、1与简5、6反印文关系，确定简2为《算表》全篇的首简。①

《算表》书写格式与制作形式都较为特别，据整理介绍：

> 凡见十八条朱色栏线横穿于上述二十一支简简面，三道编绳亦作为栏线使用，与朱色栏线一起，用以分隔数字等。除最上端及最下段的朱色栏线外，其他栏线皆二次形成，即先画墨色细线，再在墨线所

---

① 肖芸晓：《清华简〈算表〉首简简序小议》，简帛网，访问日期：2014年4月21日；又，肖芸晓：《清华简简册制度考察》，硕士学位论文，武汉大学，2015；又，肖芸晓：《清华简〈算表〉首简简序及收卷形式小议》，载武汉大学简帛研究中心主办《简帛》（第十辑），上海古籍出版社，2015，第67—77页。

在位置画朱色线或设编绳。本篇每简上端第一栏下半位置皆设圆孔，孔内大多见残存线状丝带残留（原当有二十一处，其中两处已缺，今存十九处）。其中一简无数字，但每一栏内皆有圆孔及丝带残留物，凡二十处。据观察，丝带必须捻成线状才能穿过所有小孔，其平展状态约宽0.3厘米。本篇第二〇简背面上端至下端间附着有一条丝带残迹，则此丝带之长度至少与简的长度相当。据残留物情况推测，其他简原本都设有丝带，但后已断绝，故今仅见不连贯的残迹。①

《算表》中共二十一道横向的栏线，其中朱色栏线十八道，在各简的上中下契口处仅有黑色栏线，不画朱色栏线，而简顶与简尾处的朱色栏线下又无黑色栏线。从编痕覆盖了栏线的情况看，《算表》是先写后编而成，契口在右侧，为一小缺口。现将被编痕覆盖的黑色栏线部分及契口形态举例如下：

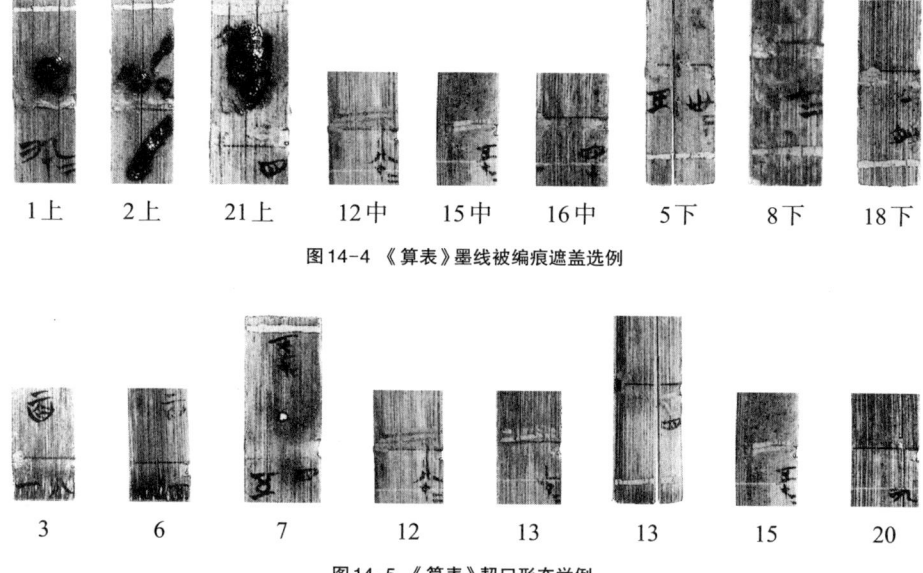

1上　2上　21上　12中　15中　16中　5下　8下　18下

图14-4　《算表》墨线被编痕遮盖选例

3　6　7　12　13　13　15　20

图14-5　《算表》契口形态举例

---

① 李学勤主编《清华大学藏战国竹简（肆）》，中西书局，2013，第135页。

由各个契口附近的编痕所分出的股数可知,编联《算表》所用的丝线较粗。我们将《算表》竹简各道编痕能明显看出是两股或多股编绳的地方列出(见图14-6)。

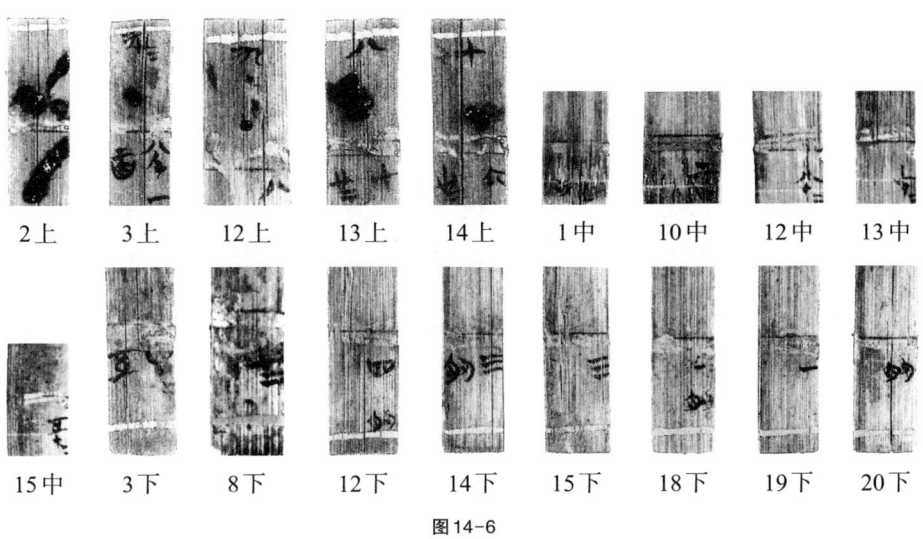

图14-6

《算表》是由红色与黑色栏线做界格分区,黑色栏线共十九道,隔出十八个单元,每两道黑色栏线距离约2.2厘米,而这十八个单元格的上下距离都是一致的,这应该是在书写前算好了格式,用测量工具测好了界格再画上栏线的。清华简《筮法》中也有黑色栏线,但是这些栏线都是抄手亲手画出,[①]与《筮法》不同的是,《算表》中的黑色栏线应该是用墨线打上的。其区别一是看线条是否平直。朱色栏线虽然算是较为水平,但是由于是毛笔所画出的线条,会有略微波动,导致线条的粗细不均,并非绝对的平直,而墨线线条均匀,无粗细变化,在各简的相同位置上是平直的。另一个是线条的粗

[①] 有关《筮法》的界格及格式见本书第七章"《〈筮法〉〈子产〉字迹研究》"。

细。朱色栏线宽约0.1厘米，而墨线很纤细，很难想象有人用毛笔可以画出如此纤细、均匀且水平的墨线。所以，这些黑色栏线应该是用有墨的细绳沾在竹简上的。但是应该不是用绳墨将墨弹在竹简上的，因为弹这个动作会使绳墨上的墨飞溅到竹简上。我们仔细观察这些墨线周围，并未发现有飞溅的墨迹，所以说这些黑色栏线应该是用绳墨压（或者说是沾）在竹简上的。

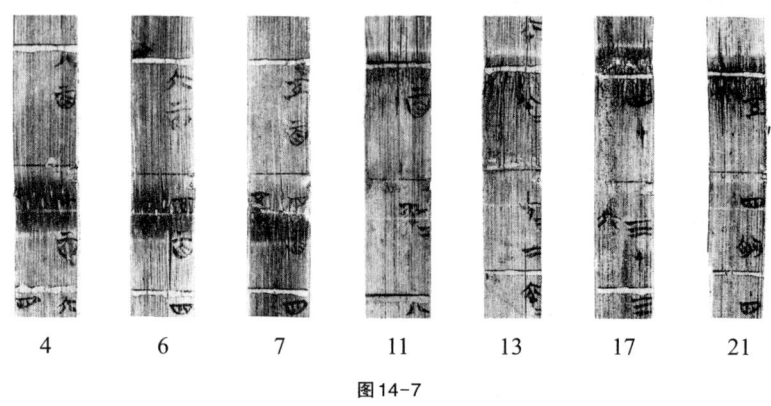

图14-7

有关绳墨的记载，《孟子·尽心上》中有"大匠不为拙工改废绳墨"，《潜夫论·赞学》中有"使巧倕加绳墨而制之以斤斧"，这证明先秦时期已经出现"绳墨"这一画线工具，而《算表》中的黑色栏线就是借用了这一类的工具辅助画出。

《算表》的栏线还使用朱色，这也是清华简中首次公布朱砂的使用。在已公布的古书简中，仅上博三《周易》中发现了用朱砂书写的符号。而朱砂用于先秦秦汉的简帛材料中，一般多是用作界格，也有少量用朱砂书写文字的情况，[①]

[①] 李松儒：《战国简帛字迹研究——以上博简为中心》，上海古籍出版社，2015，第57—58页。

清华简《算表》中的朱色栏线是用朱砂画成[①]，这又是用朱砂作界格的一例。

《算表》中每简简首上有圆孔，简2无字，但是每一栏内都有圆孔及丝带残留物。圆孔共二十处，这些圆孔让我们知道了1957年信阳长台关楚墓出土工具箱中钻的用途。

所以，《算表》的形制及书写丰富了我们对先秦古书制作书写的认识，加深了我们对先秦书写工具及古书制作工具的了解。

二、收卷

《算表》简1~6、简12~21中存在大量的反印墨迹，肖芸晓根据这些反印墨迹与丝线压痕的位置关系，认为《算表》的收卷方式是："首先以简3、4与简16、17为中轴分别从两端向中间对折，再以简9、10为中轴对折，成为最终的收卷形态。"总结出《算表》属于"两侧先分别对折，再向中间对折的收卷方式"，并称这种收卷方式为"对折页型"。肖芸晓就《算表》的收卷方式作了示意图，其所制示意图上还显示出了反印文、压痕、竹简残损等信息。[②]我们将肖芸晓所做示意图转引于此，这些图例更直观地展示了《算表》出土前的收卷方式（见图14-8至图14-10）。贾连翔在肖芸晓所制示意图的基础上做了美化的收卷模拟图，见图14-11。[③]

---

① 赵桂芳：《战国饱水竹简的抢救性保护》，载清华大学出土文献与保护中心编《出土文献》（第一辑），中西书局，2010，第238页。
② 肖芸晓：《清华简〈算表〉收卷方式小议》，简帛网，访问日期：2014年6月12日；又，肖芸晓：《清华简简册制度考察》，硕士学位论文，武汉大学，2015；又，肖芸晓：《清华简〈算表〉首简简序及收卷形式小议》，载武汉大学简帛研究中心主办《简帛》（第十辑），上海古籍出版社，2015，第67—77页。
③ 贾连翔：《战国竹书形制及相关问题研究——以清华大学藏战国竹简为中心》，中西书局，2015，第228页。

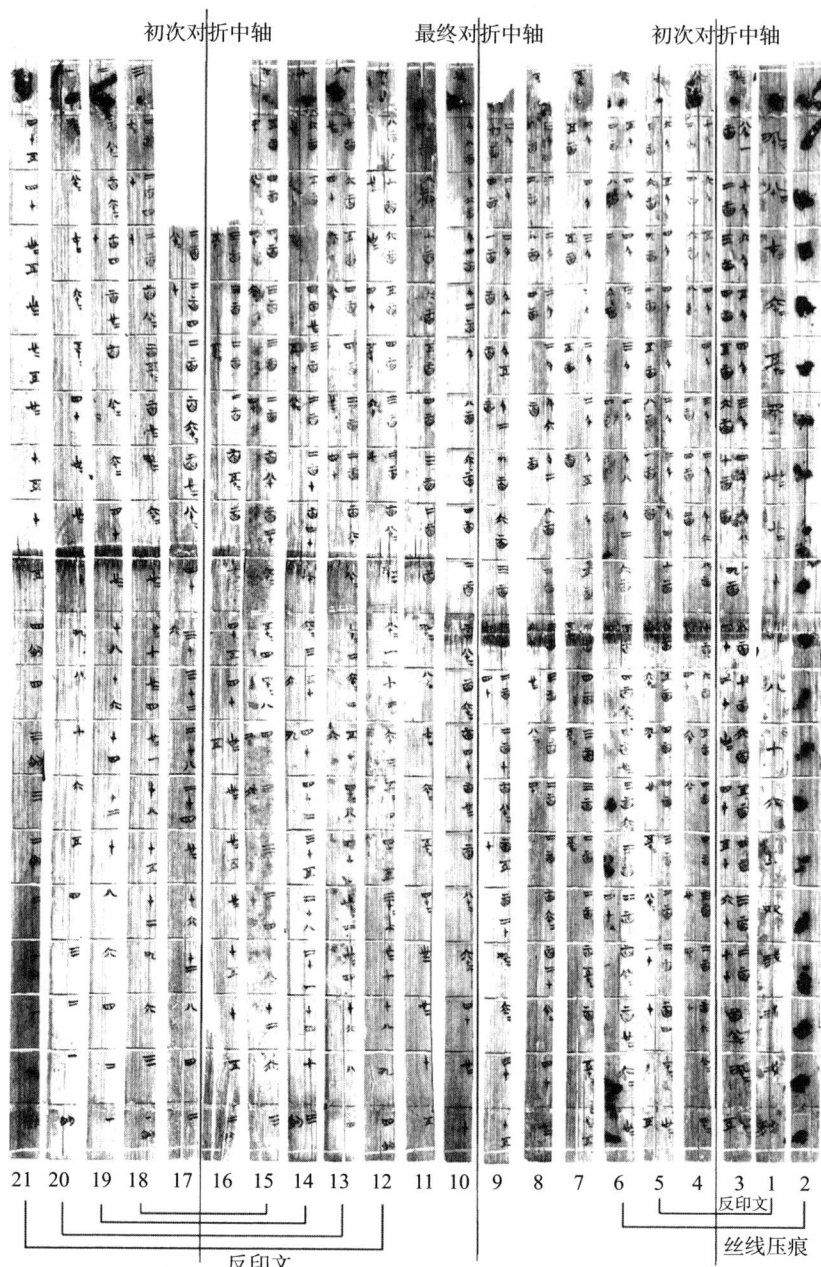

图14-8 《算表》压痕示意图

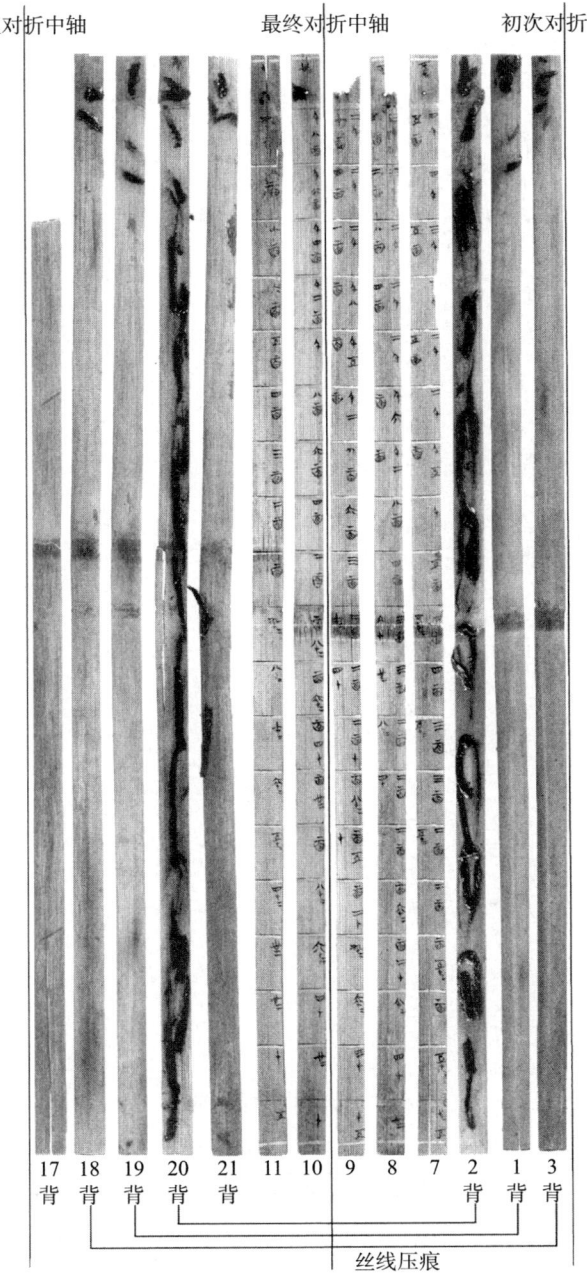

图14-9 《算表》初次翻折示意图

第十四章 《算表》字迹研究　459

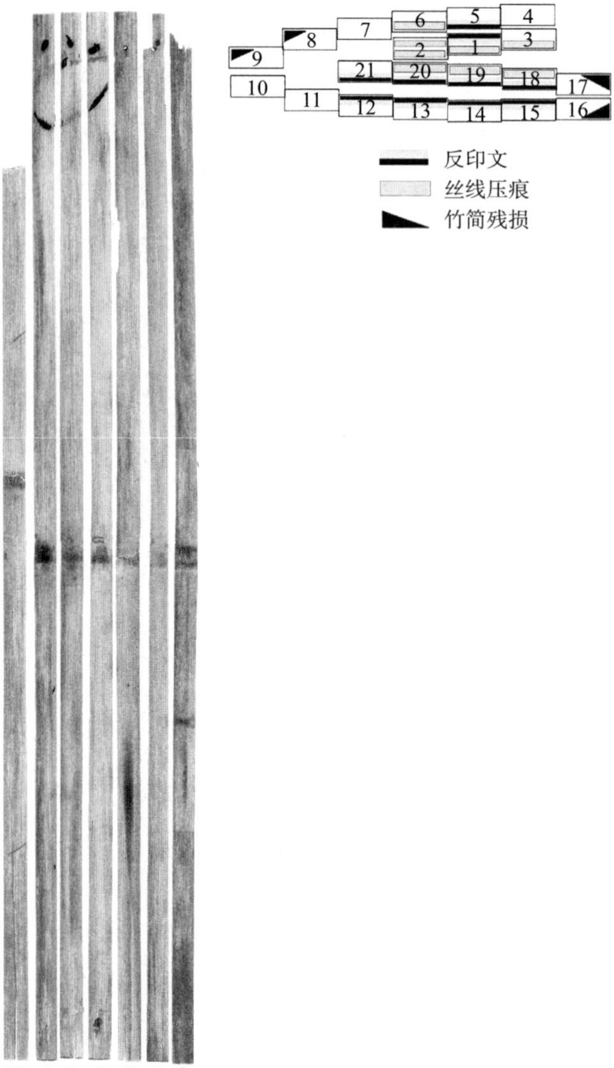

17 4 5 6 7 8 9
图14-10 《算表》最终收卷示意图

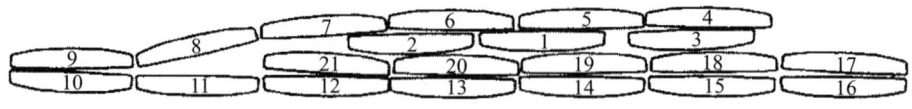

图14-11 《算表》收卷模拟图

第十五章 《封许之命》字迹研究

《封许之命》发表于《清华大学藏战国竹简》第五册,全篇字迹为同一书手书写,从已公布的清华简看,该书手字迹仅见于这一篇竹简。

第一节 竹简形制

《封许之命》全篇9支竹简,存简7支,缺简1与简4,简3、7、8、9上端也略有残损,三道编绳,整理者介绍简长44厘米,宽0.6厘米,[①]我们据图版测量三支完简,简5为43.8厘米,简2与简6为43.7厘米,虽然图版会与实际简长的数据略有差异,但是因为要测量各契口间距,故我们用完简简5的数据将《封许之命》的形制列出。

---

① 李学勤主编《清华大学藏战国竹简(伍)》,中西书局,2015,第117页。

表15-1 《封许之命》形制表（单位：厘米）

简数	介绍简长	测量简长	简宽	简首至一契	一契至二契	二契至三契	三契至简尾	划痕
7/9	44	43.8	0.6	1.3	20.5	20.7	1.3	无

《封许之命》简背未见划痕，竹节处有表示次序的编号，简9背面有篇题，正文无点断，有表示篇末结束的符号。

第二节　概貌及运笔特征

《封许之命》文字书写于第一、三道编绳间，布局疏朗，书写工整，文字笔画粗细均匀，弧笔较多，且弧度较小。侧锋入笔，略有顿压，横向笔画运笔较平稳，起笔处呈圆首，略向右上方行笔，笔行至三分之二处向右下收锋，弧度较小，如字例15-1至15-4。竖画及较长的右斜画起笔处多尖首，如字例15-2、15-5、15-6。短横（或横点）、撇画起笔处顿压痕迹略明显，如字例15-4、15-6至15-8。

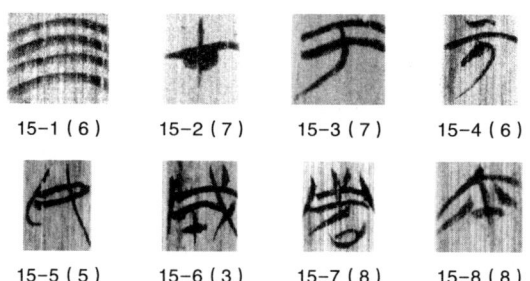

15-1（6）　15-2（7）　15-3（7）　15-4（6）

15-5（5）　15-6（3）　15-7（8）　15-8（8）

第三节 文字写法

我们将清华简中出现频率较高的文字在《封许之命》中的写法列出：

表 15-2 《封许之命》特征字

之	于	於	天	女	乓	方
2	7	7	2	3	2	2

若	唐	余	不	事	则
8	7	5	3	3	2

从用字习惯上看，《封许之命》中"元"字作 ☐（简6）形，"尹"字作 ☐（简2）形，"敬"字作 ☐（简3）形，"彝"字作 ☐（简6）形，"念"字作 ☐（简7）形，都是首次出现。"四"字作 ☰（简2）形，"文王"作 ☐（简2）形，"武王"作 ☐（简3）形，这些在已公布的清华简中均是首次出现，尤其"☰""玟""珷"这种写法过去常见于金文中。①并且合文不用合文符号，除"文王"作"玟"，"武王"作"珷"外，还有"上帝"作 ☐（简3）形、"一人"作 ☐（简5）形。

此外，《封许之命》中文字异写现象较少，如"受"分别作 ☐（简2）与 ☐（简3）形，"殷"分别作 ☐（简3）与 ☐（简7）形，用作"祇"的

---

① 有关《封许之命》中"☰""玟""珷"这种写法，程浩有过讨论。见程浩《〈封许之命〉与册命"书"》，"吉林大学'出土文献与中国古代文明研究协同创新中心'研究生春季交流班"会议论文，长春，2015。

"䎽"分别写作 ▨（简3）与 ▨（简8）形。

第四节 数字写法

一、正文数字

《封许之命》正文中出现数字｛一｝与｛四｝，分别写作"一""亖"。用"亖"表示"四"，在战国简中较为少见，如下：

表15-3 《封许之命》正文数字写法

数字	一	亖
写法	一 5	亖 6
所在位置	5	2、5、6

二、简序数字

《封许之命》每简背面竹节处写有表示简序的数字，因简1、4缺失，故简背数字缺"一""四"两字，这样就无法与正文中的"四"写作"亖"比较，不过一般简背数字也是不会写作"亖"的。现将简序数字写法列举如下：

表15-4 《封许之命》简序数字写法

二	三	五	六	七	八	九
▨	▨	▨	▨	▨	▨	▨

这些数字符号的运笔特征与正文字迹运笔特征一致，可知简背数字与竹简正文为同一抄手所写。

第五节　残文

《封许之命》简3上部残缺，不过缺失的部分未含文字，只是该简第一个字漶漫不清（见图15-1）。该字整理者未识，以缺文号代替。①我们依据残留墨迹的书写形态仔细辨认，该字应是"斌"，②可参看本简"斌"字（见图15-2）。

图15-1　　　图15-2

残字左边的"王"字尚可见到"工"形残留，右边的"武"字尚可见"戈"旁残留笔画及"止"旁，从这些残画可以确定，此字无疑是"斌"，即"武王"二字合文。本篇简2"文王"作"玫"，也是合文写法，与简3"武王"作"斌"相类。

识出该字后，再看简2～3相关辞例作：

……【1】越在天下，故天劝之亡斁，当慎厥德，膺受大命，允尹四方。则惟汝吕丁，肇右文王，毖光厥烈。【2】斌（武王）司明刑，厘

---

① 李学勤主编《清华大学藏战国竹简（伍）》，中西书局，2015，第118页。
② "ee"（网名）：《清华五〈封许之命〉初读》，简帛网，访问日期：2017年4月9日，"松鼠"（网名）2017年4月14日第27楼的发言；又，李松儒：《清华简残漫字辨析三则》，载中国古文字研究会等编《古文字研究》（第三十一辑），中华书局，2016，第397—400页。

厥猷，祇事上帝，桓桓丕敬，严将天命。亦惟汝吕丁，扞辅武王，攽（翦）敦殷受，咸成商邑，【3】……

由于简1和简4都已缺佚，整理者对简3首字"斌"也未能识出，所以他们对简2~3的文义理解有偏差。整理者原在"悬光厥烈"后加逗号，今改为句号；"祇事上帝"后加句号，今改为逗号。

简2中记载"越在天下，故天劝之亡斁，当慎厥德，膺受大命，允尹四方"。虽然简1缺佚，但从"膺受大命，允尹四方"可知，其前的主语必为文王，故此句所述应指文王事迹，亦可知已缺佚的简1的后半段的辞例也应该是彰显文王事迹的。然后简2说到吕丁辅佐文王如何如何。再之后又开始叙述武王事迹，继而说吕丁也辅佐武王如何如何。值得注意的是，简文在谈到文王事迹后说"惟汝吕丁"，在谈到武王事迹后则说"亦惟汝吕丁"，用"亦"来表示。这些都显示了简文的顺序是"文王事迹+吕丁辅佐。武王事迹+吕丁辅佐"这样的格式。可见，把简3的首字释为表"武王"的"斌"，无论在历史人物的叙述顺序上，还是内容衔接上，都是十分顺畅的。

在释出该字前，整理者认为"吕氏与刑法有关"[①]，鹏宇认为"司明刑"的主语是吕丁[②]，现在可以知道"司明刑"的主语是武王，而非吕丁，制刑法的吕氏是否与吕丁有关，在现存简文中尚未有确切的证据。由于"武王"二字的识出，整段文义豁然开朗了许多。

[①] 李学勤主编《清华大学藏战国竹简（伍）》，中西书局，2015，第119页"《封许之命》注释"。

[②] 鹏宇：《〈清华大学藏战国竹简（伍）〉零识》，清华大学出土文献研究与保护中心网，访问日期：2015年4月10日。

第六节　篇题

《封许之命》简9背面除有表示简序的数字"九"外，还有"封鄦之命"四个字，整理者据此作为该篇篇题。正文中无"封"字，笔者将简背篇题"鄦""之""命"三字与正文中的这三个字对比如下：

表15-5　《封许之命》篇题与正文字迹对比

	鄦	之	命
篇题			
正文	5	2　8	2　3　5　8

篇题与正文"鄦"字中"邑"旁的书写位置不同；篇题中"之"最左边的纵向笔画写作竖点，如　，正文中"之"最左边的纵向笔画写作向右下方的斜画，如　；篇题"命"字中的"卩"旁三笔完成，如　，正文"命"字中的"卩"旁是两笔完成，如　。此外，篇题与正文运笔方式明显不同，篇题文字起笔顿压痕迹明显，收笔出锋明显，下笔有力，这些都是与正文字迹特征不同的地方，由此可见，篇题文字与正文文字非同一抄手所写。①

篇题"封鄦之命"下还有一墨钉状标志符号，详见下文"标志符号"部分。

---

① 贾连翔已经指出《封许之命》篇题与正文非同一抄手所写，并选取正文与篇题文字进行对比，但未做具体说明。见清华大学出土文献读书会《清华简第五册整理报告补正》，清华大学出土文献研究与保护中心网，访问日期：2015年4月8日。

第七节　标志符号

《封许之命》全文有表示重文及篇末结束的符号，无句读符号。

一、合文符号

《封许之命》中有合文五处，均不用合文符号，分别位于简2、3（三处）、5（见图15-3）。

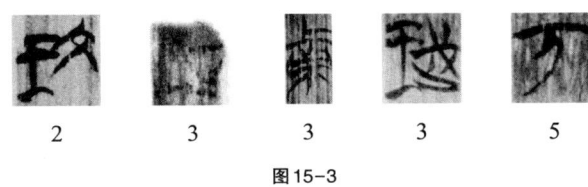

2　　　3　　　3　　　3　　　5

图15-3

二、重文符号

《封许之命》全篇仅简3有一处重文，有"="形重文符号，作：

三、篇末结束符号

《封许之命》全文仅篇末有一处表示结束的勾识符号，作▮▮形。该符号在正文中不如篇题中的下笔有力度，可见正文与篇题所写符号形态也有不同。

图15-4

四、篇题下符号

《封许之命》全篇无句读符号。但是篇题"封许之命"下有一处墨钉，作 ▇▇ 形。该符号下笔有力，起笔与篇题几个字的起笔特征一致，斜锋入笔，起笔处呈楔形（见图15-4）。

第八节　编联

《封许之命》简背竹节处有表示简序的数字。从现存竹简背面情况看，《封许之命》全篇使用了同一形制的竹简，即简2～3、5～9为同一形制竹简，其中简2、5、6、7上有划痕，四者之间划痕并不连贯。贾连翔认为这些划痕是"由于磨损等原因而形成的'无意划痕'"，并指出《厚父》简11～13与"《封许之命》诸简同属一段'竹筒'劈削而成"。据此认为"《封许之命》与《厚父》虽为不同的书手，但从用简的情况来看，应为同一时期抄成"[①]。这种由不同书手所写不同篇竹简，简长相同、竹节位置相同的情况在清华简中十分罕见。

《封许之命》竹简契口在右侧，从简8"尔"字被编绳遮盖看，该篇应是先写后编而成。

表15-6　《封许之命》契口形态与编痕

契口形态	编痕
	8

---

① 清华大学出土文献读书会：《清华简第五册整理报告补正》，清华大学出土文献研究与保护中心网，访问日期：2015年4月8日。

《封许之命》为上、中、下三道编绳,但是在部分竹简的中段编绳附近仍可见清晰的另一道编痕,如简2背面、简3背面、简5、简6背面、简8、简9、简9背面。

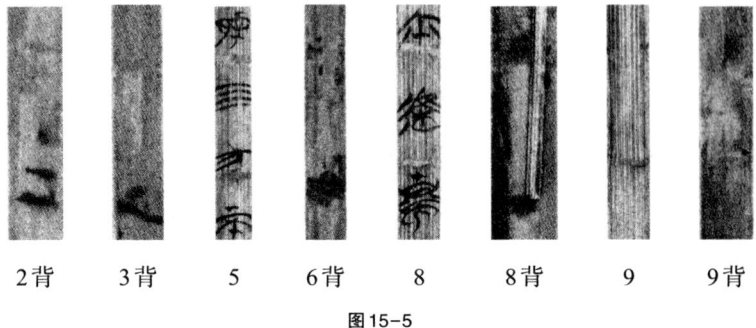

2背　　3背　　5　　6背　　8　　8背　　9　　9背

图15-5

第十六章 《命训》字迹研究

《命训》发表于《清华大学藏战国竹简》第五册，全篇字迹为同一书手书写，从已公布的清华简看，该书手字迹仅见于这一篇竹简。

第一节　竹简形制

《命训》全篇15支竹简，三道编绳，"全篇各简均有不同程度的残损……估计完简的长度约为49厘米"[①]。整理者介绍《命训》完简的长度约为49厘米，贾连翔介绍其简宽为0.6厘米，但是整理者介绍的竹简形制与我们根据图版进行实际测量所得数据有差别。我们对图版中各简进行测量的数据如下：

[①] 李学勤主编《清华大学藏战国竹简（伍）》，中西书局，2015，第124页"《命训》说明"。

表 16-1 《命训》形制表（单位：厘米）

简号	简长	简宽	简首至一契	一契至二契	二契至三契	三契至简尾
1	46	0.6	——	22.6	23.3	0.1
2	45.9	0.5	——	21.5	23.1	1.3
3	47	0.5	——	22.6	23.1	1.3
4	18.3＋28.8	0.5	——	18.3＋4.4	23.2	1.3
5	46.8	0.6	——	23.6	23.2	——
6	48.2	0.6	1.4	23.6	23.1	——
7	46.3	0.6	——	23.3	23	——
8	48.1	0.5	——	23.6	23.2	1.3
9	46.6	0.6	——	23.3	23.1	0.2
10	48.1	0.6	1.4	23.5	23.2	——
11	48	0.6	——	23.6	23	1.3
12	42.1	0.5	——	23.5	18.6	——
13	48	0.5	——	23.6	23.1	1.3
14	15.7＋29.3	0.5	——	15.7＋4.9	23.2	1.2
15	46.1	0.5	——	21.7	23.2	1.2

由上表可见，《命训》简首至第一契口间距为1.4厘米，第一契口至第二契口间距为23.6厘米，第二契口至第三契口间距为23.2厘米，第三契口至简尾间距为1.3厘米，所以据图版测量《命训》完简长度约是49.5厘米。

《命训》简背未见划痕，无表示次序的编号，正文有点断及结尾符号。

第二节　概貌及运笔特征

《命训》正文书于第一、三道编绳之间，文字布局较本册其他几篇密集，字迹墨色浓重，笔画较粗，侧锋入笔，运笔速度较快，故笔画起笔处均呈钉头状。该篇字迹特征明显，很容易与其他篇区分开来。该类字迹长横起笔处多呈圆首，略向右上方行笔，或直锋收笔，或略向右下收锋，如字例16-1至16-4；竖画（或竖点）长斜笔侧锋切入，起笔处呈钉头或尖锐，行笔过程中逐渐提锋，收笔处呈尖锐状，如字例16-3、16-5、16-6；短横（或横点）、撇点等短小笔画起笔处侧锋痕迹明显，呈钉头状，如字例16-2至16-5、16-8；折笔角度明显，如字例16-4、16-7。

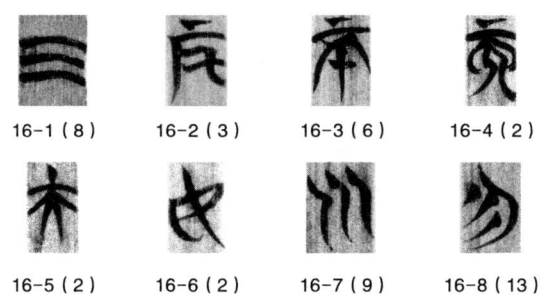

第三节　文字写法

一、特征字

我们将清华简中出现频率较高的文字在《命训》中的写法列出：

表16-2 《命训》特征字

之	于	於	天	女	而	年	民
²	³	10	5	3	2①	10	4
人	中	弗	方	唐	者	是	则
2	15	8	8	3	10	11	2

二、文字的异写

《命训》中文字异写现象较为少见，如下所示：

1. 上

文中"上"字的写法有两种，分别作：

第一种写法的"上"辞例作：

夫民生而耻不明，上(上)以明之（简3）。

第二种写法的"上"辞例作：

夫民生而乐生谷，上以谷之（简3）；夫民生而痌死丧，上以畏之（简4）；乃旷命以代其上（简8）；极赏则民贾其上（简9）。

以上两种写法的"上"字用法无差别。

---

① 简15"而"字作 形。

2. 昭

《命训》中"卲"字有两种写法，分别作：

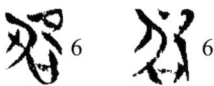

第一种写法的"卲"在文中辞例作：

不咸则不卲（昭）（简5+6）；天故卲（昭）命以命力<之>曰（简10）。

第二种写法的"卲"在文中辞例作：

夫明王卲（昭）天信人以度功（简6）。

3. 事

《命训》中"事"字也有两种写法，但是不同的写法意义是有区别的，分别表示｛使｝与｛事｝，如下：

第一种写法的"事"字在文中表示｛使｝，辞例作：

事（使）信人畏天（简6）。

第二种写法的"事"字在文中表示｛事｝，有三例，辞例作：

动之以事，劝之以赏（简12）；事不震，政不成（简13）；事震则不功（简14）。

第四节　数字写法

一、正文数字

《命训》存简中出现的数字有｛一｝｛三｝｛六｝｛九｝，写法如下：

第十六章　《命训》字迹研究　475

表16-3 《命训》正文数字写法

数字	一	鼠	三	六	九
写法	一 14	13	三 7	六 5	九 5
所在位置	14	8、13	6、7、8	5、10、11、7（残）	5

《命训》中表示｛一｝的数字有"鼠"与"一"两种写法，写作"鼠"的辞例作：

[六]方三述，其极鼠（一）（简8）；乐不伸，哀不至，均不鼠（一）（简13）。

写作"一"的辞例作：

均一不和，哀至则匮（简14）。

二、简序数字

《命训》每简背面竹节处写有表示简序的数字，因简4、14竹节处断裂，简背数字缺"四"与"十"两字。现将简序数字写法列举如下：

表16-4 《命训》简序数字写法

一	二	三	五	六	七	八

九	十	十一	十二	十三	十四

由上可知，简14残"四"字作"⌒"形，简背数字"六"与正文数字"六"写法不同，但是简背数字"九"与正文数字"九"写法完全一致，并且这些简背数字的运笔特征与正文字迹运笔特征一致（如侧锋切入等特征），可知简背数字与竹简正文为同一抄手所写。

此外，简6"六"字在"∧"形两旁有残存墨迹，如图16-1圈出部分，这也是该字的上部笔画。简8背面见一墨色较淡的短撇画，应是书写"八"字时太靠右侧，空间不够，刮去重写造成的（见图16-2）。

图16-1　　图16-2

第五节　标志符号

《命训》中有"="、"-"、"⌐"三种标志符号。"="表示合文及重文，"-"与"⌐"表示句读，"⌐"表示篇末结束。

一、合文符号

《命训》中有合文三处，分别位于简6、13（两处）。这三处合文均有合文符号，作"="形，如下：

6　　13　　13

二、重文符号

《命训》中有重文四十八处，分别位于简1（四处）、2（四处）、5（五处）、6（三处）、8（四处）、9（十五处）、10（三处）、11、12、14、15（七处）（见图16-3），这些重文均有重文符号，作"="形。

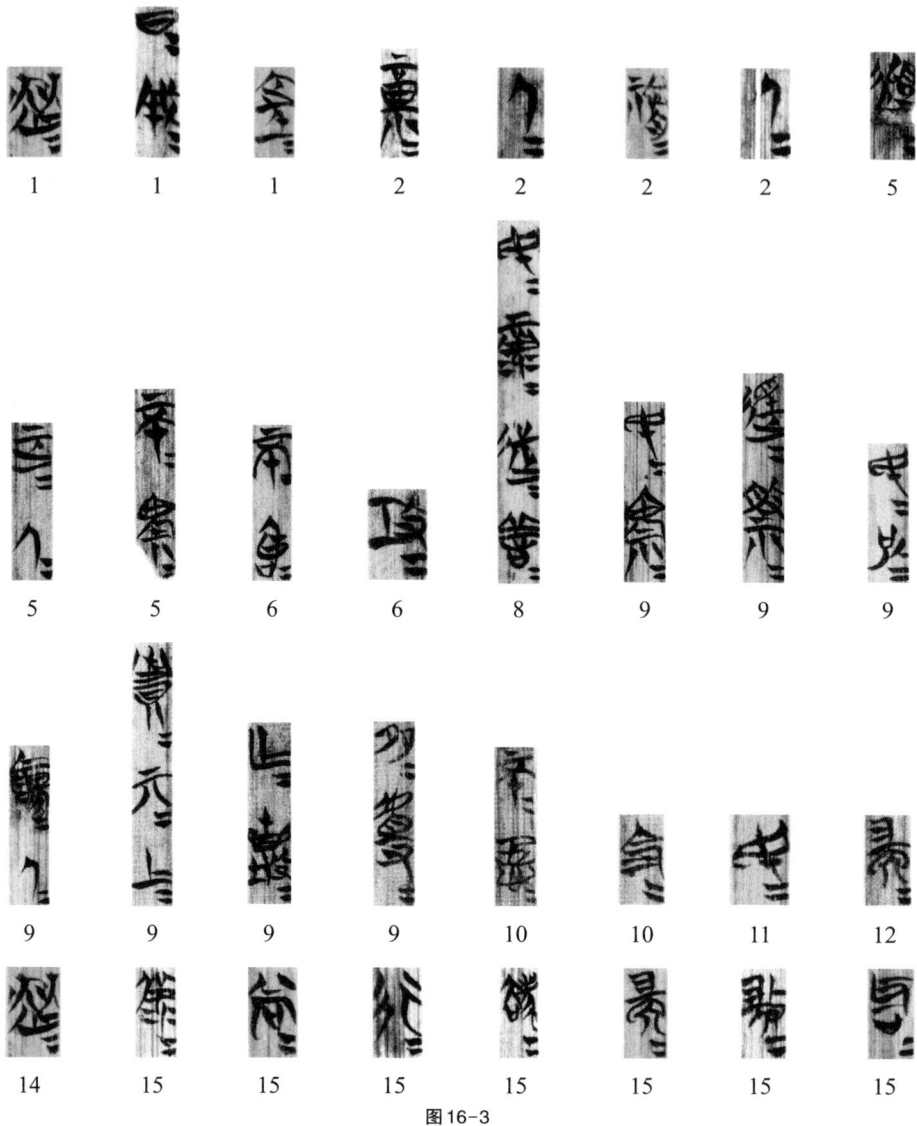

图 16-3

三、句读符号

《命训》中句读符号共二十七处，其中用"-"表示句读十二处，分别位于简 7、10、11、12（六处）、13（三处）；用"𠃊"表句读十五处，分别位于简3、4（两处）、6、7（三处）、8、9、10（三处）、11（两处）、12上。

四、篇末结束符号

《命训》简15表篇末结束的符号作 形。

第六节　简文的校补

《命训》全篇补文两处，分别在简9与简11上（见图16-4）。虽然该篇书写布局密集，但是从其他简文字布局可见，简9中的"不"字与简11中的"以"字是后补入的，补文与正文字迹特征一致，应是该抄手及时补入。

第七节　编联

《命训》全篇15支竹简竹节位置相当，贾连翔指出该篇应为同一竹筒制成①，从图版上未见划痕。

《命训》契口在右侧，从简5与简11上两字均有被编绳遮盖的痕迹看，《命训》应是先写后编而成。

9　　11

图16-4

---

① 清华大学出土文献读书会：《清华简第五册整理报告补正》，清华大学出土文献研究与保护中心网，访问日期：2015年4月8日。

表16-5 《命训》契口形态与编痕

契口形态	编痕	
3	5	11

《命训》唯简6与简10保留简首,契口处编痕较粗。这两处并没有看到两股编绳的痕迹,但是其他简上契口处有两道编痕。我们将《命训》竹简上能明显看出是两股编绳的地方列出,见图16-5。

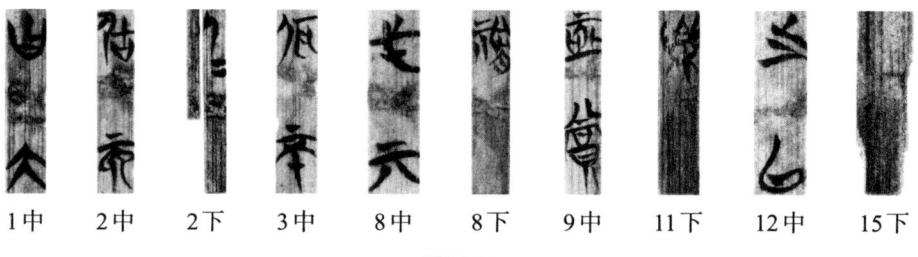

1中　2中　2下　3中　8中　8下　9中　11下　12中　15下

图16-5

本书所引清华简一至七册字形出处简称表

归属	篇名	简称1	简称2
清华一	《尹至》	尹至	至
清华一	《尹诰》	尹诰	诰
清华一	《程寤》	程寤	程
清华一	《保训》	保训	保
清华一	《耆夜》	耆夜	耆
清华一	《金縢》	金縢	金
清华一	《皇门》	皇门	皇
清华一	《祭公》	祭公	祭
清华一	《楚居》	楚居	楚
清华二	《系年》	系年	系
清华三	《说命》（上）	说命上	说上
清华三	《说命》（中）	说命中	说中
清华三	《说命》（下）	说命下	说下
清华三	《周公之琴舞》	琴舞	琴

续表

归属	篇名	简称1	简称2
清华三	《芮良夫毖》	芮良夫	芮
清华三	《良臣》	良臣	良
清华三	《祝辞》	祝辞	祝
清华三	《赤鹄之集汤之屋》	赤鹄	赤
清华四	《筮法》	筮法	筮
清华四	《算表》	算表	算
清华四	《别卦》	别卦	别
清华五	《厚父》	厚父	厚
清华五	《封许之命》	封许	封
清华五	《命训》	命训	命
清华五	《汤处于汤丘》	汤丘	丘
清华五	《汤在啻门》	啻门	啻
清华六	《殷高宗问于三寿》	三寿	寿
清华六	《郑武夫人规孺子》	孺子	孺
清华六	《管仲》	管仲	管
清华六	《郑文公问太伯》（甲本）	太伯甲	太甲
清华六	《郑文公问太伯》（乙本）	太伯乙	太乙
清华六	《子仪》	子仪	仪
清华六	《子产》	子产	产
清华七	《子犯子余》	子犯	犯
清华七	《晋文公入于晋》	晋文公	晋
清华七	《赵简子》	赵简子	赵
清华七	《越公其事》	越公	越

参考文献

著作

1. 河北省博物馆、文物管理处编《河北省出土文物选集》，文物出版社，1980。

2. 中国社会科学院考古研究所编《信阳楚墓》，文物出版社，1986。

3. 中国美术全集编辑委员会编《中国美术全集·绘画编1·原始社会至南北朝绘画》，人民美术出版社，1986。

4. 湖北省文物考古研究所：《江陵望山沙冢楚墓》，文物出版社，1996。

5. 朱伯谦主编《中国陶瓷全集·4·三国两晋南北朝》，上海人民美术出版社，2000。

6. 扬之水：《古诗文名物新证（二）》，紫禁城出版社，2004。

7. 冯胜君：《郭店简与上博简对比研究》，线装书局，2007。

8. 李文：《笔迹鉴定学》，中国人民公安大学出版社，2008。

9. 李学勤主编《清华大学藏战国竹简（壹）》，中西书局，2010。

10. 李学勤主编《清华大学藏战国竹简（贰）》，中西书局，2011。

11. 李学勤主编《清华大学藏战国竹简（叁）》，中西书局，2012。

12. 李学勤主编《清华大学藏战国竹简（肆）》，中西书局，2013。

13. 李学勤主编《清华大学藏战国竹简（壹—叁）文字编》，中西书局，2014。

14. 单育辰：《楚地战国简帛与传世文献对读之研究》，中华书局，2014。

15. 郭永秉：《古文字与古文献论集续编》，上海古籍出版社，2015。

16. 单育辰：《郭店〈尊德义〉〈成之闻之〉〈六德〉三篇整理与研究》，科学出版社，2015。

17. 贾连翔：《战国竹书形制及相关问题研究——以清华大学藏战国竹简为中心》，中西书局，2015。

18. 李松儒：《战国简帛字迹研究——以上博简为中心》，上海古籍出版社，2015。

19. 李松儒：《清华简〈系年〉集释》，中西书局，2015。

20. 方伟等编著《中国经济竹类》，科学出版社，2015。

21. 李守奎：《古文字与古史考——清华简整理研究》，中西书局，2015。

22. 孙茂盛等主编《竹类植物资源与利用》，科学出版社，2015。

23. 李学勤主编《清华大学藏战国竹简（伍）》，中西书局，2015。

24. 李学勤主编《清华大学藏战国竹简（陆）》，中西书局，2016。

25. 李守奎主编《清华简〈系年〉与古史新探》，中西书局，2016。

26. 李学勤主编《清华大学藏战国竹简（柒）》，中西书局，2017。

27. 李学勤主编《清华大学藏战国竹简（肆—陆）文字编》，中西书局，2017。

28. 吴晓懿：《战国书法研究》，山东教育出版社，2018。

期刊

1. 湖南省博物馆：《长沙西晋南朝隋墓发掘报告》，《考古学报》1959年3期。

2. 张朋川：《中国古代书写姿势演变略考》，《文物》2002年第3期。

3. 赵桂芳：《战国饱水竹简的抢救性保护》，载清华大学出土文献研究与保护中心编《出土文献》（第一辑），中西书局，2010。

4. 孙沛阳：《简册背划线初探》，载复旦大学出土文献与古文字研究中心编《出土文献与古文字研究》（第四辑），上海古籍出版社，2011。

5. 冯胜君：《试论清华简〈保训〉篇书法风格与三体石经的关系》，载清华大学出土文献研究与保护中心编《清华简研究》（第一辑），中西书局，2012。

6. 李均明：《清华简首集简册文本解析》，载清华大学出土文献研究与保护中心编《清华简研究》（第一辑），中西书局，2012。

7. 李均明、赵桂芳：《清华简文本复原——以〈清华大学藏战国竹简〉第一二辑为例》，载李学勤主编《出土文献》（第三辑），中西书局，2012。

8. 陈伟：《读清华简〈系年〉札记》，《江汉考古》2012年第3期。

9. 肖芸晓：《试论清华竹书伊尹三篇的关联》，载武汉大学简帛研究中心主办《简帛》（第八辑），上海古籍出版社，2013。

10. 马怡：《汉画所见中国古代书写方式探源》，《文史》二〇一三年第三辑。

11. ［日］福田哲之：《清华简〈保训〉与三体石经古文》，载中国文化遗产研究院编《出土文献研究》（第十三辑），中西书局，2014。

12. 单育辰：《"蝌蚪文"谭》，载中国文化遗产研究院编《出土文献研究》（第十三辑），中西书局，2014。

13. 李松儒：《清华简书法风格浅析》，载中国文化遗产研究院编《出土文献研究》（第十三辑），中西书局，2014。

14. 刘刚：《清华叁〈良臣〉为具有晋系文字风格的抄本补证》，载中国文字学会《中国文字学报》编辑部编《中国文字学报》（第五辑），商务印书馆，2014。

15. 罗运环：《清华简（壹—叁）字体分类研究》，载中国文化遗产研究院编《出土文献研究》（第十三辑），中西书局，2014。

16. 裘锡圭：《〈战国文字及其文化意义研究〉绪言》，载复旦大学出土文献与古文字研究中心编《出土文献与古文字研究》（第六辑），上海古籍出版社，2015。

17. 肖芸晓：《清华简〈算表〉首简简序及收卷形式小议》，载武汉大学简帛研究中心主办《简帛》（第十辑），上海古籍出版社，2015。

18. 肖芸晓：《清华简收卷研究举例》，载李学勤主编《出土文献》（第七辑），中西书局，2015。

19. 邢义田：《伏几案而书：再论中国古代的书写姿势》，《故宫学术季刊》2015年第三十三卷第一期。

20. 马楠：《清华简〈郑文公问太伯〉与郑国早期史事》，《文物》2016年第3期。

21. 罗运兵、史德勇等：《湖北随州市周家寨墓地M8发掘简报》，《考古》2017年第8期。

22. Li Songru, Excavated manuscripts and the study of Warring States handwriting, Chinese Studies in History, VOL 50, 2017, ISS 3.

23. ［日］福田哲之：《清华大学藏战国竹简（一—七）的字迹与形制——随葬书籍的类别以及对其体系性的理解》，East Asian Sinology, March 2019 Volume 01.

论文

1. 李松儒：《郭店楚墓竹简字迹研究》，硕士学位论文，吉林大学，2006。

2. 马怡：《汉画所见简牍时代的书写》，载中国汉画学会、济宁市任城汉文化研究中心编《中国汉画学会第十四届年会论文集》，三秦出版社，2013。

3. 陈美兰：《〈清华大学藏战国竹简（贰）·系年〉用字现象考察——以同词异字为例》，载中国文字学会、中国文化大学中国文学系主编《第二十五届中国文字学国际学术研讨会论文集》，2014。

4. 马怡：《从"握卷写"到"伏纸写"——图像所见中国古人的书写姿势及其变迁》，载中国社会科学院历史研究所文化史研究室编《形象史学研究（2013）》，人民出版社，2014。

5. 李宛庭：《〈清华简（肆）·筮法〉占筮用词》，载中国文字学会、逢甲大学中文系编《第二十六届中国文字学国际学术研讨会论文集》，台湾圣环图书公司，2015。

6. 孙永凤：《清华简〈周公之琴舞〉集释》，硕士学位论文，吉林大学，2015。

7. 肖芸晓：《清华简简册制度考察》，硕士学位论文，武汉大学，2015。

8. 宋亚雯：《清华简中的非典型楚文字因素问题研究》，硕士学位论文，复旦大学，2016。

9. 陈松长：《〈清华大学藏战国竹简（壹）〉书体特征探析》，载教育部人文社会科学重点研究基地等编《出土文献与中国古代文明——李学勤先生八十寿诞纪念论文集》，中西书局，2016。

10. 王永昌：《清华简文字与晋系文字对比研究》，博士学位论文，吉林大学,2018。

11. [美]夏含夷:《〈郑文公问太伯〉与中国古代文献抄写的问题》,载贾晋华等编《新语文学与早期中国研究》,上海人民出版社,2018。

后　记

　　我十六年前即从事战国简帛字迹研究，近几年也开始了对秦汉三国简帛及汉碑等出土文献材料的字迹研究。我曾对战国古书简中的郭店简与上博简做过比较系统的研究，本书则是对已公布的清华简一至七册各篇竹简字迹做的全面分析与研究。小书中有些观点曾先行发表，为了保证本书整体体例的统一，除增订部分内容外，我还对部分文章结构做了调整。

　　简帛字迹研究是离不开简帛书法研究的。因为简帛这种书写材料上的字迹主要是用毛笔这一书写工具完成的，这就与甲骨文、金文等字迹有着很大的区别。而研究者对文字运笔特征的分析，必须有书法书写基础才能更好地理解其细微的变化与差别，尤其运笔特征是造成字迹的量变或质变的主要特征，也是判断字迹同一性的最重要特征。简帛字迹的研究虽然有别于简帛书法的研究，但是又离不开对书法的理解。简帛书法研究更加注重简帛书写的技巧及艺术性，而简帛字迹研究主要是对书手所写字迹特征的分析，对文字书写方法的研究其实也是对简帛书法的研究。简帛字迹研究不仅分析不同书手的字迹，及同一书手所写字迹的差别，还会分析不同书手所写字迹的联系。我们对字迹特征差异性和同一性的分析，也是对书手及书写时间等方面的不同进行研究，以此用于分篇、编联及书写制度等方面的研究。这些我们以往做过介绍，兹不赘述。这些对字迹共性与差异性的分析在研究简帛书法艺术时也是值得注意的。

　　古文字字迹研究是新的领域，虽然许多学者都曾关注过，但是系统研究的文章很少。字迹研究究竟会做到一个什么样的程度，它的意义具体有哪些，没有经过系统探索，很难回答。许多课题的研究都是要先提出其意义，再去实施研究，但一些研究的结论是没有什么发现。而我认为，这些"没有发现"的结论也正是意义的所在。例如对简牍形制进行大量分析后，常不能总结出有效的规律。即使能总结出规律的地方也不能完全对应，如简背划痕并不能完全应用于竹简的编联，但是研究者还是要对这些特征加以分析，并做出了卓越成果。对存在的现象进行整理分析既是一种探索的精神，也是科学的精神。人文学科的探索也应该如理科的试验一样，不应害怕失败，因为需要创新的同时也需要一种勇气，每一项研究付出的努力都不是白费的。我一直很感谢我的两位老师——吴振武教授、冯胜君教授，在我最初从事简帛字迹研究时，这个领域几乎是一片空白，他们给予我的鼓励与支持，使我有勇气及信心来面对这一工作，并能在简帛字迹研究的领域有所斩获。

　　感谢我的父亲李少华先生，我对字迹研究的敏感无不是源于父亲所传授的书法篆刻功底。虽然我现在很少从事书法篆刻的创作，但是儿时临习碑帖与操刀治印、契刻木匾等经历，使我对古文字中墨书的运笔、甲骨碑刻的契刻、金文的铸造等特征的理解都更加深刻。

　　感谢陈松长先生。陈老师有意要出版"中国简帛书法艺术研究"丛书，并询问我是否能参与其中，我当时即觉得机会难得，便以"清华简字迹研究"为题列入丛书计划。

　　感谢我所在单位吉林大学文学院的各位老师，感谢他们对我工作上的关心与支持。在本书即将完稿之际，我和外子携幼女到台湾暨南国际大学访问半年，也感谢在台期间诸多师友的关心照顾！

本书得到全国高等院校古籍整理研究工作委员会直接资助项目"清华简字迹研究（编号1878）"的资助，也得到吉林大学"人文学科基础研究项目（编号2018ZZ001）"的资助。本书亦是国家社科基金一般项目"战国秦汉三国简帛字迹研究（编号17BYY210）"的阶段性成果之一。

2019年4月25日书于埔里

小书付印前，根据新见的材料，我对本书内容做了一些增补。随着清华简第十一册的发布，又有不少新鲜的材料。清华简呈现出更为丰富的字迹现象，如出现了多位书手合写一篇竹书的情况，还有多位书手合作书写同一篇竹书，并分写在两种不同形制的竹简上等。虽然笔者已写成数篇论文，但因时间限制，未能收入书中。希望在清华简彻底公布后，我们能够对这一批竹简的字迹有一个更为全面、更为宏观的认识，也使我的清华简字迹研究继续进行下去。最后感谢郭珊珊女史为小书编辑付出的辛勤工作。

2022年2月23日补记